“2+1”人才培养工学一体系列教材

接触网维护与检修

主　编 ◎ 杨正洪　靳居安
副主编 ◎ 李志伟　康　强
参　编 ◎ 李月娥　赵文杰

西南交通大学出版社
·成　都·

图书在版编目（CIP）数据

接触网维护与检修 / 杨正洪，靳居安主编. —成都：西南交通大学出版社，2023. 5
ISBN 978-7-5643-9265-9

Ⅰ. ①接… Ⅱ. ①杨… ②靳… Ⅲ. ①电气化铁道－接触网－检修－职业教育－教材 Ⅳ. ①U226.8

中国国家版本馆 CIP 数据核字（2023）第 073257 号

Jiechuwang Weihu yu Jianxiu
接触网维护与检修

主　编 / 杨正洪　靳居安
责任编辑 / 张文越
封面设计 / 吴　兵

西南交通大学出版社出版发行
（四川省成都市金牛区二环路北一段 111 号西南交通大学创新大厦 21 楼　610031）
发行部电话：028-87600564　028-87600533
网址：http://www.xnjdcbs.com
印刷：成都蜀通印务有限责任公司

成品尺寸　185 mm×260 mm
印张　20.25　　字数　454 千
版次　2023 年 5 月第 1 版　　印次　2023 年 5 月第 1 次

书号　ISBN 978-7-5643-9265-9
定价　56.00 元

课件咨询电话：028-81435775

总序

PREFACE

为进一步适应国家职业教育改革，深化产教融合，更好地服务铁道行业发展升级对复合型技术技能人才的需求，新疆铁道职业技术学院与中国铁路乌鲁木齐局集团有限公司校企合作开展“2+1”人才培养。为提高人才培养质量，共同编写了“2+1”人才培养工学一体化系列教材，包括《铁路车站与区间信号设备检修与维护》《车站调车工作》《铁路轨道检修与维护》《接触网维护与检修》《电力机车运用与操纵》等5本教材。

“2+1”工学一体化系列教材的编写以习近平新时代中国特色社会主义思想为指导，以职业教育“三教”改革攻坚行动任务要求为重点，紧紧围绕铁路职业技能提升计划，以适应铁路新职员工岗位技能为目标，以提升培训质量和目标为主线，结合中国铁路乌鲁木齐局集团有限公司现场工装设备、岗位作业标准、技术规章制度，科学设置校企合作教学内容，精心编写“2+1”工学一体的工作手册式、活页式培训教材，并逐步配套制作数字化教学资源，力争打造立体式“2+1”培训教材。为进一步深化校企合作协同育人模式改革，为培养高素质的铁路技术技能型人才奠定基础。

“2+1”人才培养工学一体化系列教材的编写得到了中国铁路乌鲁木齐局集团有限公司职培部的大力支持，在此表示衷心的感谢！

编　者

2023年3月

前言

PREFACE

接触网是电气化铁路供电系统中的重要组成部分，负担着把从牵引变电所获得的电能直接输送给电力机车使用的重要功能。接触网质量的好坏，将直接影响电力机车的行车安全和运营质量，因此培养适应电气化铁路的需求，掌握接触网运行检修与施工的高素质技术技能人才，对确保接触网维修质量，保障电气化铁路运营安全，有着十分重要的意义。

本教材主要针对高职院校铁路行业技能型人才培养目标以及目前铁道供电技术专业教学与人才培养方案，结合电气化铁路接触网工的工作实际，内容皆对应铁道供电技术专业的核心课程。编写内容与乌鲁木齐局集团公司各供电段现场工装设备、岗位作业标准、技术规章制度相结合，紧密围绕工学一体“2+1”人才培养，遵循高职院校教学的“必需、够用”原则，突出可操作性。通过接触网基本安全知识、接触网专业技能知识、接触网维修常用机具、接触网应知必会四个部分，接触悬挂巡视等二十七个学习任务，以任务驱动的形式，在“教学做一体化”教学模式下，使学生在完成具体项目的过程中学会完成相应的工作任务，构建理论知识体系，发展职业能力。

本教材由新疆铁道职业技术学院杨正洪、靳居安担任主编，中国铁路乌鲁木齐局集团有限公司康强和新疆铁道职业技术学院李志伟担任副主编，参与编写的还有新疆铁道职业技术学院李月娥和中国铁路乌鲁木齐局集团有限公司赵文杰，具体编写分工为：新疆铁道职业技术学院杨正洪和李月娥负责编写第一部分、第三部分、第四部分，新疆铁道职业技术学院靳居安和中国铁路乌鲁木齐局集团有限公司康强负责编写第二部分任务一到任务十二，新疆铁道职业技术学院李志伟和中国铁路乌鲁木齐局集团有限公司赵文杰负责编写第二部分任务十三到任务二十，新疆铁道职业技术学院蒋晓茹负责教材审核，同时感谢新疆铁道职业技术学院杨春雷、陈淑珍、康雪花和中国铁路乌鲁木齐局集团有限公司胡洪亮、郭云在编写中提供的帮助。

由于编者水平所限，书中有不足之处在所难免，诚请广大读者指正。

编　者

2023 年 3 月

目录

CONTENT

第一部分　接触网基本安全知识

第二部分　接触网维修常用机具、工具、测量仪器

第三部分　接触网专业技能知识

第一部分　接触网基本安全知识

任务一　人身安全常识学习

任务学习描述

学习任务：人身安全常识学习。

学习对象：学习接触网课程的学生及企业新入职人员。

学习步骤：

（1）学习人身安全常识的重要性。

（2）学习铁路电气化区段对人身造成伤害的特征因素。

（3）学习安全防范措施。

任务学习方法

资讯：接受工作任务，分析任务，通过查找学习资料、相关文件，对任务形成总体认识。

计划：学习以小组为单位，讨论人身安全常识在接触网课程中的重要意义。

决策：学生与老师共同讨论人身安全发生的原因、风险点。

实施：确定学习任务，查找资料文件，完成人身安全常识的理解。

检查：以小组为单位，针对人身安全常识进行理解，相互提问，加深记忆。

总结：学生与老师共同讨论人身安全的重要性，以及还需要注意的事项。

任务学习目标

（1）掌握人生安全常识的重要意义。

（2）掌握铁路电气化区段对人身构成伤害的特征因素及安全防范措施。

在电气化区段接触网检修作业中，具有“高速、高压、高空”等不安全因素，劳动者的人身安全存在较大风险，接触网从业人员必须掌握基本的安全风险因素及人身安全常识，不断提高安全意识，养成良好的行为习惯，在作业中做好安全自控、互控，确保自身及他人人身安全。

一、铁路电气化区段对人身构成伤害的特征因素

1. 高速度

目前，我国列车的最高运营速度已经达到 350 km/h。在邻线作业的情况下，列车通过时将会产生空气负压，速度越高产生的吸附作用越大。高速情况下，行车安全防护范围的加大，也给现场作业带来一些新的问题。

2. 高电压、大电流

牵引供电系统属高电压系统，我国接触网的工作电压一般为 19~29 kV，向机车正常供电的馈线电流、跳闸保护整定值在几百安培甚至上千安培，故障短路情况下可达到数千安培，对人身安全构成直接威胁，稍有疏忽可能产生严重后果。

3. 高空作业

接触悬挂等设备的安装、检修、调整和养护必须通过高空作业才能完成，因人为或客观因素引发的高空坠落、高空掉物，可直接对作业人员造成伤害，安全危险性较大。

4. 移动车辆

接触网线路沿线分布，检修人员的主要交通工具是汽车和轨道车辆，作业环境是区间或站场。在往返和作业过程中，尤其是在调车作业繁忙的枢纽或站场，在各个安全关键环节稍有疏忽大意，作业人员就有可能遭受车辆伤害。

5. 感应电

受电气化牵引供电电磁场的互感作用，金属物体或易燃易爆危险品距有电的供电线垂直距离越近，平行距离越长，感应电动势就越大。在与有电的接触网供电线附近的已停电线路上，垂直距离越近，平行距离越长，产生的感应电压值越高。一定条件下，平行距离达到 2 km 以上时，其感应电压可达上千伏。这种感应电可直接引发火灾和电击伤害事故，危及人身和设备安全。

6. 张力

接触网导线和承力索分别承受一定的张力，安装、检修过程中，由于补偿卡滞，线材材质不良，产品的生产、安装、检修质量不高，受力工具（手扳葫芦、紧线器、钢丝套）存在缺陷或使用不当等原因，极易发生线材的抽脱、断裂，瞬间出现张力释放，严重危及行车及人身安全。

二、安全防范措施

1. 车辆伤害安全防范措施

（1）作业人员必须按规定穿戴防护服、工作服。

（2）穿越线路时需“一站、二看、三确认、四通过”；复线区段需互相监护、分别迅速通过，禁止作业人员在两线间停留或无监护情况下穿越邻线。

（3）沿线路行走必须走线路路肩，路肩无法行走时走轨枕头，严禁走道心，同时集中精神加强行车瞭望及监听。

（4）上道、上线作业时，严禁发生听音乐、戴耳塞等影响听觉的行为，严禁在线路上使用手机。

（5）发现来车及时在安全处所面向来车，站立避让。复线区段本线来车时禁止跑向邻线避让，隧道、桥梁区段应进入就近的避让台（洞）避让。

（6）天窗点内作业遇邻线来车时，可不下道但必须停止作业；在天窗点外作业遇邻线来车时，必须下道避让。所有作业人员及所持机具、材料严禁侵入行车限界，待列车整列通过方准重新开始作业。

（7）作业按规定设置行车防护人员，行车防护人员在周围环境允许的条件下不得侵入行车限界。

（8）作业人员乘坐作业车辆时，作业车辆停稳，工作领导人（指定负责人）同意后方准下车。

2. 高空作业安全防范措施

（1）熟练掌握防高空坠落用具性能及使用注意事项。

（2）作业前，必须认真检查所用防高空坠落用具，确保受力工具状态良好。

（3）作业人员必须戴好安全帽。

（4）攀爬设备前，要检查杆（基）、拉线状态，选择正确的攀爬方向。

（5）高空作业人员攀爬过程正确使用防高空坠落用具。

（6）严禁负重或手握工具、材料攀爬。

（7）在高空作业时，必须严防断线导致人员高空坠落。

① 在拆除导线时，必须对线索进行卸载，禁止直接开断导线。

② 在紧固或拆除导线时，人员选择正确的站立方向、位置。

③ 拆除或架设导线作业，必须设专人对导线下方车辆和行人进行防护。

3. 触电安全防范措施

（1）作业人员（包括所持的机具、材料、零部件等）与周围带电设备的距离不得小于下列规定：220 kV 为 3 000 mm；110 kV 为 1 500 mm；25 kV 和 35 kV 为 1 000 mm；10 kV 及以下为 700 mm；停电作业区段如有其他带电设备，作业分工时必须明确停、带电设备的范围及安全卡控措施，对带电设备的电气距离不能满足规定时，附近带电设备按停电办理。

（2）停电作业时，必须在与作业地点有直接电气连接的所有可能来电的方向（含厂矿专用线）装设接地线（复线车站 V 停上下行渡线分段处除外）。

（3）严格按《接触网一次作业标准》进行验电，若使用抛线验电应防止误抛线。

（4）作业人员必须掌握作业范围内带电设备情况，防止误爬设备、误挂地线等。

（5）发现导线断落地面或悬吊空中，严禁人员靠近断线点 10 m 范围以内。

（6）感应电安全防范措施。

① 停电作业时，有同杆架设的供电线、电力线或平行的接触网区段或有跨越线的处所，随作业车加挂临时地线。

② 人员、机具有可能触及回流线、架空地线（跳线）等附加导线时，必须在可能触及的设备上安装临时地线。

4. 其他安全防范措施

（1）严禁钻车、扒车、跳车。

（2）严禁在行车限界内、边坡危岩等处所坐卧、休息。

（3）经过隧道、桥梁时，要注意观察侧沟盖板、桥梁走行板、桥梁栏杆是否完好。

（4）夜间及隧道内巡视必须确保照明良好。

任务二　消防安全常识学习

任务学习描述

学习任务：消防安全常识学习。

学习对象：学习接触网课程的学生及企业新入职人员。

学习步骤：

（1）学习消防安全常识的重要性。

（2）学习消防的概念和分类。

（3）学习基本灭火措施、灭火器的配置与检查及操作使用。

任务学习方法

资讯：接受工作任务，分析任务，通过查找学习资料、相关文件，对任务形成总体认识。

计划：学习以小组为单位，讨论消防安全常识的重要意义。

决策：学生与老师共同讨论消防安全常识的原因，风险点。

实施：确定学习任务，查找资料文件，完成消防安全常识的理解。

检查：以小组为单位，针对消防安全常识进行理解，相互提问，加深记忆。

总结：学生与老师共同讨论消防安全常识的重要性，以及还需要注意的事项。

任务学习目标

（1）掌握消防安全常识的重要意义。

（2）掌握基本灭火措施、灭火器的配置与检查及操作使用。

（3）掌握消防的概念和分类。

一、消防的概念和分类

1. 火灾的概念

凡是在时间和空间上失去控制，造成物质损失或人员伤亡的燃烧现象，称之为火灾。

2. 三懂四会

三懂：懂得本岗位的火灾危险性，懂得预防火灾的措施，懂得火灾的扑救方法。

四会：会报警，会使用灭火器，会扑救初始火灾，会火场逃生。

3. 按燃烧的物品种类分类

（1）固体火灾，代号为 A，如木材、棉、毛、麻、纸张等。

（2）液体火灾或可熔化固体火灾，代号为 B，如汽油、乙醇、煤油、原油、甲醇、沥青、石蜡等。

（3）气体火灾，代号为C，如煤气、天然气、甲烷、乙烷、丙烷、氢等。

（4）金属火灾，代号为D，如钾、钠、镁、钛、锆、锂、铝镁合金等。

（5）电气火灾，代号为E，如发电机房、变压器室、配电间、仪器仪表间和电子计算机房等在燃烧时不能及时或不宜断电的电气设备带电燃烧的火灾等。

二、基本灭火措施

不同类型火灾，不同具体条件，应采取不同的灭火措施。

1. A 类火灾

一般可采取水冷却法，但对于忌水的物质如布、纸等，尽量减少水渍所造成的损失。对珍贵图书、档案，应使用二氧化碳、卤代烷、干粉灭火剂灭火。

2. B、C 类火灾

首先应关闭有关阀门，切断可燃气、液等可燃物来源，同时将燃烧区容器内可燃液体排至安全地区，并用冷却燃烧区可燃液体的容器壁，减慢蒸发速度，防止汽化，产生蒸气发生爆炸。及时使用大剂量泡沫灭火剂，干粉灭火剂将液体火灾、气体火灾扑灭。

3. D 类火灾

如镁、铝燃烧时，水及其他普通灭火剂无效。发生钠和钾的火灾切忌用水扑救，水与钠、钾起反应放出大量热和氢，会促进火灾猛烈发展，扑救金属火灾应用特殊的灭火剂，如沙石、石墨等。

4. E 类火灾

关键是要切断电源。精密仪器、贵重电气设备最好使用二氧化碳扑救，因为二氧化碳不导电、不含水分、灭火后很快散逸，不留痕迹，不污染仪器设备。

三、如何报火警

1. 报警的意义

以便迅速调集足够的力量尽早地控制和扑灭火灾，尽可能地减少灾害带来的各类损失。

2. 报警的方法

一是向单位和周围的人报警，二是向公安消防部门报警，即拨打“119”，也可拨打“110”。

3. 报警的内容

（1）发生火灾单位或个人的详细地址，必要时由专人负责引路。

（2）起火物是什么。

（3）火势燃烧的情况。

（4）报警人姓名及电话的号码（提醒：公安消防部门出警救火是不收取任何费用的）。

四、灭火器的配置与检查及操作使用

1. 灭火器的类型

（1）按操作使用方法分为手提式灭火器、推车式灭火器。

（2）按充装的灭火剂分为水型灭火器、泡沫灭火器、干粉型灭火器（BC、ABC）、卤代烷型灭火器、二氧化碳型灭火器。

2. 灭火器的选择

按照《建筑灭火器配置设计规范》（GB 50140—2005），一般根据灭火器配置场所火灾种类、危险等级、灭火效能和通用性配置灭火器。

A 类火灾场所（指固体物质火灾）应选择水型灭火器、磷酸铵盐干粉灭火器（ABC 干粉）、泡沫灭火器或卤代烷灭火器。

B 类火灾场所（指液体火灾和可熔化的固体物质火灾）应选择泡沫灭火器、碳酸氢钠干粉灭火器（BC 干粉）、磷酸铵盐干粉灭火器、二氧化碳灭火器、灭 B 类火灾的水型灭火器或卤代烷灭火器。

C 类火灾场所（指气体火灾）应选择磷酸铵盐干粉灭火器、碳酸氢钠干粉灭火器、二氧化碳灭火器或卤代烷灭火器。

D 类火灾场所（指金属火灾）应选择扑灭金属火灾的专用灭火器。

E 类火灾场所（指带电火灾）应选择磷酸铵盐干粉灭火器、碳酸氢钠干粉灭火器、卤代烷灭火器或二氧化碳灭火器，但不得选用装有金属喇叭喷筒的二氧化碳灭火器。

3. 灭火器的设置

（1）灭火器应设置在位置明显和便于取用的地点，且不得影响安全疏散。

（3）对有视线障碍的灭火器设置点，应设置指示其位置的发光标识。

（4）灭火器的摆放应稳固，其铭牌应朝外。手提式灭火器宜设置在灭火器箱内或挂钩、托架上，其顶部离地面高度不应大于 1.50 m，底部离地面高度不宜小于 0.08 m。灭火器箱不得上锁。

（5）灭火器不宜设置在潮湿或强腐蚀性的地点。

（6）灭火器设置在室外时，应有相应的保护措施。

（7）灭火器不得设置在超出其使用温度范围的地点。

4. 灭火器的配置

每个设置点的灭火器数量不得少于 2 具，不宜多于 5 具。

5. 灭火器的检查

（1）类型检查：检查配置的灭火器是否适用该场所灭火需要，灭火器是否在有效期内。

（2）外观检查：检查灭火器筒体有无变形和严重锈蚀，铭牌是否清晰，保险销和铅封是否完好，压把、拉环、器头、喷管（嘴）有无损坏、短缺、松动和阻塞。

（3）气压检查：检查灭火器压力表指针，看压力值是否处于正常压力范围，气压表用红、绿、黄三条格显示，指针在红格内为失效。

6. 灭火器的操作使用

（1）使用手提式灭火器时，可手提灭火器的提把或提圈，迅速奔至距燃烧处约 5 m 左右，放下灭火器，拔出保险销，一手握住灭火器的开启压把，另一手握住喷射软管前端的喷嘴处（二氧化碳灭火器应握住手柄）或灭火器底圈，对准火焰根部，用力压下开启压把并紧压不松开，由近而远左右扫射，直至将火焰全部扑灭。

（2）推车式灭火器需要两人配合操作，使用时，快速将灭火器推至距离燃烧处约 10 m 左右，一人迅速展开软管并握紧喷枪对准燃烧物做好喷射准备，另一人开启灭火器，并将手轮开至最大部位。灭火方式也是由近而远左右扫射，首先对准燃烧最猛烈处，并根据火情调整位置，确保将火焰彻底扑灭，使其不能复燃。

（3）灭火器使用注意事项。

① 大多数手提式灭火器操作时需要保持直立，以确保灭火剂完全喷出；要避免横置或倒立，以防驱动气体泄漏。

② 灭电气设备火灾时，注意预防触电。

③ 灭液体火灾时，注意不能直接对着液面喷射，防止燃烧液体飞溅，造成火势蔓延扩大，增加扑救难度。

④ 扑救室外火灾时，要站在上风向。

⑤ 使用二氧化碳灭火器时，不能直接用手握灭火器的金属部位，以防止对操作者产生冻伤危害。

五、电气化铁路附近消防安全规定

电气化铁路附近发生火灾时，必须立即通知车站列车调度员、供电调度员或接触网工区值班人员，并遵守下列规定。

（1）用水或一般灭火器浇灭离接触网带电部分不足 4 m 的燃着物体时，接触网必须停电；若使用沙土灭火时，距接触网 2 m 以上者，可不停电。

（2）距接触网超过 4 m 的燃着物体，可以不停电用水浇，但水流不得向接触网的方向喷射，并保持水流与带电部分的距离在 2 m 以上。

任务三　紧急救护常识学习

任务学习描述

学习任务：学习紧急救护常识。

学习对象：学习接触网课程的学生及企业新入职人员。

学习步骤：

（1）学习紧急救护常识的重要性。

（2）学习触电急救、伤员脱离电源后的处理。

（3）学习心肺复苏法与创伤急救。

任务学习方法

资讯：接受工作任务，分析任务，通过查找学习资料、相关文件，对任务形成总体认识。

计划：学习以小组为单位，讨论紧急救护常识的重要意义。

决策：学生与老师共同讨论紧急救护常识。

实施：确定学习任务，查找资料文件，完成紧急救护常识的理解。

检查：以小组为单位，针对紧急救护常识进行理解，相互提问，加深记忆。

总结：学生与老师共同讨论紧急救护常识的重要性，以及还需要注意的事项。

任务学习目标

（1）掌握紧急救护常识的重要意义。

（2）掌握触电急救、伤员脱离电源后的处理。

（3）掌握心肺复苏法与创伤急救。

一、通　则

（1）紧急救护的基本原则是在现场采取积极措施，保护伤员的生命，减轻伤情，减少痛苦，并根据伤情需要，迅速与医疗急救中心（医疗部门）联系救治。急救成功的关键是动作快、操作正确，任何拖延和操作错误都会导致伤员伤情加重或死亡。

（2）要认真观察伤员全身情况，防止伤情恶化。发现伤员意识不清、瞳孔扩大无反应、呼吸、心跳停止时，应立即在现场就地抢救，用心肺复苏法支持呼吸和循环，对脑、心等重要脏器供氧。心脏停止跳动后，只有分秒必争地迅速抢救，救活的可能性才较大。

（3）现场工作人员都应定期接受培训，学会紧急救护法，会正确解脱电源，会心肺复苏法，会止血、会包扎，会转移搬运伤员，会处理急救外伤或中毒等。

（4）生产现场和经常有人工作的场所应配备急救箱，存放急救用品，并指定专人经常检查、补充或更换。

二、触电急救

触电急救应分秒必争，一经明确心跳、呼吸停止的，立即就地迅速用心肺复苏法进行抢救，并坚持不断地进行，同时及早与医疗急救中心（医疗部门）联系，争取医务人员接替救治。在医务人员未接替救治前，不应放弃现场抢救，更不能只根据没有呼吸或脉搏的表现，擅自判定伤员死亡，放弃抢救。只有医生有权做出伤员死亡的诊断。与医务人员接替时，应提醒医务人员在触电者转移到医院的过程中不得间断抢救。

（1）触电急救，首先要使触电者迅速脱离电源，越快越好。因为电流作用的时间越长，伤害越重。

（2）脱离电源，就是要把触电者接触的那一部分带电设备的所有开关、刀闸或其他断路设备断开；或设法将触电者与带电设备脱离开。在脱离电源过程中，救护人员也要注意保护自身的安全。

（3）低压触电可采用下列方法使触电者脱离电源。

① 如果触电地点附近有电源开关或电源插座，可立即拉开开关或拔出插头，断开电源。但应注意，拉线开关或墙壁开关等只控制一根线的开关，有可能因安装问题只能切断零线而没有断开电源的火线。

② 如果触电地点附近没有电源开关或电源插座（头），可用有绝缘柄的电工钳或有干燥木柄的斧头切断电线，断开电源。

③ 当电线搭落在触电者身上或压在身下时，可用干燥的衣服、手套、绳索、皮带、木板、木棒等绝缘物作为工具，拉开触电者或挑开电线，使触电者脱离电源。

④ 如果触电者的衣服是干燥的，又没有紧缠在身上，可以用一只手抓住他的衣服，拉离电源。但因触电者的身体是带电的，其鞋的绝缘也可能遭到破坏，救护人员不得直接接触触电者的皮肤，也不能抓他的鞋。

⑤ 若触电发生在低压带电的架空线路上或配电台架、进户线上，对可立即切断电源的，应迅速断开电源；救护者迅速登杆或登至可靠地方，并做好自身防触电、防坠落安全措施，用带有绝缘胶柄的钢丝钳、绝缘物体或干燥不导电物体等工具将触电者脱离电源。

（4）高压触电可采用下列方法之一使触电者脱离电源。

① 立即通知有关供电企业或用户停电。

② 戴上绝缘手套，穿上绝缘靴，用相应电压等级的绝缘工具按顺序拉开电源开关或熔断器。

③ 抛掷裸金属线使线路短路接地，迫使保护装置动作，断开电源。注意抛掷金属线之前，应先将金属线的一端固定可靠接地，然后另一端系上重物抛掷。注意抛掷的一端不可触及触电者和其他人。另外，抛掷者抛出线后，要迅速离开接地的金属线 8 m 以外

或双腿并拢站立，防止跨步电压伤人。在抛掷短路线时，应注意防止电弧伤人或断线危及人员安全。

（5）脱离电源后救护者应注意的事项：

① 救护人员不可直接用手、其他金属及潮湿的物体作为救护工具，而应使用适当的绝缘工具。救护人员最好用一只手操作，以防自己触电。

② 防止触电者脱离电源后可能的摔伤，特别是当触电者在高处的情况下，应考虑防止坠落的措施。即使触电者在平地，也要注意触电者倒下的方向，注意防摔。救护者也应注意救护中自身的防坠落、摔伤措施。

③ 救护者在救护过程中特别是在杆上或高处抢救伤者时，要注意自身和被救者与附近带电体之间的安全距离，防止再次触及带电设备。电气设备、线路即使电源已断开，对未做安全措施挂上接地线的设备也应视作有电设备。救护人员登高时应随身携带必要的绝缘工具和牢固的绳索等。

④ 如事故发生在夜间，应设置临时照明灯，以便于抢救，避免意外事故，但不能因此延误切除电源和进行急救的时间。

（6）现场就地急救

触电者脱离电源以后，现场救护人员应迅速对触电者的伤情进行判断，对症抢救。同时设法联系医疗急救中心（医疗部门）的医生到现场接替救治。要根据触电伤员的不同情况，采用不同的急救方法，如表 1-1 所示。

表 1-1　不同状态下电击伤患者的急救措施

神志	心跳	呼吸	救治措施
清醒	存在	存在	静卧、保暖、严密观察
昏迷	停止	存在	胸外心脏按压术
昏迷	存在	停止	口对口（鼻）人工呼吸
昏迷	停止	停止	同时作胸外心脏按压和口对口（鼻）人工呼吸

（1）触电者神志清醒、有意识，心脏跳动，但呼吸急促、面色苍白，或曾一度昏迷、但未失去知觉。此时不能用心肺复苏法抢救，应将触电者抬到空气新鲜、通风良好地方躺下，安静休息 1～2 h，让他慢慢恢复正常。天凉时要注意保温，并随时观察呼吸、脉搏变化。

（2）触电者神志不清、无意识，有心跳，但呼吸停止或极微弱时，应立即用仰头抬颏法，使气道开放，并进行口对口人工呼吸。此时切忌不能对触电者施行心脏按压。如此时不及时用人工呼吸法抢救，触电者将会因缺氧过久而引起心跳停止。

（3）触电者神志丧失、判定意识无，心跳停止，但有极微弱的呼吸时，应立即施行心肺复苏法抢救。不能认为尚有微弱呼吸，只需做胸外按压，因为这种微弱呼吸已起不到人体需要的氧交换作用，如不及时人工呼吸即会发生死亡，若能立即施行口对口人工呼吸法和胸外按压，就能抢救成功。

（4）触电者心跳、呼吸停止时，应立即采取心肺复苏法抢救，不得延误或中断。

（5）触电者和雷击伤者心跳、呼吸停止，并伴有其他外伤时，应先迅速进行心肺复苏急救，然后再处理外伤。

（6）发现杆塔上或高处有人触电，要争取时间及早在杆塔上或高处开始抢救。触电者脱离电源后，应迅速将伤员扶卧在救护人的安全带上或在适当地方躺平，然后根据伤者的意识、呼吸及颈动脉搏动情况来进行前（1）~（5）项不同方式的急救。应提醒的是：高处抢救触电者，迅速判断其意识和呼吸是否存在是十分重要的。若呼吸已停止，开放气道后立即口对口（鼻）吹气 2 次，再测试颈动脉，如有搏动，则每 5 s 吹气 1 次；若颈动脉无搏动，可用空心拳头叩击心前区 2 次，促使心脏复跳。若需将伤员送至地面抢救，应再口对口（鼻）吹气 4 次，然后立即用绳索参照图 1-1 所示的下放方法，迅速放至地面，并继续按心肺复苏法坚持抢救。

（7）触电者衣服被电弧光引燃时，应迅速扑灭其身上的火源。着火者切忌跑动，可利用衣服、被子、湿毛巾等扑火，必要时可就地躺下翻滚，使火被扑灭。

图 1-1　杆塔上或高处触电者放下方法

（三）伤员脱离电源后的处理

1. 判断意识和通畅呼吸道

1）判断伤员有无意识的方法

① 轻轻拍打伤员肩部，高声呼喊对方，如图 1-2 所示。

② 如认识，可直呼喊其姓名。有意识，立即送医院。

③ 无反应时，立即用手指甲掐压人中穴、合谷穴约 5 s。

注意：以上 3 步动作应在 10 s 以内完成，不可太长。伤员若出现眼球活动、四肢活动及疼痛感后，应立即停止掐压穴位。拍打肩部不可用力太重，以防加重可能存在的骨折等损伤。

2）呼救

一旦初步确定伤员神志昏迷，应立即招呼周围的人前来协助抢救，哪怕周围无人，也应该持续呼救，如图 1-3 所示。

注意：一定要呼叫其他人来帮忙，因为一个人做心肺复苏不可能坚持较长时间，而且劳累后动作易走样。呼叫来的人除协助做心肺复苏外，还应立即打电话给救护站或呼叫受过救护训练的人前来帮忙。

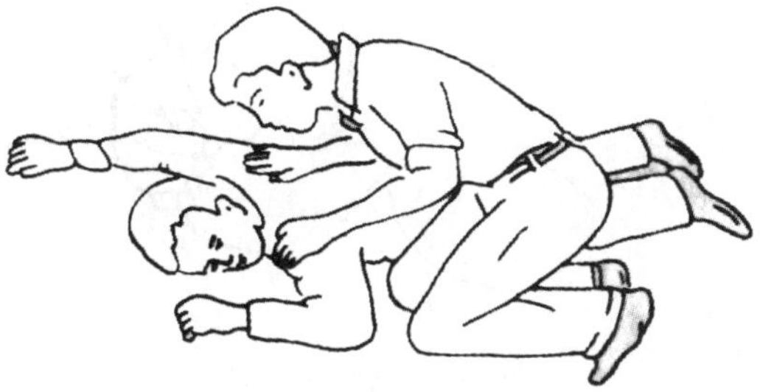

图 1-2　判断伤员有无意识

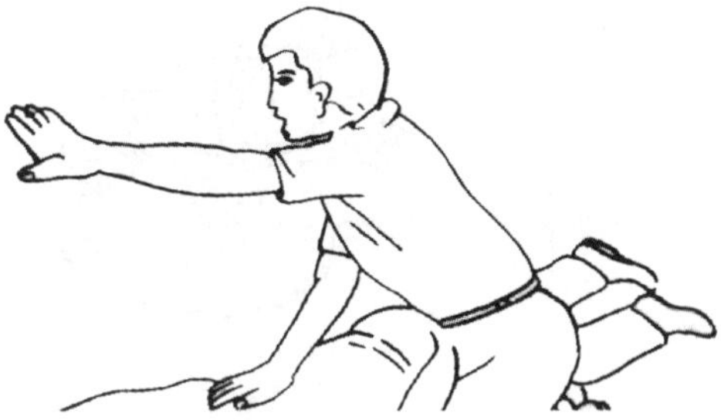

图 1-3　呼救

3）将伤员旋转适当体位

正确的抢救体位是仰卧位，即患者头、颈、躯干平卧无扭曲，双手放于两侧躯干旁。

如伤员摔倒时面部向下，应在呼救同时小心将其转动，使伤员全身各部位呈一个整体。尤其要注意保护颈部，可以一手托住颈部，另一手扶着肩部，使伤员头、颈、胸平稳地呈直线转至仰卧，在坚实的平面上四肢平放，如图 1-4 所示。

注意：抢救者跪于伤员肩颈侧旁，将其手臂举过头，拉直双腿，注意保护颈部。解开伤员上衣或仅留内衣，暴露胸部。冷天要注意使其保暖。

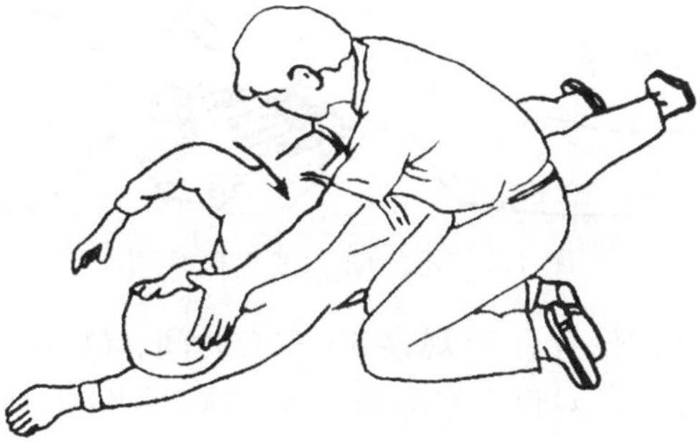

图 1-4　放置伤员

2. 通畅气道

当发现触电者呼吸微弱或停止时，应立即通畅触电者的气道以促进触电者呼吸或便于抢救。通畅气道主要采用仰头举颏（颌）法，即一手置于前额使头部后仰，另一手的食指与中指置于下颌骨近下颏或下颌角处，抬起下颏（颌），如图 1-5 和图 1-6 所示。

注意：严禁用枕头等物垫在伤员头下；手指不要压迫伤员颈前部、颏下软组织，以防压迫气道；颈部上抬时不要过度伸展，有假牙托者应取出。儿童颈部易弯曲，过度抬颈反而使气道闭塞，因此不要抬颈牵拉过甚。成人头部后仰呈 90°，儿童头部后仰呈 60°，婴儿头部后仰呈 30°。颈椎有损伤的伤员应采用双下颌上提法。

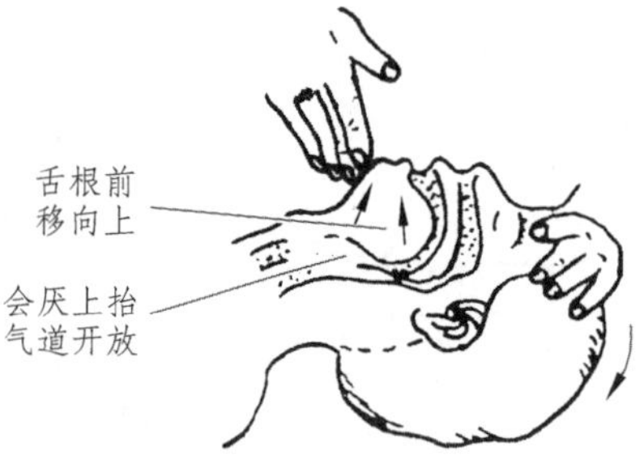

图 1-5　仰头举颏法

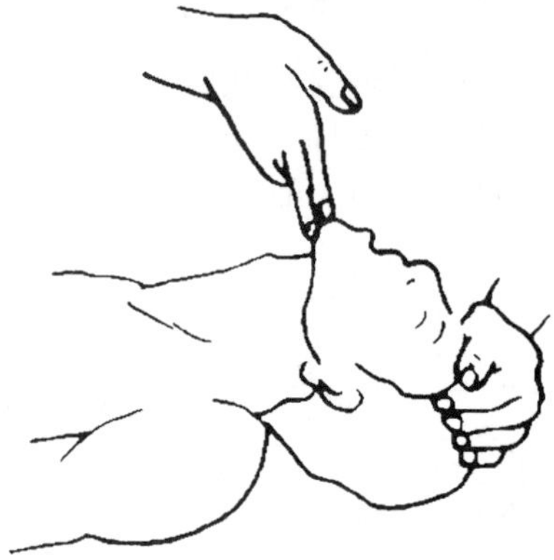

图 1-6　抬起下颏法

3. 判断呼吸

在通畅呼吸道之后，可以明确判断呼吸是否存在。维持开放气道位置，用耳贴近伤员口鼻，头部侧向伤员胸部，眼睛观察其胸有无起伏；面部感觉伤员呼吸道有无气体排出；耳听呼吸道有无气流通过的声音，如图 1-7 所示。

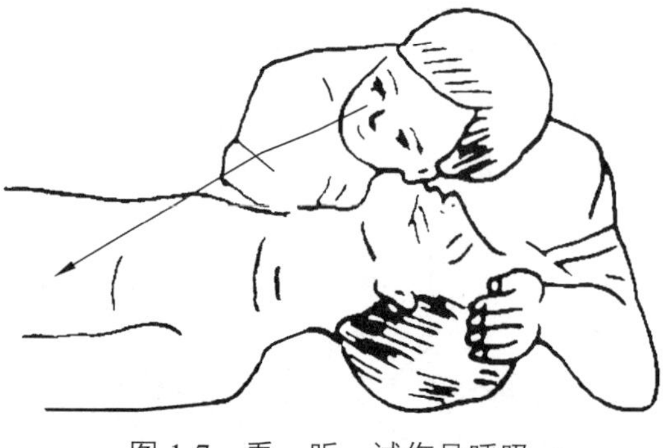

图 1-7　看、听、试伤员呼吸

注意：① 保持气道开放位置；② 观察 5 s 左右时间；③ 有呼吸者，注意保持气道通畅；④ 无呼吸者，立即进行口对口人工呼吸；⑤ 通畅呼吸道：部分伤员因口腔、鼻腔内异物（分泌物、血液、污泥等）导致气道阻塞时，应将触电者身体侧向一侧，迅速将异物用手指抠出；⑥ 呼吸道不通畅而产生窒息，以致心跳减慢，呼吸道畅通后，随着气流冲出，呼吸恢复，心跳亦恢复。

4. 判断伤员有无脉搏

在检查伤员的意识、呼吸、气道之后，应对伤员的脉搏进行检查，以判断伤员的心脏跳动情况。具体方法是：

（1）在开放气道的位置下进行（首次人工呼吸后）。

（2）一手置于伤员前额，使头部保持后仰，另一手在靠近抢救者一侧触摸颈动脉。

（3）可用食指及中指指尖先触及气管正中部位，男性可先触及喉结，然后向两侧滑移 2 ~ 3 cm，在气管旁软组织处轻轻触摸颈动脉搏动，如图 1-8 所示。

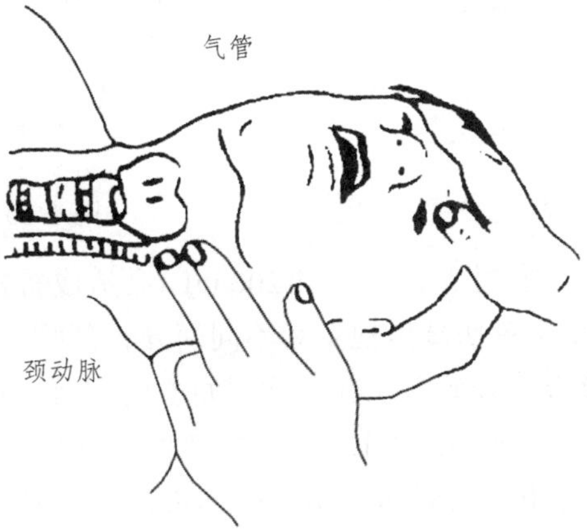

图 1-8　触摸颈动脉搏

注意：① 触摸颈动脉不能用力过大，以免推移颈动脉，妨碍触及② 不要同时触摸两侧颈动脉，造成头部供血中断③ 不要压迫气管，造成呼吸道阻塞④ 检查时间不要超过 10 s ⑤ 未触及搏动：心跳已停止，或触摸位置有错误；触及搏动：有脉搏、心跳，或触摸感觉错误（可能将自己手指的搏动感觉为伤员脉搏）。⑥ 判断应综合审定：如无意识、无呼吸、瞳孔散大、面色紫绀或苍白，再加上触不到脉搏，可以判定心跳已经停止。⑦ 婴、幼儿因颈部肥胖，颈动脉不易触及，可检查肱动脉。肱动脉位于上臂内侧腋窝和肘关节之间的中点，用食指和中指轻压内侧，即可感觉到脉搏。

（四）口对口（鼻）呼吸

当判断伤员确实不存在呼吸时，应立即进行口对口（鼻）的人工呼吸。其具体方法是：

（1）在保持呼吸通畅的位置下进行。用按于前额一手的拇指与食指，捏住伤员鼻孔（鼻翼）下端，以防气体从口腔内经鼻孔逸出，施救者深吸一口气屏住并用自己的嘴唇包住（套住）伤员微张的嘴。

（2）用力快而深地向伤员口中吹（呵）气，同时仔细观察伤员胸部有无起伏，如无起伏，说明气未吹进，如图 1-9 所示。

（3）一次吹气完毕后，应立即与伤员口部脱离，轻轻抬起头部，面向伤员胸部，吸入新鲜空气，以便做下一次人工呼吸。同时使伤员的口张开，捏鼻的手也可放松，以便伤员从鼻孔通气，观察伤员胸部向下恢复时，则有气流从伤员口腔排出，如图 1-10 所示。

抢救一开始，应立即向伤员先吹气两口，吹气有起伏者，人工呼吸有效；吹气无起伏者，则气道通畅不够，或鼻孔处漏气、或吹气不足、或气道有梗阻。

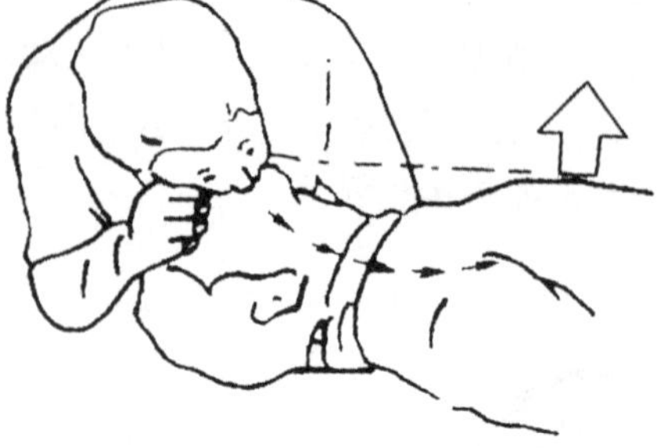

图 1-9　口对口吹气

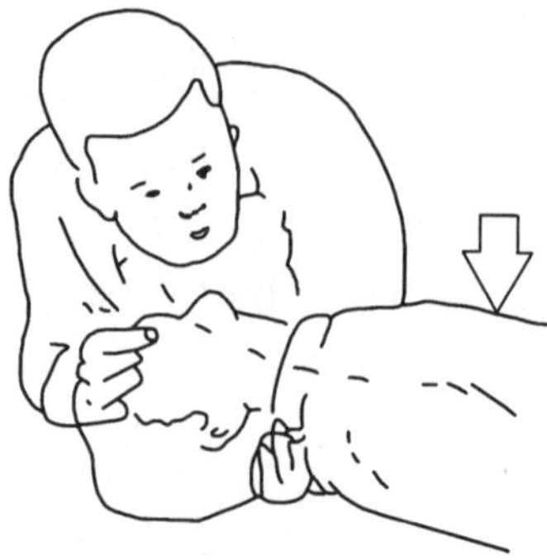

图 1-10　口对口吸气

注意：① 每次吹气量不要过大，大于 1 200 mL 会造成胃扩张。② 吹气时不要按压胸部，如图 1-11 所示。③ 儿童伤员需视年龄不同而异，其吹气量约为 800 mL 左右，以胸廓能上抬时为宜。④ 抢救一开始首次吹气次，每次时间 1 ~ 1.5 s。⑤ 有脉搏无呼吸的伤员，则每 5 s 吹一口气，每分钟吹气 12 次。⑥ 口对鼻的人工呼吸，适用于有严重的下颌及嘴唇外伤、牙关紧闭、下颌骨骨折等情况的伤员，难以采用口对口吹气法。⑦ 婴、幼儿急救操作时要注意，因婴、幼儿韧带、肌肉松弛，故头不可过度后仰，以免气管受压，影响气道通畅，可用一手托颈，以保持气道平直。另一方面，婴、幼儿口鼻开口均较小，位置又很靠近，抢救者可用口贴住婴幼儿口与鼻的开口处，施行口对口鼻呼吸。

图 1-11　吹时不要压胸部

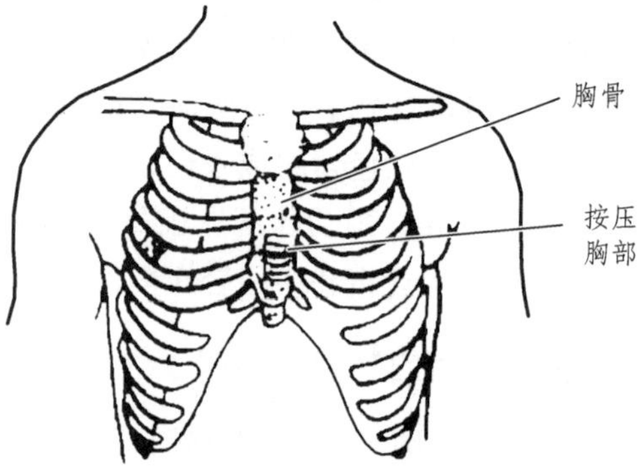

图 1-12　胸外按压位置

（五）人工循环（体外按压）

人工建立的循环方法有两种：第一种是体外心脏按压（胸外按压），第二种是开胸直接压迫心脏（胸内按压）。在现场急救中，采用的是第一种方法，应熟练掌握。

1. 按压部位

胸骨中 1/3 与下 1/3 交界处，如图 1-12 所示。

2. 伤员体位

伤员应仰卧于硬板床或地上，如为弹簧床，则应在伤员背部垫一硬板。硬板长度及宽度应足够大，以保证按压胸骨时伤员身体不会移动。但不可因找寻垫板而延误开始按压的时间。

3. 快速测定按压部位的方法

快速测定按压部位可分 5 个步骤，如图 1-13 所示。

（1）触及伤员上腹部，以食指及中指沿伤员肋弓处向中间移滑，如图 1-13（a）所示。

（2）在两侧肋弓交点处寻找胸骨下切迹，以切迹作为定位标志，不要以剑突下定位，如图 1-13（b）所示。

（3）然后将食指及中指两横指放在胸骨下切迹上方，食指上方的胸骨正中部即为按压区，如图 1-13（c）所示。

（4）以另一手的掌根部紧贴食指上方，放在按压区，如图 1-13（d）所示。

（5）将定位的手取下，重叠将掌根放于另一手背上，两手手指交叉抬起，使手指脱离胸壁，如图 1-13（e）所示。

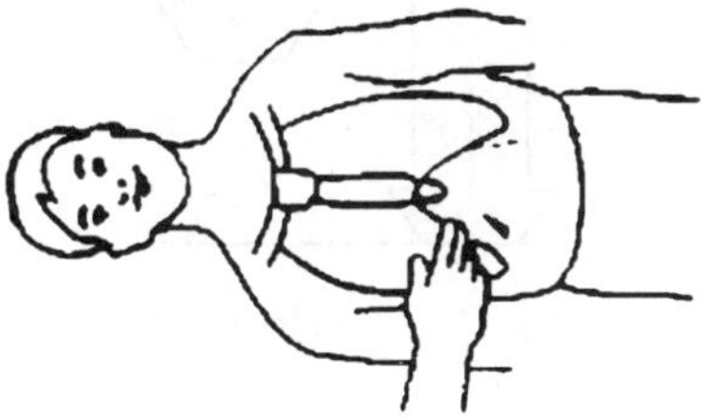

（a）二指沿肋弓向中移滑

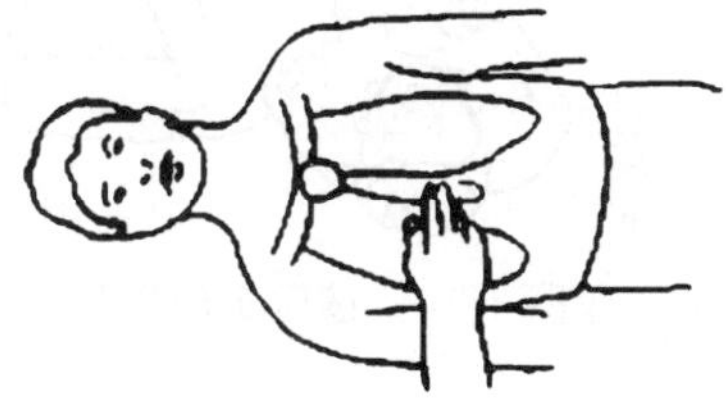

（b）切迹定位标志

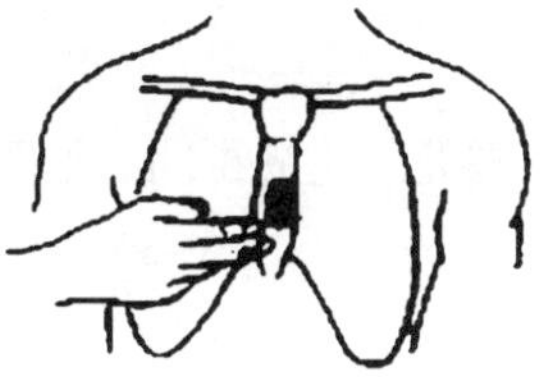

（c）按压区

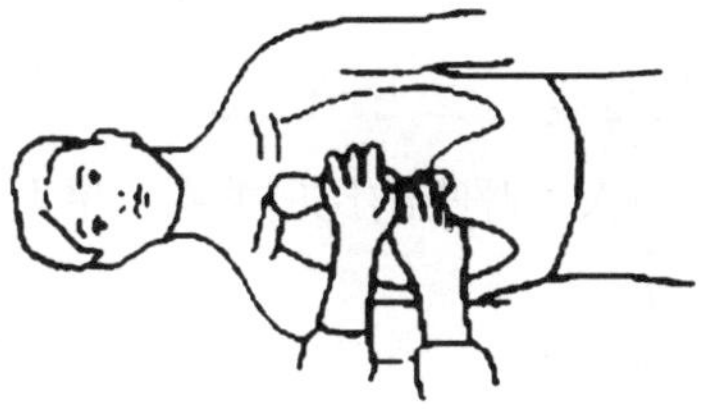

（d）掌根部放在按压区

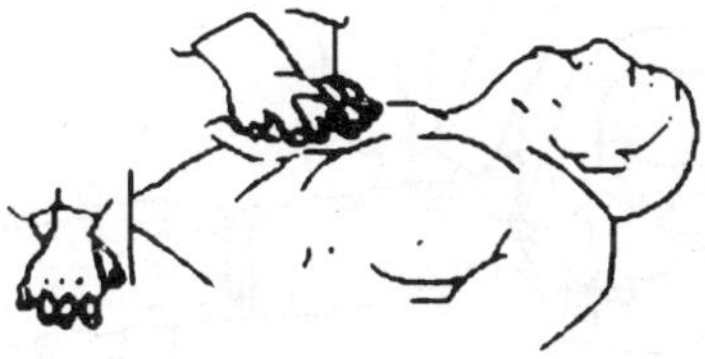

（e）重叠掌根

图 1-13　快速测定按压部位的方法

4. 按压姿势

正确的按压姿势如图 1-14 所示。抢救者双臂绷直，双肩在伤员胸骨上方正中，靠自身重量垂直向下按压。

5. 按压用力方式

（1）按压应平稳、有节律地进行，不能间断。

（2）不能冲击式的猛压。

（3）下压及向上放松的时间应相等，如图 1-15 所示。

（4）压按至最低点处，应有一明显的停顿。

（5）垂直用力向下，不要左右摆动。

（6）放松时定位的手掌根部不要离开胸骨定位点，但应尽量放松，务必使胸骨不受任何压力。

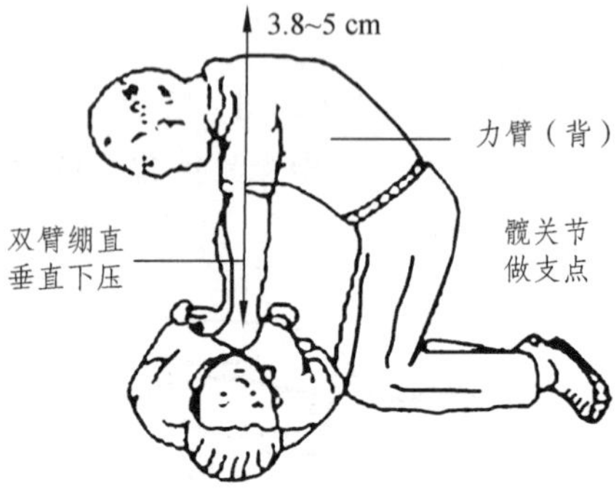

图 1-14　按压正确姿势

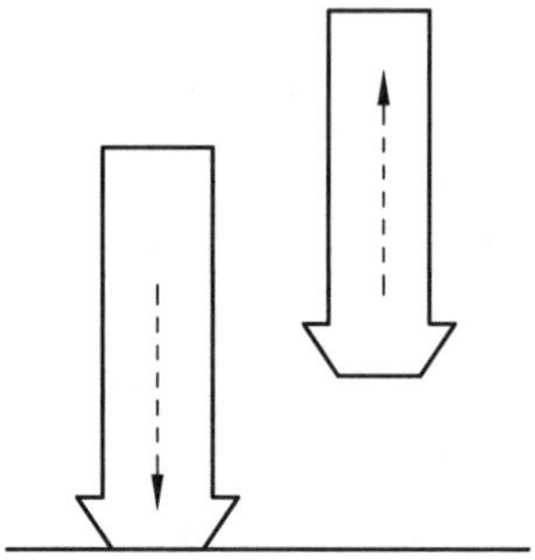

图 1-15　按压用力方式

6. 按压频率

按压频率应保持在 100 次/min。

7. 按压与人工呼吸比例

按压与人工呼吸的比例关系：单人 15∶2，双人 5∶1，婴儿、儿童 5∶1，如图 1-16 所示。

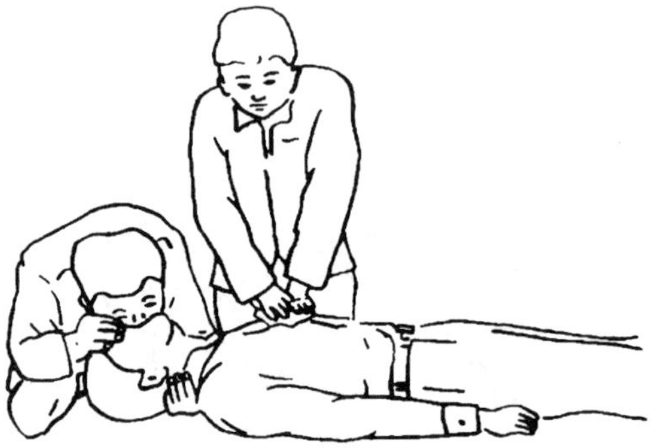

图 1-16　双人复苏法

8. 按压深度

按压深度通常是，成人 3.8 ~ 5 cm，5 ~ 13 岁 3 cm，婴幼儿伤 2 cm。

9. 胸外心脏按压常见错误

（1）按压除掌根部贴在胸骨外，手指也压在胸壁上，这容易引起骨折（肋骨或肋软骨）。

（2）按压定位不正确，向下易使剑突受压折断而致肝破裂；向两侧易致肋骨或肋软骨骨折，导致气胸、血胸。

（3）按压用力不垂直，导致按压无效或肋软骨骨折，特别是摇摆式按压更易出现严重并发症，如图 1-17（a）所示。

（4）抢救者按压时肘部弯曲，因而用力不够，按压深度达不到 3.8 ~ 5 cm，如图 1-17（b）所示。

（5）按压冲击时，猛压，其效果差，且易导致骨折。

（6）放松时抬手离开胸骨定位点，造成下次按压部位错误，引起骨折。

（7）放松时未能使胸部充分松弛，胸部仍承受压力，使血液难以回到心脏。

（8）按压速度不自主的加快或减慢，影响按压效果。

（9）双手掌不是重叠放置，图 1-17（c），而是交叉放置（图 1-17（d））。

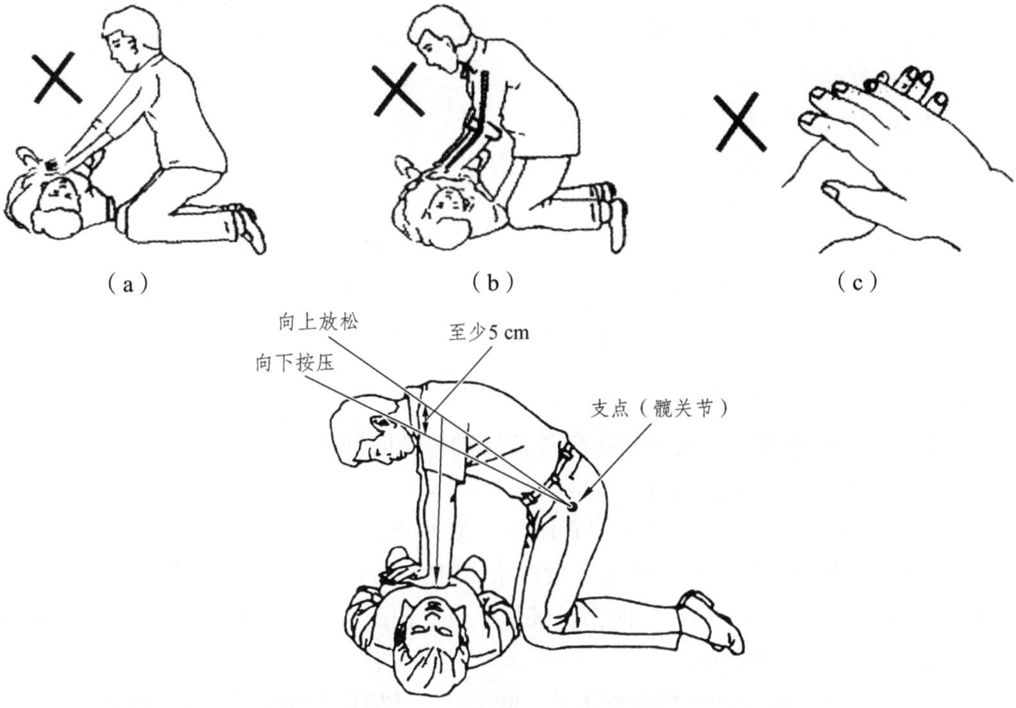

图 1-17　胸外心脏按压方法

（六）心肺复苏法

1. 操作的步骤

（1）首先判断昏倒的人有无意识。

（2）如无反应，应立即呼救。

（3）迅速将伤员放置于仰卧位，并放在地上或硬板上。

（4）开放气道（仰头举颏或颌）。

（5）判断伤员有无呼吸（通过看、听和感觉来进行）。

（6）如无呼吸，立即口对口吹气两口。

（7）保持头后仰，另一手检查颈动脉有无搏动。

（8）如有脉搏，表明心脏尚未停跳，可仅做人工呼吸，每分钟 12 ~ 16 次。

（9）如无脉搏，立即在正确定位下在胸外按压位置，进行心前区叩击 1 ~ 2 次。

（10）叩击后再次判断有无脉搏，如有脉搏即表明心跳已经恢复，可仅做人工呼吸即可。

（11）如无脉搏，立即在正确的位置进行胸外按压。

（12）每做 15 次按压，需做 2 次人工呼吸，然后再在胸部重新定位，再做胸外按压，如此反复进行，直到协助抢救者或专业医务人员赶来。按压频率为 100 次/min。

（13）开始 1 min 后检查 1 次脉搏、呼吸、瞳孔，以后每 4 ~ 5 min 检查 1 次，检查不超过 5 s，最好由协助抢救者检查。

（14）如有担架搬运伤员，应该持续做心肺复苏，中断时间不超过 5 s。

2. 心肺复苏操作的时间要求

0 ~ 5 s：判断意识。

5 ~ 10 s：呼救并放好伤员体位。

10 ~ 15 s：开放气道，并观察呼吸是否存在。

15 ~ 20 s：口对口呼吸两次。

20 ~ 30 s：判断脉搏。

30 ~ 50 s：进行胸外心脏按压 15 次，并再进行人工呼吸 2 次，以后连续反复进行。

以上程序尽可能在 50 s 以内完成，最长不宜超过 1 min。

3. 双人复苏操作要求

（1）两人应协调配合，吹气应在胸外按压的松弛时间内完成。

（2）按压频率为 100 次/min。

（3）按压与呼吸比例为 15∶2，即 15 次心脏按压后，进行 2 次人工呼吸。

（4）为达到配合默契，可由按压者数口诀 1、2、3、4、…、14 吹，当吹气者听到“14”时，做好准备，听到“吹”后，即向伤员嘴里吹气，按压者继而重数口诀 1、2、3、4、…、14 吹，如此周而复始地进行。

（5）人工呼吸者除需通畅伤员呼吸道、吹气外，还应经常触摸其颈动脉和观察瞳孔等。

4. 心复苏法注意事项

（1）吹气不能在向下按压心脏的同时进行。数口诀的速度应均衡，避免快慢不一。

（2）操作者应站在触电者侧面便于操作的位置，单人急救时应站立在触电者的肩部位置；双人急救时，吹气者应站在触电者的头部位置，按压心脏者应站在触电者胸部位置、与吹气者相对的一侧。

（3）人工呼吸者与心脏按压者可以互换位置，互换操作，但中断时间不超过 5 s。

（4）第二抢救者到现场后，应首先检查颈动脉搏动，然后再开始做人工呼吸。如心脏按压有效，则应触及到搏动；如不能触及，应观察心脏按压者的技术操作是否正确，必要时应增加按压深度并重新定位。

（5）可以由第三抢救者及更多的抢救人员轮换操作，以保持精力充沛、姿势正确。

（七）心肺复苏的有效指标、转移和终止

1. 心肺复苏的有效指标

确保心肺复苏法操作规范，主要靠平时严格训练，掌握正确的方法。而在急救中判断复苏是否有效，可以根据以下五方面综合考虑。

（1）瞳孔。复苏有效时，可见伤员瞳孔由大变小。如瞳孔由小变大、固定、角膜混浊，则说明复苏无效。

（2）面色（口唇）。复苏有效，可见伤员面色由紫绀转为红润；如若变为灰白，则说明复苏无效。

（3）颈动脉搏动。按压有效时，每 1 次按压可以摸到 1 次搏动，如若停止按压，搏动亦消失，应继续进行心脏按压；如若停止按压后，脉搏仍然跳动，则说明伤员心跳已恢复。

（4）神志。复苏有效，可见伤员有眼球活动，睫毛反射与对光反射出现，甚至手脚开始抽动，肌张力增加。

（5）出现自主呼吸。伤员自主呼吸出现，并不意味着可以停止人工呼吸。如果自主呼吸微弱，仍应坚持口对口呼吸。

2. 转移和终止

1）转移

在现场抢救时，应力争抢救时间，切勿为了方便或让伤员舒服去移动伤员，从而延误现场抢救的时间。

现场心肺复苏应坚持不断地进行，抢救者不应频繁更换，即使送往医院途中也应继续进行。鼻导管给氧绝不能代替心肺复苏法。如需将伤员由现场移往室内，中断操作时间不得超过 7 s；通道狭窄、上下楼层、送上救护车等的操作中断不得超过 30 s。

将心跳、呼吸恢复的伤员用救护车送往医院时，应在伤员背部放一块宽阔适当的硬板，以备随时进行心肺复苏。将伤员送到医院而专业人员尚未接手前，仍应继续进行心肺复苏。

2）终止

何时终止心肺复苏是一个涉及医疗、社会、道德等方面的问题。不论在什么情况下，终止心肺复苏，由医生或由医生组成的抢救组的首席医生决定，不得随意放弃抢救。高压或超高压电击的伤员心跳、呼吸停止，更不应随意放弃抢救。

3）电击伤伤员的心脏监护

被电击伤并经过心肺复苏抢救成功的电击伤员，都应让其充分休息，并在医务人员指导下进行不少于 48 h 的心脏监护。伤员在被电击过程中，由于电压、电流、频率的直接影响和组织损伤而产生的高钾血症，以及由于缺氧等因素引起的心肌损害和心律失常，经过心肺复苏抢救，在心跳恢复后，有的伤员还可能会出现“继发性心脏跳停止”，故应进行心脏监护，以对心律失常和高钾血症的伤员予以及时治疗。

对前面详细介绍的各项操作，现场心肺复苏法应进行的抢救步骤可归纳为图 1-18 所示内容。

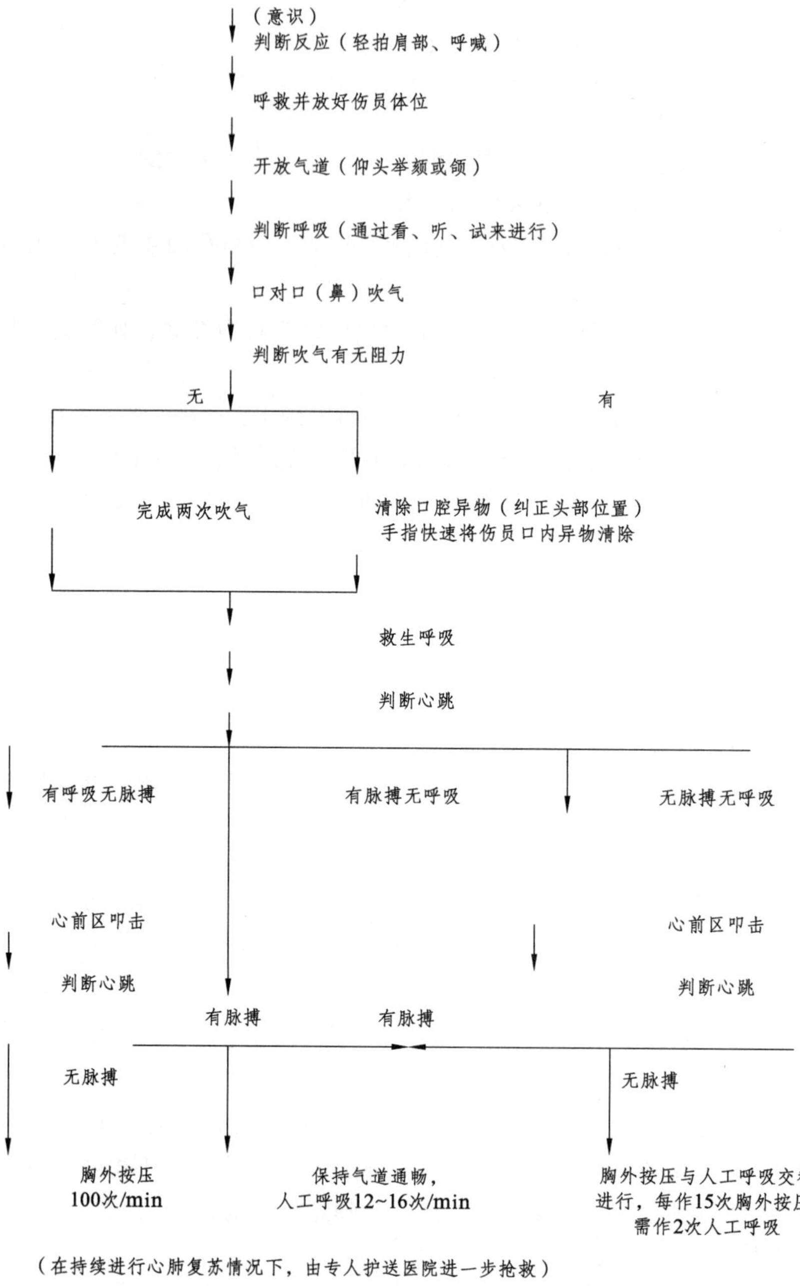

图 1-18　现场心肺复苏的抢救程序

（八）抢救过程注意事项

1. 抢救过程中的再判定

（1）按压吹气 1 min 后（相当于单人抢救时做了 4 个 15：2 压吹循环），应用看、听、试方法在 5 ~ 7 s 时间内完成对伤员呼吸和心跳是否恢复的再判定。

（2）若判定颈动脉已有搏动但无呼吸，则暂停胸外按压，再进行 2 次口对口人工呼吸，接着每 5 s 吹气 1 次（即每分钟 12 次）。如脉搏和呼吸均未恢复，则继续坚持心肺复苏法抢救。

（3）抢救过程中，要每隔数分钟再判定 1 次，每次判定时间均不得超过 5 ~ 7 s。在医务人员未接替抢救前，现场抢救人员不得放弃现场抢救。

2. 现场触电抢救，对采用肾上腺素等药物应持慎重态度

如没有必要的诊断设备条件和足够的把握，不得乱用。在医院内抢救触电者时，由医务人员经医疗仪器设备诊断，根据诊断结果决定是否采用。

三、创伤急救

（一）创伤急救的基本要求

（1）创伤急救原则上是先抢救，后固定，再搬运，并注意采取措施防止伤情加重或创面被污染。需要送医院救治的，应立即做好保护伤员措施后送医院救治。急救成功的条件是动作快，操作正确，任何延迟和误操作均可加重伤情，并可导致死亡。

（2）抢救前先让伤员安静躺平，判断全身情况和受伤程度，如有无出血、骨折和休克等。

（3）外部出血立即采取止血措施，防止失血过多而休克。外观无伤，但呈休克状态，神志不清或昏迷者，要考虑胸腹部内脏或脑部受伤的可能性。

（4）为防止伤口感染，应用清洁布片覆盖。救护人员不得用手直接接触伤口，更不得在伤口内填塞任何东西或随便用药。

（5）搬运时应使伤员平躺在担架上，腰部束在担架上，防止跌下。平地搬运时伤员头部在后，上楼、下楼、上坡、下坡时头部在上，搬运中应严密观察伤员，防止伤情突变。伤员搬运时的方法如图 1-19 所示。

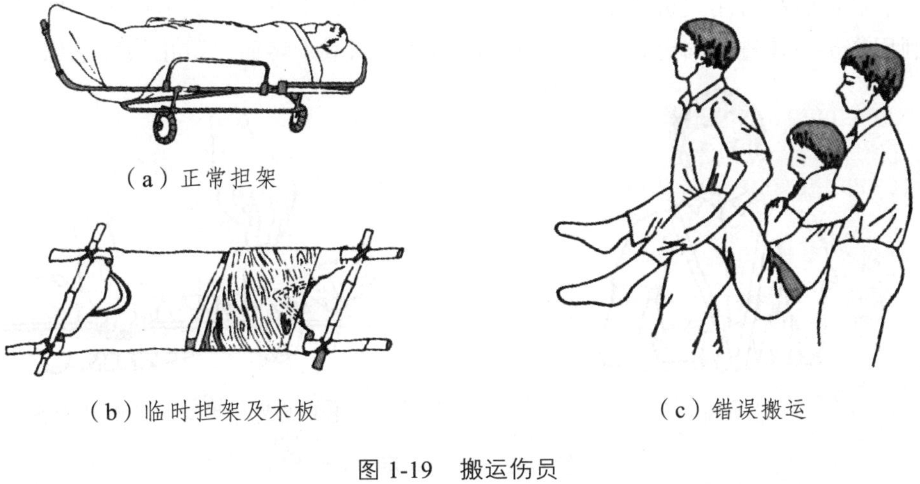

（a）正常担架

（b）临时担架及木板

（c）错误搬运

图 1-19　搬运伤员

（二）止血

（1）伤口渗血。用比伤口稍大的消毒纱布数层覆盖伤口，然后进行包扎。若包扎后仍有较多渗血，可再加绷带适当加压止血。伤口出血呈喷射状或鲜红血液涌出时，立即用清洁手指压迫出血点上方（近心端），使血流中断，并将出血肢体抬高或举高，以减少出血量。

（2）用止血带或弹性较好的布带等止血时（图 1-20），应先用柔软布片或伤员的衣袖等数层垫在止血带下面，再扎紧止血带以刚使肢端动脉搏动消失为度。上肢每 60 min，下肢每 80 min 放松 1 次，每次放松 1 ~ 2 min。开始扎紧与每次放松的时间均应书面标明在止血带旁，扎紧时间不宜超过 4 h。不要在上臂 1/3 处和窝下使用止血带，以免损伤神经。若放松时观察已无大出血可暂停使用。

（3）严禁用电线、铁丝、细绳等作止血带使用。

（4）高处坠落、撞击、挤压可能会胸腹内脏破裂出血，受伤者外观无出血但表现出面色苍白、脉搏细弱、气促、冷汗淋漓、四肢厥冷、烦躁不安，甚至神志不清等休克状态，应迅速躺平，抬高下肢，如图 1-21 所示，保持温暖，然后速送医院救治。若送医院途中时间较长，可给伤员饮用少量糖盐水。

图 1-20　止血带

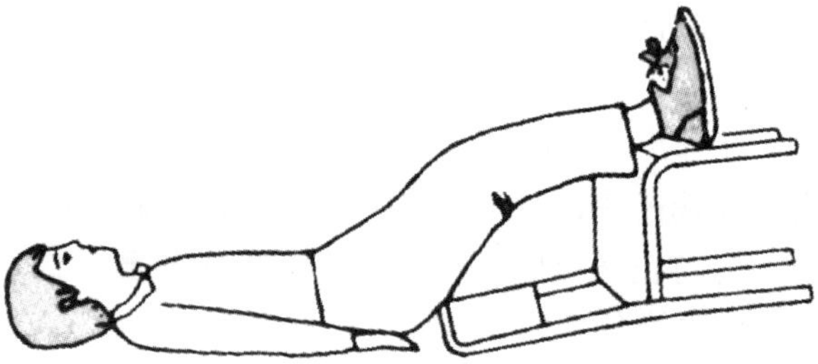

图 1-21　抬高下肢

（三）骨折急救

（1）肢体骨折可用夹板或木棍、竹竿等将断骨上、下方两个关节固定（见图 1-22），也可利用伤员身体进行固定，避免骨折部位移动，以减少疼痛，防止伤势恶化。

（a）上肢骨折固定

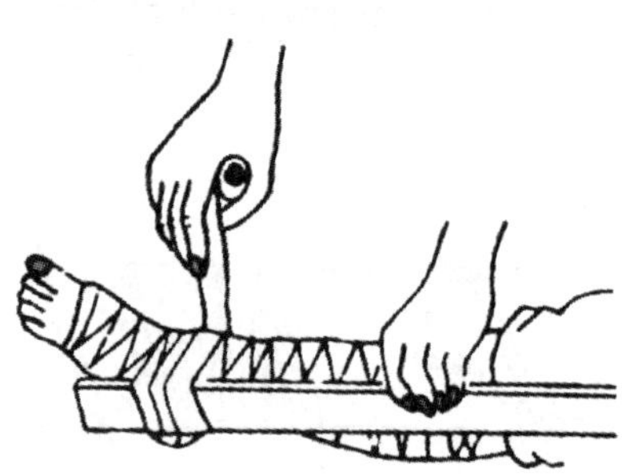

（b）下肢骨折固定开放性骨折

图 1-22　骨折固定方法

伴有大出血者，应先止血，再固定，并用干净布片覆盖伤口，然后速送医院救治。切勿将外露的断骨推回伤口内。

（2）疑有颈椎损伤，在使伤员平卧后，用沙土袋（或其他代替物）放置头部两侧（见图 1-23）使颈部固定不动。应进行口对口呼吸时，只能采用抬颏使气道通畅，不能再将头部后仰移动或转动头部，以免引起截瘫或死亡。

（3）腰椎骨折应将伤员平卧在平硬木板上，并将腰椎躯干及双侧下肢一同进行固定预防瘫痪（见图 1-24）。搬动时应数人合作，保持平稳，不能扭曲。

图 1-23　颈椎骨折固定

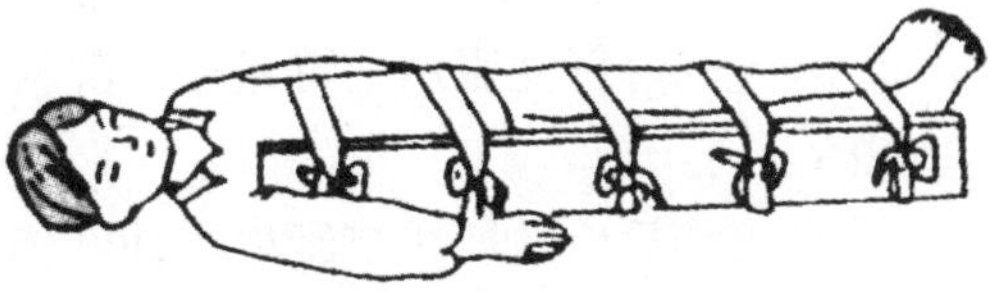

图 1-24　腰椎骨折固定

（4）骨折固定和注意事项

① 骨折固定应先检查意识、呼吸、脉搏及处理严重出血。

② 骨折固定的夹板长度应能将骨折处的上下关节一同加以固定。

③ 骨断端暴露，不要拉动。

（四）颅脑外伤

（1）应使伤员采取平卧位，保持气道通畅，若有呕吐，应扶好头部和身体，使头部和身体同时侧转，防止呕吐物造成窒息。

（2）耳鼻有液体流出时，不要用棉花堵塞，只可轻轻拭去，以便降低颅内压力。也不可用力擤鼻以排除鼻内液体，或将液体再吸入鼻内。

（3）颅脑外伤时，病情可能复杂多变，禁止给予饮食，速送医院诊治。

（五）烧伤急救

（1）电灼伤、火焰烧伤或高温气、水烫伤均应保持伤口清洁。伤员的衣服鞋袜用剪刀剪开后除去，伤口全部用清洁布片覆盖，防止污染。四肢烧伤时，先用清洁冷水冲洗，然后用清洁布片或消毒纱布覆盖送往医院。

（2）强酸或碱灼伤应迅速脱去被溅染衣物，现场立即用大量清水彻底冲洗，要彻底，然后用适当的药物给予中和；冲洗时间不少于 20 min；被强酸烧伤应用 5%碳酸氢钠（小苏打）溶液中和；被强碱烧伤应用 0.5% ~ 5%醋酸溶液或 5%氯化铵，或 10%枸橼酸液中和。

（3）未经医务人员同意，灼伤部位不宜敷搽任何东西。

（4）送医途中，可给伤员多次少量口服糖盐水。

（六）冻伤急救

（1）冻伤使肌肉僵直，严重者深及骨骼，在救护搬运过程中动作要轻柔，不要强行使其肢体弯曲活动，以免加重损伤。应使用担架，将伤员平卧并抬至温暖室内救治。

（2）将伤员身上潮湿的衣服剪去后用干燥柔软的衣服覆盖，不得烤火或搓揉。

（3）全身冻伤者呼吸和心跳有时十分微弱，不应误认为死亡，应努力抢救。

（七）动物咬伤急救

（1）毒蛇咬伤。

咬伤后，不要惊慌、奔跑、饮酒，以免加速蛇毒在人体内扩散。

① 咬伤大多在四肢，应迅速从伤口上端向下方反复挤出毒液，然后在伤口上方（近心端）用布带扎紧，将伤肢固定，避免活动，以减少毒液的吸收。

② 有蛇药时可先服用，再送往医院救治。

（2）犬咬伤。

① 犬咬伤后应立即用浓肥皂水冲洗伤口，同时用挤压法自上而下将残留伤口内唾液挤出，然后再用碘酒涂搽伤口。

② 少量出血时，不要急于止血，也不要包扎或缝合伤口。

③ 尽量设法查明该犬是否为携带狂犬病毒的犬只，这对医院制订治疗计划有较大帮助。

（八）溺水急救

（1）发现有人溺水应设法迅速将其从水中救出，呼吸心跳停止者用心肺复苏法坚持抢救。曾受水中抢救训练者在水中即可抢救。

（2）口对口人工呼吸因异物阻塞发生困难，而又无法用手指除去时，可用两手相叠，置于脐部稍上正中线上（远离剑突）迅速向上猛压数次，使异物退出，但不可用力太大。

（3）溺水死亡的主要原因是窒息缺氧。由于淡水在人体内能很快经循环吸收，而气管能容纳的水量很少，因此在抢救溺水者时不应“倒水”而延误抢救时间，更不应仅“倒水”而不用心肺复苏法进行抢救。

（九）高温中暑急救

（1）烈日直射头部，环境温度过高，饮水过少或出汗过多等可以引起中暑现象，其症状一般为恶心、呕吐、胸闷、眩晕、嗜睡、虚脱，严重时抽搐、惊厥甚至昏迷。

（2）应立即将病员从高温或日晒环境转移到阴凉通风处休息。用冷水擦浴，湿毛巾覆盖身体，电扇吹风，或在头部置冰袋等方法降温，并及时给病员口服盐水。严重者送医院治疗。

（十）有害气体中毒急救

（1）气体中毒开始时有流泪、眼痛、呛咳、咽部干燥等症状，应引起警惕。稍重时头痛、气促、胸闷、眩晕。严重时会引起惊厥昏迷。

（2）怀疑可能存在有害气体时，应立即将人员撤离现场，转移到通风良好处休息。

抢救人员进入险区应戴防毒面具。

（3）已昏迷病员应保持气道通畅，有条件时给予氧气吸入。呼吸心跳停止者，按心肺复苏法抢救，并联系医院救治。

（4）迅速查明有害气体的名称，供医院及早对症治疗。

任务四　感应电的产生原理及预防措施学习

任务学习描述

学习任务：感应电的产生原理及预防措施学习。

学习对象：学习接触网课程的学生及企业新入职人员。

学习步骤：

（1）学习感应电的危害。

（2）学习感应电产生原理。

（3）学习预防感应电预防措施。

任务学习方法

资讯：接受工作任务，分析任务，通过查找学习资料、相关文件，对任务形成总体认识。

计划：学习以小组为单位，讨论感应电的产生原理及预防措施。

决策：学生与老师共同讨论感应电的产生原理及预防措施。

实施：确定学习任务，查找资料文件，完成感应电产生原理的理解。

检查：以小组为单位，针对感应电事故案例进行查找案例，查找预防措施。

总结：学生与老师共同讨论预防感应电预防措施，以及还需要注意的事项。

任务学习目标

（1）掌握感应电产生的原理。

（2）掌握预防感应电预防措施。

一、感应电产生原理

（一）基础概念

感应电：通常，在物体上直接施加电压或电位后，物体上就会带电。如果没有直接施加电压或电位，而是因为其周围有带电物体而使该物体带电，这种现象称为物体被感应，非带电物体产生了感应电。物体上的感应电一般分为静电感应和电磁感应两类。

（二）静电感应的产生

1. 静电感应的产生原理

物质是由分子组成，分子由原子组成，原子由原子核和其外围的电子组成。两种物质紧密接触后在分离时，一种物质把电子传给另一种物质而带正电，另一种物质得到电子而带负电，这种现象叫作静电感应。处于强电场中的两种物质，在电场力的作用下，正电荷将按电场力方向移动，负电荷将按逆电场力方向移动，当电荷的移动达到平衡状态后，正、负电荷会在两种物质表面大量聚集，从而形成静电，即产生静电感应。

2. 接触网静电感应原理

复线开展 V 停作业时，一行接触网停电，另外一行接触网带电。带电的接触网存在交变电压，其周围空间有电场存在，停电的接触网位于该电场中，在电场力的作用下，导体中的自由电子会做有规律的移动，引起电荷的重新分布，使停电接触网存在带电状态，产生静电感应。

3. 静电感应电压的大小

$$U = K \times U_j \times bc \div (a^2 + b^2 + c^2)$$

式中，U：为静电感应电压；K 为感应系数，单线为 0.4、复线为 0.6；U_j 为带电线路的对地电压；a 为带电线路与停电线路的水平间距；b 为带电线路对地高度；c 为停电线路对地高度。

若上下行间距为 10 m，接触线导高为 6 m，网压为 25 kV，此时的静电感应电压为

$$\begin{aligned} U &= K \times U_j \times bc \div (a^2 + b^2 + c^2) \\ &= 0.6 \times 25000 \times 6 \times 6 \div (100 + 36 + 36)\text{V} \\ &= 3139(\text{V}) \end{aligned}$$

停电接触网上产生的静电感应电压的大小，与带电线路与停电线路（两线路间）的平行距离的平方成反比，即两线间距越大，感应电压越小；两线间距越小，感应电压越大。

停电接触网上静电电流的大小与平行长度（带电线路与停电线路平行架设的长度）成正比，即平行段越长，感应电越大；平行段越短，感应电越小。

停电线路与带电线路间距大于 100 m、平行长度较短时，感应电较小，人体触摸不会造成伤害。当两线路间距较小（小于 20 m）、平行区段较长时，停电线路上将有较大的感应电，人体触碰停电设备，将危及人身安全。

（三）电磁感应的产生

变化磁场中的导体，会产生电动势，这种现象叫作电磁感应。由电磁感应引起的电动势叫作感应电动势，由感应电动势引起的电流叫作感应电流。

1. 接触网电磁感应原理

复线开展 V 停作业时，一行接触网停电，另外一行接触网带电。带电的接触网有机车通过时，产生负荷电流，负荷电流将在带电接触网上形成电磁场，这个电磁场必然穿过停电线路接触网。因为接触网使用交流电，产生的磁场是一个交变磁场，此时处于交变磁场中的停电接触网就会产生感应电压。

2. 电磁感应电压的大小

$$U = I_j \omega M \lambda l_p$$

式中，U 为感应电压；I_j 为带电线路通过的电流；ω 为交流电角频率，一般为 314；λ 为屏蔽系数，一般为 1；M 为平行线路互感系数，一般为 1040×10^{-6}；l_p 为平行感应长度。

若通过的牵引电流为 400 A，平行感应长度为 10 km，则感应电压为

$$\begin{aligned} U &= I_j \omega M \lambda l_p \\ &= 400\times314\times1040\times10^{-6}\times1\times10 \\ &= 1306\,(\text{V}) \end{aligned}$$

停电接触网上电磁感应电压的大小与带电接触网上的负荷电流大小、电流的变化率、两线间距、平行长度成正比。

复线一行接触网停电时，在其附近的接触网线路、架空地线、供电线、回流线上均会产生较强的感应电。开展接触网 V 形天窗作业时，必须高度重视感应电，采取措施消除感应电，保证作业人员的安全。

二、感应电预防措施

（一）感应电的危害

（1）带电线路上越高，在附近停电线路上产生的感应电压越高，危害越大。

（2）带电线路上电压通过的交流电越强或变化率越大，在附近线路上产生的感应电越强，危害越大。

（3）两线的平行区段越长，在附近线路上产生的感应电越强，危害越大。

（4）两线间距越小，在附近线路上产生的感应电越强，危害越大。

（5）如果产生的感应电压的导线通过人体形成闭合回路或通路，即会有电流流过人体，对人体产生极大伤害，严重时可能导致作业人员死亡。

（二）感应电触电与高压触电的区别

高压触电：一般是指人体与带电部分距离不足，高压电将人体与带电设备间的空气间隙击穿，形成电弧对人体放电。放电的同时，变电所的馈线保护装置会启动，带动断路器跳闸，瞬间切断高压电，使人体脱离带电设备。

感应电触电时，线路不具备自动切断感应电的功能，触电人员很难脱离感应电源，感应电将长时间通过人体，极易造成触电人员电击死亡。所以感应电对人体的危害更大，必须高度重视。

（三）感应电的消除

消除感应电的根本方法就是使用接地线，将可能产生感应电的线路可靠接地。

（四）具体措施

（1）复线停电作业使用接触式 35 kV 验电器或抛线验电法进行验电，下雨时停电作业使用抛线验电法进行验电。

（2）复线区段 V 形天窗停电作业，在作业线路上验明无电后在作业区段两端安装接地线，并在作业位置接触线上加挂临时（随车）地线（铜绞 70 mm^2），临时（随车）地线未安装好时作业人员禁止触摸设备。

（3）接地人员接地时必须确认接地杆号正确、装设位置符合要求，接地线各部状态良好，无断股、接头，连接牢固，接触可靠。钢轨与接地线夹连接部位使用钢丝刷清除铁锈及污物，地线从支柱第二孔（靠近地面的支柱腹孔为第一孔）穿过，装设地线时先固定接地端，后接设备端，接挂临时地线时先接人体触及侧，后接非人体接触侧，撤除时顺序与之相反。

（4）复线 V 形天窗作业时，作业两端接地线的安装距离不得大于 1 000 m，否则应增加固定接地线。

（5）若只在接触悬挂部分作业，不触及回流线、保护线、架空地线时，以上附加导线可不接地，但要按有电设备对待，并与以上设备保持不小于 1 m 的安全距离，并禁止攀登此支柱。

（6）作业中人员机具有可能触及回流线、架空地线（跳线）等附加导线，必须对以上设备安装随车接地线；作业中涉及以上附加导线的作业时，必须在以上设备安装固定接地线。

（7）在电分段、锚段关节式分相、绝缘锚段关节、软横跨处作业时，中性区一旦断开开关就有可能形成中性区的停电设备上均应安装接地线。当中性区长度小于 10 m 时，中性区设备在与接地设备安装短接线（铜绞 25 mm^2）后可不安装接地线。使用短接线必须先接人体触及侧，后接非人体接触侧，撤出时顺序相反。短接线要注意及时取回。

（8）检修回流线时，在接触网线路停电封锁情况下，地线接于作业区两端钢轨上（车站内回流线接地必须接在单独的接地极上）。

（9）检修绝缘锚段关节内设备时，为防止误将两组地线接于同一个锚支上，禁止在转换柱和中心柱上安装接地线，应在锚段关节锚柱外端安装接地线。

（10）检修接触网隔离开关时，除在作业区两端安装接地线外，还须闭合隔离开关后，用短接线将开关两极短接，方可断开隔离开关。短接线（铜绞 25 mm^2）长度要有足够余度，能使开关开合自如。

（11）检修分段绝缘器时，除在作业区两端安装接地线外，还须用短接线（铜绞 25 mm^2）将中性区短接，方可进行作业。当检修货物线、装卸线的分段绝缘器时，应将隔离开关闭合，分段绝缘器来电侧挂一组地线。

（12）V 形天窗作业，回流线未接地时，作业人员不得触及接地侧绝缘子。如作业涉及接地侧绝缘子，必须在回流线上就近加挂接地线。

（13）跨越接地侧绝缘子时，必须使用短接线（铜绞 25 mm^2）将绝缘子两侧短接，并使用带双附带的安全带。先打好安全带，再触摸异侧，手抓牢靠后再转换打好安全带跨越。

（14）更换、清扫接地侧的绝缘子作业时，接触悬挂、回流线均应接地。

（15）作业中需要断开接触线、承力索，单电连接前必须对断开点两端使用短接线（铜绞 25 mm^2）进行短接；双电连接不能同时断开。

（16）停电检修补偿装置时，必须将补偿装置与工支线索使用短接线（铜绞 25 mm^2）进行短接。

（17）天窗外，装卸线、货物线上断开隔离开关，在作业平台准备工具、材料时，按规定验电后在分段绝缘器停电侧接触线上加挂固定地线，作业平台位置还须加挂临时地线。

第二部分　接触网维修常用机具、工具、测量仪器

任务一　常用机具、工具使用

任务学习描述

学习任务：常用机具、工具使用。

学习对象：学习接触网课程的学生及企业新入职人员。

工具选择：常用安全工具、测量工具、梯车。

学习步骤：

（1）学习常用机具、工具用途。

（2）学习常用机具、工具使用规定。

（3）学习常用机具、工具注意事项。

任务学习方法

资讯：接受工作任务，分析任务，通过查找学习资料、相关文件，对任务形成总体认识。

计划：学习以小组为单位，讨论常用机具、工具用途。

决策：学生与老师共同讨论常用机具、工具及注意事项。

实施：确定学习任务，查找资料文件，完成检修标准、检调方法。

检查：以小组为单位，使用常用机具、工具。

总结：学生与老师共同讨论本节课知识点，以及高空作业的注意事项。

任务学习目标

（1）掌握常用机具、工具用途。

（2）掌握常用机具、工具使用规定。

（3）掌握常用机具、工具注意事项。

一、梯　车

梯车如图 2-1 所示。

图 2-1　接触网作业用车梯

二、梯车使用规定

（1）接触网作业用的车梯和梯子必须符合下列要求。

① 结实、轻便、稳固。

② 在有轨道电路的区段上，车梯的车轮必须采取可靠的绝缘措施。

③ 按规定进行试验。

作业中推动车梯应服从工作台上人员的指挥。当车梯工作台面上有人时，推动车梯的速度不得超过 5 km/h，并不得发生冲击和急剧启、停。工作台上人员和车梯负责人要呼唤应答，配合妥当。

工作领导人和推车梯人员，要时刻注意和保持车梯的稳定状态。当车梯在曲线上或遇大风时，对车梯要采取防止倾倒的措施；当车梯在大坡道上时，要采取防止滑移的措施；当车梯放在道床、路肩上或作业人员超出工作台范围作业时，作业人员要将安全带系在接触网上，不得系在车梯工作台框架上；车梯在地面上推动时，工作台上不得有人停留。

为避让列车需将车梯暂时移至建筑限界以外时，要采取防止车梯倾倒的措施。当作业结束，车梯需要就地存放时，须稳固在建筑限界以外不影响瞭望信号的地方。

（2）使用套筒扳手注意事项。

① 使用时根据螺栓螺母的尺寸选好套筒，套在快速摇柄的方形端头上（视需要与长接杆或短接杆配合使用），再将套筒套住螺栓螺母，转动快速摇柄进行拆装；

② 用棘轮手柄扳转时，不准拆装过紧的螺栓螺母，以免损坏棘轮手柄；

③ 拆装时，握快速摇柄的手切勿摇晃，以免套筒滑出或损坏螺栓螺母的六角；

④ 禁止用锤子将套筒击入变形的螺栓螺母的六角进行拆装，以免损坏套筒；

⑤ 禁止使用内孔磨损过甚的套筒；

⑥ 工具使用用毕，应清洗油污，妥善放置。

套筒扳手如图 2-2 所示。

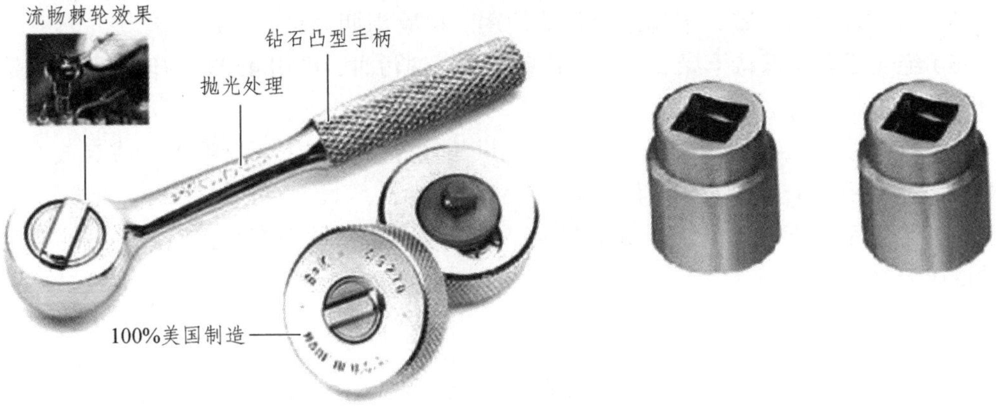

图 2-2　套筒扳手

三、绝缘工具

接触网用的绝缘工具主要有绝缘手套、绝缘鞋、验电器、接地杆等。

1. 绝缘手套

用途：绝缘手套是在高压电气设备上进行操作时使用的辅助安全工器具，如用来操作高压隔离开关、高压跌落开关、装拆接地线、在高压回路上验电等工作。在低压交直流回路上带电工作，绝缘手套也可以作为基本用具使用。

结构：绝缘手套用特殊橡胶制成（见图 2-3），其试验耐压分为 12 kV 和 5 kV 两种。12 kV 绝缘手套可作为 1 kV 以上电压的辅助安全工器具及 1 kV 以下电压的基本安全工器具。5 kV 绝缘手套可作为 1 kV 以下电压的辅助安全工器具，在 250 V 以下时作为基本用具。

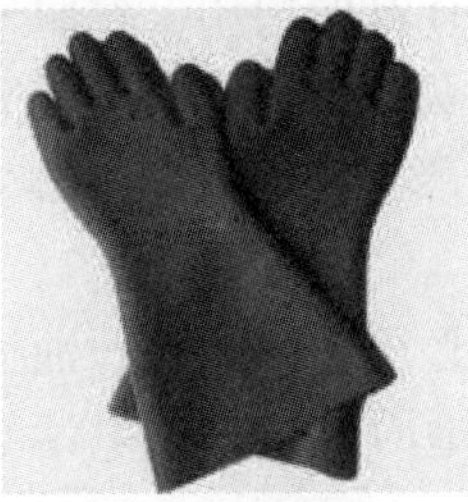

图 2-3　绝缘手套

使用方法及注意事项：

（1）每次使用前应进行外部检查，查看表面有无损伤、磨损、破漏、划痕等。如有砂眼漏气情况，禁止使用。检查方法是，手套内部进入空气后，将手套朝手指方向卷曲，并保持密闭，当卷到一定程度时，内部空气因体积压缩压力增大，手指膨胀，细心观察有无漏气，漏气的绝缘手套不得使用。

（2）用绝缘手套，不能抓拿表面尖利、电刺的物品，以免损伤绝缘手套。

（3）进行设备验电、倒闸操作，装拆接地线等工作应戴绝缘手套。

（4）使用绝缘手套时应将上衣袖口套入手套筒口内。

（5）有试验合格标签，未超过有效期使用。检验周期为每 6 个月 1 次。

（6）绝缘手套应保持干燥、清洁，若有灰尘、油污时，可用 45 °C 的低温肥皂水清洗擦净，并撒上滑石粉。

（7）绝缘手套应存放在干燥、阴凉、通风的地方，并倒置在指形支架或存放在专用的柜内，绝缘手套上不得堆压任何物品。

（8）绝缘手套不准与油脂、溶剂接触，合格与不合格的手套不得混放一处，以免使用时造成混乱。

2. 绝缘靴

用途：绝缘靴的作用是人体与地面保持绝缘，是高压操作时使用人用来与大地保持绝缘的辅助安全工器具，可以作为防跨步电压的基本安全工器具（见图 2-4）。

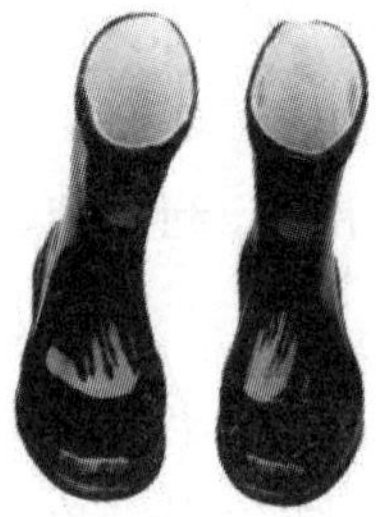

图 2-4　绝缘靴

使用方法及注意事项

（1）绝缘靴使用前应检查，不得有外伤，无裂纹、无气泡，无毛刺、无划痕、无漏洞等缺陷，如发现有以上缺陷，应立即停止使用并及时更换。

（2）有试验合格标签，未超过有效期使用。检验周期为每 6 个月 1 次。

（3）使用绝缘靴时，应将裤管套入靴筒内，并要避免接触尖锐的物体，避免接触高温或腐蚀性物质，防止受到损伤，严禁将绝缘靴挪作它用（如当雨靴使用或将绝缘靴套在隔离开关触头上用以隔离电源等）。

（4）绝缘靴、绝缘手套存放时必须和酸、碱、油类药品等隔离开。

（5）雷雨天气或一次系统有接地时，巡视变电站室外高压设备应穿绝缘靴。

（6）超试验期的绝缘靴禁止使用。

3. 验电器

用途：高压验电器用来检测高压架空线路电缆线路、高压用电设备是否带电。

声光式验电器结构：声光式验电器由验电接触头、测试电路、电源、报警信号、试验开关等部分组成（见图 2-5）。

工作原理：使用高压验电器时，不要直接接触设备的带电部分，而要逐渐接近。被测试部分有电时验电器发出音响和灯光闪烁信号报警，无电时没有任何信号指示。为检查指示器工作是否正常，设有一试验开关，按下后能发出音响和灯光信号，表示指示器工作正常。

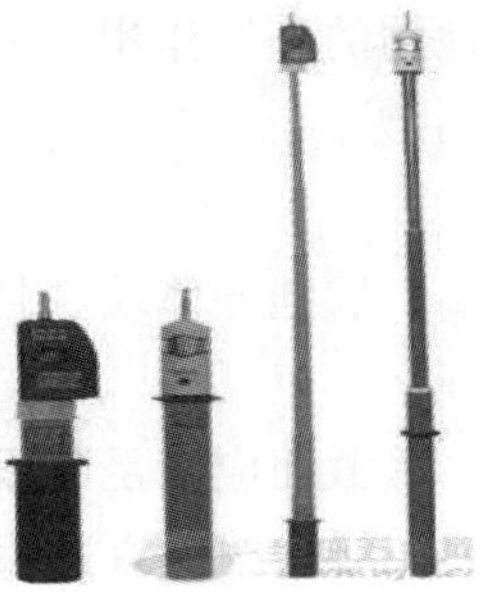

图 2-5　验电器

使用方法及注意事项：

（1）使用前应进行外观检查，外观无裂痕、破损和污渍，验电器声光装置良好，有试验合格标签，标有电压等级，未超过有效期使用，检验周期为每 6 个月 1 次。

（2）验电器的工作电压应与被测设备的电压相同。

（3）非雨雪型验电器不得在雷雨雪等恶劣天气时使用。

（4）严禁将有电压等级要求的器具如绝缘杆、验电器等，用于高电压等级的设备上进行验电或操作。

（5）高压验电器只准在良好天气下使用，禁止在户外雨、雪、雾天气时使用。

（6）使用验电器时，操作人员应戴绝缘手套，穿绝缘靴（鞋），手握在护环下侧握柄部分，人体与带电部分距离应符合安规规定的安全距离。

（7）使用抽拉式验电器时，绝缘杆应完全拉开。

（8）验电前，应先在有电设备上进行试验，确认验电器良好；无法在有电设备上进行试验时可用高压发生器等确证验电器良好。如在木杆木梯或木架上验电，不接地不能指示者，经运行值班负责人或工作负责人同意后，可在验电器绝缘杆尾部接上接地线。

4. 接地杆用途

当对高压设备进行停电检修或有其他工作时，为了防止检修设备突然来电或邻近带电高压设备产生的感应电压对工作人员造成伤害，需要装设接地线，停电设备上装设接地线还可以起到放尽剩余电荷的作用。

结构组成：

（1）接地线夹：起到接地线与设备的可靠连接作用。

（2）绝缘杆：绝缘杆由 3 节组成，每节长度为 2 m，能组装成 1 根长约 6 m 的绝缘杆，其中 1 节绝缘杆顶部装有铝合金卡簧式挂钩用于与腕臂或线索相连接并且能与接地线可靠连接。作业人员站在地面上就可以装拆接地线。

（3）多股软铜线：应承受工作地点通过的最大短路电流，同时应有一定的机械强度，截面积不得小于 25 mm^2，多股软铜线套的透明塑料外套起保护作用。

（4）多股软铜线载面的选择应按接地线所用的系统短路容量而定，系统越大，短路电流越大，所选择的接地线截面积也越大。接触网用的接地线一般选用截面积为 25 mm^2 的裸铜软绞线。

（5）接地端：起接地线与接地网的连接作用，一般是用专用的接地线夹与钢轨或着专用的接地极进行连接。

使用方法及注意事项：

（1）装设接地线必须先接地端，后挂导体端，且必须接触良好。拆接地线必须先拆导体端，后拆接地端。

（2）接地线应用多股软铜线，其截面应满足装设地点短路电流的要求，但不得小于 25 mm^2，长度应满足工作现场需要；接地线应有透明外护层，护层厚度大于 1 mm。

（3）接地线的两端线夹应保证接地线与导体和接地装置接触良好拆装方便，有足够的机械强度，并在大短路电流通过时不致松动。

（4）接地线使用前应进行外观检查，接地端线卡螺丝牢固、无变形，导线护套无明显破损、脏污，导线无断股，与线卡连接牢固。绝缘杆身无裂痕、破损和污渍，试验合格。三相线卡螺丝牢固，卡口弹簧合格；钩环牢固、无变形。如发现绞线松股断股、护套严重破损、夹具断裂松动等不得使用，检验周期为一年 1 次。

（5）严禁使用无护套裸露接地线。

（6）装设接地线时，人体不得碰触接地线或未接地的导线，以防止感应电触电。

（7）装设接地线，应先装设接地线接地端，待验电证实无电后，立即接导体端，并保证接触良好。拆接地线的顺序与此相反。接地线严禁用缠绕的方法进行连接。

（8）设备检修时所挂地线的数量位置和地线、编号，应与工作票和操作票所列内容一致，与现场所装设的接地线一致。

任务二　激光测量仪使用

任务学习描述

学习任务：激光测量仪的使用。

学习对象：学习接触网课程的学生及企业新入职人员。

工具选择：常用安全工具、测量工具。

学习步骤：

（1）学习激光测量仪器使用标准。

（2）学习激光测量仪按键功能说明。

（3）学习常用机具、工具注意事项。

任务学习方法

资讯：接受工作任务，分析任务，通过查找学习资料、相关文件，对任务形成总体认识。

计划：学习以小组为单位，讨论常用机具、工具用途。

决策：学生和老师共同讨论常用机具、工具及注意事项。

实施：确定学习任务，查找资料文件，完成检修标准、检调方法。

检查：以小组为单位，使用常用机具、工具。

总结：学生与老师共同讨论本节课知识点，以及高空作业的注意事项。

任务学习目标

（1）掌握常用机具、工具用途。

（2）掌握常用机具、工具使用规定，掌握按键功能。

（3）掌握常用机具、工具注意事项。

1. 仪器放置标准

将测量架置于待测目标下方的轨道面上，拨动测量架右端的轨距手柄，使测量架两端的固定测脚和活动测脚都紧靠钢轨内沿。保持测量架与轨道基本垂直，将主机放置于测量架的定位盘上，并使旋钮处于旋紧状态。

2. 开机

打开电源开关后，按下键盘上“开/关”按钮，显示屏出现“请向右旋转主机”，根据提示用手轻轻旋转主机头（禁止快速旋转），直至显示屏上出现视频图像，即表示仪器进入正常测量状态，可以开始测量。

仪器不用时，请关闭电源开关，以便节省电能保护仪器。

3. 瞄准

仪器的显示屏中央有白色十字丝，通过前后挪动测量架和旋转主机头，当十字丝中心与待测目标完全重合时，则表明已瞄准。

瞄准时，可先用手转动主机头进行粗调，然后根据需要旋转微调旋钮进行微调，直到对准目标。在光线较弱的情况下也可以按“长光”键打开长光用眼睛观察红色激光点辅助瞄准。

注： 键盘上有一“长光”键，按下该键仪器就会发出一束红色激光，用于辅助瞄准。在分布测量过程中该键也用于从数字界面到图像界面的切换。

4. 测量

在正常测量状态下，瞄准目标后即可按下相应功能键进行测量，并显示测量结果。如果没有瞄准目标则提示“进入盲区或未对准目标请重新测量”。

（1）键盘示意图如图 2-6 所示。

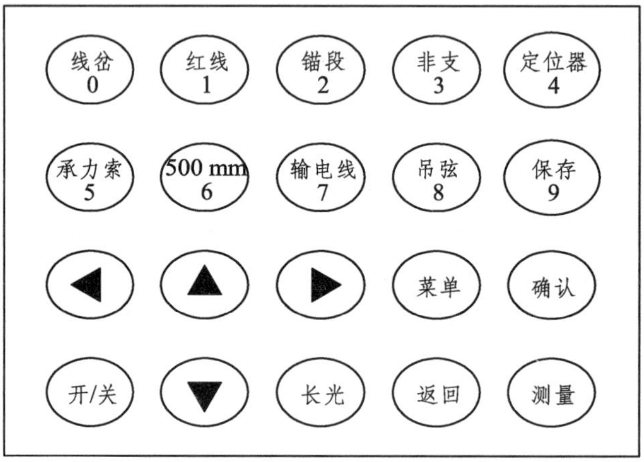

图 2-6　键盘示意图

按键功能说明：

（线岔 0）：在正常测量状态下，该键的功能为进入线岔测量模式，测量岔心的导高和偏离值；在数字输入状态下，为数字 0。

（红线 1）：在正常测量状态下，该键的功能为进入红线测量模式，测量红线标高和侧面限界；在数字输入状态下，为数字 1。

（锚段 2）：在正常测量状态下，该键的功能为进入锚段关节测量模式，测量锚段关节的抬高和偏离；在数字输入状态下，为数字 2。

（非支 3）：在正常测量状态下，该键的功能为进入自由测量模式，测量垂直距和水平距；在数字输入状态下，为数字 3。

定位器4：在正常测量状态下，该键的功能为进入定位器坡度测量模式；在数字输入状态下，为数字 4。

承力索5：在正常测量状态下，该键的功能为进入承力索高差测量模式，测量承力索和接触线的高度差；在数字输入状态下，为数字 5。

500mm6：在正常测量状态下，该键的功能为进入 500 mm 处高差测量模式；在数字输入状态下，为数字 6。

输电线7：在正常测量状态下，该键的功能为进入输电线高差测量模式，测量接触线与上方输电线的高度差；在数字输入状态下，为数字 7。

吊弦8：在正常测量状态下，该键的功能为进入线岔测量模式，测量岔心侧、非岔心侧、定位点的各项参数；在数字输入状态下，为数字 8。

保存9：在正常测量状态下，该键的功能为保存当前所测量数据，需要输入杆号；在数字输入状态下，为数字 9。

菜单：进入菜单界面，进行数据回看、内存管理、数据导出、参数设置等操作。

▲：在正常测量状态下，该键的功能为“隧道设置”，输入相应隧道代号后，显示屏标记“s+代号”，表示进入隧道数据测量，再按一次结束隧道参数测量；在菜单界面下，该键的功能为光标上移；在需要进行分步测量时，该键的功能为“重测该点”。

▼：在正常测量状态下，该键的功能为“线路信息设置”，输入相应的线路信息代号后按“确认”键记录线路信息。在超高修正中，为切换正负号。

◀：在正常测量状态下，该键的功能为“超高修正”。根据需要输入设计超高，将测量结果换算成设计超高状态下的接触网参数。

▶：在正常测量状态下，该键的功能为拉出值和超高正负号基准切换。仪器默认情况下，以线路左侧为基准，拉出值偏左为正，水平右轨比左轨高为正。切换到以右为基准时数据界面标记“右”；在数字输入状态下，该键的功能为删除。

确认：相当于计算机上的“ENTER”键。

开/关：软开机键。

长光：在正常测量状态下，按下该键仪器会发出一束指示激光。同时该键具有从数据显示界面到图像瞄准界面的切换功能。

返回：在正常测量状态下，用于从数据显示界面到图像瞄准界面的切换。在设置或进入分步测量的状态下，该键的功能为退出（分步测量时若中断测量，前面测量数据丢失）。

测量：用于常用的导高、拉出值、轨距、水平 4 项参数测量。

在进行分步测量（如测量 500 mm 处水平、定位器、非支等）时，按下“返回”键，则直接退出该参数测量，前面步骤测量结果丢失。所以此时若只是需要从数据显示界面切换到图像瞄准界面，只能按下“长光”键。

（2）菜单操作。

按下菜单后显示屏显示如图 2-7 所示。

“←”符号所指项为当前选中项，按▲和▼选择菜单项，按下“确认”就进入相应选项。

数据回看：当光标指向该选项时，按下“确认”键后提示：“请输入杆号”，输入杆号后按“确认”，就可以看到该杆号下测量的数据。

数据回看
内存管理
数据导出
参数设置

图 2-7　菜单操作显示

内存管理：用于清空存储的数据。当光标指向该选项时，按下“确认”键，则提示：“是否清空内存”，此时按下“确认”键则删除存储器中存储的所有数据；按下“返回”键，则不进行任何操作退回到测量界面。

每次测量数据导出后把内存清空，否则数据累积过多会严重影响仪器运行速度，且造成数据重复导出。

数据导出：用于将仪器中所存的数据导入 U 盘。要进行数据导出时，请先将 U 盘插入仪器的 U 盘插口，再按下“确认”键。提示“请稍候”，等待数据传输完成并提示“完毕”完成数据导出。按下“返回”键可进入正常测量状态。

导出前请确保 U 盘中没有“LANDONG.TXT”文件，如果存在此文件请先删除，否则不能成功导出数据。

专配 U 盘一般不允许用于其他。如果出现数据导出故障，可在计算机上格式化 U 盘，格式化 U 盘时选择“FAT”文件系统。U 盘不能频繁格式化，否则会损坏 U 盘。

参数设置：用软件来调整出厂时的补偿参数，以保证仪器精度。

请勿随意改动补偿参数，改动参数会产生不可预知的测量结果。

5. 使用说明

每进行下一个测量点的测量前，请确认上组数据已保存，否则会造成未保存数据的丢失。

1）标准模式：导高、拉出值、钢轨轨距和超高的测量

① 将仪器按“仪器放置标准”放置；

② 正常测量状态下瞄准目标后，按下“测量”键，即可显示结果（见图 2-8）。

导　高：	6023. 0mm
拉出值：	+300. 0mm
轨　距：	1435. 0mm
超　高：	+002. 0mm

图 2-8　按下“测量”键显示

③ 重复按下“测量”键进行测量，显示屏上的数据也会随之更新。

④ 按下“返回”键，可以由数据显示界面切换到图像瞄准界面。

⑤ 按下“长光”键，可以发出一束指示激光，同时从数据界面切换到图像瞄准界面。

2）红线标高、侧面限界测量

① 将仪器按“仪器放置标准”放置。

② 正常测量状态下，瞄准支柱上的红线，此时可以打开长光方便瞄准。瞄准后按下键盘上的“红线”键，即可在显示屏上显示结果，如图 2-9 所示。

红线标高：	+005. 0mm
侧面限界：	2758. 0mm

图 2-9　按下键盘上的“红线”键显示

③ 重复按下“红线”键进行测量，显示屏上的数据也会随之更新。红线标高以支柱侧轨道面为基准，红线比基准轨高记为正，低记为负。

3）500 mm 处高差测量

① 将仪器按“仪器放置标准”放置于“500 mm”处下方的轨道面上。

② 正常测量状态下按下键盘上“500 mm”按钮，仪器会提示“请测量第一点”并切换到图像界面，瞄准第一条接触线后按下“测量”键，显示屏上就会出现高度 1 的数值（即本条接触线的导高）。等待 1 s 后，仪器会提示“请测量第二点”并切换到图像界面，瞄准第二条接触线，按下“测量”键，显示屏显示 500 mm 处高差数值。数值为正表示第一条接触线比第二条接触线高，显示屏同时显示高度 1 的数值和线距的数值。

③ 当显示屏显示图 2-10 的线距数值接近 500 mm 时，按“确认”键完成测量。

高度1：	9000.0 mm
线 距：	502.0 mm
高 差：	0015.0 mm

图 2-10　500 mm 处高差测量显示

当显示屏显示的线距数值与 500 mm 差别较大时，请不要按“确认”键，在“500 mm”处下方附近，向前或向后挪动仪器（必须保证有一定的距离，使线距有较大的变化，一般要求两次测量线距变化应大于 100 mm，否则由于人为和偶然因素可能导致计算结果误差较大。线距变化较小时，仪器会提示“请确保两次测量有一定间距”）。瞄准第一条接触线，按下“测量”键，显示屏上就会出现高度 1 的数值；切换到图像界面，瞄准第二条接触线，按下“测量”键，显示线距数值，按下“确认”后仪器自动换算出“500 mm”处高差结果。此时的高度 1 为换算后的 500 mm 处第一条接触线的导高。

两次测量的“第一条接触线”“第二条接触线”必须一致，否则测量结果会出现严重偏差。

④ 在每一个点测量完后，按下(▲)，表示对该点重新测量。

在“500 mm”处高差测量过程中，如需从数据界面切换到图像界面进行下一步测量时，只能按下“长光”键进行切换。在“500 mm”处高差测量中，任何时候按下“返回”键都可以中断该参数的测量，返回正常测量状态。

4）承力索、接触线高差测量

① 将仪器按“仪器放置标准”放置。

② 正常测量状态下按下键盘上“承力索”按钮，仪器会提示“请测量第一点”并切换到图像界面，瞄准承力索后按下“测量”键，显示屏上会出现高度 1 的数值。等待 1 s 后，仪器会提示“请测量第二点”并键切换到图像界面，瞄准接触线，按下“测量”键，显示屏上显示高度 2 ，按下“确认”键，显示屏上显示高差值并结束本次测量。示例如图 2-11 所示。

高度1：	9000.0 mm
高度2：	6000.0 mm
高 差：	3000.0 mm

图 2-11　承力索、接触线高差测量显示

③ 如果在瞄准目标时发现承力索与接触线图像重合，无法分辨时，可将测量架左右对调再进行测量。

在每一个点测量完后，按下(▲)，表示对该点重新测量。

在该测量过程中任何时候按下“返回”键都可以退出该参数的测量，返回正常测量状态。

5）输电线、接触线高差

① 将仪器按“仪器放置标准”放置。

② 正常测量状态下按下键盘上“输电线”按钮，仪器会提示“请测量第一点”并切换到图像界面，瞄准输电线后按下“测量”键，显示屏上就会出现高度 1 的数值。等待 1 s 后，仪器会提示“请测量第二点”并切换到图像界面，瞄准接触线，按下“测量”键，显示屏上显示高度 2 ，按下“确认”键，显示屏上显示高差值并结束本次测量。示例如图 2-12 所示。

高度1：	9000.0 mm
高度2：	6000.0 mm
高 差：	3000.0 mm

图 2-12　输电线、接触线高差测量显示

6）锚段关节测量

① 将仪器按“仪器放置标准”放置。

② 正常测量状态下按下键盘上“锚段”按钮，仪器会有“请先测量工作支”的提示语。然后瞄准工作支后，按下“测量”键，显示屏上出现结果。示例如图 2-13 所示。

导　高：　6000.0 mm
拉出值：　+530.0 mm

图 2-13　锚段关节测量显示 A

③ 等待 1 s 后，有“请测量锚段”的提示语。在瞄准锚段关节后，按下“测量”键，显示屏上出现结果。示例如图 2-14 所示。

导　高：　6010.0 mm
拉出值：　+500.0 mm

图 2-14　锚段关节测量显示 B

④ 按下“确认”键显示屏上显示结果并结束本次测量。示例如图 2-15 所示。

抬 高：　10.0 mm
偏 离：　30.0 mm

图 2-15　锚段关节测量显示 C

⑤ 在每一个点测量完后，按下▲，可以对该点重新测量。

在该测量过程中任何时候按下“返回”键都可以退出该参数的测量，返回正常测量状态。

7）定位器坡度测量

① 将仪器按“仪器放置标准”放置。

② 正常测量状态下，按下“定位器”按钮，仪器会提示“请测量第一点”，并切换到图像界面，瞄准定位器的近端即线夹点位置，按下“测量”键，显示屏会出现近端的数值。等待 1 s 后，仪器会提示“请测量第二点”，然后瞄准定位器的远端，即定位环位置，按下“测量”键，显示屏上就会显示结果。示例如图 2-16 所示。

定位器坡度：　1：10.0

图 2-16　定位器坡度测量显示

8）线岔中心测量

① 将仪器按“仪器放置标准”放置。

② 正常测量状态下瞄准岔心，按下“线岔”按钮，就会有“请输入内轨距”的提示语，读取测量架上轨距刻度尺数值，输入完成按下“确认”键，即可显示结果。示例如图 2-17 所示。

导　高：	6225.0 mm
偏离值：	+010.0 mm
内轨距：	780.0 mm

图 2-17　线岔中心测量显示

③ 放置测量架时应使读数刻度与内轨中心线保持垂直。

④ 在输入数据时，按键盘上的数字键输入。如果输入错误，可按▶删除，每按一次，删除一位数。

⑤ 在测量必须经过多次测量才能得出结果的参数（如锚段关节、承力索高差，500 mm 处高差、输电线高差等）时，如果对各次测量的数据要进行重新测量时可按▲后进行重测。在测量过程中按下“返回”键可以退出该参数的测量，而且这些参数都是按“确认”键结束并显示结果。

9）隧道号输入

① 正常测量状态下按▲后，显示屏上显示结果如图 2-18 所示。

请输入隧道号：　000

图 2-18　隧道号输入显示

② 输入代号后按“确认”键，显示屏上会出现“S000”的字样；按“返回”键，退出设置。隧道测量结束后，同样按下▲，表示隧道结束。

6. 数据保存

任何一个参数测量完成后都可以进行数据保存，保存的数据为当前杆号下的已测量参数。这组参数包括杆号、导高、拉出值、轨距、超高、线岔中心导高、线岔中心偏离值、定位器坡度、红线标高、侧面限界、锚段关节导高、锚段关节拉出值、非支导高、非支拉出值、500 mm 处高差、输电线高差、承力索高差、符号等。

保存时，先按下“保存”键，显示屏提示“请输入杆号”，输入完杆号后按下“确认”键。保存结束有“已保存”的提示，并自动切换到图像界面。

在输入杆号时，按键盘所标注的黄色数字输入。如果输入错误，需要更改时，可按▶删除，每按一次，删除一位数。

7. 关于线岔模式测量的增补说明

① 按下键盘上“吊弦”按钮进入线岔测量模式，即弹出图 2-19 所示。

1、岔心侧
2、定位点
3、非岔心侧

图 2-19　线岔模式显示

② 按相应的数字键进入相应的参数测量，按下“返回”退出线岔测量。

例如按“1”键进入岔心侧参数测量，岔心侧可以分别测量 2 个导高和 2 个拉出值，显示界面如图 2-20 所示。

a. 按下“确认”键计算出高差。

b. 再次按下“确认”键，回到线岔模式的基本界面。

c. 按下“2”定位点的状态下可根据提示测量以下参数。

d. 工作支的导高拉出值，定位器坡度，非支的导高拉出值及定位器坡度。

e. 导高、拉出值的测量与标准模式下导高、拉出值测量相同，即瞄准目标按下“测量”。定位器坡度的测量也与标准模式下定位器坡度的测量相同。

f. 测量完成后同样按下“确认”键，回到线岔模式界面。

导　高 1：	0000.0 mm
拉出值1：	0000.0 mm
导　高2：	0000.0 mm
拉出值2：	0000.0 mm
高　　差：	0000.0 mm

图 2-20　线岔测量显示

在仪器提示“请测量定位器”时，应按下数字键“4”进入定位器测量模式。

按下“3”进入非岔心侧测量，非岔心侧的参数及测量与岔心侧相同。

为了防止数据保存混乱，在线岔模式下测量时，只有在线岔模式界面下才能保存数据，即在测量完岔心侧的全部参数或是定位点的全部参数或是非岔心侧的全部参数时按“确认”键回到线岔界面，在按下“保存”键，输入杆号进行保存。也可以将岔心侧、定位点和非差心侧的所有参数测完后一次性保存。

8. 自由测量

取消了“非支”测量功能，键盘上“3”按键的功能为自由测量功能。

即在正常测量模式按下“3”进入自由测量模式，所谓自由测量模式就是测量较远距离的水平距离和垂直距离。即进入后，按下测量键，就可以测量。示例如图 2-21 所示。

距离测量	
水平距：	31786.6 mm
垂直距：	28897.3 mm

图 2-21　自由测量显示

在此测量模式下，待测点必须高出主机头激光发射点，否则可能出错。

使用该测量方式时，如果距离较远，可以使用配合目标靶。

9. 跨距测量

把仪器主机连同测量架一起放在两支柱中间的地面上。

（1）正常测量状态下，瞄准左侧支柱，按下“3”键屏幕显示垂直距和水平距一组数据，水平距即为仪器到左侧支柱距离。

（2）用同样方法瞄准右侧支柱，按下“3”键，测出右侧支柱水平距。

（3）两个水平距相加得出两支柱之间的跨距。注：自由测量和跨距测量非接触网基本参数测量，测量结果仅供参考，仪器不提供保存功能。

任务三　扭矩扳手及其他工具使用

任务学习描述

学习任务：扭矩扳手及其他工具使用。

学习对象：学习接触网课程的学生及企业新入职人员。

工具选择：常用安全工具、测量工具、梯车。

学习步骤：

（1）学习扭矩扳手工作原理。

（2）学习如何使用及维护保养手动扭矩扳手。

（3）学习扭矩扳手及其他工具的使用。

任务学习方法

资讯：接受工作任务，分析任务，通过查找学习资料、相关文件，对任务形成总体认识。

计划：学习以小组为单位，讨论常用机具、工具用途。

决策：学生与老师共同讨论常用机具、工具及注意事项。

实施：确定学习任务，查找资料文件，完成学习标准、使用方法。

检查：以小组为单位，总结扭矩扳手工作原理。

总结：学生与老师共同讨论本节课知识点，以及高空作业的注意事项。

任务学习目标

（1）掌握扭矩扳手的工作原理。

（2）掌握如何使用及维护保养手动扭矩扳手。

（3）掌握扭矩扳手及其他工具的使用。

扭矩扳手（也叫力矩扳手），力矩就是力和距离的乘积，在紧固螺丝螺栓螺母等螺纹紧固件时需要控制施加的力矩大小，以保证螺纹紧固且不至于因力矩过大破坏螺纹，所以用扭矩扳手来操作。首先设定好一个需要的扭矩值上限，当施加的扭矩达到设定值时，扳手会发出“卡嗒”声响，这就代表已经紧固不要再加力了。

1. 工作原理

扭矩扳手发出卡嗒声音的原理很简单，可以分为以下几个步骤去理解。

（1）扭矩扳手在发出“卡嗒”声后是提示已达到要求的扭矩值了。

（2）扭矩扳手所发出的“卡嗒”是由本身内部的扭矩释放结构产生的，其结构分为压力弹簧、扭矩释放关节、扭矩顶杆三结构所组成。

（3）在扭矩扳手上设定所需扭矩值（由弹簧套在顶杆上向扭矩释放关节施压），锁定扭矩扳手，开始拧紧螺栓。当螺栓达到扭矩值（当使用扭力大于弹簧的压力）后，会产生瞬间脱节的效应。在产生脱节效应的瞬间发出关节敲击声，扳手金属外壳发出“卡嗒”声。

主要技术参数：

① 扭矩范围：20~100 N · m；

② 方头尺寸：12.7；

③ 长度：339 mm；

④ 质量：490 g。

2. 优点

（1）材质优异，经久耐用。

（2）可预先设定扭矩，达到预设扭矩后即空转，保证每次工作质量准确一致。

（3）预设方法简便快捷，手柄上有指针式读数指示。

（4）可用于拧紧，也可用于拧松。轻移转换按扭，即可控制正转或反转。

3. 使用及维护保养手动扭矩扳手

（1）使用完扭矩扳手后须将扭矩值调整至最小值。

（2）在使用扭矩扳手之前请先做“预加负荷”。

（3）请勿使扭矩扳手“过负载”。

（4）请勿任意使用非原厂的延长杆。

（5）请勿将扭矩扳手当作其他工具使用。

（6）请保持扭矩扳手清洁与完整。

（7）请定期校验扭矩扳手。

（8）螺丝拆卸扭矩值约为锁紧扭矩值的 1.5 倍。

4. 接触网常用的电测仪器

接触网常用的电测仪器有接地电阻测量仪、绝缘电阻测量仪（又称为摇表）

1）接地电阻测量仪

接地电阻是指埋入地下的接地体电阻和土壤散流电阻，通常采用 ZC 型接地电阻测量仪（或称接地电阻摇表）进行测量。ZC-8 型测量仪其外形与普通绝缘摇表差不多，习惯称为接地电阻摇表，如图 2-22 所示。

ZC 型摇表的外形结构随型号的不同稍有变化，但使用方法基本相同。ZC-8 型接地电阻测量仪随表附带接地探测棒 2 支、导线 3 根。

接线端钮：接地极（C2、P2）、电位极（P1）、电流极（C1）用于连接相应的探测针。

调整旋钮：用于检流计指针调零。

倍率盘：显示测试倍率，如×0.1，×1，×10。

测量标度盘：测试标度所测接地电阻阻值。

测量盘旋钮：用于测试中调节旋钮，使检流计指针指向中心线。

倍率盘旋钮：调节测试倍率。

发电机摇把：手摇发电，为地阻仪提供测试电源。

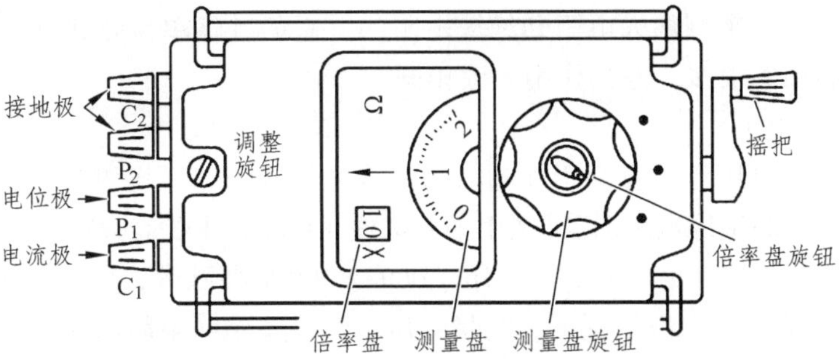

图 2-22　接地电阻测量仪

摇测接地电阻时要使用专用接地电阻测量仪，摇测某一接地极的接地电阻时，接线方式如图 2-23 所示，具体操作过程如下：

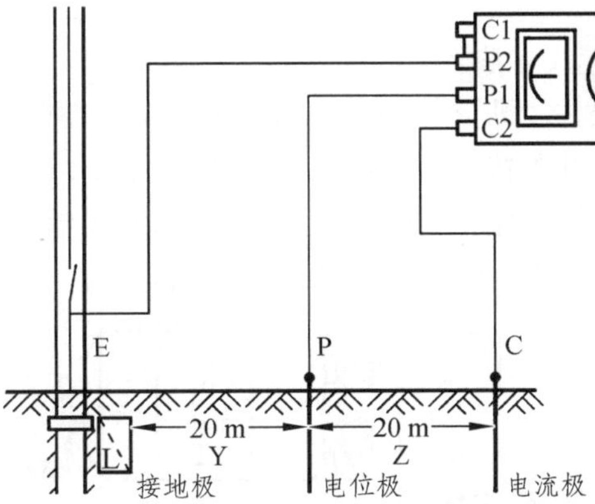

图 2-23　接地电阻测量仪接线方式

（1）沿被测接地导体（棒或板），依直线方式埋设辅助探棒。

（2）连接测试导线：用 5 m 导线连接 E（P2）端子与接地极，电位极用 20 m 导线接至 P 端子上，电流极用 40 m 导线接 C 端子上。

（3）将表放平，检查表针是否指“0”位，若不为“0”应调节到“0”位。

（4）调动倍率盘到某数位置，如×0.1，×1，×10。

（5）以 120 r/min 摇动发电机，同时也转动测量盘使表针稳定在“0”位上不动为止。此时测量盘指示的刻度读数乘以倍率读数即为被测电阻值，

被测电阻值（Ω）=测量盘指数×倍率盘指数

（6）当检流表的灵敏度过高时，可将 P（电位极）探棒插入土壤浅一些。当检流表的灵敏度过低时。可在 P 棒和 C 棒周围浇上一点水，使土壤湿润。但应注意，绝不能浇水

太多，使土壤湿度过大，这样会造成测量误差。

（7）当有雷电的时候，或被测物带电时，应严格禁止进行测量工作。

2. 兆欧表的使用方法

俗称摇表，是用来测量大电阻和绝缘电阻的，它的计量单位是兆欧（MΩ），故称兆欧表。兆欧表的种类很多，但其作用大致相同。

1）兆欧表选用

规定兆欧表的电压等级应高于被测物的绝缘电压等级，所以测量额定电压在 500 V 以下的设备或线路的绝缘电阻时，可选用 500 V 或 1 000 V 兆欧表；测量额定电压在 500 V 以上的设备或线路的绝缘电阻时，应选用 1 000~2 500 V 兆欧表；测量绝缘子时，应选用 2 500~5 000 V 兆欧表。一般情况下，测量低压电气设备绝缘电阻时可选用 0~200 MΩ 量程的兆欧表。

2）绝缘电阻的测量方法

兆欧表有 3 个接线柱，上端两个较大的接线柱上分别标有“接地”（E）和“线路”（L），在下方较小的一个接线柱上标有“保护环”（“屏蔽”）（G）。

（1）线路对地的绝缘电阻

图 2-24 所示为兆欧表的接线方法。

将兆欧表的“接地”接线柱（即 E 接线柱）可靠地接地（一般接到某一接地体上），将“线路”接线柱（即 L 接线柱）接到被测线路上，如图 2-24（a）所示。连接好后，顺时针摇动兆欧表，转速逐渐加快，保持在约 120 r/min 后匀速摇动，当转速稳定，表的指针也稳定后，指针所指示的数值即为被测物的绝缘电阻值。

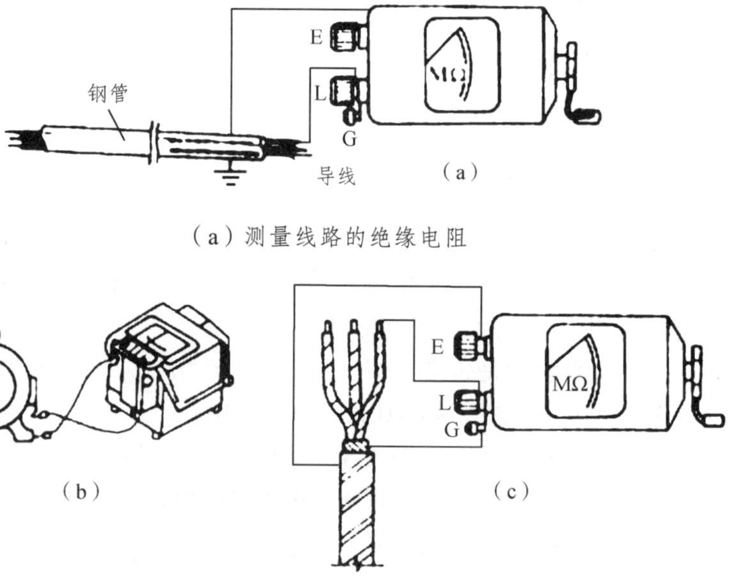

（a）测量线路的绝缘电阻

（b）测量电动机绝缘电阻　　（c）测量电缆绝缘电阻

图 2-24　兆欧表的接线方法

实际使用中，E、L 两个接线柱也可以任意连接，即 E 可以与接被测物相连接，L 可以与接地体连接（即接地），但 G 接线柱决不能接错。

（2）测量电动机的绝缘电阻。

将兆欧表 E 接线柱接机壳（即接地），L 接线柱接到电动机某一相的绕组上，如图 2-24（b）所示，测出的绝缘电阻值就是某一相的对地绝缘电阻值。

（3）测量电缆的绝缘电阻。

测量电缆的导电线芯与电缆外壳的绝缘电阻时，将接线柱 E 与电缆外壳相连接，接线柱 L 与线芯连接，同时将接线柱 G 与电缆壳、芯之间的绝缘层相连接，如图 2-22 所示。

3）使用注意

（1）使用前应做开路和短路试验。使 L、E 两接线柱处在断开状态，摇动兆欧表，指针应指向“∞”；将 L 和 E 两个接线柱短接，慢慢地转动，指针应指向在“0”处。这两项都满足要求，说明兆欧表是好的。

（2）测量电气设备的绝缘电阻时，必须先切断电源，然后将设备进行放电，以保证人身安全和测量准确。

（3）兆欧表测量时应放在水平位置，并用力按住兆欧表，防止在摇动中晃动，摇动的转速为 120 r/min。

（4）引接线应采用多股软线，且要有良好的绝缘性能，两根引线切忌绞在一起，以免造成测量数据的不准确。

（5）测量完后应立即对被测物放电，在摇表的摇把未停止转动和被测物未放电前，不可用手去触及被测物的测量部分或拆除导线，以防触电。

3）游标卡尺的使用

游标卡尺是一种比较精密的量具，在测量中用得最多。通常用来测量精度较高的工件，它可测量工件的外直线尺寸、宽度和高度，有的还可用来测量槽的深度。如果按游标的刻度值来分，游标卡尺又分为 0.1、0.05、0.02 mm 三种。

（1）游标卡尺的刻线原理与读数方法。

以刻度值 0.02 mm 的精密游标卡尺为例（见图 2-25），这种游标卡尺由带固定卡脚的主尺和带活动卡脚的副尺（游标）组成。在副尺上有副尺固定螺钉。主尺上的刻度以 mm 为单位，每 10 格分别标以 1、2、3 等，以表示 10 mm、20 mm、30 mm。这种游标卡尺的副尺刻度是把主尺刻度 49 mm 的长度，分为 50 等份，即每格为 $\frac{49}{50}=0.98\ \text{mm}$。主尺和副尺的刻度每格相差为 1−0.98 = 0.02 mm，即测量精度为 0.02 mm。如果用这种游标卡尺测量工件，测量前，主尺与副尺的 0 线是对齐的，测量时，副尺相对主尺向右移动，若副尺的第 1 格正好与主尺的第 1 格对齐，则工件的厚度为 0.02 mm。同理，测量 0.06 mm 或 0.08 mm 厚度的工件时，应该是副尺的第 3 格正好与主尺的第 3 格对齐或副尺的第 4 格正好与主尺的第 4 格对齐。

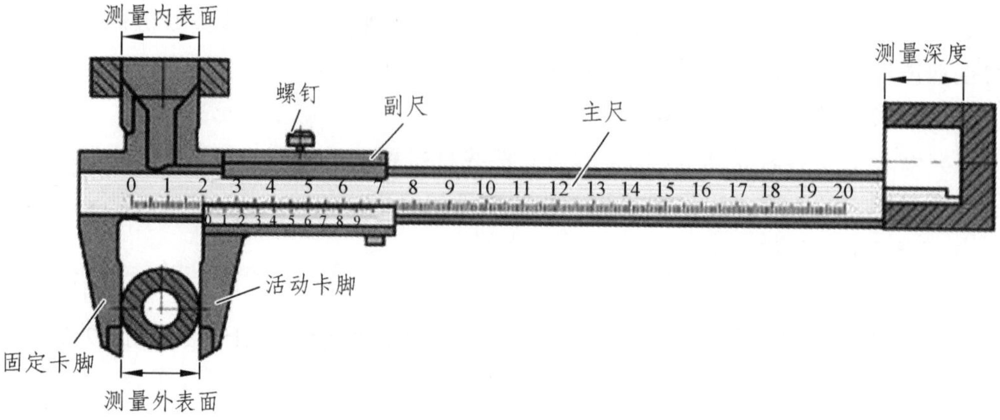

图 2-25　游标卡尺的使用

读数方法，可分三步：

① 根据副尺零线以左的主尺上的最近刻度读出整毫米数；

② 根据副尺零线以右与主尺上的刻度对准的刻线数乘上 0.02 读出小数；

③ 将上面整数和小数两部分加起来，即为总尺寸。

如图 2-26 所示，副尺 0 线所对主尺前面的刻度 64 mm，副尺 0 线后的第 9 条线与主尺的一条刻线对齐。副尺 0 线后的第 9 条线表示：$0.02 \times 9 = 0.18$ mm

所以被测工件的尺寸为 $64 + 0.18 = 64.18$ mm。

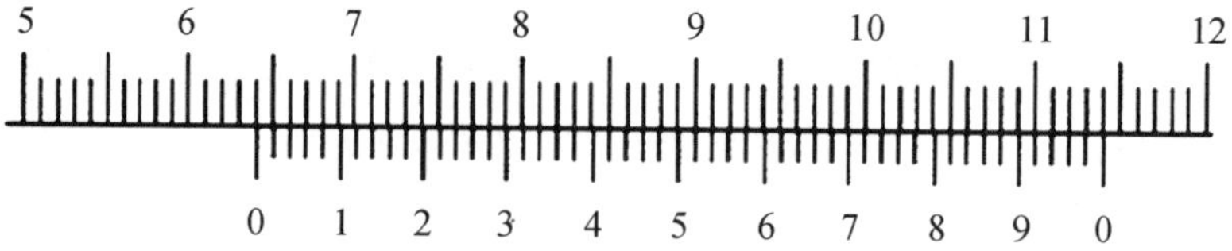

图 2-26　0.02 mm 游标卡尺的读数方法

（2）游标卡尺的使用与注意事项。

① 游标卡尺的使用 游标卡尺可用来测量工件的宽度、外径、内径和深度。如图 2-27 所示，其中图 2-27（a）图为测量工件宽度的方法，图 2-27（b）图为测量工件外径的方法，图 2-27（c）图为测量工件内径的方法，图 2-27（d）图为测量工件深度的方法。

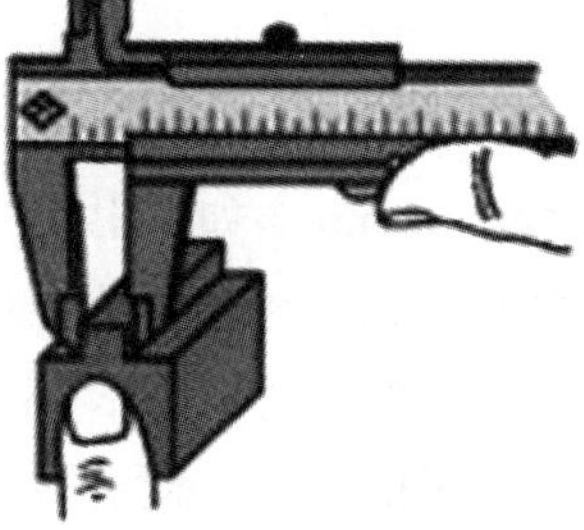
（a）测量工件宽度

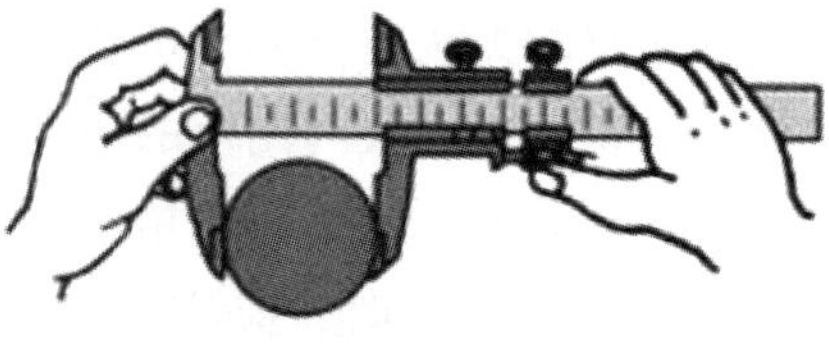
（b）测量工件外径

（c）测量工件内径　　　（d）测量工件深度

图 2-27　游标卡尺的应用

② 注意事项。游标卡尺是比较精密的量具，使用时应注意如下事项：

a. 使用前，应先擦干净两卡脚测量面，合拢两卡脚，检查副尺 0 线与主尺 0 线是否对齐，若未对齐，应根据原始误差修正测量读数。

b. 测量工件时，卡脚测量面必须与工件的表面平行或垂直，不得歪斜。且用力不能过大，以免卡脚变形或磨损，影响测量精度。

③ 读数时，视线要垂直于尺面，否则测量值不准确。

④ 测量内径尺寸时，应轻轻摆动，以便找出最大值。

⑤ 游标卡尺用完后，仔细擦净，抹上防护油，平放在合内，以防上生锈或弯曲。

4）螺旋测微器构造

（1）螺旋测微器原理：

螺旋测微器是依据螺旋放大的原理制成的，即螺杆在螺母中旋转一周，螺杆便沿着旋转轴线方向前进或后退一个螺距的距离。因此，沿轴线方向移动的微小距离，就能用圆周上的读数表示出来。螺旋测微器的精密螺纹的螺距是 0.5 mm，可动刻度有 50 个等分刻度，可动刻度旋转一周，测微螺杆可前进或后退 0.5 mm，因此旋转每个小分度，相当于测微螺杆前进或后退 0.5/50=0.01 mm。可见，可动刻度每一小分度表示 0.01 mm，所以用螺旋测微器可准确到 0.01 mm。由于还能再估读一位，可读到毫米的千分位，故又名千分尺（见图 2-28）。

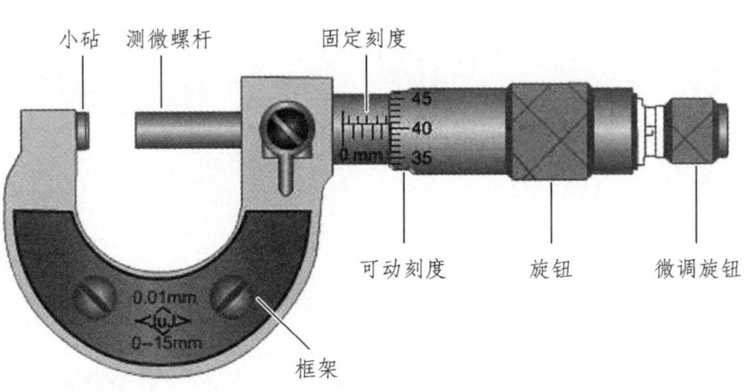

图 2-28　螺旋测微器

（2）螺旋测微器读数方法：

① 先读固定刻度，再读半刻度，若半刻度线已露出，记作 0.5 mm；若半刻度线未露出，记作 0.0 mm。

② 再读可动刻度（注意估读），记作 $n\times0.01$ mm。

③ 读数结果为：固定刻度 + 半刻度 + 可动刻度（见图 2-29）。

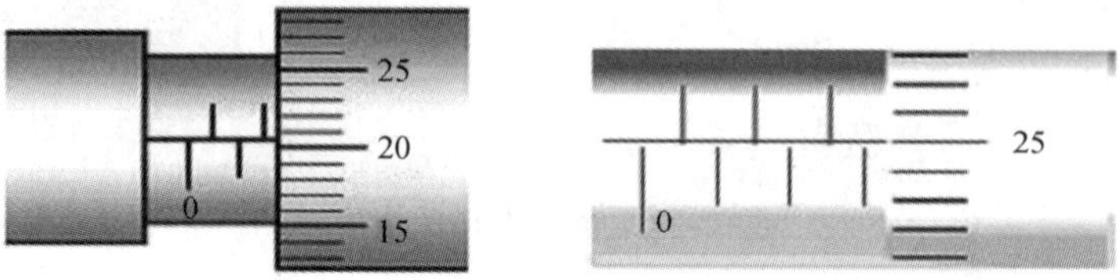

图 2-29　螺旋测微器读数方法

$$L=1\ \text{mm}+0.5\ \text{mm}+20.5\times0.01\ \text{mm}=1.5\ \text{mm}+0.205\ \text{mm}=1.705\ \text{mm}$$

$$L=3\ \text{mm}+0.0\ \text{mm}+25.0\times0.01\ \text{mm}=3.250\ \text{mm}$$

第三部分　接触网专业技能知识

任务一　接触悬挂巡视

任务学习描述

学习任务：接触悬挂巡视。

学习对象：学习接触网课程的学生及企业新入职人员。

工具选择：常用安全工具、测量工具、梯车。

学习步骤：

（1）学习接触悬挂分类。

（2）学习接触悬挂的相关参数。

（3）学习接触悬挂调整、巡视方法。

任务学习方法

资讯：接受工作任务，分析任务，通过查找学习资料、相关文件，对任务形成总体认识。

计划：学习以小组为单位，讨论接触悬挂分类。

决策：学生与老师共同讨论接触悬挂分类。

实施：确定学习任务，查找资料文件，完成接触悬挂分类。

检查：以小组为单位，使用梯车检查接触悬挂调整、巡视方法。

总结：学生与老师共同讨论接触悬挂分类，以及高空作业的注意事项。

任务学习目标

（1）掌握接触悬挂分类。

（2）掌握接触悬挂调整方法。

任务分工

接触悬挂巡视任务分工如表 3-1 所示。

表 3-1 接触悬挂巡视任务分工

序号	分工	安全等级	人数	工作内容	备注
1	工作领导人	4 级及以上	1	指挥作业过程，负责任务整体安排	
2	安全员	4 级及以上	1	负责作业全程安全盯控工作	
3	高空作业人员	3 级及以上	1	负责检查接触悬挂，认识接触悬挂组成	
4	辅助人员	2 级及以上	4	负责梯车及其他安全事项	
5	防护	3 级及以上	2	负责上下行来车方向的防护工作	

一、作　用

接触网的分类大多以接触悬挂的类型来区分。在一条接触网线路上，无论是在区间还是站场，为了满足供电和机械方面的要求，总是将接触网分成若干一定长度且相互独立的分段，这就是接触网的锚段。我们所讲的接触悬挂分类是针对架空式接触网中的每个锚段而言。接触悬挂的种类较多，一般根据其结构的不同分成简单接触悬挂和链形接触悬挂两大类。

（一）接触网悬挂分类

简单接触悬挂（以下简称简单悬挂）系由一根接触线直接固定在支柱支持装置上的悬挂形式。它在发展中经历了未补偿简单悬挂、季节调整式简单悬挂和目前采用的带补偿装置和弹性吊索式简单悬挂。其结构分别如图 3-1 和图 3-2 所示。

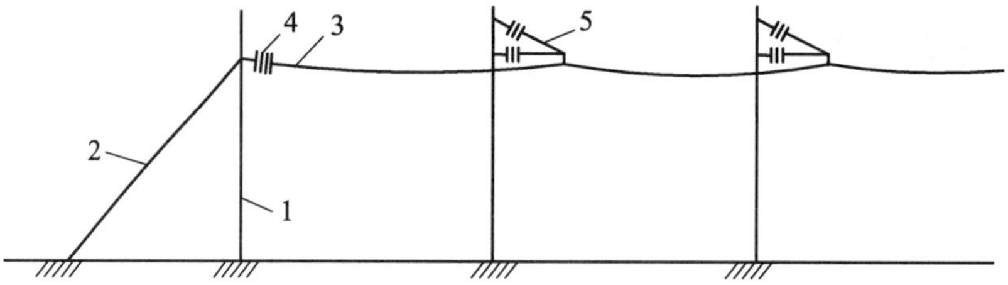

1—支柱；2—拉线；3—接触线；4—绝缘子串；5—腕臂。

图 3-1 未补偿简单悬挂示意图

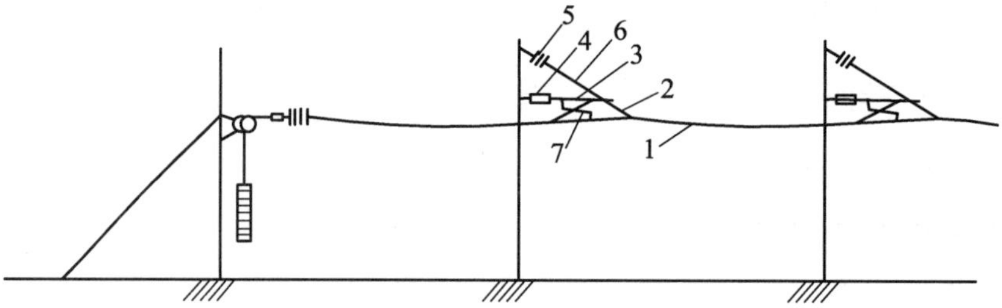

1—接触线；2—弹性吊弦；3—腕臂；4—棒式绝缘子；5—悬式绝缘子；6—拉杆；7—定位器。

图 3-2 带补偿及弹性吊弦简单悬挂示意图

接触线（或承力索）端头同支柱的连接称为线索的下锚。下锚分两种方法，一种是将线索端头同支柱直接固定连接，称为硬锚或死锚；另一种是加装补偿装置，以调整线索的弛度和张力。

未加补偿的简单悬挂结构简单，要求支柱高度较低，因此，建设投资成本低，施工和检修方便。其缺点是导线的张力和弛度随气温的变化较大，导线的弹性不均匀，不利于电力机车高速运行时取流。

近年来我国采用的带补偿装置在接触线下锚处装设了张力补偿装置，以调节张力和弛度的变化。另外跨距适当缩小，增大接触线张力的同时改善弛度对取流的影响。

（二）链形悬挂

链形悬挂是一种运行性能较好的悬挂形式。它的特点是接触线通过吊弦悬挂在承力索上，承力索通过承力索座或悬吊滑轮悬挂在支持装置的腕臂上。使接触线在不增加支柱的情况下增加了悬挂点，通过调整吊弦长度使接触线在整个跨距内对轨面的高度基本保持一致。减小了接触线在跨距中的弛度，改善了弹性，增加了悬挂重量，提高了稳定性，可以满足电力机车高速运行取流的要求。

链形悬挂分类方法较多，按悬挂链数的多少可分为单链形、双链形和多链形（又称为三链形）。目前我国采用单链形悬挂，如图 3-3 所示。

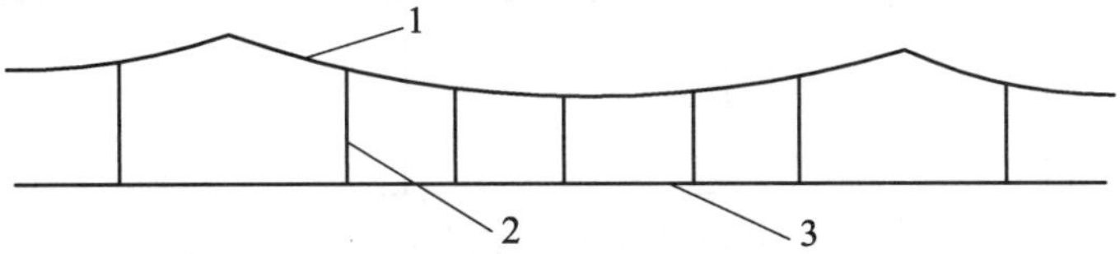

1—承力索；2—吊弦；3—接触线。

图 3-3　单链形接触悬挂示意图

双链形悬挂的接触线经短吊弦悬挂在辅助吊索上，辅助吊索又通过吊弦悬挂在承力索上，如图 3-4 所示。

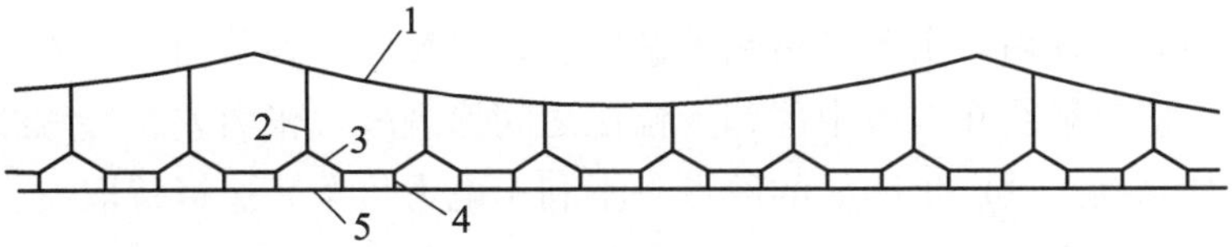

1—承力索；2—吊弦；3—辅助吊弦；4 短吊弦；5—接触线。

图 3-4　双链形接触悬挂示意图

双链形悬挂接触线弛度小，稳定性好，弹性均匀，有利于电力机车高速运行取流。但结构较复杂，投资及维修费用高，我国仅在个别地段试用。

双链形悬挂及其他悬挂类型由于结构复杂、不易施工、维修困难、设计繁琐、造价高等原因，目前没有得到广泛应用。

1. 链形悬挂根据线索的锚定方式（即线索两端下锚的方式）

1）未补偿简单链形悬挂

这种悬挂方式的承力索和接触线两端无补偿装置，均为硬锚。因此，温度变化时，承力索和接触线的张力、弛度变化较大，一般不采用，其结构形式如图 3-5 所示。

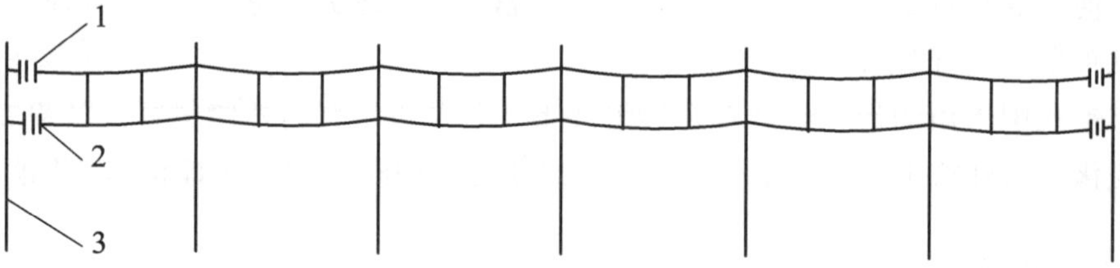

1、2—绝缘子；3—支柱。

图 3-5　未补偿简单链型悬挂示意图

2）半补偿简单链形悬挂

在半补偿简单链形悬挂中，接触线两端设补偿装置，承力索两端为硬锚，如图 3-6 所示。

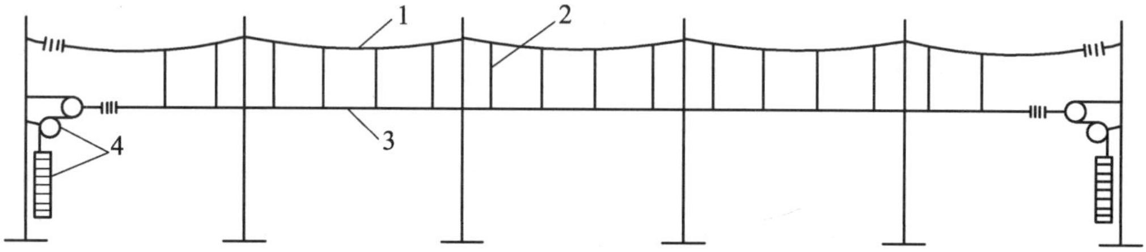

1—承力索；2—吊弦；3—接触线；4—补偿器。

图 3-6　半补偿简单链型悬挂示意图

半补偿简单链形悬挂比未补偿简单链形悬挂在性能上得到了很大改善，但由于承力索为硬锚，当温度变化时，承力索的张力和弛度随之发生变化，对接触线产生一定影响。同时，在温度变化时，承力索的弛度变化使吊弦上端产生上、下位移，而吊弦下端随接触线发生顺线路方向偏斜。由于各吊弦的偏斜，造成接触线各断面受力不均匀，特别是在极限温度下，使接触线在锚段中部和下锚段之间出现较大张力差，接触线张力和弹性不均匀，在支柱悬挂点处产生明显的硬点，不利于电力机车高速运行取流。因此，这种悬挂只用于行车速度不高的车站侧线和支线上。一般情况下，温度在 20°C 及以上时，定位应向下锚方一向偏移。距离下锚越近，位移越大。

3）半补偿弹性链形悬挂

半补偿弹性链形悬挂和半补偿简单链形悬挂的区别在于支柱定位点处吊弦形式的不同，如图 3-7 所示。

弹性链形悬挂在支柱悬挂点处增设了一根弹性吊弦。弹性吊弦由长 15 m 的辅助绳和一根（或两根）短吊弦构成。安装时，辅助绳两端分别固定在承力索上，短吊弦上端用 U

形滑动夹板同辅助绳连接，下端与接触线定位器相连，当温度变化时，可避免短吊弦产生过大偏斜。弹性吊弦的作用是增加支柱处接触线固定点（又称为定位点）的弹性，使其弹性均匀，有利于机车受电弓取流。这种悬挂方式多用于行车速度不超过 100 km/h 的线路上。

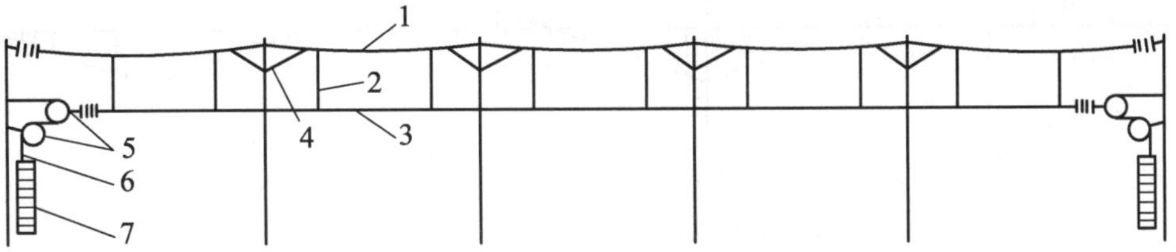

1—承力索；2—吊弦；3—接触线；4—弹性吊弦；5—补偿滑轮；
6—补偿绳；7—补偿坠砣。

图 3-7　半补偿弹性链型悬挂示意图

4）全补偿弹性链形悬挂

全补偿弹性链形悬挂,即承力索和接触线两端下锚处均装设补偿装置,如图 3-8 所示。

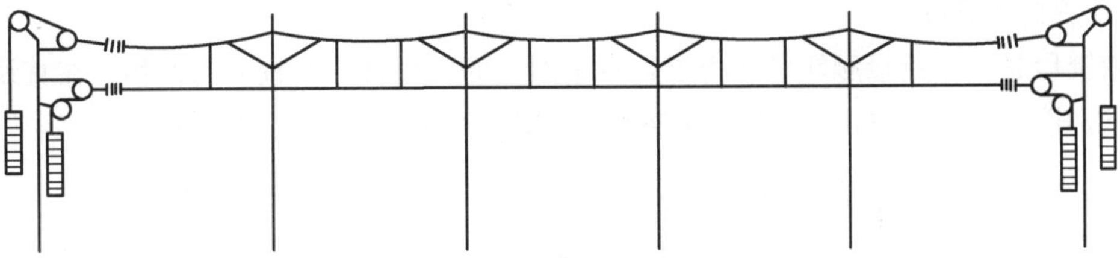

图 3-8　全补偿弹性链形悬挂示意图

全补偿弹性链形悬挂在温度变化时，由于补偿装置的作用，承力索和接触线的张力基本不发生变化，弹性比较均匀，有利于机车高速取流，因此得到广泛使用。

全补偿链形悬挂也分为全补偿简单链形悬挂和全补偿弹性链形悬挂两种形式。区别这两种悬挂形式的方法同半补偿链形悬挂一样。全补偿简单链形悬挂因支柱定位点处无弹性吊弦，仍会出现硬点，产生弹性不均匀的现象，使用较少。行车速度较高的线路，多采用全补偿弹性链形悬挂。

2. 链形悬挂根据承力索和接触线在平面投影上的相对位置分类

1）直链形悬挂

直链形悬挂是承力索和接触线布置在同一垂直平面内，它们在水平面上的投影是一条直线。

直链形悬挂的风稳定性较差，在大风作用下接触线易产生横向摆动，造成接触线与受电弓脱离而发生事故（简称为脱弓事故）。目前我国电气化铁道，在曲线区段采用这种悬挂形式，即在支柱定位点处为保证受电弓磨耗均匀，接触线向曲线外侧拉出一定距离，承力索则布置在接触线的正上方。

2）半斜链形悬挂

在半斜链形悬挂中，承力索与接触线不在同一垂直平面内，它们在水平面上的投影有一个较小的偏移，如图 3-9 所示。

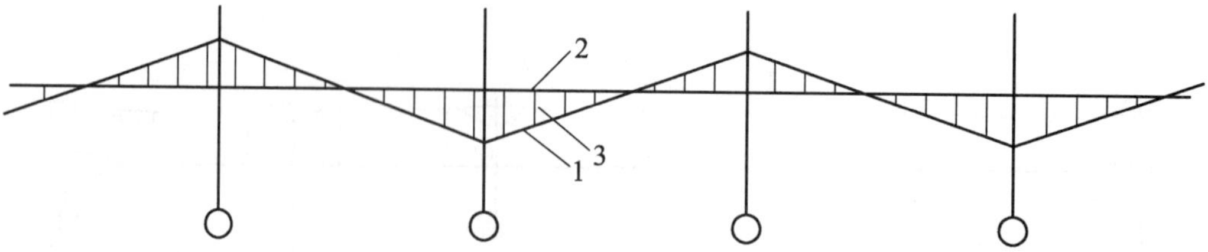

1—接触线；2—承力索；3—吊弦。

图 3-9　半斜链形悬挂示意图

半斜链形悬挂风稳定性好，施工方便，我国在直线区段采用这种悬挂方式。即直线区段，接触线在每一支柱定位点处，通过定位装置被布置成“之”字形，承力索则布置在线路中心线的正上方，允许误差±100 mm。但在曲线和隧道区段应位于接触线正上方（采用直链形悬挂），允许误差向曲线内侧偏差 100 mm，不得偏向曲线外侧。

3）斜链形悬挂

斜链形悬挂是指接触线和承力索在水平面上的投影有一个较大的偏移。在直线区段支柱处，接触线和承力索均布置成方向相反“之”字形，如图 3-10 所示。

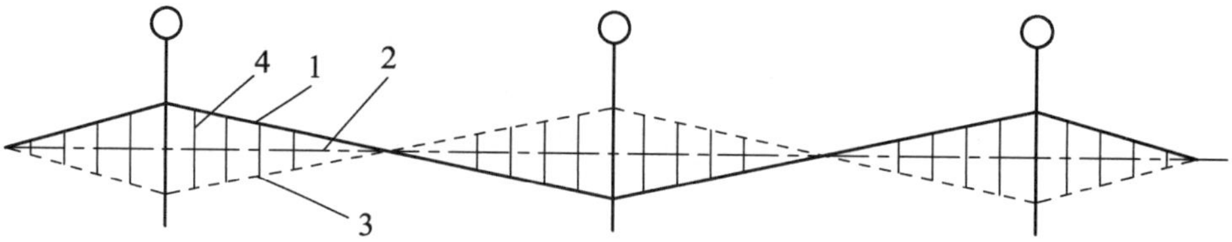

1—接触线；2—线路中心；3—承力索；4—吊弦。

图 3-10　直线上的斜链形悬挂示意图

在曲线区段，承力索对线路中心线向外侧有一个较大的偏移，吊弦的倾斜角较大。这种悬挂的优点是稳定性最好，可增大两支柱之间的距离（简称为跨距），但其结构复杂，设计计算烦琐，施工和检修困难，造价较高。

二、选取“接触网巡视作业”为实作考核项目

实作项目考核评价表

专业：____________　班级：____________　小组成员：________________________

1. 考核项目：接触网设备巡视。
2. 考核内容：接触网步行巡视作业标准。
3. 考核表（见表 3-2）。

表 3-2 考核表

项目及配分		考核内容及评分标准	扣分因素及扣分	得分	备注
时间	10 分	准备时间 10 min，作业时间 30 min，提前不加分，每超 1 min 扣 2 分，超 5 min 停止作业			
作业准备	10 分	① 准备工具材料，检查工具材料状态是否良好，型号是否符合作业要求。缺少工具材料或工具材料不符合作业要求每件扣 2 分； ② 按规定标准着装，使用劳动保护用品。未按标准着装，缺少劳保用品一项扣 2 分			
安全	40 分	① 巡视人员安全等级不符合要求，扣 5 分； ② 未按规定戴安全帽、穿反光防护服，通信工具及照明灯具状态不良扣 5 分； ③ 未组织工前点名，季节性防护措施不到位，未进行安全讲话扣 5 分； ④ 抢越线路、钻车，巡视人员未按要求下道避车扣 5 分； ⑤ 巡视过程中攀登支柱扣 5 分； ⑥ 巡视时未做防护，防护措施落实不到位；上下机车飞乘、飞降，违反登乘巡视规定扣 10 分			
作业程序及质量	40 分	① 作业人员站立在列车运行方向的左侧，面向来车方向。不符合要求每次扣 3 分。 ② 作业人员站立位置距离故障设备位置符合要求，不符合要求每处扣 3 分。 ③ 接头线夹不入槽扣 10 分；手信号显示符合要求，不符合要求每处扣 3 分。 ④ 巡视过程未对补偿装置坠砣进行拖拽扣 10 分。 ⑤ 发现危及行车和供电的紧急情况，应及时报告供电调度员和工长，并采取应急措施。 ⑥ 巡视人员如实记录巡视情况，要求字迹清楚、措词准确、情况完整			
合计	100 分				

任务二　承力索检调

任务学习描述

学习任务：承力索检调。

学习对象：学习接触网课程的学生及企业新入职人员。

工具选择：常用安全工具、测量工具、梯车。

学习步骤：

（1）学习承力索作用及种类。

（2）学习承力索检修标准。

（3）学习承力索检调方法。

任务学习方法

资讯：接受工作任务，分析任务，通过查找学习资料，相关文件、对任务形成总体认识。

计划：学习以小组为单位，讨论承力索作用及种类。

决策：学生与老师共同讨论承力索检修标准。

实施：确定学习任务，查找资料文件，完成承力索检修标准。

检查：以小组为单位，使用梯车检查承力索的组成。

总结：学生与老师共同讨论承力索分类，以及高空作业的注意事项。

任务学习目标

（1）掌握承力索检修标准。

（2）掌握承力索接续方法。

任务分工

承力索检调任务分工如表 3-3 所示。

表 3-3　承力索检调任务分工

序号	分工	安全等级	人数	工作内容	备注
1	工作领导人	4 级及以上	1	指挥作业过程，负责任务整体安排	
2	安全员	4 级及以上	1	负责作业全程安全盯控工作	
3	高空作业人员	3 级及以上	1	负责检查承力索，认识承力索组成	
4	辅助人员	2 级及以上	4	负责梯车、轨道车其他安全事项	
5	防护	3 级及以上	2	负责上下行来车方向的防护工作	

一、作用及种类

（1）承力索的主要作用是通过吊弦将接触线悬吊起来，提高悬挂的稳定性，与接触线并联供电。承力索应能承受较大的张力，具有较强的抗腐蚀能力，随温度变化较小，导电率高。

（2）目前采用的一般是铜或铜合金承力索。120 km/h 及以上区段采用恒张力架设。承力索架设张力应根据线材材质、额定张力等因素选取，且不应小于线盘绕线张力，架设张力偏差不得大于 8%。

（3）承力索和接触线架设后，应采取超拉或其他措施消除新线蠕变引起的初伸长。超拉完毕后方可进行悬挂安装。

二、检修标准

（一）普速铁路

（1）承力索宜采用铜合金材质，容许载流量符合运能需要。

（2）半补偿链形悬挂承力索的张力和弛度符合安装曲线，允许偏差 15%。

（3）承力索位置。

标准值：直线区段，半斜链型悬挂承力索位于线路中心的正上方，直链型悬挂承力索位于接触线的正上方。曲线区段、承力索与接触线之间的连线垂直于轨面连线，承力索不得偏向曲线外侧。

标准状态：标准值±50 mm。

警示值：标准值±150 mm。

限界值：标准值±200 mm。

（4）承力索磨耗及损伤

① 承力索损伤后不能满足该线通过的最大电流时，若系局部损伤，可以加电气补强线；若系普遍损伤，则应更换。

② 承力索损伤后不能满足规定的机械强度安全系数时，若系局部损伤，可以加补强线或切除损坏部分重新接续；若系普遍损伤，则应更换。

③ 承力索用钢芯铝绞线或铝包钢绞线时，其钢芯若断股，需切断重新接续并用电连接沟通。

④ 承力索在悬吊滑轮处应转动灵活、无卡滞，悬吊滑轮与线索相匹配。

⑤ 承力索在承力索座、悬吊滑轮等处悬吊固定时，应加装与承力索材质匹配的预绞丝护线条。

标准值：无损伤。

标准状态：无损伤。

警示值：无散股、损伤 3 股。

限界值：断股。

（5）一个锚段内，承力索接头和断股补强的总数量应符合以下规定（不包括分段、分相及下锚接头）。

标准值：0处。

标准状态：0处。

警示值：3处。

限界值：4处。

承力索的接头距悬挂点应不小于2 m，同一跨距内不允许有2个接头。

（二）高速铁路

（1）承力索应采用铜合金材质，容许载流量符合运能需要。

（2）承力索位置

标准值：直链型悬挂位于接触线正上方。

标准状态：标准值±50 mm。

警示值：标准值±150 mm。

限界值：标准值±200 mm。

（3）承力索磨耗及损伤：

① 承力索损伤后不能满足该线通过的最大电流时，若系局部损伤，可以加电气补强线，若系普遍损伤则应更换。

② 承力索损伤后不能满足规定的机械强度安全系数时，可以加补强线或切除损坏部分重新接续，若系普遍损伤则应更换。

③ 承力索在悬吊滑轮处应转动灵活、无卡滞，悬吊滑轮与线索相匹配。

④ 承力索在承力索座、悬吊滑轮等处悬吊固定时，应加装与承力索材质匹配的预绞丝护线条。

标准值：无损伤。

标准状态：无损伤。

警示值：无散股、损伤3股。

限界值：断股。

（4）一个锚段内，承力索接头和断股补强的总数量应符合以下规定（不包括分段及下锚接头）。

标准值：0处。

标准状态：0处。

警示值：2处。

限界值：4处。

承力索的接头距悬挂点应不小于2 m，同一跨距内不允许有2个接头。

三、检调方法

1. 承力索位置调整方法

当承力索位置不符合标准，按照安装图确定调整方向和调整量，做好防滑移措施后

（曲线段防止向受力方向反侧窜动、滑脱），松开承力索支座螺栓，使用橡皮锤敲击调整到标准位置，按标准力矩紧固螺栓。

2. 承力索张力和弛度调整方法

按照安装曲线图确定线索张力，调整补偿装置坠砣重量。弛度超标可调整吊弦长度。

3. 承力索损伤处理

（1）承力索损伤及断股达到绑扎标准时，要采取绑扎措施：将断股沿绞线方向捋顺后用 Φ1.6 mm 扎线进行绑扎，距断点或损伤点 20 mm 两端绑扎，绑扎长度 10~20 mm，如图 3-11 所示。

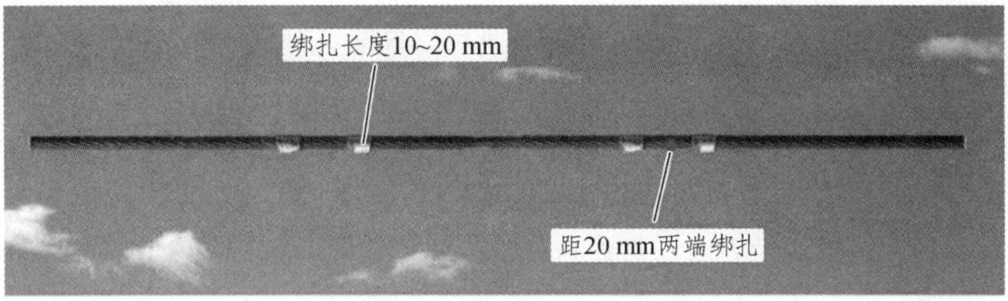

图 3-11　承力索绑扎示意图

（2）承力索损伤及断股达到补强标准时，要采取补强措施。

① 按图 3-12 所示要求绑扎。

② 使用同材质的线索进行补强，补强线夹采用与线索型号相匹配的中心锚结夹板，补强线宜在承力索正上方。

③ 载流承力索必须安装与线索型号相匹配的电连接线夹进行电气补强。

④ 当同一范围有多处损伤或断股时，可用本方法一次补强，但应在补强线中部适当位置安装并沟线夹，且吊弦需安装在承力索上并不得在断点或损伤处，如图 3-12 所示。

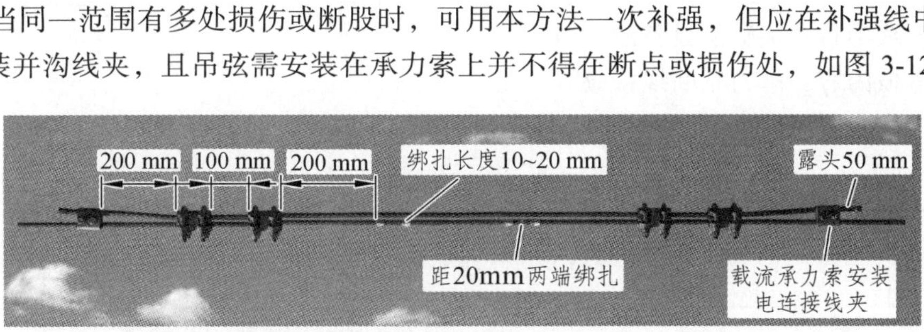

图 3-12　承力索补强示意图

（3）承力索损伤及断股达到切断续接标准时，要采取接头措施。接头时应将损伤承力索切除，制作接头时需在两线夹间加装双环杆或用同材质的承力索进行连接，以保证既有承力索偏移量不超过±100 mm。载流承力索需加装同材质的电气补强线，吊弦需安装在承力索上。采用图 3-13 所示的方式做接头。

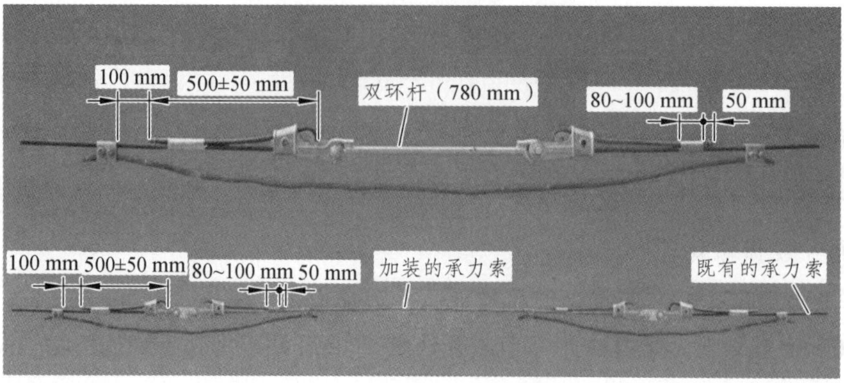

图 3-13　承力索接头示意图

（4）对于线索临时处理的情况，只须保证电气性能及机械性能，恢复时必须按照本标准进行处理。

四、安全注意事项

（1）V 形天窗检修承力索在有断口处或补强作业时，则必须在作业前使用不小于 25 mm^2 铜质短接线先行做旁路短接后，方可进行作业。

（2）在悬挂点处进行承力索拆卸作业时，人体不得位于线索受力方向的反侧。

（3）检查、检修过程中，必须采取相应安全措施，确保人身、设备安全。

五、选取“承力索断线接续”为实作考核项目

实作项目考核评价表

专业：____________ 班级：____________ 小组成员：______________________

1. 考核项目：接触网设备故障抢修。
2. 考核内容：承力索断线接续。
3. 考核表（见表 3-4）。

表 3-4　考核表

项目及配分		考核内容及评分标准	扣分因素及扣分	得分	备注
时间	10 分	准备时间 10 min，作业时间 30 min,提前不加分，每超 1 min 钟扣 2 分，超 5 min 停止作业			
作业准备	10 分	① 准备工具材料，检查工具材料状态是否良好，型号是否符合作业要求。缺少工具材料或工具材料不符合作业要求每件扣 2 分； ② 按规定标准着装，使用劳动保护用品。未按标准着装，缺少劳保用品一项扣 2 分			

续表

项目及配分		考核内容及评分标准	扣分因素及扣分	得分	备注
安全	40 分	① 攀登车梯时，越车梯蹬上下车梯，每次扣 3 分。 ② 作业人员与辅助人员呼唤应答，确认符合攀登车梯条件，否则每项扣 3 分。 ③ 未正确传递工具、材料，每次扣 3 分。工具、材料（包括工具包）放置在车梯作业平台、框架上，每件次（工具包及包内工具、材料按 1 件计）扣 3 分。高空掉物，每件次扣 3 分；损坏工具或未正确使用工具，每项扣 3 分。高空作业未系好安全带扣 3 分。 ④ 安装或拆卸紧线器时，不得用其他工具进行敲打，以免损坏紧线器，否则每次扣 3 分。 ⑤ 紧线器受力后要检查受力状态，紧线器无滑移后，方可继续紧线，否则每次扣 3 分。 ⑥ 接头线夹受力后要检查受力状态良好后，方可拆除链条葫芦和紧线器，否则每次扣 3 分。 ⑦ 根据不同的导线和导线的张力选择正确的紧线器和链条葫芦，否则每次扣 3 分。 ⑧ 报告作业完毕后，作业现场遗留工具，每件扣 3 分。 ⑨ 报告作业完毕后，存在侵入受电弓动态包络线、铁路建筑限界或影响送电情形扣 20 分。 ⑩ 作业过程中发生人员轻伤及以上者，或由于个人原因导致作业无法继续进行时，本项失格			
作业程序及质量	40 分	① 巡视检查腕臂、定位、吊弦、中心锚结、下锚补偿装置、电连接等部件损坏状态，制订抢修步骤及方法，每少 1 项扣 2 分； ② 接头线夹受力状态良好，否则每处扣 5 分； ③ 承力索散股每处扣 2 分； ④ 双耳楔形线夹型号正确，否则每个扣 20 分； ⑤ 双耳楔形线夹受力面正确，否则每个扣 10 分； ⑥ 承力索回头绑扎符合要求，否则每处扣 2 分； ⑦ 双环杆长度选择正确，否则每处扣 10 分； ⑧ 销钉和开口销安装符合要求，否则每处扣 2 分； ⑨ 螺栓紧固方法不正确、力矩不符合要求，每处扣 2 分； ⑩ 电连接安装正确，否则每处扣 2 分； ⑪ 检查该跨距的设备、吊弦、腕臂的偏移情况，对不符合技术要求的进行调整，否则每处扣 2 分； ⑫ 作业结束后未对悬挂、补偿装置、电连接等部件进行状态确认，每少 1 处扣 2 分			
合计	100 分				

任务三　接触线检调

任务学习描述

学习任务：接触线检调。

学习对象：学习接触网课程的学生及企业新入职人员。

工具选择：常用安全工具、测量工具、梯车。

学习步骤：

（1）学习接触线作用。

（2）学习接触线分类。

（3）掌握接触线检修标准。

任务学习方法

资讯：接受工作任务，分析任务，通过查找学习资料、相关文件，对任务形成总体认识。

计划：学习以小组为单位，讨论接触线作用。

决策：学生与老师共同讨论接触线分类。

实施：确定学习任务，查找资料文件，完成接触线检修标准。

检查：以小组为单位，使用梯车完成学习步骤。

总结：学生与老师共同讨论本节课知识点，以及高空作业的注意事项。

任务学习目标

（1）掌握接触线分类。

（2）掌握接触线检修标准。

任务分工

接触线检调任务分工如表 3-5 所示。

表 3-5　接触线检调任务分工表

序号	分工	安全等级	人数	工作内容	备注
1	工作领导人	4 级及以上	1	指挥作业过程，负责任务整体安排	
2	安全员	4 级及以上	1	负责作业全程安全盯控工作	
3	高空作业人员	3 级及以上	1	负责检查接触线，认识接触线组成	
4	辅助人员	2 级及以上	4	负责梯车、轨道车其他安全事项	
5	防护	3 级及以上	2	负责上下行来车方向的防护工作	

一、接触线作用

接触线又称电车线，是接触网中直接与受电弓接触并将电能传递给电气列车的重要设备。接触线一般制成两侧带沟槽的圆柱状，其沟槽为便于安装线夹并按技术要求悬吊固定接触线位置而又不影响受电弓滑板的滑行取流。接触线下面与受电弓滑板接触的部分呈圆弧状，称为接触线的工作面。

接触线的作用是保证质量良好地向电力机车供电。由于接触线与受电弓直接接触，经常处于摩擦状态，因此接触线要有良好的导电性能，还应具备足够的机械强度、耐磨性和耐腐蚀性。接触线一般制成两侧代沟槽的圆柱状，其沟槽为便于安装接触线夹并按技术要求悬吊固定接触线位置而又不影响受电弓的滑行取流。接触线下面与受电弓接触的部位呈圆弧状，称为接触线的工作平面。

二、接触线分类

接触线种类很多。我国采用的铜接触线多为 TC110、CTA120、CTAH120、CTMH150 和高速线路上常用 CTS150、CTMH150 等型号，字母 T 表示铜材，C 表示电车线，TA 表示铜银合金，TAH 表示高强度铜银合金，TS 表示铜锡合金，后面的数字表示该型铜接触线的截面积。

（1）银铜合金接触线与铜接触线相比具有热软化特性高、耐高温的特点，从而适合于大电流、高时速（200~250 km/h）的运行条件；镁铜合金接触线应用于更高速场合。其结构如图 3-14 所示。

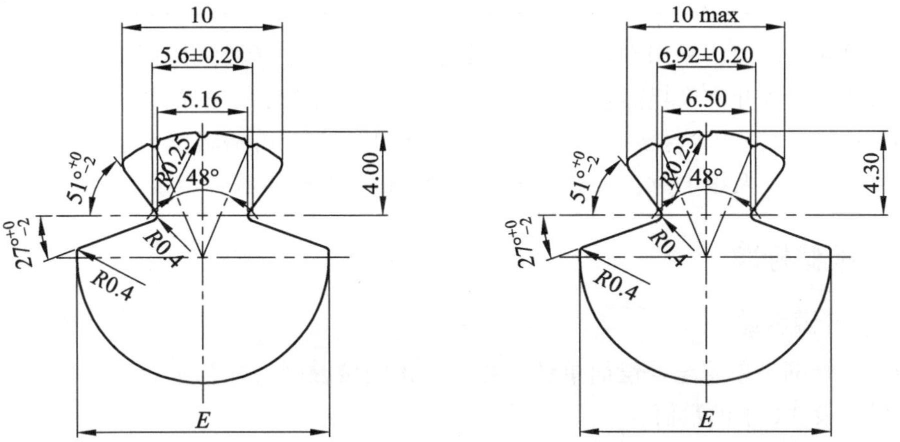

AC型Rim结构示意图　　BC型Rim结构示意图

图 3-14　银铜合金接触线结构示意图

（2）接触线按照材质主要分为铜接触线、钢铝接触线和铜合金接触线。铜接触线 TB/T 2810 规格和物理性能分别如表 3-6、表 3-7 所示。

表 3-6　铜接触线规格、尺寸参数 TB/T 2810

型号	标称截面/mm²	计算截面/mm²	尺寸偏差(mm)							角度及偏差		单位质量/(kg/km)
			A (±1%)	B (±2%)	C (±2%)	D (+4% −1%)	E	K	R	G	H	
										±1°		
CT	85	86	10.8	10.76	9.40	7.24	6.80	4.60	0.40	27°	51°	769
	110	111	12.34	12.34	9.73	7.24	6.80	4.47	0.40	27°	51°	992
	120	121	12.90	12.90	9.76	7.24	6.80	4.47	0.40	27°	51°	1082
	150	151	14.40	14.10	9.71	7.24	6.80	4.00	0.40	27°	51°	1350
注：参考单位质量按密度 8.94 g/cm² 计算												

表 3-7　铜接触线技术参数 TB/T 2810

型号	标称截面/mm²	电气性能		机械性能						含氧量/%
		20°C 电阻率/(Ω · mm²/m)(≤)	载流量 A(≥)	拉断力/(kN)(≥)	伸长率(%)(≥)	扭转(至破坏)圈数(≥)	反复弯曲至破坏		杨氏摸量/MPa	
							半径/mm	次数(≥)		
CT	85	0.017 68	440	31.82	2.7	3	25	8	124 000	0.040 0
	110		530	39.95	3.0	3	25	8		
	120		560	41.75	3.0	3	25	8		
	150		590	51.79	3.3	3	30	8		
注：载流量条件：环境温度为 35°C，最高容许工作温度为 95°C										

（3）接触线一般应采用铜合金材质。120 km/h 及以上区段采用恒张力架设。铜及铜合金接触线在最大允许磨耗面积 20%的情况下，其机械强度安全系数不应小于 2.0。

（4）接触线材质的选择：当张力小于 15 kN 时，宜选择载流能力强的银铜合金线；当张力大于 15 kN 及以上时，宜选择强度高的镁铜合金或锡铜合金线。

三、检修标准

（一）普速铁路

（1）接触网多采用全补偿简单链形悬挂。正线接触网的综合张力和正线接触线的张力不应低于表 3-8 中的数值。

表 3-8　接触网最小张力

区段内列车运行速度/（km/h）	接触网综合张力/kN	接触线张力/kN
$v \leqslant 120$	25	10
$120 < v \leqslant 160$	28	13
$160 < v \leqslant 200$	30	15

（2）接触线拉出值（含最大风偏时跨中偏移值）。

标准值：设计值。

标准状态：标准值±30 mm。

警示值：400 mm。

限界值：450 mm。

（3）接触线高度。

标准值：设计值。

标准状态：标准值±30 mm。

警示值：标准值±100 mm。

限界值：标准值±200 mm；上限 6 500 mm，下限为任何情况不低于该区段允许的最低值。

为保证电力机车（动车组）的良好取流，应尽量减少接触线高度的变化。车站和区间的接触线高度宜取一致。

当隧道间距不大于 1 000 m 时，隧道内、外的接触线可取同一高度。

（4）接触线坡度（工作支）。

标准值：设计值。

标准状态：同标准值。

警示值：160 km/h 区段 3.3‰；120 km/h 区段 4‰。

限界值：160 km/h 区段 4‰；120 km/h 区段 5‰。

在变坡区段的始末跨，接触线坡度变化不宜大于变坡区段最大坡度的一半。

（5）接触线偏角（水平面内改变方向）。

标准值：设计值。

标准状态：标准值±1°且≤4°。

警示值：正线 8°；站线 10°。

限界值：同警示值。

（6）接触线磨耗及损伤。

① 接触线磨耗和损伤后不能满足该线通过的最大电流时，若系局部磨耗和损伤，可以加电气补强线；若系普遍磨耗和损伤，则应更换。

② 接触线磨耗和损伤后不能满足规定的机械强度安全系数时，若系局部磨耗和损伤，可以加补强线或切除损坏部分重新接续；若系普遍磨耗和损伤，则应更换。

③ 接触线接头、补强处过渡平滑。该处接触线高度不应低于相邻吊弦点，允许高于相邻吊弦点 0~10 mm，必要时加装吊弦。

标准值：无损伤。

标准状态：无损伤。

警示值：磨损面积 15%。

限界值：磨损面积 20%。

（7）接触线扭面角度。

标准值：0°。

标准状态：5°。

警示值：15°。

限界值：20°。

（8）接触线与平直度检测尺之间的间隙不大于 0.2 mm/m。

（9）一个锚段内接触线接头、补强的总数量应符合以下规定（不包括分段、分相及下锚接头），接头距悬挂点应不小于 2 m，同一跨距内不允许有 2 处接头。

标准值：0 处。

标准状态：同标准值。

警示值：2 处。

限界值：4 处。

（二）高速铁路

（1）接触网多采用全补偿简单链形悬挂。正线接触网的综合张力和正线接触线的张力不应低于表 3-9 的数值。

表 3-9　接触网最小张力

列车运行速度/（km/h）	综合张力/kN	接触线张力/kN
$160<v\leqslant 200$	30	15
$200<v\leqslant 300$	40～45	25
$300<v\leqslant 350$	48～55	28.5

（2）正线接触线不允许有接头。侧线一个锚段内接触线接头的总数量应符合以下规定（不包括分段、分相及下锚接头）。

标准值：0 处。

标准状态：0 处。

警示值：1 处。

限界值：2 处。

（3）接触线局部磨耗、变形及损伤。

① 接触线允许最大局部磨耗面积符合表 3-10 中的要求。

接触线局部磨耗达到或超出限界值，立即进行更换；达到或超出警示值，进行重点监控，纳入三级修（精测精修）更换。

② 检查接触线与检测尺之间的间隙，其间隙不得大于 0.1 mm/m。

③ 接触线磨耗测量地点一般要定在定位点、电连接、导线接头、中心锚结、线岔、电分相、电分段、跨中处。

（4）接触线拉出值（含最大风偏时跨中偏移值）。

标准值：设计值。

标准状态：标准值±30 mm。

警示值：400 mm。

限界值：450 mm。

表 3-10　接触线允许最大局部磨耗面积

设计速度/（km/h）	导线材质	工作张力/kN	标准值	警示值	限界值
200~250	CTS	—	无磨损	15%	20%
300~350	CTSH-150	28.5	无磨损	11%	15%
	CTMH-150	28.5	无磨损	17%	23%
	CTMH-150	30	无磨损	14%	19%
	CTCZ-150	31.5	无磨损	19%	25%
	CTCZ-150	33	无磨损	16%	21%
	RiM 120	27	无磨损	13%	17%

（5）接触线高度（简称“导高”）指接触线距钢轨面的高度。它的确定受多方面的因素制约，如车辆限界、绝缘距离、车辆和线路振动施工误差等。

标准值：设计值。

标准状态：标准值±30 mm。

警示值：标准值±60 mm。

限界值：标准值±100 mm 且小于 6 500 mm。

（6）接触线工作支坡度。

标准值：v≤250 km/h 时，坡度≤1‰，v>250 km/h 时，坡度为 0。

标准状态：v≤250 km/h 时，坡度≤1‰，v>250 km/h 时，坡度≤0.5‰。

警示值：v≤250 km/h 时，坡度≤1‰，v>250 km/h 时，坡度≤0.5‰。

限界值：v≤250 km/h 时，坡度≤1.5‰，v>250 km/h 时，坡度≤1‰。

（7）接触线偏角（水平面内改变方向）。

标准值：设计值。

标准状态：标准值±1°且≤4°。

警示值：6°。

限界值：8°。

（8）接触线扭面角度。

标准值：0°。

标准状态：5°。

警示值：15°。

限界值：20°。

四、调整方法

（1）接触网的张力弛度调整方法。

查阅安装曲线图确定线索张力，调整补偿装置坠砣重量。弛度超标可调整吊弦长度。

（2）接触线局部磨耗、变形及损伤调整方法。

① 接触线磨耗和损伤后不能满足该线通过的最大电流时，若系局部磨耗和损伤，可以加电气补强线；若系普遍磨耗和损伤，则应更换。

② 接触线磨耗和损伤后不能满足规定的机械强度安全系数时，若系局部磨耗和损伤，可以加补强线或切除损坏部分重新接续；若系普遍磨耗和损伤，则应更换。

（3）接触线拉出值（含最大风偏时跨中偏移值）调整方法。

根据测量数据确定调整方向和调整量，卸载定位器（曲线段防止向受力方向反侧窜动）；调整定位底座或软定位拉线，当调整定位器底座也满足不了拉出值时，可采取更换长定位管或降低定位管高度的方法。调整时要注意兼顾定位坡度、定位偏移和导高；调整定位管位置，使用橡皮锤敲击调整到标准位置，按标准力矩紧固螺栓。在曲线处要同时保证跨中拉出值也要符合标准。

（4）接触线高度调整方法。

对于可调式吊弦可松开回头，将导线位置置于合适位置，重新制作回头。对于整体吊弦，应视具体情况在允许范围内调整吊弦位置或予以更换。

（5）接触线工作支坡度调整方法。

对于可调式吊弦可松开回头，将导线位置置于合适位置，重新制作回头。对于整体吊弦，应视具体情况在允许范围内调整吊弦位置或予以更换。以上方法仍不能符合标准，可调整腕臂的安装高度或结构高度。

（6）接触线偏角（水平面内改变方向）调整方法。

检查偏转原因，若因线夹影响，则调整线夹即可。若导线发生扭面，可使用两个扭面器（一个用于固定导线，一个往偏角相反方向扳动），调整至与线路垂直，曲线段与线路倾斜一致。

五、注意事项

（1）V形天窗检修接触线在有断口处或补强作业时，必须在作业前使用不小于 25 mm^2 铜质短接线先行做旁路短接后，方可进行作业。

（2）在悬挂点处进行接触线拆卸作业时，人体不得位于线索受力方向的反侧。

（3）在作业过程中严禁踩踏接触线。

（4）检查、检修过程中，必须采取相应安全措施，确保人身、设备安全。

六、选取“接触线断线接续”为实作考核项目

实作项目考核评价表

专业：____________ 班级：____________ 小组成员：________________________

1. 考核项目：接触网设备故障抢修。

2. 考核内容：接触线断线接续。

3. 考核表（见表 3-11）。

表 3-11 考核表

项目及配分		考核内容及评分标准	扣分因素及扣分	得分	备注
时间	10分	准备时间 10 min，作业时间 30 min 提前不加分，每超 1 min 扣 2 分，超 5 min 停止作业			
作业准备	10分	① 准备工具材料，检查工具材料状态是否良好，型号是否符合作业要求。缺少工具材料或工具材料不符合作业要求每件扣 2 分。 ② 按规定标准着装，使用劳动保护用品。未按标准着装，缺少劳保用品一项扣 2 分			
安全	40分	① 攀登车梯时，越车梯蹬上下车梯，每次扣 3 分。 ② 作业人员与辅助人员呼唤应答，确认符合攀登车梯条件，否则每项扣 3 分。 ③ 未正确传递工具、材料，每次扣 3 分。工具、材料（包括工具包）放置在车梯作业平台、框架上，每件次（工具包及包内工具、材料按 1 件计）扣 3 分。高空掉物，每件次扣 3 分。损坏工具或未正确使用工具，每项扣 3 分。高空作业未系好安全带扣 3 分。 ④ 安装或拆卸紧线器时，不得用其他工具进行敲打，以免损坏紧线器。否则每次扣 3 分。 ⑤ 紧线器受力后要检查受力状态，无滑移后，方可继续紧线，否则每次扣 3 分。 ⑥ 接头线夹受力后要检查受力状态良好后，方可拆除链条葫芦和紧线器，否则每次扣 3 分。 ⑦ 根据不同的导线和导线的张力选择正确的紧线器和链条葫芦，否则每次扣 3 分。 ⑧ 报告作业完毕后，作业现场遗留工具，每件扣 3 分。 ⑨ 报告作业完毕后，存在侵入受电弓动态包络线、铁路建筑限界或影响送电情形扣 20 分。 ⑩ 作业过程中发生人员轻伤及以上者，或由于个人原因导致作业无法继续进行时，本项失格			
作业程序及质量	40分	① 巡视检查腕臂、定位、吊弦、中心锚结、下锚补偿装置、电连接等部件损坏状态，制订抢修步骤及方法，每少 1 项扣 2 分。 ② 导线有明显硬弯，每处扣 2 分。 ③ 接头线夹不入槽扣 10 分。			

续表

项目及配分		考核内容及评分标准	扣分因素及扣分	得分	备注
作业程序及质量	40 分	④ 螺栓紧固方法不正确、工具力矩不符合要求，每处扣 2 分。 ⑤ 接头线夹安装后受力不均匀、扭面的，每处扣 2 分。 ⑥ 两接触线断头对接处在接头线夹的正中间位置，偏差符合规定，每超 1 mm 扣 2 分。 ⑦ 接触线接头处过渡平滑。该处接触线高度不应低于相邻吊弦点，允许高于相邻吊弦点 0~10 mm，不符合扣 2 分； ⑧ 接头处不垂直轨面，低部不平滑，每处扣 2 分。 ⑨ 检查该跨距的设备、吊弦、腕臂的偏移情况，对不符合技术要求的进行调整，否则每处扣 2 分。 ⑩ 作业结束后未对悬挂、补偿装置、电连接等部件进行状态确认，每少 1 处扣 2 分			
合计	100 分				

任务四　吊弦检调

任务学习描述

学习任务：吊弦检调。

学习对象：学习接触网课程的学生及企业新入职人员。

工具选择：常用安全工具、测量工具、梯车。

学习步骤：

（1）学习吊弦作用。

（2）学习吊弦分类。

（3）学习吊弦检修标准及制作。

任务学习方法

资讯：接受工作任务，分析任务，通过查找学习资料、相关文件，对任务形成总体认识。

计划：学习以小组为单位，讨论吊弦作用。

决策：学生与老师共同讨论吊弦分类。

实施：确定学习任务，查找资料文件，完成吊弦检修标准及制作。

检查：以小组为单位，使用梯车完成学习步骤。

总结：学生与老师共同讨论本节课知识点，以及高空作业的注意事项。

任务学习目标

（1）掌握吊弦作用。

（2）掌握吊弦分类。

（3）掌握吊弦检修标准及制作。

任务分工

吊弦检调任务分工如表 3-12 所示。

表 3-12　吊弦检调任务分工表

序号	分工	安全等级	人数	工作内容	备注
1	工作领导人	4 级及以上	1	指挥作业过程，负责任务整体安排	
2	安全员	4 级及以上	1	负责作业全程安全盯控工作	
3	高空作业人员	3 级及以上	1	负责检查吊弦，认识吊弦组成及检修	
4	辅助人员	2 级及以上	4	负责梯车、轨道车其他安全事项	
5	防护	3 级及以上	2	负责上下行来车方向的防护工作	

一、作　用

在链形悬挂中，接触线通过吊弦悬挂在承力索上。按其使用位置是在跨中、软横跨上或道内有不同的吊弦类型，吊弦是链形悬挂中的重要组成部件之一。

在链形悬挂中安设吊弦，使每个跨距在不增加支柱的情况下，增加了对接触线的悬挂点，这样使得接触线的弛度和弹性均得到改善，提高了接触线的工作质量。另外，通过调节吊弦的长度来调整接触线对轨面的高度，使其符合技术要求。

二、种　类

吊弦按其结构和功能的不同分为普通环节吊弦、弹性吊弦、滑动吊弦、防风吊弦和整体吊弦。

1. 整体吊弦

（1）随着我国电气化铁路列车速度的不断提高，接触网施工安装精度要求也越来越高。实践表明，用镀锌铁线制作的吊弦，普遍存在安装精度差，接触线高度需经常调整。如在电分段处（如绝缘锚段关节），因吊弦分流而发生烧断吊弦的事故。在高速电气化铁路接触悬挂结构上。对导线高度要求十分严格，即每个悬挂点导线高度必须相等，其相对误差越小越好，吊弦应具有较高的可靠性，采用载流承力索后，横向电流会造成环节电线各环节连接处明显的烧蚀，因此整根由耐腐蚀铜合金软铜绞线制成的整体吊弦逐渐替代了传统的环节吊弦，并得到了快速的发展。

（2）整体吊弦的结构。

整体吊弦有两种形式，即压接式整体吊弦和可调式整体吊弦，连接零件主要由接触线吊弦线夹、承力索吊弦线夹、心形环、压接管、连接线夹及吊弦线、调整螺栓等组成。其最大拉伸工作荷重不小于 1.0 kN，与承力索、接触线间的滑动荷重不小于 1.0 kN，吊弦综合拉断力不小于 4.0 kN。整体吊弦施工精度、工艺要求较高，必须准备充分、测量准确、精确计算，严格控制安装精度和工艺，如图 3-15 所示。

（3）整体吊弦的特点。

① 采用整体导流式吊弦结构，由于吊弦与线夹间为压接连接工艺，连接可靠，工艺简单，机械强度高，整体导流式结构避免了环节吊弦产生的磨损和电火花烧蚀等情况。

② 耐腐蚀、寿命长，适于机械化加工制作，有利于批量生产。

③ 一般来说，经过精确计算后，一次性安装不需调整，大大减少了维修工作量。

2. 滑动刚性整体吊弦

采用滑动刚性整体吊弦，计算确定风区及非风区吊弦的滑动环直径，便于将外力作用下承力索、接触线的振动能量卸载。滑动刚性整体吊弦一般技术性能满足表 3-13 要求。

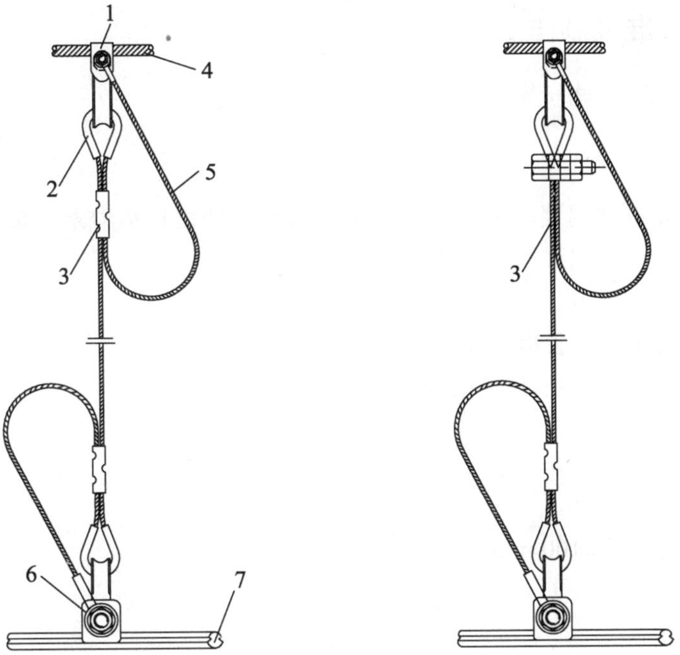

（a）压接式整体吊弦　　（b）可调式整体吊弦

1—承力索吊弦线夹；2—心形环；3—压接管；4—承力索；5—导流尾线；
6—接触线吊弦线夹；7—接触线；8—可调螺栓。

图 3-15　整体吊弦

表 3-13　滑动刚性整体吊弦一般技术性能

项　目	滑动刚性整体吊弦
材质	尼龙套 A、B 片采用尼龙 66。开口销执行标准 GB/T 1220—2007，采用牌号为 12Cr18Ni9 的奥氏体不锈钢。吊弦连接棒采用牌号为 C5191B 的磷青铜棒。接触线吊弦线夹 A、B 片采用 C6161。螺栓 M12 执行 GB/T 1220—2007，采用牌号为 06Cr19Ni10 的奥氏体不锈钢。弹簧垫圈、锁紧螺母执行 GB/T 1220—2007，采用牌号为 12Cr18Ni9 的奥氏体不锈钢
组成	由尼龙护套、吊弦棒、接触线吊弦线夹组成。吊弦棒与接触线吊弦线夹连接采用压接方式，与承力索连接采用合成材料滑动护套
总体要求	适应特殊环境条件，极端气温高、日温差很大，风沙严重等特点。要求经过既有线试验段试挂并未出现安全质量问题，且更好的结构强度、结构稳定性、防松能力和抗疲劳特性是本次招标考虑的前提条件（以计算、试验、检测报告为准）。吊弦按 5 m 间距布置
整体吊弦的拉伸荷重	≥1.47 kN
整体吊弦与接触线之间的滑动荷重	≥1.5 kN
接触线吊弦线夹弯矩荷重	≥24.5 N · m

三、检修标准及制作

（一）普速铁路检修标准

1. 吊弦偏移

标准值：在无偏移温度时处于铅垂状态。当温度变化且承力索、接触线采用不同材质时，吊弦顺线路方向偏移符合安装曲线要求。

标准状态：同标准值。

警示值：不大于吊弦长度的 1/4。

限界值：不大于吊弦长度的 1/3。

2. 吊弦间距

标准值：设计值。

标准状态：标准值±100 mm。

警示值：12 m。

限界值：15 m。

3. 两相邻吊弦点接触线高差

标准值：0。

标准状态：10 mm。

警示值：30 mm。

限界值：50 mm。

4. 整体吊弦损伤

标准值：无损伤。

标准状态：无损伤。

警示值：断 3 根单丝。

限界值：断 7 根单丝。

5. 吊弦的计算

（1）吊弦偏移计算公式：

$$E = L\alpha(T_X - T_P)$$

式中 E——吊弦偏移值（m）；

L——吊弦到中心锚结的距离（m）；

α——线胀系线（1/°C）；

T_X——调整时温度（°C）；

T_P——平均温度（°C）。

（2）吊弦间距计算：

$$X_0 = \frac{L-2\times 8.6}{K-1}$$

式中 X_0——吊弦间距（m）；

L——跨距长度（m）；

K——跨距中吊弦根数（m）。

（二）高速铁路检修标准

1. 吊弦偏移

标准值：0。

标准状态：20 mm。

警示值：50 mm。

限界值：100 mm。

2. 吊弦偏移计算公式

$$E = L\alpha(T_X - T_P)$$

式中 E——吊弦偏移值（m）；

L——吊弦到中心锚结的距离（m）；

α——线胀系数（1/°C）；

T_X——调整时温度（°C）；

T_P——平均温度（°C）。

3. 吊弦状态

吊弦的长度要能适应在极限温度范围内接触线的伸缩和弛度的变化，否则应采用滑动吊弦。吊弦预制长度应与计算长度相等，偏差应不大于±1.5 mm。

4. 吊弦线夹状态

吊弦线夹在直线处应保持铅垂状态，曲线处应垂直于接触线工作面。曲线处接触线吊弦线夹螺栓应穿向曲线外侧。

5. 载流环

吊弦载流环应固定在吊弦线夹螺栓的外侧，接触线吊弦线夹处载流环应与列车前进方向一致，线鼻子与接触线夹角保持 30°～45°。承力索吊弦线夹处载流环应与列车前进方向相反。

6. 吊弦位置

标准值：设计值。

标准状态：标准值±50 mm。

警示值：标准值±100 mm。

限界值：标准值±200 mm。

7. 两相邻吊弦点接触线高差

标准值：0。

标准状态：10 mm。

警示值：10 mm。

限界值：15mm。

定位点两侧第一吊弦处（弹性链型悬挂时为弹性吊索外第一吊弦）接触线高度应相等。相对于定位点处接触线高度±10 mm，且不得出现 V 形。

8. 吊弦损伤

标准值：无损伤

标准状态：无损伤。

警示值：断 3 根单丝。

限界值：断 7 根单丝。

（三）刚性整体吊弦制作标准

1. 刚性整体吊弦的组成

（1）刚性整体吊弦由尼龙保护套、吊弦棒、吊弦线夹三部分组成，如图 3-16 所示。

2. 尼龙保护套维修标准

（1）检查尼龙保护套本体：尼龙保护套 A、B 片咬合密贴，无开裂、老化、破损。

（2）检查尼龙保护套开口销：开口销无缺失，开口销安装符合规范，如图 3-17 所示。

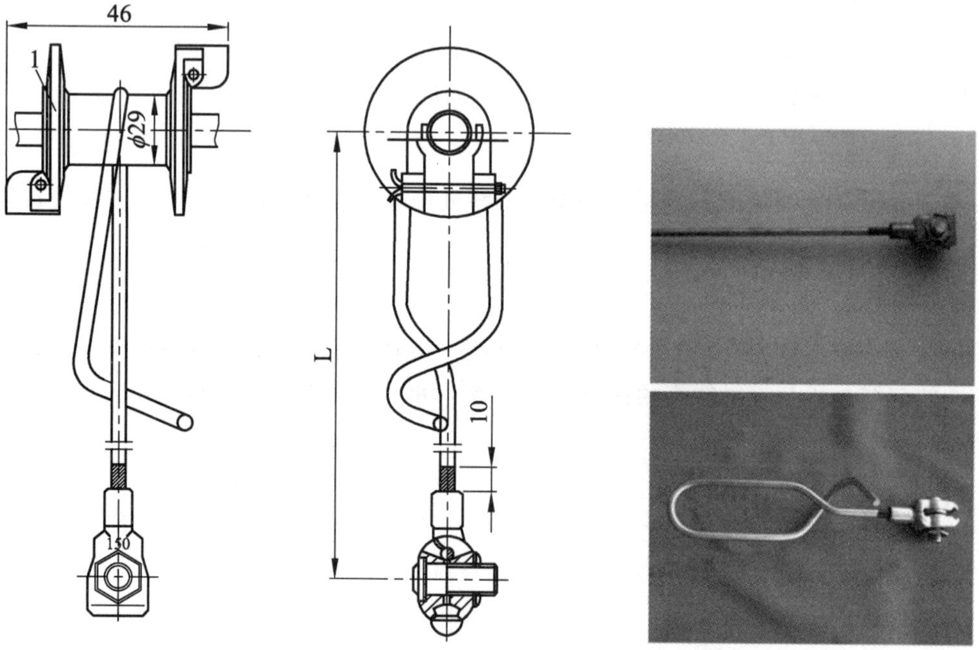

（a）刚性吊弦安装图及示例

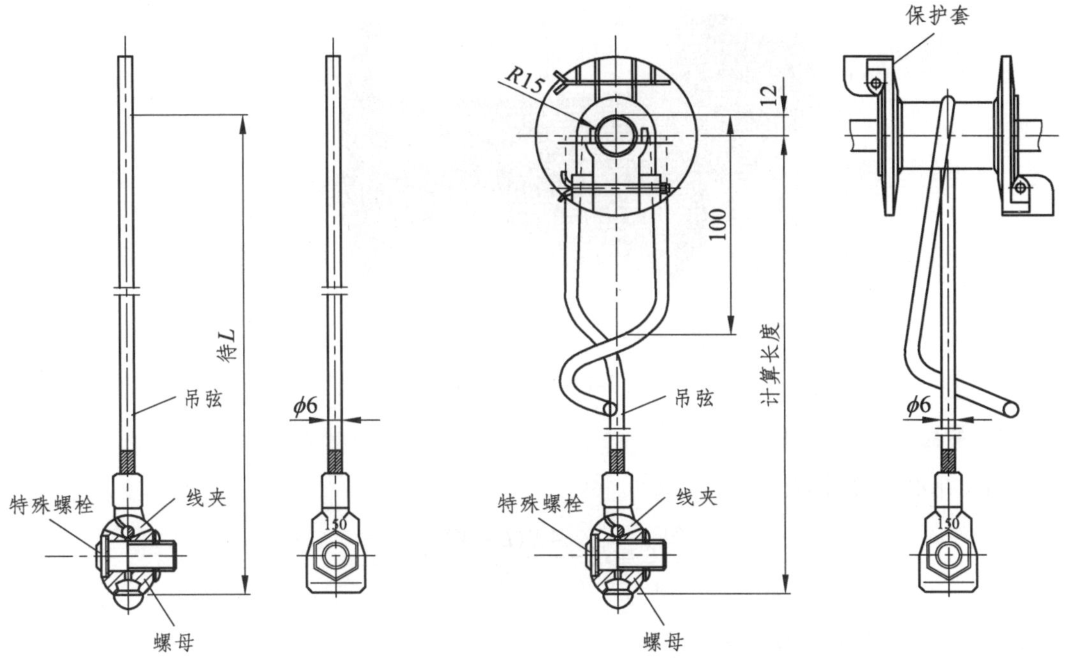

（b）刚性吊弦加工前后示意图

（c）刚性吊弦现场图

图 3-16　刚性吊弦

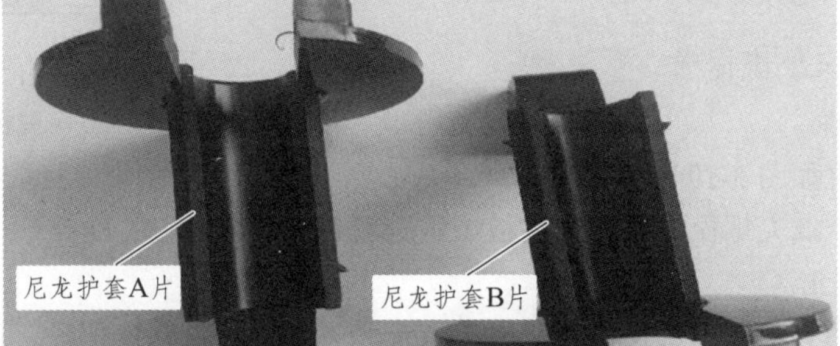

（a）尼龙保护套解体图

（b）尼龙保护套组装图

图 3-17　尼龙保护套

3. 吊弦棒维修标准

（1）吊弦长度计算。

$$C = H - \frac{4X(L-X)}{L^2}F_0$$

式中　C——所求吊弦的长度（m）；

H——悬挂结构高度（m）；

L——跨距长度（m）；

X——所求吊弦距支柱定位点的距离（m）；

F_0——接触线无弛度时承力索的弛度（m）。

（2）检查吊弦棒本体：吊弦棒应顺直，无弯曲、变形。

（3）检查承力索端环形部分尺寸符合要求（见图 3-18）。

注意：① 吊弦棒环形部分的结构尺寸过大，将会导致吊弦棒从尼龙保护套中滑出、磨损承力索。② 吊弦棒环形部分的结构尺寸过小，受电弓通过抬高时，会硬顶承力索出现硬点；同时磨损承力索，使吊弦棒受力出现断损问题。

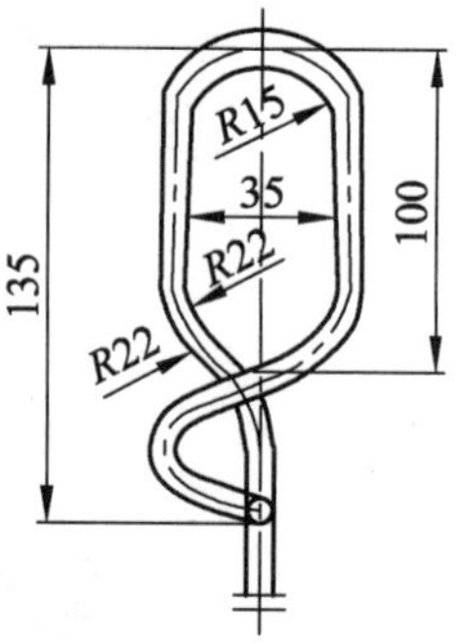

图 3-18　吊弦棒环形部分尺寸

4. 吊弦线夹维修标准

1）安装标准

① 吊弦线夹如图 3-19 所示。

② 打开吊弦线夹螺栓，把螺纹夹板（田野侧）和螺孔夹板（线路侧）的牙型嵌入接触线的沟槽内摆正。

③ 弹簧垫圈安装在螺孔夹板处，用 7 mm 六方扳手拧紧特殊螺栓，再用扭矩扳手紧固达到力矩 34.3 N · m。

④ 套上跟母，用手指将跟母拧到拧不动为止，再用扳手拧 1/4 ~ 1/3 圈。

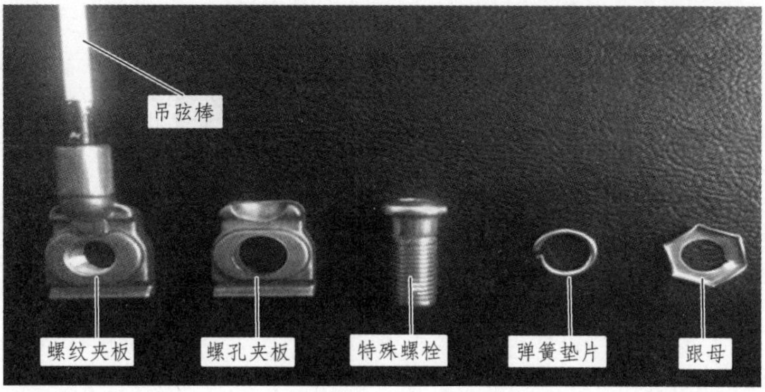

图 3-19　吊弦线夹

2）检修标准

① 检查线夹本体：无损伤、变形、裂纹，无其他不良状态；吊弦线夹在直线处应保持铅垂状态，曲线处应与接触线的倾斜度一致；吊弦线夹与吊弦棒连接点无松动、无裂纹，状态正常。

② 检查特殊螺栓：使用力矩扳手校验特殊螺栓紧固力矩为 34.3 N・m，无其他不良状态。

③ 检查跟母：田野侧防松跟母无松动。

四、刚性整体吊弦手工预制说明

（一）吊弦预制

吊弦预制步骤如图 3-20 所示。

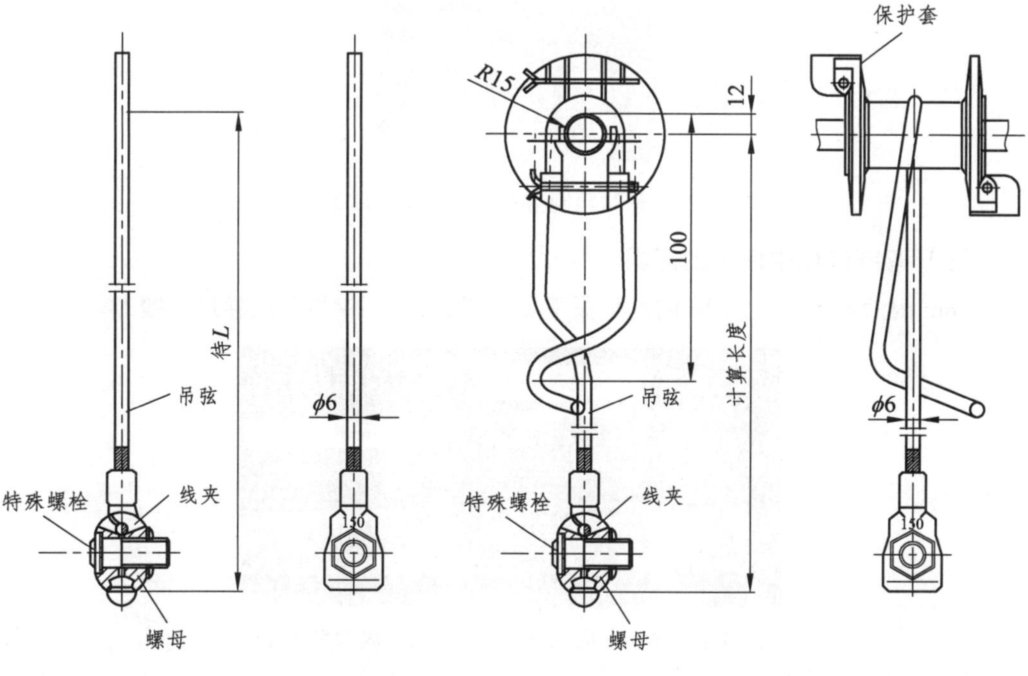

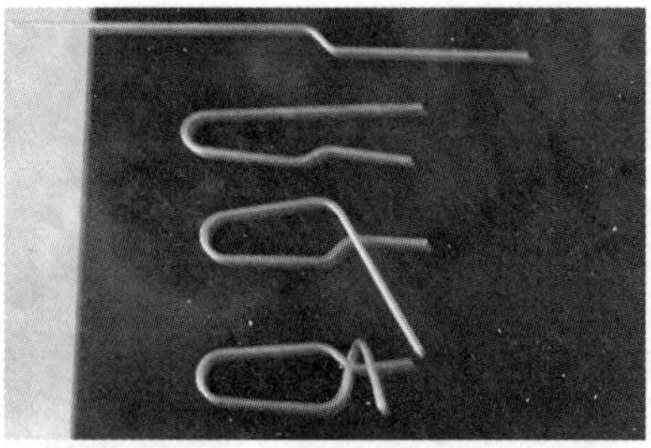

图 3-20　吊弦预制示意图

（二）设备说明

吊弦预制剪切下和弯制成型设备由两部分组成，如图 3-21 所示。

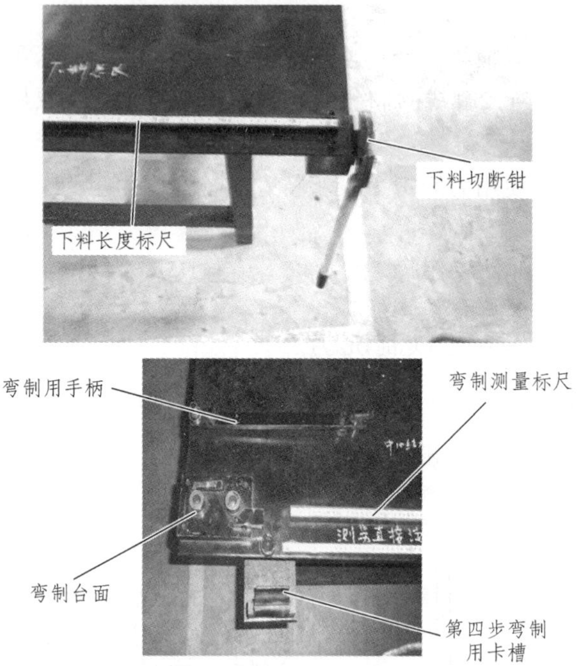

图 3-21　吊弦预制剪切下料和弯制成型设备

（三）弯制过程中使用的工具

6 mm 内六角扳手、7 mm 内六角扳手（见图 3-22）、钢板尺或卷尺、锉刀。

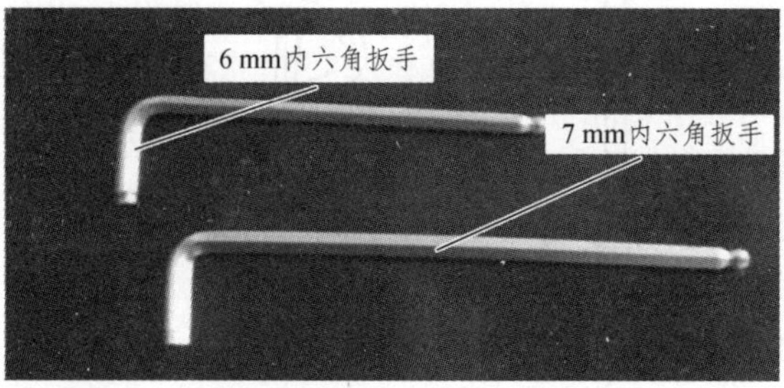

图 3-22　6 mm 内六角扳手、7 mm 内六角扳手

（四）操作过程

1. 下料

根据吊弦长度下料（吊弦长度 + 250 mm=下料长度），吊弦加工表里面“线夹到吊弦棒另一端长度 mm”栏里面的下料长度选取相近长度的吊弦棒，如表 3-14 所示。

表 3-14　吊弦下料长度

序号	支柱号	长度/mm	线夹到吊弦棒另一端长度/mm
1	229-231	567	817
2	229-231	531	781

将线夹固定块调整到选取的下料长度标记位置，然后用 6 mm 内六角扳手拧紧固定螺栓，用 7 mm 内六角扳手松开吊弦线夹的特殊螺栓，将线夹固定在线夹固定块之上。最后将线夹棒料切断，切断后保证吊弦棒料尺寸在 0~8 mm，如图 3-23 所示。

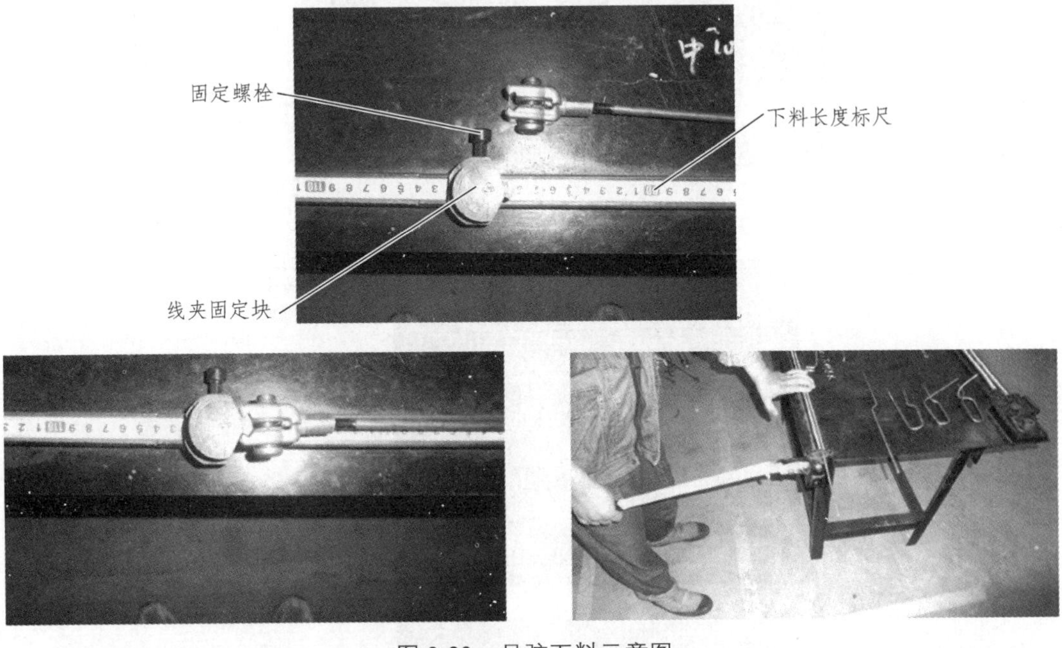

图 3-23　吊弦下料示意图

2. 弯制

根据下料长度对应的吊弦长度，将线夹固定块固定，拧紧固定螺栓，固定块的刻度为吊弦长度加上 6 mm。例如吊弦长度为 623 mm，那么线夹固定块的刻度则为 629 mm。然后将吊弦线夹固定在线夹固定块上。注意特殊螺栓的方向，如图 3-24 所示。

第一步弯曲完成后将吊弦拆下来，旋转 180° 再固定在线夹固定块上。第一步弯曲部分卡在弯制台面的圆弧卡槽内。

再将吊弦棒固定在弯制台面的卡槽内。

弯曲吊弦的第一个折弯部分。

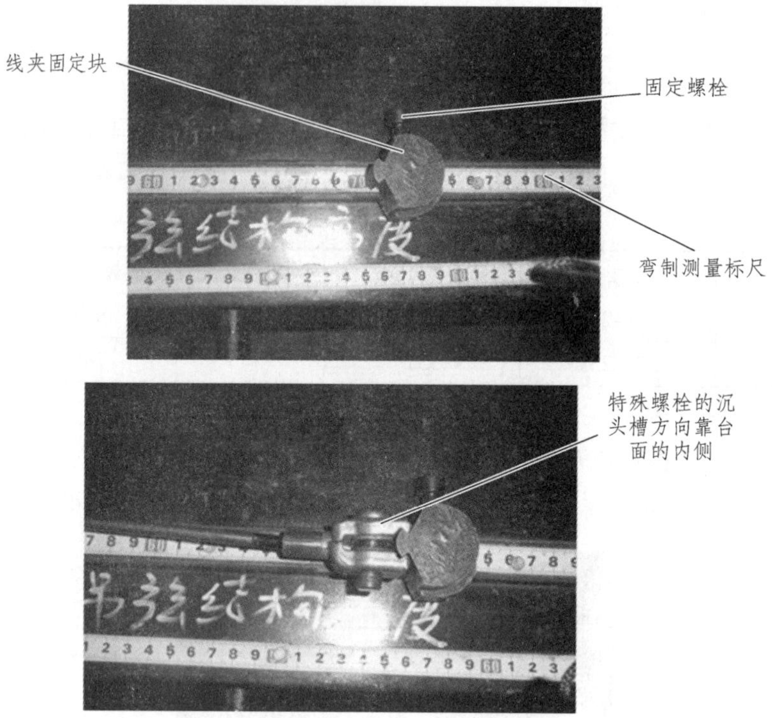

（a）弯制流程一

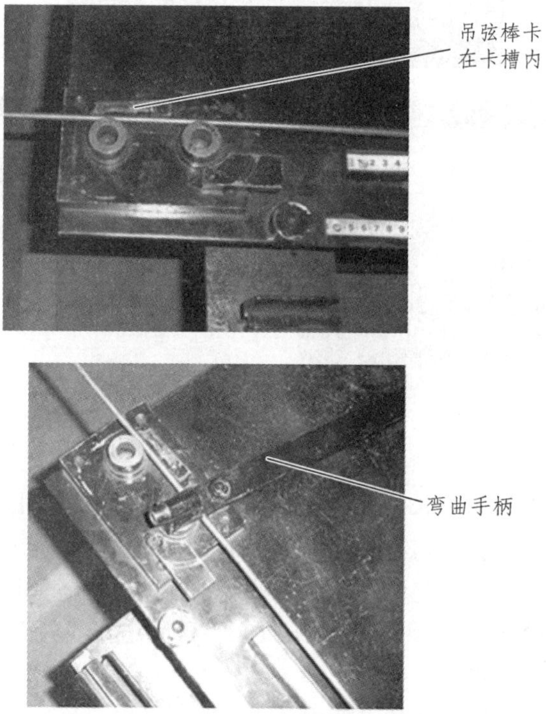

（b）弯制流程二

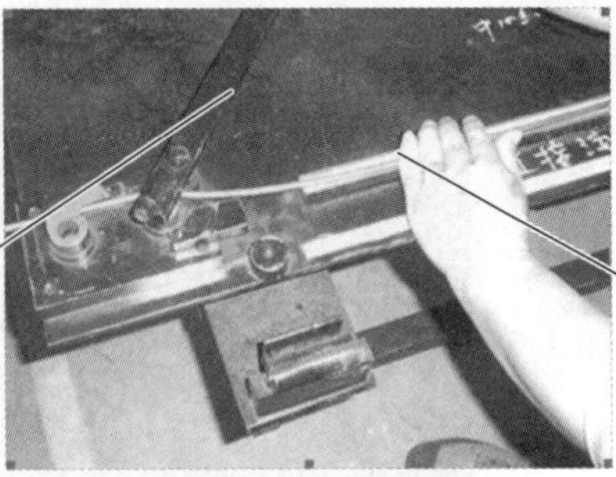

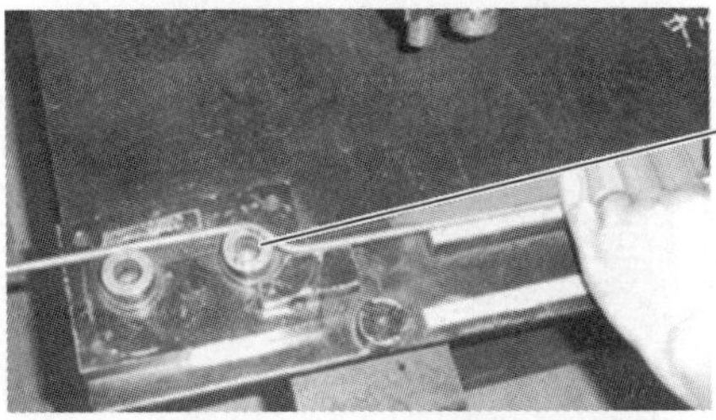

（c）弯制流程三

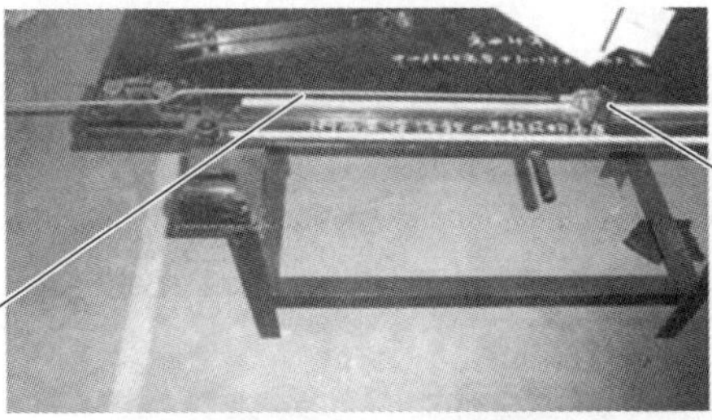

弯制第二步圆弧

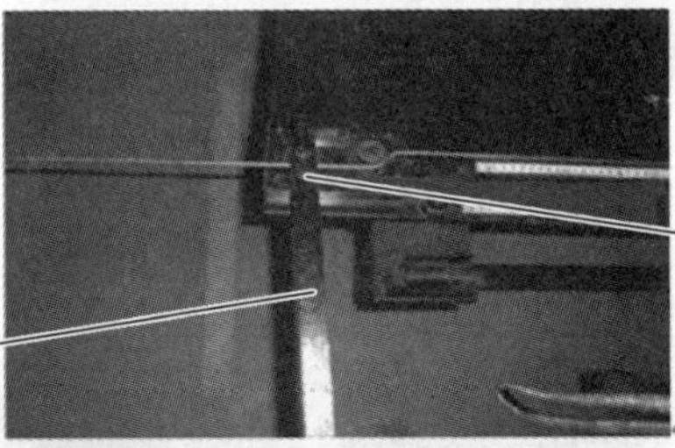

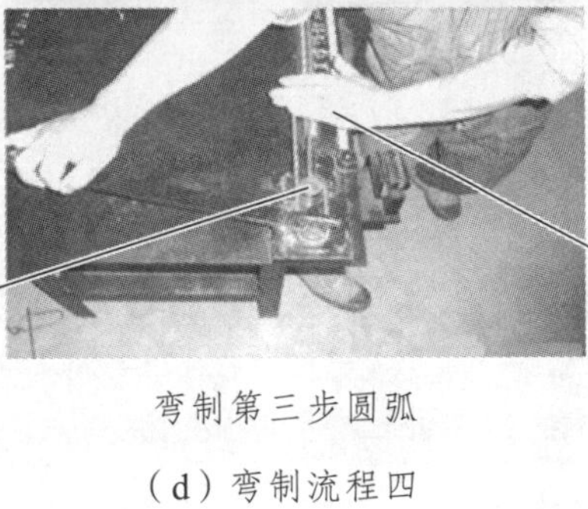

弯制第三步圆弧

（d）弯制流程四

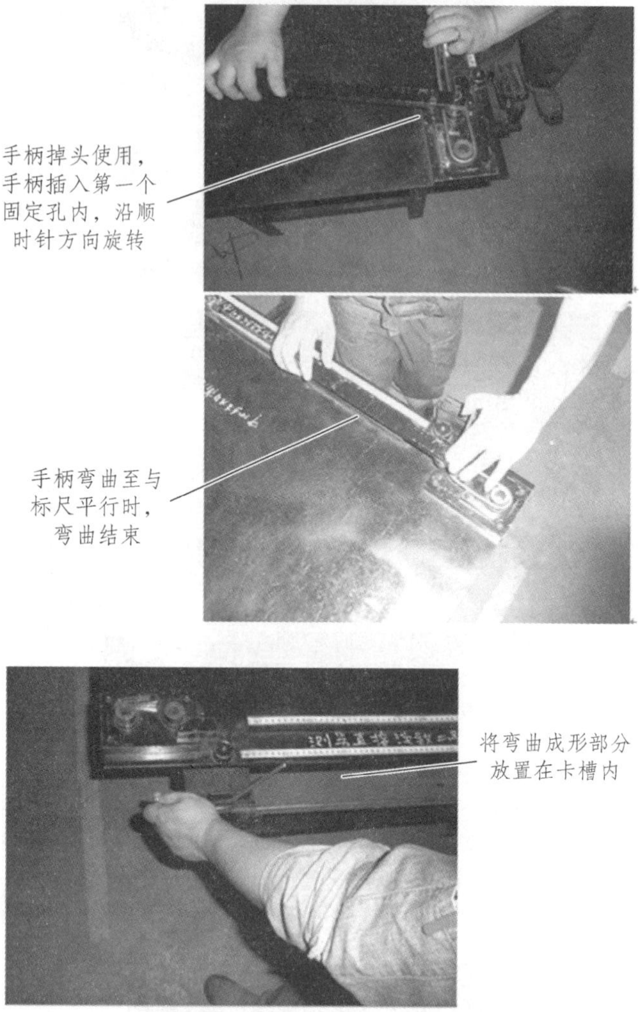

弯制第四步圆弧

（e）弯制流程五

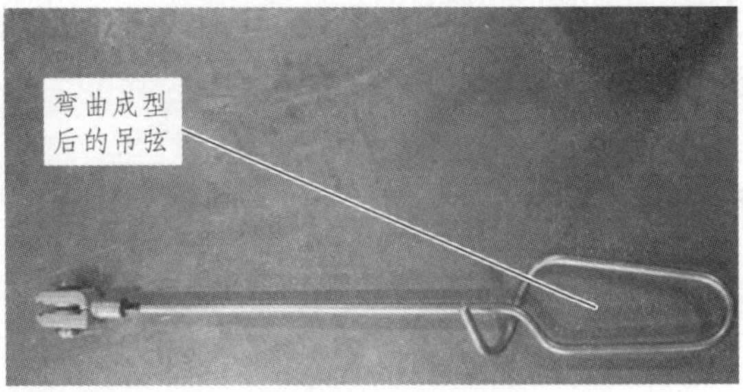

弯制第五步圆弧

（f）弯制流程六

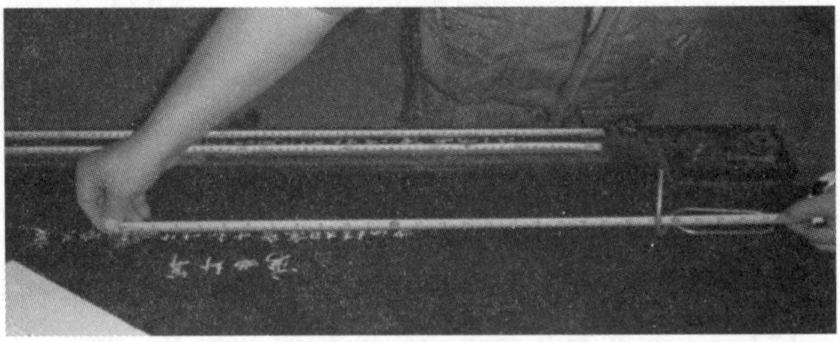

（g）弯制流程七

图 3-24　弯制流程

吊弦长度的复核：用卷尺或者钢板尺对弯曲完成后的吊弦进行长度复核，误差在 ±2 mm 内合格。

五、尼龙护套的开口销装配方法

（1）用手或钳子将开口销插入销孔内，开口销水平插穿向时，开口朝向来车方向或开口朝向田野侧；开口销垂直穿向时，开口朝下。

（2）用螺丝刀将开口销掰开。

（3）掰开开口的角度，原则上大于 90°，如图 3-25 所示。

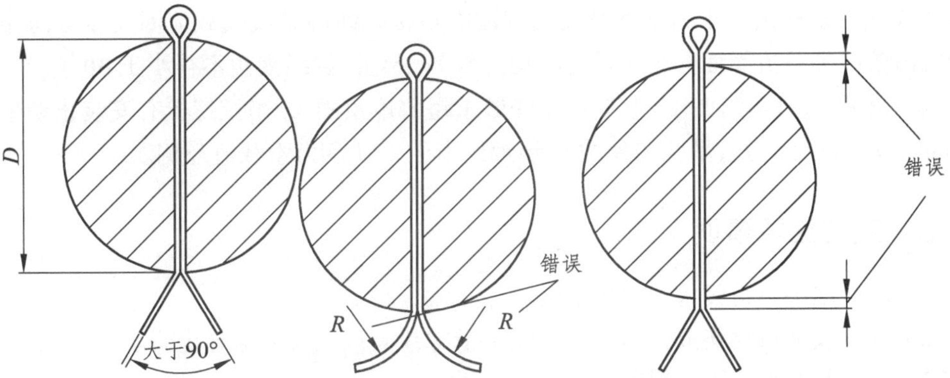

图 3-25　尼龙护套的开口销装配方法

（4）开口销在打开时，注意使分开的部分平直、带 R 形和上下空挡。
（5）禁止重复使用开口销。

六、吊弦调整方法

1. 吊弦间距检调

当吊弦间距过大，松开吊弦承力索和接触线线夹，调整吊弦间距符合标准，必要时可在吊弦间距中间加装吊弦。吊弦调整后必须保证接触线坡度、吊弦高差符合要求。

2. 吊弦偏移检调

当吊弦发生偏移，必须先对整个跨距内吊弦进行检查，确定发生偏移的原因。若只是单根吊弦发生偏移，则松开吊弦线夹，调整吊弦与跨距内吊弦偏移量一致即可，按标准力矩紧固螺栓。

3. 相邻吊弦高差检调

当吊弦高差不符合要求，松开吊弦承力索线夹，调整吊线长度使其符合标准。吊弦高差调整后必须保证接触线坡度符合要求，钢性整体吊弦不可调整的直接更换为可调吊弦，按标准力矩紧固螺栓。

4. 吊弦线检调

若不符合要求，则应更换新吊弦。

5. 吊弦线夹检调

（1）直线区段与曲线内侧：接触线吊弦线夹螺帽在田野侧，承力索吊弦线夹螺栓穿向与接触线吊弦线夹螺栓穿向相反。

（2）曲线外侧：接触线吊弦线夹螺帽在线路侧，承力索吊弦线夹螺栓穿向与接触线吊弦线夹螺栓穿向相反；在导线扭面的情况下，螺栓永远从低侧向较高的一侧穿。

（3）吊弦载流环线鼻子始终在螺栓头一侧（即不在螺帽侧），吊弦线夹的载流圈固定在吊弦线夹的螺栓侧。承力索吊弦线夹载流圈与接触线吊弦线夹载流圈安装方向相反，接触线吊弦线夹载流圈面向列车前进方向，线鼻子与接触线夹角不得小于 30°。

（4）吊弦承力索线夹 U 形卡环无变形（超力矩紧固），吊弦螺栓有安装止动垫片。70 mm^2、95 mm^2 承力索吊弦线夹的 U 形螺纹卡子，在承力索载流环侧。

七、安全注意事项

（1）吊弦回头不得侵入限界影响受电弓正常运行。
（2）发现线夹有烧伤痕迹时，打开线夹清除线夹内杂质并涂导电膏。
（3）在安装线夹时不得踩踏接触线。

八、选取“整体吊弦检查更换”为实作考核项目

实作项目考核评价表

专业：____________ 班级：____________ 小组成员：______________________

1. 考核项目：接触网设备维修。
2. 考核内容：整体吊弦检查更换。
3. 考核表（见表 3-15）。

表 3-15　考核表

项目及配分		考核内容及评分标准	扣分因素及扣分	得分	备注
时间	10 分	准备时间 5 min，作业时间 10 min，提前不加分，每超 1 min 扣 2 分，超 5 min 停止作业			
作业准备	10 分	① 准备工具材料，检查工具材料状态是否良好，型号是否符合作业要求。缺少工具材料或工具材料不符合作业要求每件扣 2 分。 ② 按规定标准着装，使用劳动保护用品。未按标准着装，缺少劳保用品一项扣 2 分			
安全	40 分	① 攀登车梯时，越车梯蹬上下车梯，每次扣 3 分； ② 高空作业未系好安全带扣 3 分； ③ 未正确传递工具、材料，每次扣 3 分。工具、材料（包括工具包）放置在车梯作业平台、框架上，每件次（工具包及包内工具、材料按 1 件计）扣 3 分。高空掉物，每件次扣 3 分。损坏工具或未正确使用工具，每项扣 3 分。 ④ 装卸整体吊弦时应注意防止其滑脱弹起伤人，否则每项扣 3 分。 ⑤ 报告作业完毕后，作业现场遗留工具，每件扣 3 分； ⑥ 报告作业完毕后，存在侵入受电弓动态包络线、铁路建筑限界或影响送电情形扣 20 分。 ⑦ 作业过程中发生人员轻伤及以上者，或由于个人原因导致作业无法继续进行时，本项失格			
作业程序及质量	40 分	① 检测吊弦高差、结构高度、吊弦偏移符合技术要求。少测量一处扣 3 分，测量不正确每处扣 2 分。 ② 准备工具材料，检查工具材料状态是否良好，型号是否符合作业要求。缺少工具材料或工具材料不符合作业要求每件扣 2 分。 ③ 检查吊弦线本体和压接处的吊弦线是否受损、腐蚀、烧伤、断丝、断股和散股。少检查一处扣 3 分，检查后技术状态不符合要求每处扣 2 分。			

续表

项目及配分		考核内容及评分标准	扣分因素及扣分	得分	备注
作业程序及质量	40分	④检查压接管、线鼻子、心形环是否出现裂纹，压接是否牢靠，载流环符合技术要求。少检查一处扣3分，检查后技术状态不符合要求每处扣2分。 ⑤按技术标准更换吊弦，不符合要求每处扣2分。 ⑥吊弦安装完毕后，使用测量工具复测吊弦高差、结构高度、与其他线索（或零部件）的空间距离等。少测量一处扣3分，测量数据不满足技术标准要求每处扣2分。 ⑦各部螺栓紧固力矩符合要求，否则每处扣2分。			
合计	100分				

任务五　电连接检调

任务学习描述

学习任务：电连接检调。

学习对象：学习接触网课程的学生及企业新入职人员。

工具选择：常用安全工具、测量工具、梯车。

学习步骤：

（1）学习电连接作用。

（2）学习电连接分类。

（3）学习电连接检修标准及制作。

任务学习方法

资讯：接受工作任务，分析任务，通过查找学习资料、相关文件，对任务形成总体认识。

计划：学习以小组为单位，讨论电连接作用。

决策：学生与老师共同讨论电连接的分类。

实施：确定学习任务，查找资料文件，完成电连接检修标准及制作。

检查：以小组为单位，使用梯车完成学习步骤。

总结：学生与老师共同讨论本节课知识点，以及高空作业的注意事项。

任务学习目标

（1）掌握电连接作用及分类。

（2）掌握电连接线夹调整方法。

（3）掌握电连接检修标准及制作。

任务分工

电连接检调任务分工如表 3-16 所示。

表 3-16　电连接检调任务分工表

序号	分工	安全等级	人数	工作内容	备注
1	工作领导人	4 级及以上	1	指挥作业过程，负责任务整体安排	
2	安全员	4 级及以上	1	负责作业全程安全盯控工作	
3	高空作业人员	3 级及以上	1	负责检查电连接，认识电连接组成及检修	
4	辅助人员	2 级及以上	4	负责梯车、轨道车其他安全事项	
5	防护	3 级及以上	2	负责上下行来车方向的防护工作	

一、电连接的作用及种类

（1）电连接的作用是将接触悬挂各分段供电间的电路连接起来，保证电路的畅通，通过电连接可实现并联供电减小电阻，减少电能损耗，提高末端电压和供电质量。

（2）在锚段关节、线岔、链形悬挂与简单悬挂的衔接处、加强线（载流承力索）的终端、车站电力机车（动车组）经常起动处的股道之间等处所，应装设电连接。电连接位置和数量符合设计要求，安装位置允许偏差±500 mm。

（3）按照具体作用电连接分为以下几种。

① 横向电连接：承力索与接触线之间的连接，实现并联供电。

② 股道电连接：将各个股道接触网并联起来，当电力机车起动时，多股道接触网并联供电，可以向电力机车提供所需的大电流。

③ 道岔电连接：使道岔处两支接触悬挂连接起来，使之等电位。

④ 锚段关节电连接：与道岔电连接的作用相同。

⑤ 隔离开关电连接：将电分段的锚段与锚段之间的接触悬挂通过隔离开关连接起来。

⑥ 避雷器电连接：当接触网上的大气过电压时，能通过避雷器直接接地。

（4）交叉跨越线索间距不足 200 mm 的处所应加装等位线。等位线及其连接线夹应与被连接线索材质匹配，截面积不小于 10 mm^2。

二、检修标准

（一）普速铁路检修标准

1. 电连接线

（1）承力索、接触线间距≤1 000 mm 时，采用“C”形连接方式；间距>1 000 mm 时，采用“S”形连接。其裕度应满足接触线、承力索因温度变化伸缩的要求。

（2）电连接线均要用多股软铜线做成，其额定载流量不小于被连接的接触悬挂、供电线的额定载流量，且不得有接头。

（3）对于压接式电连接，电连接线不应有压伤和断股现象；对于并接式电连接，电连接线端头外露 10 ~ 20 mm。

2. 电连接线夹

（1）电连接线夹的材质和规格应与被连接线索相适应，宜采用压接形式。

（2）电连接线夹与接触线、承力索、供电线之间应连接牢固，线夹内无杂物。

（3）接触线电连接线夹在直线处应处于铅垂状态，在曲线处应与接触线的倾斜度一致。

（4）工作支接触线电连接线夹处接触线高度与最近相邻吊弦点高度相等，允许偏差 0 ~ 10 mm。

（5）压接式接触线电连接线夹与线槽契合的 U 形螺纹卡子应平行压接于线槽内，不得跳出接触线线槽。U 形螺纹卡子应保证卡子插入后，另一端露头 1 ~ 3 mm。

电连接线夹与线索接触面均应涂导电脂。

（二）高速铁路检修标准

1. 电连接线

（1）承力索、接触线间距≤1 000 mm 时，采用“C”形连接方式；间距>1 000 mm 时，采用“S”形连接。其裕度应满足接触线、承力索因温度变化伸缩的要求。电连接位置和数量符合设计要求，安装位置允许偏差±500 mm。

（2）电连接线均要用多股软铜线做成，其额定载流量不小于被连接的接触悬挂、供电线的额定载流量，且不得有接头、压伤和断股现象，电连接线端头外露 10 ~ 20 mm；

（3）对于压接式电连接线夹，电连接线不应有压伤和断股现象。

2. 电连接线夹

（1）电连接线夹的材质和规格应与被连接线索相适应，优先采用压接形式。

（2）电连接线夹与接触线、承力索、供电线之间应连接牢固，线夹内无杂物。

（3）承力索、接触线电连接线夹压接后应端正，符合压接标准。接触线电连接线夹在直线处应处于铅垂状态，在曲线处应与接触线的倾斜度一致。

（4）工作支接触线电连接线夹处接触线高度与最近相邻吊弦点高度相等，允许偏差 0 ~ 5 mm。

（5）压接式接触线电连接线夹与线槽契合的 U 形螺纹卡子应平行压接于线槽内，不得跳出接触线线槽。U 形螺纹卡子应保证卡子插入后，另一端露头 1 ~ 3 mm。

（6）电连接线夹与线索接触面均应涂电力复合脂。

（7）极限温度条件下，交叉跨越线索间距不足 200 mm 的处所应加装等位线。等位线及其连接线夹应与被连接线索材质匹配，截面积不小于 10 mm^2。

三、安装要求及方法

（1）正线锚段关节，隔离开关（锚段关节处）引线电连接应采用并联双电连接，电连接间距为 500 mm，误差±50 mm。

（2）无电气分段的车站，股道电连接应安装在车站两端机车经常取流的位置上。

（3）车站股道内有分段绝缘器的处所，在分段绝缘器外端与相邻软横跨之间应装股道电连接，并贯穿同馈线股道。股道电连接的位置应安装在距软横跨 2 ~ 5 m 范围。当分段与软横跨距离小于 2 m 时，装在分段与软横跨的中间。

（4）在车站咽喉线岔两侧第二吊弦外 500 mm 处均应安装电连接。

（5）线索交叉的垂直距离不足 100 mm 的应加装等电位线。等电位线不得短接主导电回路，其截面积由不少于 10 mm^2 的铜线制成。等电位线安装应满足线索纵向位移需要。

（6）馈线上网应先连接正线（上网点遇线岔或锚段关节时应先连接工支，再从上网点连接非支），后将同馈线的所有股道贯穿连接。

（7）车站咽喉岔区牵出线与正线（其他线）同在一组软横跨上时，应在软横跨外方 2 ~ 5 m 处加装一组股道电连接。

（8）隧道中锚、跨线桥、水槽处的分段绝缘子两侧 500 mm 处装设电连接。

① 非载流区段隧道中锚处安装了分段绝缘子的地方两边应分别装设纵向电连接 A，如图 3-26（a）所示。

② 载流区段隧道中锚处安装了分段绝缘子的地方应按图 3-26（b）所示。当电连接线与接触线的距离小于 200 mm 时，应用电连接线夹将电连接线固定在接触线上。

③ 跨线桥、水槽处有分段绝缘子时安装按图 3-26（c）装设电连接 C。

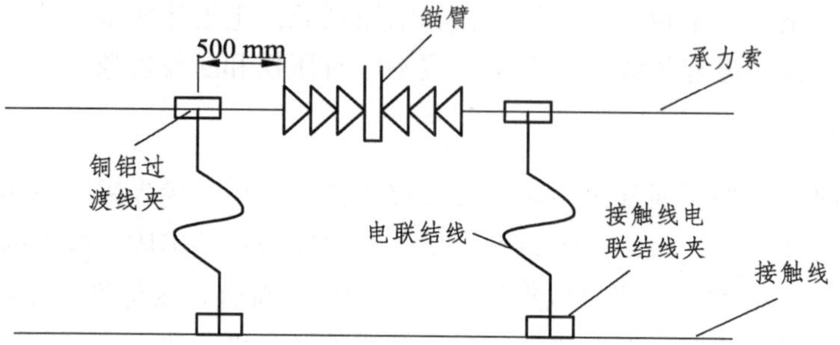

（a）电连接 A

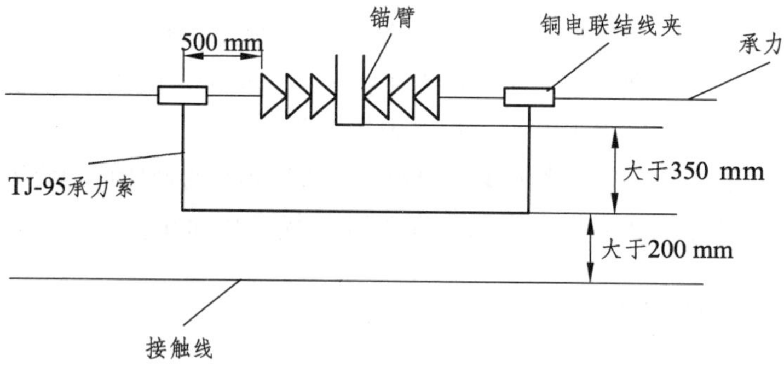

（b）电连接 B

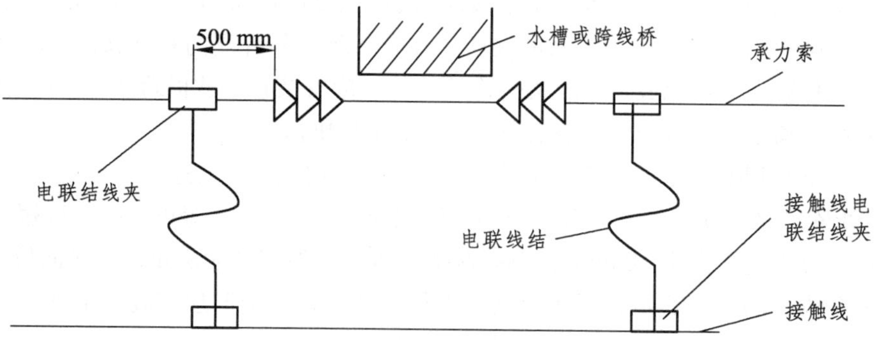

（c）电连接 C

图 3-26　电连接

（9）主导电回路的连接螺栓和垫片不得有锈蚀，连接螺栓和垫片不得发热变色。

（10）馈线及馈线上网点每 3 个月必须进行一次检查，主要检查馈线及馈线上网点线索状态，近距离观察馈线及馈线上网点处电连接线夹状态。

（11）安装电连接线夹时应按以下步骤进行。

① 安装线夹处线索和线夹必须先用丙酮（或汽油）擦洗至露出金属本色。

② 用砂纸打磨去除氧化层，并将接触面打磨平整。

③ 在线上和线夹上均匀涂抹 0.2 mm 厚的导电膏。

④ 用力矩扳手按标准力矩进行紧固。

⑤ 安装测温贴。

（12）电连接线应采用多股软铜绞线制成，电连接线（铜绞线截面积不小于 95 mm^2）和电连接线夹的额定载流量不小于被连接的接触悬挂供电线的额定载流量；电连接线的连接长度应满足在极限温度时被连接悬挂间两线索纵向位移的需要；电连接线应无接头、烧伤，无断股、散股（股与股间不透亮），弹性圈底应高于导线 200 ~ 300 mm，螺盘 3 圈（隧道内 1 ~ 3 圈），圈径 60 mm。电连接线端头露出线夹 20 mm，并向被连接线的反方向适当上翘，螺盘圈不松弛，电连接无绑扎（防散股绑扎除外）。除纵向电连接外，电连接线夹的出线方向一致。

（13）各种材质的电连接线夹最高允许使用温度不得超过以下规定：铜材质为 95 °C，铝合金为 90 °C，钢质及可锻铸铁为 125 °C。

（14）电连接线夹须采用并沟式连接，材质和规格必须与被连接线索相适应（线索外径与线夹内径相匹配）。电连接线应全部安装在线夹内，并不得散股，且电连接线夹内的线索不得进行绑扎。电连接线夹上应贴有测温贴片，测温贴片应粘贴在线夹侧面，单线区段统一贴在上行方向的左侧，复线区段统一贴在田野侧，便于地面观察。接触线电连接线夹在直线上应处于铅垂状态，在曲线上应与接触线的倾斜度一致。

（15）主导电回路中当出现铜铝线索连接时必须采取铜铝过渡措施，铜线与铝覆锌钢绞线连接时必须用不锈钢线夹进行连接，同种材质线索连接时用同种材质线夹连接。

四、电连接线夹调整方法

（1）卸下接触线电连接线夹及承力索电连接线夹。

（2）将接触线承力索被夹持部分和线夹内污垢清除干净（不可伤及钢承力索镀锌层），再安装线夹。当承力索及线夹上有氧化物时，应用砂纸打磨光洁后涂导电膏，防腐后再安装线夹。

（3）在进行上述两项工作时，应检查导线和电连接线被夹部位，如有烧损、氧化、断股应做如下处理：更换线夹的夹持位置，避开烧损和断股处，并将烧损部分进行绑扎和补强，必要时断开再接。更换不合格的电连接线及线夹，整理电连接线线圈，注意不能散股。

（4）线夹装设不得偏斜，不得构成打弓、碰弓隐患。

五、注意事项

（1）发现测温片变色应及时打开检查，必要时应更换点连接线及电连接线夹。
（2）发现线夹有烧伤痕迹时，打开线夹清除线夹内杂质并涂导电膏。
（3）在安装线夹时不得踩踏接触线。

六、选取“电连接检查”为实作考核项目

实作项目考核评价表

专业：____________ 班级：____________ 小组成员：______________________

1. 考核项目：接触网设备维修。
2. 考核内容：电连接检查。
3. 考核表（表 3-16）。

表 3-17　考核表

项目及配分		考核内容及评分标准	扣分因素及扣分	得分	备注
时间	10 分	准备时间 10 min，作业时间 30 min，提前不加分，每超时 1 min 扣 2 分，超时 5 min 停止作业			
作业准备	10 分	① 准备工具材料，检查工具材料状态是否良好，型号是否符合作业要求。缺少工具材料或工具材料不符合作业要求每件扣 2 分。 ② 按规定标准着装，使用劳动保护用品。未按标准着装，缺少劳保用品一项扣 2 分			
安全	40 分	① 攀登车梯时，越车梯蹬上下车梯，每次扣 3 分； ② 作业人员与辅助人员呼唤应答，确认符合攀登车梯条件，否则每项扣 3 分。 ③ 未正确传递工具、材料，每次扣 3 分；工具、材料（包括工具包）放置在车梯作业平台、框架上，每件次（工具包及包内工具、材料按 1 件计）扣 3 分；高空掉物，每件次扣 3 分；损坏工具或未正确使用工具，每项扣 3 分；高空作业未系好安全带扣 3 分。 ④ 报告作业完毕后，作业现场遗留工具，每件扣 3 分。 ⑤ 报告作业完毕后，存在侵入受电弓动态包络线、铁路建筑限界或影响送电情形扣 20 分。 ⑥ 作业过程中发生人员轻伤及以上者，或由于个人原因导致作业无法继续进行时，本项失格			

续表

项目及配分		考核内容及评分标准	扣分因素及扣分	得分	备注
作业程序及质量	40 分	① 电连接线端头外露 10～20 mm,不符合要求每处扣 3 分; ② 电连接线夹与接触线、承力索、供电线之间连接牢固,线夹内无杂物,不符合要求每处扣 3 分; ③ 接触线电连接线夹在直线处应处于铅垂状态,在曲线处应与接触线的倾斜度一致,不符合要求每处扣 3 分; ④ 工作支接触线电连接线夹处接触线高度与最近相邻吊弦点高度相等,允许偏差 0～10 mm,不符合要求每处扣 3 分; ⑤ 电连接线夹与线索接触面均应涂导电脂,不符合要求每处扣 3 分; ⑥ 电连接线夹应粘贴示温贴片,不符合要求每处扣 3 分			
合计	100 分				

任务六　中心锚结检调

任务学习描述

学习任务：中心锚结检调。

学习对象：学习接触网课程的学生及企业新入职人员。

工具选择：常用安全工具、测量工具、梯车。

学习步骤：

（1）学习中心锚结的作用。

（2）学习中心锚结的分类。

（3）学习中心锚结检修标准、检调方法。

任务学习方法

资讯：接受工作任务，分析任务，通过查找学习资料、相关文件，对任务形成总体认识。

计划：学习以小组为单位，讨论中心锚结的作用。

决策：学生与老师共同讨论中心锚结的分类。

实施：确定学习任务，查找资料文件，完成检修标准、检调方法。

检查：以小组为单位，使用梯车完成学习步骤。

总结：学生与老师共同讨论本节课知识点，以及高空作业的注意事项。

任务学习目标

（1）掌握中心锚结的作用。

（2）掌握中心锚结的分类。

（3）掌握中心锚结检修标准、检调方法。

任务分工

中心锚结检调任务分工如表 3-18 所示。

表 3-18　中心锚结检调任务分工表

序号	分工	安全等级	人数	工作内容	备注
1	工作领导人	4 级及以上	1	指挥作业过程，负责任务整体安排	
2	安全员	4 级及以上	1	负责作业全程安全盯控工作	
3	高空作业人员	3 级及以上	1	负责检查中心锚结，认识中心锚结组成	
4	辅助人员	2 级及以上	4	负责梯车、轨道车其他安全事项	
5	防护	3 级及以上	2	负责上下行来车方向的防护工作	

一、中心锚结的作用

接触网锚段安装中心锚结后，线索在中心锚结处相当于死固定方式，因此当温度变化时，锚段内线索的热胀冷缩便发生在中心锚结与两端的补偿器间，有效缩短了线索的伸缩范围。

（1）锚段线索张力均匀，可保证接触悬挂处于良好工作状态。

（2）可缩小事故范围，即当一侧发生断线事故时不至影响中心锚结另一侧悬挂线路，有利于事故抢修和缩短抢修时间。

（3）可防止线索在外力作用下向一侧窜动，如风力、受电弓摩擦力、因坡道和自身重力引起的窜动力。

二、中心锚结的分类

中心锚结按跨距结构分为两跨式、三跨式；按功能分为防断型、防窜型。

1. 全补偿简单悬挂防断中心锚结

采用简单悬挂的站场或锚段长度不足 800 m 时一般无须另设中心锚结，而是在应设置中心锚结处把定位吊索放置在悬吊滑轮中紧固代替中心锚结结构。当发生断线事故时，接触线不至过于松动，从而起到中心锚结的作用。

若太短，当两侧张力不均匀时，接触线会向张力较大的一侧偏移，导致中心锚结线夹处接触线被抬高，出现较大的负弛度，使得受电弓取流情况变坏，造成该处接触线磨耗严重。防断中心锚结结构如图 3-27 所示。

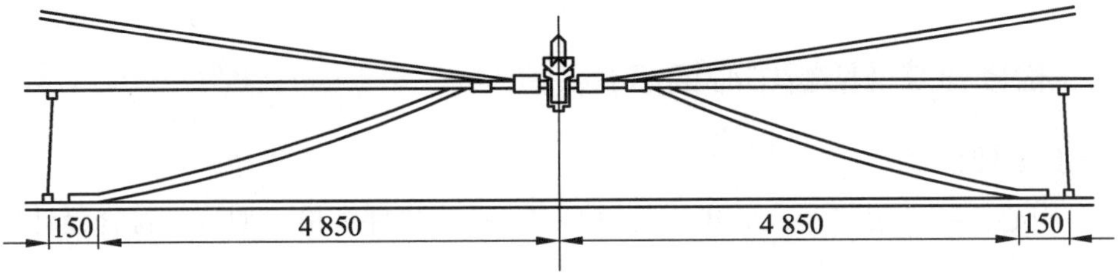

图 3-27　防断中心锚结示意图

2. 全补偿简单悬挂防窜中心锚结

接触网“防窜”中心锚结一般设在站场，当站场上的接触网均为全补偿链形悬挂时，如承力索全部设中心锚结是不可能的。早期电气化铁路是在站场上设立能够安装中心锚结的硬横梁，它不利于施工和维修。电气化铁道的运行实践表明，站场上承力索断线事故较少，为了避免设计结构复杂的承力索中心锚结结构。在新建电气化铁道站场上，设计了防止接触悬挂窜动的全补偿中心锚结。其优点是结构简单，安装方便；缺点是不防断线事故。防窜不防断中心锚结结构如图 3-28 所示。

接触悬挂“窜动”的主要原因：接触悬挂在线路坡道处，由于悬挂本身的重量沿下坡方向产生作用于悬挂的分力，曲线内侧因旋转腕臂偏转，出现对线索向某一方向的分力作用，风力和受电弓对接触线的滑动摩擦力等，都能诱发接触悬挂向某一方向产生窜动。上述各种原因，有时可能会重叠出现，所以在站场上利用软横跨节点 14 解决防窜问题。

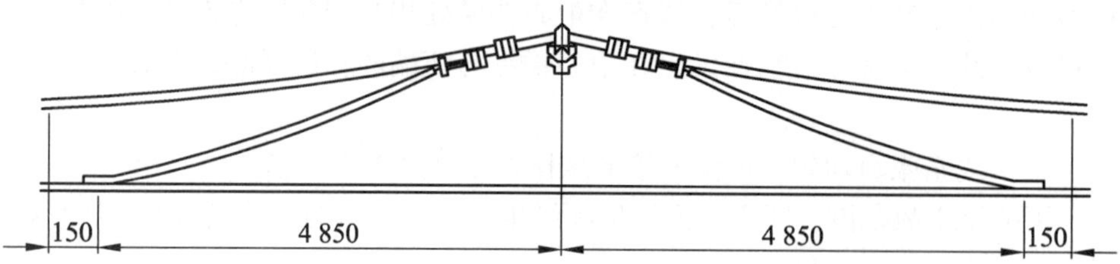

图 3-28 防窜不防断中心锚结示意图

防窜中心锚结依靠两段辅助绳将承力索和接触线固定在软横跨上。安装时应注意：辅助绳在承力索上靠一正一反两个钢线卡子固定，与接触线连接的辅助绳张力要相等，中心锚结线夹应紧固并不得偏斜，各部螺栓涂油防腐。

3. 全补偿简单悬挂防断防窜中心锚结

全补偿简单悬挂时，接触线、承力索均设有补偿器，均有可能因两端张力不平衡而产生移动，所以承力索和接触线都要设置中心锚结进行固定。其固定形式由半补偿链形悬挂中心锚结与承力索中心锚结两部分组成。

目前，区间接触网普遍采用两跨式“八”字形中心锚结。两跨式中心锚结，承力索中心锚布置在两个跨距内，锚结绳两端硬锚在两侧相邻支柱上。接触线中心锚结由两根标称截面为 70 mm^2 的青铜绞线与接触线中心锚结线夹采用压接方式连接后，安装在接触线上，接触线中心锚结绳的上端用承力索中锚线夹固定在承力索上。接触线中心锚结安装后呈“八”字形结构形式。

三、检修标准（防断中心锚结）

（一）普速铁路

（1）中心锚结安装位置、形式、采用的线材及连接件规格、型号应符合设计要求。

（2）承力索中心锚结绳。

① 中心锚结绳范围内承力索不得有接头和补强。

② 中心锚结绳、固定线夹应与承力索材质匹配，其设置位置符合设计要求，承力索中心锚结线夹辅助绳外露长度不小于 50 mm。

③ 中心锚结绳弛度应等于或略高于该处承力索弛度，承力索中心锚结绳在其垂直投影与线路钢轨交叉处，应高于接触线 300 mm 以上。

④ 中心锚结绳的张力符合设计要求。

（3）接触线中心锚结绳。

① 中心锚结所在的跨距内接触线不得有接头和补强。

② 中心锚结绳范围内不得安装吊弦和电连接。两端距相邻的吊弦或电连接距离不得小于 500 mm。

③ 中心锚结绳处于受力状态，不得触及弹性吊索，不得改变相邻吊弦受力和接触线高度。

④ 中心锚结绳两端与承力索固定线夹的设置和间距符合设计要求，接触线侧锚结绳压接后回头外露长度不小于 20 mm。

（4）接触线中心锚结线夹。

① 中心锚结线夹应安装牢固，在直线上保持铅垂状态，在曲线上与接触线的倾斜度一致。

② 中心锚结线夹处接触线高度与相邻吊弦处接触线高度应相等，允许偏差 0 ~ 20 mm。

（二）高速铁路

（1）正线、站线、联络线一般采用防断中心锚结。中心锚结安装位置、形式、采用的线材及连接件规格、型号应符合设计要求。

（2）承力索中心锚结绳。

① 中心锚结绳范围内承力索不得有接头和补强。

② 中心锚结绳、固定线夹应与承力索材质匹配，其设置位置符合设计要求。承力索中心锚结线夹辅助绳外露长度不小于 50 mm。

③ 中心锚结绳弛度应等于或略高于该处承力索弛度，承力索中心锚结绳在其垂直投影与线路钢轨交叉处，应高于接触线 300 mm 以上。

④ 中心锚结绳的张力符合设计要求。

（3）接触线中心锚结绳。

① 中心锚结所在的跨距内接触线不得有接头和补强。

② 中心锚结绳范围内不得安装吊弦和电连接。两端距相邻的吊弦或电连接距离不得小于 500 mm。

③ 中心锚结线夹两边锚结绳的长度和张力力求相等。中心锚结绳处于受力状态，不得触及弹性吊索，不得改变相邻吊弦受力和接触线高度。

④ 中心锚结绳两端与承力索固定线夹的设置和间距符合设计要求。接触线侧锚结绳压接后回头外露长度不小于 20 mm。

（4）中心锚结线夹。

① 接触线中心锚结线夹应安装牢固。在直线上保持铅垂状态，在曲线上与接触线的倾斜度一致。

② 中心锚结线夹处接触线高度与相邻吊弦接触线高度应相等，允许偏差 0 ~ 10 mm。

四、检调方法

1. 下锚角钢检调

承锚角钢（槽钢）应与支柱密贴、水平安装，两端高差不得大于 10 mm；调整底座水平和扭转状态时，可稍松开紧固螺栓和下锚拉线，用手锤敲击。

2. 承力索中心锚结绳检调

（1）中心锚结绳范围内不得有承力索接头或补强。

（2）当中心锚结绳的弛度低于该处承力索的弛度，使用手扳葫芦将中心锚节绳终端线夹卸载，从隔断绝缘子连接部位分离，将中心锚节绳从终端线夹卸出，根据弛度多余量重新制作终端回头，安回终端线夹并与绝缘子连接，卸载手扳葫芦。

（3）当中心锚结辅助绳在其垂直投影与线路钢轨交叉处，低于接触线 300 mm 以上时，使用手扳葫芦将中心锚结绳从杵环杆处卸载，调整中心锚结承锚角钢高度来达到标准。

（4）中心锚结绳与承力索连接时。

① 承力索中心锚结线夹一般使用不锈钢 95/70 型，如图 3-29 所示。95 孔适用于 70~120 mm^2 线索，70 孔适用于 50~95 mm^2 线索，4 个不锈钢螺栓按规定力矩（60 N · m）循环紧固达标后，再按规定力矩进行二次循环紧固。

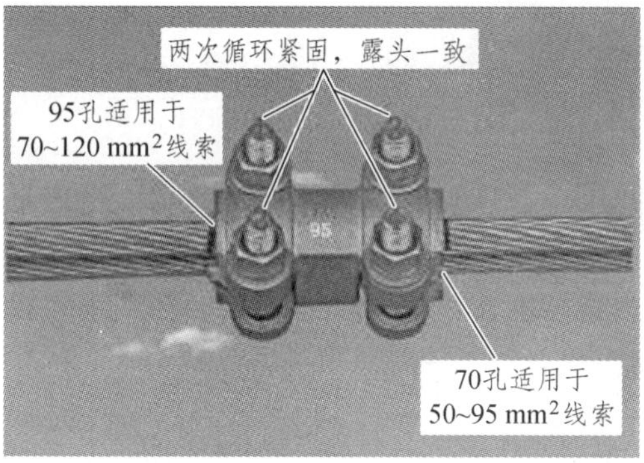

（a）

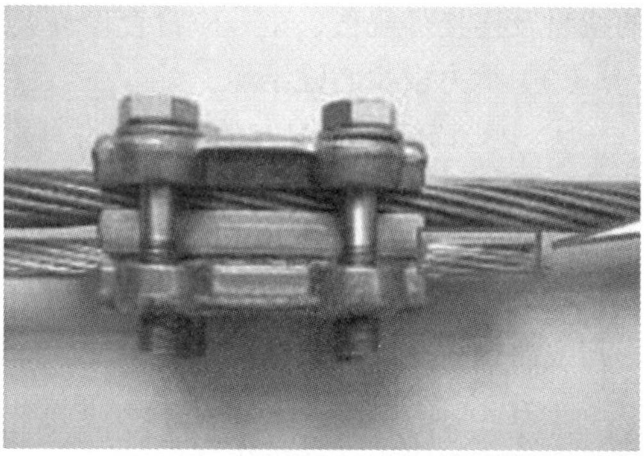

（b）

图 3-29　承力索中心锚结线夹示意图

② 如图 3-29 所示形式的承力索中心锚结线夹，按线索截面选择相应型号，紧固力矩 56 N · m，一次循环紧固。

（5）中心锚结绳在承力索上固定符合设计要求，设计未明确的按以下规定执行。

① 接触线中心锚结绳两线夹间距 100 mm，锚结绳头露头 50~100 mm 见图 3-30（a）。

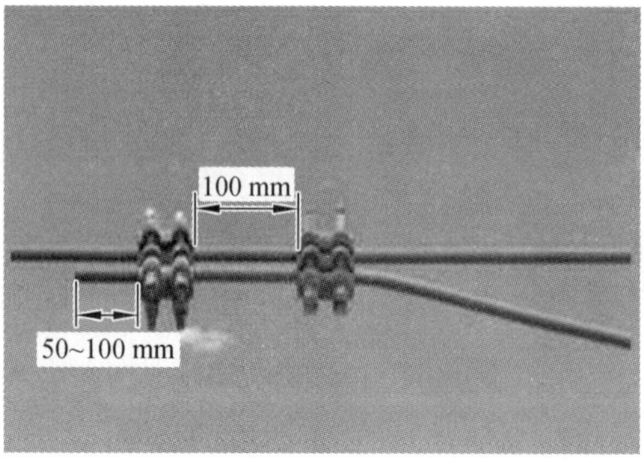

（a）

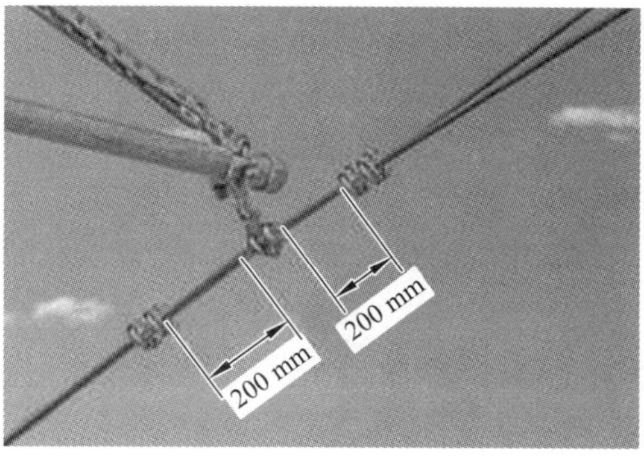

（b）

图 3-30　接触线中心锚结安装示意图

② 承力索中心锚结绳在悬挂点转角处承力索上固定时，距承力索座（鞍子）200 mm 见图 3-30（b），在跨中固定时在接触线中心锚结线夹正上方。

③ 承力索防窜绳在承力索上固定时，距离悬吊滑轮边缘（100±50）mm，如图 3-31 所示。

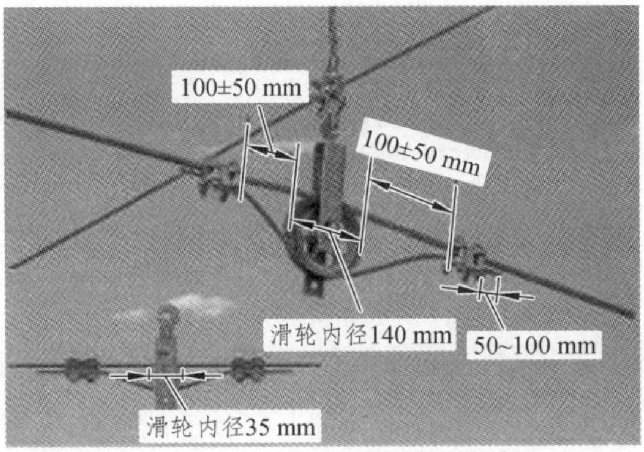

图 3-31　防串绳安装示意图

④ 承力索中心锚结绳延长下锚时，除悬挂点转角外，其余悬挂点使用 ϕ 1.6 mm 镀锌铁线在钩头鞍子两侧与承力索绑扎，如图 3-32 所示。当跨中吊弦或线夹与中锚绳相磨时，按此要求进行绑扎。

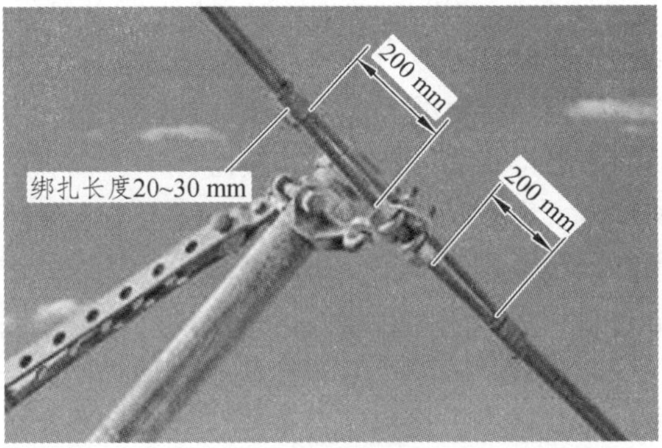

图 3-32　承力索中心锚结绳绑扎示意图

⑤ 两跨式防窜型中心锚结，紧贴承力索座两侧各安装 1 个吊弦线夹，如图 3-33 所示。

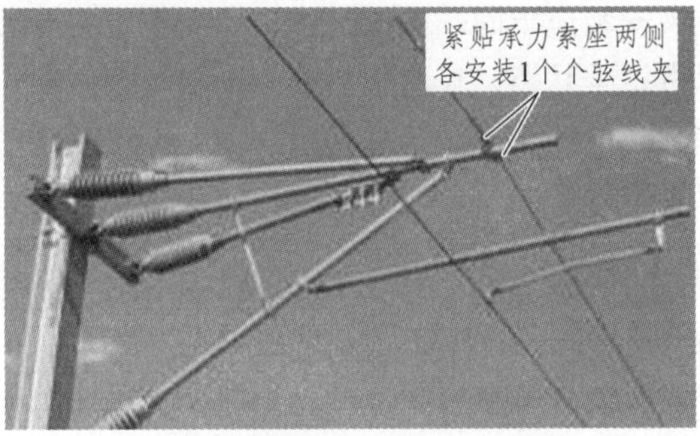

图 3-33　两跨式中心锚结固定支柱示意图

（6）接触线中心锚结线夹安装牢固，在直线应保持铅垂状态，在曲线与接触线的斜度一致，如图 3-34 所示。新建线路需符合设计安装标准，改造施工采用两跨（三跨）式接触线中心锚结线夹时一般采用绑扎后钢线卡子固定方式。接触线中心锚结线夹处，比相邻吊弦点高 0 ~ 50 mm，如图 3-34 所示。

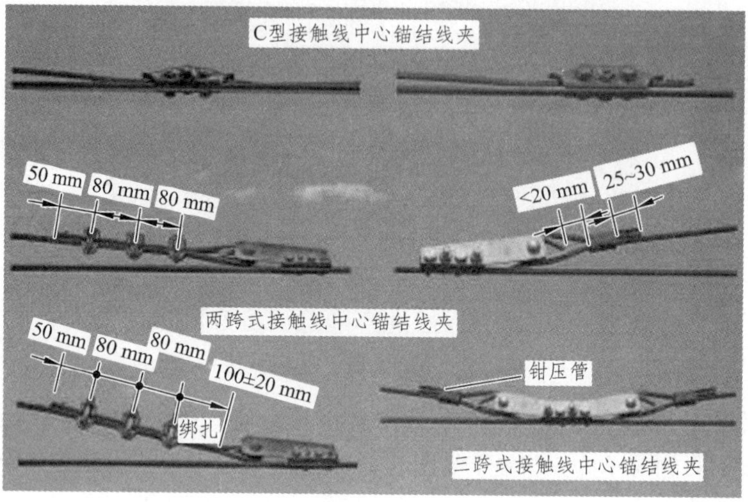

图 3-34　接触线中心锚结线夹示意图

3. 接触线中心锚结绳检调

（1）中心锚结所在的跨距内接触线不得有接头或补强.

（2）中心锚结绳范围内不得安装吊弦和电连接器。

（3）中心锚结绳两端与承力索固定线夹的设置和间距符合设计要求。

（4）中心锚结绳不得松弛、高度不得低于接触线，两边长度和张力力求相等。当高度低于要求时，利用滑轮组将承力索与接触线间的锚结绳卸载，使之呈垂弯。紧固内侧承力索中心锚结线夹，松开外侧承力索中心锚结线夹，使锚结绳向外窜动，然后紧固外侧承力索中心锚结线夹，反复进行上述程序直至符合要求。当高度高于要求时，上述程序相反，使锚结绳向内窜动，直至符合要求。

4. 中心锚结线夹检调

（1）接触线中锚线夹安装应牢固、入槽到位，线夹不能有滑动痕迹。

（2）在直线上应保持铅垂状态，在曲线上应与接触线倾斜度一致。

（3）线夹处的接触线高度比两侧吊弦点高出 0~10 mm，否则在满足坡度变化率的条件下调整吊弦长度或收紧中心锚结绳。

5. 螺栓、开口销、防松垫片检调

（1）检查各部螺母、开口销、防松垫片应齐全（开口销掰开角度不小于 60°，止动垫片长片紧贴本体、短片紧贴螺母侧平面）。

（2）各螺栓紧固力矩（见附表：接触网各部螺栓力矩一览表）。

五、安全注意事项

（1）V 形天窗检修中心锚结时，必须在作业前使用不小于 25 mm^2 铜质短接线先行做短接封线后，方可进行作业。

（2）在悬挂点处进行线索拆卸作业时，人体不得位于线索受力方向的反侧。

（3）在作业过程中严禁踩踏接触线。

（4）检查、检修过程中，必须采取相应安全措施，确保人身、设备安全。

六、“中心锚结”检修标准

检修标准如表 3-19 所示。

表 3-19 检修标准

序号	作业步骤	作业标准	技术标准	安全卡控点
1	作业准备	按规程要求填写工作票并交付工作负责人，工作负责人向作业组全体成员宣读工作票、分工并进行安全预想，检查工具、材料		
2	完成安全措施	做好安全措施，工作负责人确认完成安全措施后，通知各作业组开工		
3	测量检查	① 测量中心锚结线夹处的接触线弛度： A. 测量中心锚结线夹处接触线高度 H_1； B. 测量该中心锚结线夹处两侧吊弦的高度 H_2，H_3； C. 弛度为 ΔH。$\Delta H=H_2-H_1$，$\Delta H=H_3-H_1$，该弛度应为负值。 ② 检查中心锚结绳受力状态： A. 检查接触线中心锚结绳受力是否均匀； B. 检查接触线中心锚结绳、承力索中锚绳有无补强、接头情况。 ③ 检查接触线中心锚结线夹状态： A. 检查接触线中锚线夹有无偏斜； B. 检查接触线中锚线夹内线索有无烧伤。 ④ 检查钢线卡子状态：检查钢线卡子安装状态，相互间距是否符合要求。 ⑤ 测量隧道内线索距地安全距离。 ⑥ 螺栓紧固力矩：用力矩扳手对线夹螺栓进行复核检查	中心锚结绳范围内接头情况： ① 承力索中锚跨距范围内不得有承力索接头或补强；接触线中锚跨距范围内不得有接触线接头或补强； ② 中心锚结绳范围内不得安装吊弦和电连接器；接触线中心锚结绳不得侵入吊弦和电连接范围内；当中锚绳两端距相邻的吊弦或电连接距离小于 2 m 时，应拆除	
4	调整			

续表

序号	作业步骤	作业标准	技术标准	安全卡控点
5	中心锚结绳状态	① 中心锚结接触线辅助绳两侧弛度不均： a. 首先测量该中心锚结接触线线夹处的接触线高度是否符合技术标准。 b. 根据测量值，确定调整的位置。需调整时，将辅助绳松弛的中心锚结线夹打开，一人抽拉辅助绳头，当两侧辅助绳弛度达到一致时停止抽拉，另一人用扭矩扳手将承力索中心锚结线夹扭至设计要求力矩即可。 c. 对该处中心锚结接触线线夹处高度进行复测。 ② 接触线中心锚结绳存在断股或散股现象：更换接触线中心锚强绳。 具体更换步骤如下： a. 在要更换的中心锚绳处，在承力索及接触线中锚线夹附近打上紧线器，并通过手扳葫芦将导链拉紧受上力，使接触线中锚绳松弛。 b. 两边锚结绳充分松弛后，拆除中心锚结绳，并在承力索上与接触线中心锚结线夹相对位置做好标记。 c. 将预制好的中心锚结绳在相应的地方进行安装，并保证该处接触线的高度高于两侧吊弦 0~20 mm	中心锚结绳的受力状态：中心锚结线夹辅助绳两边张力相等，不得松弛或高度低于接触线。 中心锚结绳的弛度：中心锚结绳的弛度应等于或略高于该处承力索的弛度，承力索中心锚结辅助绳在其垂直投影与线路钢轨交叉处，应高于接触线 300 mm 以上。 钢丝卡子状态： ① 接触线辅助绳中锚线夹侧安装 2 个钢线卡子，穿向为相互倒置，钢线卡子间距 100 mm，与承力索连接侧各安装 3 个钢线卡子，相互倒置安装，间距为 100 mm； ② 软横跨防窜型中锚，在悬吊滑轮两侧各安装 2 个钢线卡子，相互倒置安装，间距为 100 mm，钢线卡子距悬吊滑轮均为 200 mm	
6	中心锚结线夹处接触线高度超标	① 中心锚结线夹处接触线高度低于标准： a. 用 ϕ4.0 mm 铁线将距接触线中心锚结线夹外侧 300 mm 的接触线吊起，使接触线中心锚结绳充分松弛，然后松开接触线中心锚结线夹； b. 根据接触线中心锚结线夹处原导线高度值和悬挂点导线高度的差值向外移动接触线中心锚结线夹并紧固螺栓。 c. 测量接触线中心锚结线夹处导线高度，不符合要求时按以上步骤重新调整直至符合标准，最后拆除铁线。 ② 中心锚结线夹处接触线高度高于标准： 准备工作同上，根据接触线中心锚结线夹处原导线高度值和悬挂点导线高度的差值向内移动接触线中心锚结线夹并紧固螺栓	中心锚结线夹处的接触线高度比两侧吊弦点高出 0~20 mm	

续表

序号	作业步骤	作业标准	技术标准	安全卡控点
7	接触线中心锚结线夹状态	中心锚结线夹偏斜： ① 用一个扭面器首先卡在接触线偏磨起始位置； ② 用另一个扭面器卡在偏磨接触线的偏磨面上，距第一个扭面器 200～300 mm； ③ 将第一个扭面器固定不动，根据接触线偏磨方向和偏磨程度旋转另一个扭面器 180°左右； ④ 松开两个扭面器使接触线处于无外力状态，观察接触线线面情况（如果一次调整不到位，重复动作③ 直至接触线面符合要求为止）； ⑤ 对接触线偏磨的另一端采取同样方法进行校正	接触线中心锚结线夹状态：接触线中锚线夹安装应牢固、端正、不打弓。在直线上应保持铅垂状态，在曲线上应与接触线的倾斜度一致	
8	螺栓紧固力矩	各部位螺栓紧固按标准执行	紧固力矩按标准值进行紧固（标准值见附表）	
9	参数复测	复测各部位参数，符合技术标准	防窜式中心锚结的技术状态应符合下列要求： ① 防窜绳两端固定线夹的设置和间距符合设计要求。 ② 接触线中心锚结绳检修标准同防窜防断式中心锚结	
10	办理收工手续	① 工作领导人确认各作业组工作结束，人员机具均已撤至安全地带后，通知监护人员撤除地线及其他安全措施； ② 工作领导人确认安全措施撤除后，通知驻站联络员申请消除停电作业命令和线路封锁命令； ③ 工作领导人召开收工会，办理收工手续		
11	填写检修记录	按照当天检修情况填写检修记录		

任务七　非绝缘锚段关节检调

任务学习描述

学习任务：非绝缘锚段关节检调。

学习对象：学习接触网课程的学生及企业新入职人员。

工具选择：常用安全工具、测量工具、梯车。

学习步骤：

（1）学习非绝缘锚段关节的作用。

（2）学习非绝缘锚段关节的分类。

（3）学习非绝缘锚段关节检修标准、检调方法。

任务学习方法

资讯：接受工作任务，分析任务，通过查找学习资料、相关文件，对任务形成总体认识。

计划：学习以小组为单位，讨论非绝缘锚段关节的作用。

决策：学生与老师共同讨论非绝缘锚段关节的分类。

实施：确定学习任务，查找资料文件，完成检修标准、检调方法。

检查：以小组为单位，使用梯车完成学习步骤。

总结：学生与老师共同讨论本节课知识点，以及高空作业的注意事项。

任务学习目标

（1）掌握非绝缘锚段关节的作用。

（2）掌握非绝缘锚段关节的分类。

（3）掌握非绝缘锚段关节检修标准、检调方法。

任务分工

非绝缘锚段关节检调任务分工如表 3-20 所示。

表 3-20　非绝缘锚段关节检调任务分工表

序号	分工	安全等级	人数	工作内容	备注
1	工作领导人	4 级及以上	1	指挥作业过程，负责任务整体安排	
2	安全员	4 级及以上	1	负责作业全程安全盯控工作	
3	高空作业人员	3 级及以上	1	负责检查非绝缘锚段关节组成、分类	
4	辅助人员	2 级及以上	4	负责梯车、轨道车其他安全事项	
5	防护	3 级及以上	2	负责上下行来车方向的防护工作	

一、作　用

接触网的线路按其技术要求，总是分成一段一段的，不可能随着铁路的长度一直拉到底。这样，相对独立的若干段放在一起，其过渡的地方就称为“锚段关节”。按照需要，锚段关节又分为绝缘锚段关节、非绝缘锚段关节。绝缘锚段关节除具有机械分段的作用外，还具有电分段的作用，它两端的接触网电路是绝缘的，所以在绝缘锚段关节上装有隔离开关来实现电气连接。绝缘锚段关节一般设在车站的来电方向。非绝缘锚段关节只有机械分段功能，没有电分段功能，它两端的接触网是不绝缘的，为保证电气畅通，在它的两根转换柱外侧各装有一组（两组）纵向的电连接。

二、分　类

1. 四跨非绝缘锚段关节

四跨非绝缘锚段关节的结构如图 3-35 所示。转换柱之间的两条接触线在水平面上的投影平行，线间距为 200 mm；在铅垂面内的投影的交叉点应在跨距中心；转换柱处，非工作支（不接触受电弓的接触线）比工作支（接触受电弓的接触线）抬高 200 ~ 300 mm；下锚支在转换柱处改变方向时，其水平角度不大于 6º，困难时不大于 10º；在转换柱与下锚柱间非支距线路中心 10 mm 处装设电连接线。

2. 四跨非绝缘分段锚段关节

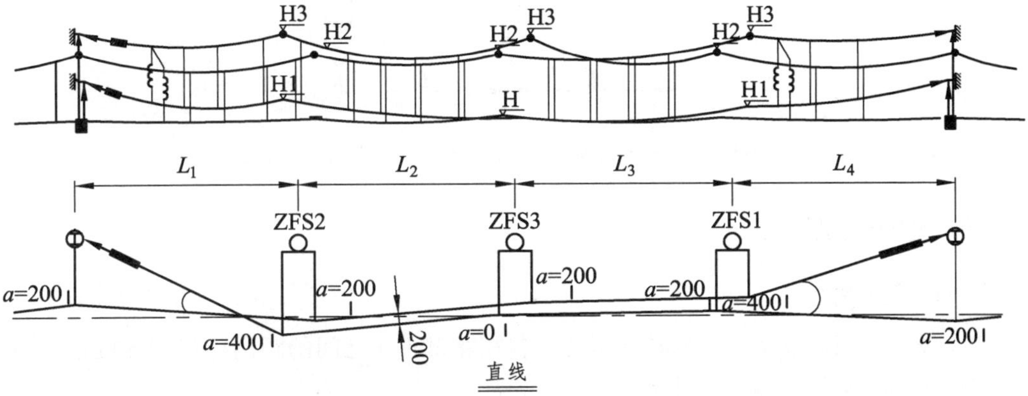

图 3-35　四跨非绝缘锚段关节结构图

3. 五跨非绝缘分段锚段关节（非风区）

五跨非绝缘分段锚段关节（非风区），如图 3-36 所示。

4. 五跨非绝缘分段锚段关节（风区）

五跨非绝缘分段锚段关节（风区），如图 3-37 所示。

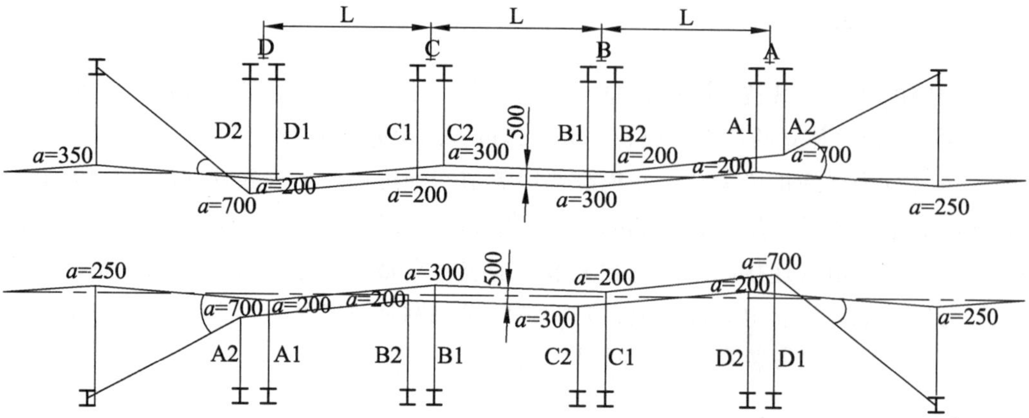

图 3-36　五跨非绝缘分段锚段关节（非风区）结构图

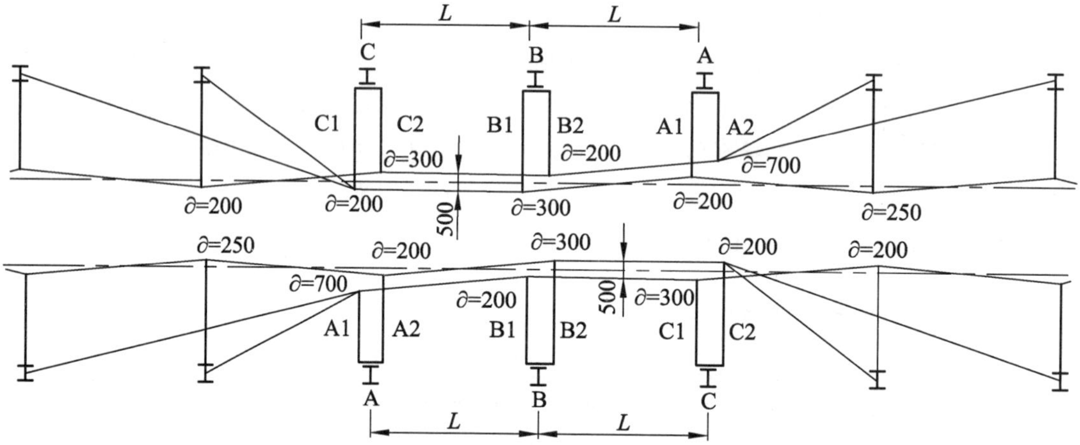

图 3-37　五跨非绝缘分段锚段关节（风区）结构图

三、检修标准

（一）普速铁路

（1）设计极限温度下，两悬挂各部分（包括零部件）之间的距离应保持 50 mm 以上。

（2）转换柱处两接触线水平距离。

标准值：设计值。

标准状态：标准值±20 mm。

警示值：标准值±50 mm。

限界值：标准值±100 mm。

（3）转换柱处两接触线垂直距离。

标准值：设计值。

标准状态：标准值±20 mm。

警示值：标准值±30 mm。

限界值：标准值±50 mm。

（4）中心柱处两接触线水平距离同转换柱处；中心柱处两接触线距轨面等高，允许偏差±20 mm。两接触悬挂接触线工作支过渡处接触线调整符合运行要求。

（5）锚支接触线在其垂直投影与线路钢轨交叉处，应高于工作支接触线 300 mm 以上，并持续抬升至下锚处。下锚角钢安装高度应符合线索延伸下锚抬升的需要。

（二）高速铁路

（1）设计极限温度下，两悬挂各部分（包括零部件）之间的距离应保持 50 mm 以上。

（2）转换柱处两接触线水平距离。

标准值：设计值。

标准状态：标准值±20 mm。

警示值：标准值±50 mm。

限界值：标准值±100 mm。

（3）转换柱处两接触线垂直距离。

标准值：设计值。

标准状态：标准值±20 mm。

警示值：标准值±30 mm。

限界值：标准值±50 mm。

（4）中心柱处两接触线水平距离为设计值，允许偏差±30 mm；两接触线距轨面等高，允许偏差±20 mm。两接触悬挂接触线工作支过渡处接触线调整符合运行要求。

（5）锚支接触线在其垂直投影与线路钢轨交叉处，应高于工作支接触线 300 mm 以上，并持续抬升至下锚处。下锚角钢安装高度应符合线索延伸下锚抬升的需要。

四、调整方法

1. 转换柱处两承力索水平距离检调

当工作支承力索位置水平间距不足 50 mm 时，根据测量数据，确定调整方向和调整量。将手扳葫芦一端固定在工作支腕臂顶端（曲线区段根据线索受力方向固定手扳葫芦），另一端与工作支承力索连接，摇动手扳葫芦将工作支承力索卸载，按调整方向和数据，松开工作支承力索座（拉杆式腕臂可调整调节板），将工作支承力索位置调整到标准位置。再将手扳葫芦一端固定在非工作支腕臂顶端（曲线区段根据线索受力方向固定手扳葫芦），另一端与非工作支承力索连接，摇动手扳葫芦将非工作支承力索卸载，以工作支承力索为基准，松开非工作支承力索座（拉杆式腕臂可调整调节板），按调整方向和数据，将非工作支承力索调整至符合标准。

2. 转换柱处两承力索垂直距离检调

当工作支承力索垂直距离不符合标准时，根据测量数据，确定调整方向和调整量。

将手扳葫芦一端固定在工作支腕臂顶端（曲线区段根据线索受力方向固定手扳葫芦），另一端与工作支承力索连接，摇动手扳葫芦将工作支承力索卸载，按调整方向和数据，松开工作支组合承力索线夹（拉杆式腕臂可调整调节板位置和孔距），将工作支承力索位置调整到标准位置。再将手扳葫芦一端固定在非工作支腕臂顶端（曲线区段根据线索受力方向固定手扳葫芦），另一端与非工作支承力索连接，摇动手扳葫芦将非工作支承力索卸载，以工作支承力索为基准，松开非组合承力索线夹（拉杆式腕臂可调整调节板），按调整方向和数据，将非工作支承力索调整至符合标准。

3. 转换柱处两支接触线水平距离检调

当工作支接触线位置不符合标准时，根据测量数据，确定调整方向和调整量。将手扳葫芦一端固定在工作支定位管顶端（曲线区段或正定位可根据线索受力方向固定手扳葫芦），另一端与工作支接触线连接，摇动手扳葫芦将工作支接触线卸载，松开工作支定位支座（定位环），按调整方向和调整数据，将拉出值调整到标准值。再将手扳葫芦一端固定在非工作支定位管顶端（曲线区段或正定位根据线索受力方向固定手扳葫芦），另一端与非工作支接触线连接，将非工作支接触线卸载，以工作支接触线为基准，松开非工作支接触线锚支卡子，按调整方向和调整数据，将非工作支接触线调整到标准位置，使两支接触线水平间距调整至符合标准。

4. 转换柱处两接触线间垂直距离检修

先确认工作支接触线高度符合标准。当工作支接触线位置不符合标准时，调整或更换工作支定位点两侧吊弦，将工作支接触线高度调整至标准值。以工作支接触线为基准，按调整数据，调整或更换非工作支定位点两侧第一根吊弦，使高差符合标准；再依次调整或更换其他吊弦。

5. 中心柱处两接触线水平、垂直距离检调

先确认工作支接触线高度符合标准。当工作支接触线位置不符合标准时，调整或更换工作支定位点两侧吊弦，将工作支接触线高度调整至标准值。以工作支接触线为基准，按调整数据，调整或更换非工作支定位点两侧第一根吊弦，使高差符合标准；再依次调整或更换其他吊弦。

6. 两支接触线拉出值检调

当工作支接触线位置不符合标准时，根据测量数据，确定调整方向和调整量。将手扳葫芦一端固定在工作支定位管顶端（曲线区段或正定位可根据线索受力方向固定手扳葫芦），另一端与工作支接触线连接，摇动手扳葫芦将工作支接触线卸载，松开工作支定位支座（定位环），按调整方向和调整数据，将拉出值调整到标准值。再将手扳葫芦一端固定在另一支定位管顶端（曲线区段或正定位根据线索受力方向固定手扳葫芦），另一端与接触线连接，摇动手扳葫芦将接触线卸载，以工作支接触线为基准，然后根据调整量，对另一支接触线的拉出值进行调整，使其符合设计要求。

7. 锚支接触线检调

使用手扳葫芦将接触线、承力索的下锚角钢卸载，根据测量数据，确定调整方向和调整量，同时将下锚角钢向上提升，使其符合标准。

8. 定位器坡度检调

用水平尺或接触网多功能检测仪测量定位器坡度，确定调整量。具体方法见定位装置检修标准。

9. 电连接检调

按检查项目对电连接进行检查，根据发现缺陷确定补强或更换电连接，具体方法见电连接器检修标准。

五、注意事项

（1）锚段关节处于小半径区段时，应注意测量跨中拉出值。

（2）如发现零件烧伤，应检查电气连接情况，找出原因，及时处理，必要时增设双电连接器或安装双线夹。

（3）在锚段关节处的转换柱和中心柱处一般不允许接挂地线，若在特殊情况必须接挂地线时应在两条接触线上都要接挂地线。

（4）在作业过程中严禁踩踏接触线。

（5）检查、检修过程中，必须采取相应安全措施，确保人身、设备安全。

六、选取“更换分段绝缘子”为实作考核项目

实作项目考核评价表

专业：__________ 班级：__________ 小组成员：________________

1. 考核项目：车梯作业。
2. 考核内容：更换分段绝缘子。
3. 考核表（见表 3-21）。

表 3-21　考核表

项目及配分		考核内容及评分标准	扣分因素及扣分	得分	备注
时间	30 分	① 准备环节标准用时 5 min，超时即刻停止。若不停止作业，时间计入更换环节。 ② 更换环节标准用时 20 min，每超时 1 min 扣 1 分（不足 1 min 按 1 min 计算），直至本项分数扣完为止。 ③ 按比赛总用时排名，第 1 名不扣分，每落后 1 名增扣 1 分。若时间项分数已扣完，扣分计入质量项			

续表

项目及配分		考核内容及评分标准	扣分因素及扣分	得分	备注
安全	40 分	① 按规定正确穿戴个人劳保用品（安全帽、安全带、手套、绝缘鞋、工作服等），每少 1 件扣 2 分。 ② 作业程序正确完整，否则每处扣 2 分；作业用语标准，否则每次扣 2 分。 ③ 越梯蹬上下车梯，每次扣 2 分。高空作业人员未将安全带系在安全可靠的位置，每次减 3 分。攀登车梯至进入框架之前可不系安全带。 ④ 未正确使用工具，每次扣 2 分；未正确传递工具、材料，每次扣 2 分。工具损坏，每件扣 5 分。 ⑤ 工具、材料（包括工具包）均不得放置在作业平台上，否则每件（工具包为 1 件）扣 2 分；作业中高空掉物每件次扣 2 分；大型工具、材料发生坠落每件次扣 10 分。 ⑥ 操作中出现皮外伤扣 5 分；危及人身、设备安全的情形，裁判（两名裁判同时）应立即终止其作业，并及时提醒，第一次扣 3 分，之后每次扣 5 分。 ⑦ 禁止高空人员负重攀登车梯；上、下工具材料时，严禁撞击支柱和其他设备，否则每次扣 2 分。 ⑧ 紧线工具安装正确，受力良好，否则每次扣 5 分。拆除绝缘子时，要先检查紧线工具没有滑移后，方可拆除，否则扣 10 分。 ⑨ 未挂等位线，身体接触接触网设备，每次扣 2 分；缺少等位线进行作业的，第一次扣 2 分，裁判提醒后应立即终止其作业，按规定挂好等位线后方可作业，否则每次扣 5 分。 ⑩ 高空作业人员与地面辅助人员配合时应呼唤应答，未呼唤应答每次扣 1 分。 ⑪ 未确认开通条件，扣 2 分（作业完毕前口述）。 ⑫ 报告作业完毕后，作业区内（含地面和接触网设备上）遗留有工具、多余零部件，每件扣 1 分；未放入指定区域，每件扣 1 分；工具包内有遗留工具、材料每件扣 1 分；影响行车或送电扣 10 分。 ⑬ 其他违章作业每次扣 2 分			
作业程序及质量	30 分	① 分段绝缘子安装方向正确，否则扣 10 分； ② 绝缘子无破损，否则扣 10 分； ③ 销钉安装方向正确，否则每处扣 3 分； ④ 开口销打开应双向不小于 120°，否则每处扣 3 分； ⑤ 更换后，造成承力索散股的，每处扣 5 分； ⑥ 作业范围内，其他不符合标准的，每处扣 3 分			
合计	100 分				

任务八　绝缘锚段关节检调

任务学习描述

学习任务：绝缘锚段关节检调。

学习对象：学习接触网课程的学生及企业新入职人员。

工具选择：常用安全工具、测量工具、梯车。

学习步骤：

（1）学习绝缘锚段关节的作用。

（2）学习绝缘锚段关节的分类。

（3）学习绝缘锚段关节检修标准、检调方法。

任务学习方法

资讯：接受工作任务，分析任务，通过查找学习资料、相关文件，对任务形成总体认识。

计划：学习以小组为单位，讨论绝缘锚段关节的作用。

决策：学生与老师共同讨论绝缘锚段关节的分类。

实施：确定学习任务，查找资料文件，完成检修标准、检调方法。

检查：以小组为单位，使用梯车完成学习步骤。

总结：学生与老师共同讨论本节课知识点，以及高空作业的注意事项。

任务学习目标

（1）掌握绝缘锚段关节的作用。

（2）掌握绝缘锚段关节的分类。

（3）掌握绝缘锚段关节检修标准、检调方法。

任务分工

绝缘锚段关节检调任务分工如表 3-22 所示。

表 3-22　绝缘锚段关节检调任务分工表

序号	分工	安全等级	人数	工作内容	备注
1	工作领导人	4 级及以上	1	指挥作业过程，负责任务整体安排	
2	安全员	4 级及以上	1	负责作业全程安全盯控工作	
3	高空作业人员	3 级及以上	1	负责检查绝缘锚段关节组成、分类	
4	辅助人员	2 级及以上	4	负责梯车、轨道车其他安全事项	
5	防护	3 级及以上	2	负责上下行来车方向的防护工作	

一、作　用

为满足接触网在供电和机械两方面的需求，需将接触网分成若干一定长度且相互独立的分段，每一个分段叫一个锚段。两个相邻锚段的衔接部分称为锚段关节。锚段的划分便于接触网的机械分段和电分段、便于安装张力补偿器和其他设备；同时还提高供电灵活性、缩小事故发生时的影响范围、保证吊弦及定位器的偏移不超出规定值，能够很好的改善悬挂弹性。绝缘锚段关节不仅进行机械分段，同时进行同相电分段。非绝缘锚段关节只进行机械分段，不进行电分段。

二、分　类

根据锚段关节所用跨距数，可将其分为“四跨”“五跨”“七跨”和“九跨”锚段关节。

1. 四跨绝缘锚段关节

四跨绝缘锚段关节一般由四个跨距配合一台隔离开关组成，除机械分段外，主要用于同相电分段，所以又称为电分段锚段关节，它包括两根锚柱、两根转换柱和一根中心柱形成四个跨距。电力机车受电弓在中心柱处实现两锚段的转换和过渡，两锚段靠安装在转换柱上隔离开关实现电气连接。转换柱之间两支接触线在水平面内的投影平行，线间距为（450 + 50）mm；转换柱处，两组悬挂的垂直距离应保持（450 + 50）mm（悬式绝缘子分段时）或 350 ~ 400 mm（直径不大于 150 mm 的绝缘杆件分段时）非工作支接触线的分段绝缘子或绝缘杆的下裙边应高于工作支接触线 200 mm 以上。分段绝缘子串至锚支定位卡子间的距离在最高温度情况下不小于 800 mm。

2. 五跨绝缘锚段关节

五跨锚段关节，主要在高速电气化铁路中使用。因为四跨锚段关节受电弓在中心柱处过渡转换，虽可以控制并实现两支接触线等高，但由于有两个定位器，其弹性明显变差，不仅会加大接触线的磨损还影响取流。采用五跨锚段关节使两组悬挂的转换点在中间跨距的中心，这样就可以保证弹性良好、过渡平稳。五跨绝缘锚段关节如图 3-38 所示。

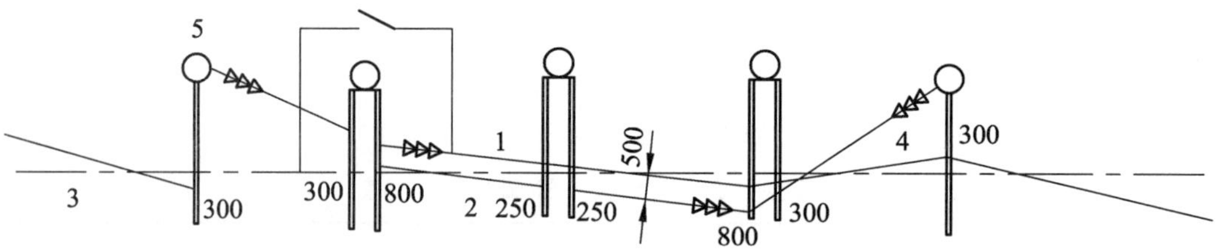

图 3-38　五跨绝缘锚段关节

三、检修标准

（一）普速铁路

（1）转换柱处两悬挂垂直距离、水平距离。

标准值：设计值。

标准状态：标准值±20 mm。

警示值：标准值±30 mm。

限界值：标准值±50 mm。

（2）中心柱处两悬挂垂直距离、水平距离。

① 接触线（承力索）垂直距离。

标准值：等高（设计值）。

标准状态：20 mm（标准值±20 mm）。

警示值：20 mm（标准值±30 mm）。

限界值：30 mm（标准值±50 mm）。

② 接触线（承力索）水平距离：同转换柱。

③ 中心柱处接触线等高点接触线高度不应低于相邻工作支吊弦点，允许高于相邻吊弦点 0 ~ 10 mm。

五跨锚段关节中间跨为过渡跨，接触线等高点（屋脊处）宜在过渡跨跨中，高度比相邻定位点工作支接触线抬高 0 ~ 40 mm。

（3）两接触悬挂接触线工作支过渡处调整符合运行要求。

（4）转换柱处绝缘子串距悬挂点的距离符合设计要求，允许偏差±50 mm。承力索、接触线两绝缘子串上下应对齐，允许偏差±100 mm。

（5）任何情况下，两接触悬挂及定位支撑装置带电体各部分应满足空气绝缘间隙要求。锚段关节内的定位支撑、吊弦载流环、斜拉线等不得减小空气绝缘间隙。

（6）绝缘锚段关节处隔离开关宜安装在开口侧。

（二）高速铁路

（1）转换柱处两悬挂垂直距离、水平距离。

标准值：设计值。

标准状态：标准值±20 mm。

警示值：标准值±30 mm。

限界值：标准值±50 mm。

（2）中心柱处两悬挂垂直距离、水平距离。

① 接触线（承力索）垂直距离。

标准值：等高（设计值）。

标准状态：20 mm（标准值±20 mm）。

警示值：20 mm（标准值±30 mm）。

限界值：30 mm（标准值±50 mm）。

② 接触线（承力索）水平距离：同转换柱。

③ 中心柱处接触线等高点处接触线高度不应低于相邻工作支吊弦点，允许高于相邻吊弦点 0 ~ 10 mm。

五跨锚段关节中间跨为过渡跨，接触线等高点（屋脊处）宜在过渡跨跨中，高度比相邻定位点抬高 0 ~ 40 mm。

（3）两接触悬挂接触线工作支过渡处调整符合运行要求。

（4）转换柱处绝缘子串与悬挂点的距离符合设计要求，允许偏差±50 mm。承力索、接触线两绝缘子串上下应对齐，允许偏差±100 mm。

（5）任何情况下，两接触悬挂及定位支撑装置带电体各部分应满足空气绝缘间隙要求。锚段关节内的定位支撑、吊弦载流环、斜拉线等不得减小空气绝缘间隙。

四、调整方法

1. 转换柱、中心柱处两承力索水平距离检调

当工作支承力索位置水平间距不符合标准时，根据测量数据，确定调整方向和调整量。将手扳葫芦一端固定在工作支腕臂顶端（曲线区段根据线索受力方向固定手扳葫芦），另一端与工作支承力索连接，摇动手扳葫芦将工作支承力索卸载，按调整方向和数据，松开工作支承力索座（拉杆式腕臂可调整调节板），将工作支承力索位置调整到标准位置。再将手扳葫芦一端固定在非工作支腕臂顶端（曲线区段根据线索受力方向固定手扳葫芦），另一端与非工作支承力索连接，摇动手扳葫芦将非工作支承力索卸载，以工作支承力索为基准，松开非工作支承力索座（拉杆式腕臂可调整调节板），按调整方向和数据，将非工作支承力索调整至符合标准。

2. 转换柱、中心柱处两承力索垂直距离（高差）检调

当工作支承力索垂直距离不符合标准时，根据测量数据，确定调整方向和调整量。将手扳葫芦一端固定在工作支腕臂顶端（曲线区段根据线索受力方向固定手扳葫芦），另一端与工作支承力索连接，摇动手扳葫芦将工作支承力索卸载，按调整方向和数据，松开工作支组合承力索线夹（拉杆式腕臂可调整调节板位置和孔距），将工作支承力索位置调整到标准位置。再将手扳葫芦一端固定在非工作支腕臂顶端（曲线区段根据线索受力方向固定手扳葫芦），另一端与非工作支承力索连接，摇动手扳葫芦将非工作支承力索卸载，以工作支承力索为基准，松开非组合承力索线夹（拉杆式腕臂可调整调节板），按调整方向和数据，将非工作支承力索调整至符合标准。

3. 转换柱、中心柱处两支接触线水平距离检调

当工作支接触线位置不符合标准时，根据测量数据，确定调整方向和调整量。将手扳葫芦一端固定在工作支定位管顶端（曲线区段或正定位可根据线索受力方向固定手扳葫芦），另一端与工作支接触线连接，摇动手扳葫芦将工作支接触线卸载，松开工作支定位支座（定位环），按调整方向和调整数据，将拉出值调整到标准值。再将手扳葫芦一端固定在非工作支定位管顶端（曲线区段或正定位根据线索受力方向固定手扳葫芦），另一端与非工作支接触线连接，将非工作支接触线卸载，以工作支接触线为基准，松开非工作支接触线锚支卡子，按调整方向和调整数据，将非工作支接触线调整到标准位置，使

两支接触线水平间距调整至符合标准。

4. 转换柱、中心柱处两接触线垂直距离检调

先确认工作支接触线高度符合标准。当工作支接触线位置不符合标准时，调整或更换工作支定位点两侧吊弦，将工作支接触线高度调整至标准值。以工作支接触线为基准，按调整数据，调整或更换非工作支定位点两侧第一根吊弦，使高差符合标准；再依次调整或更换其他吊弦。

5. 中心柱处两支接触线等高点检调

适当调整或更换等高点两侧吊弦，使两接触线等高点位于跨中，且两线的弛度均匀，两线平滑升高。

6. 两支接触线拉出值检调

当工作支接触线位置不符合标准时，根据测量数据，确定调整方向和调整量。将手扳葫芦一端固定在工作支定位管顶端（曲线区段或正定位可根据线索受力方向固定手扳葫芦），另一端与工作支接触线连接，摇动手扳葫芦将工作支接触线卸载，松开工作支定位支座（定位环），按调整方向和调整数据，将拉出值调整到标准值。再将手扳葫芦一端固定在另一支定位管顶端（曲线区段或正定位根据线索受力方向固定手扳葫芦），另一端与接触线连接，摇动手扳葫芦将接触线卸载，以工作支接触线为基准，然后根据调整量，对另一支接触线的拉出值进行调整，使其符合设计要求。

7. 锚支接触线检调

使用手扳葫芦将接触线、承力索的下锚角钢卸载，根据测量数据，确定调整方向和调整量。同时将下锚角钢向上提升，使其符合标准。

五、选取“更换分段绝缘子”为实作考核项目

实作项目考核评价表

专业：__________ 班级：__________ 小组成员：________________

1. 考核项目：接触网检修作业。
2. 考核内容：绝缘锚段关节检调。
3. 考核表（见表 3-23）。

表 3-23　考核表

项目	考核内容及评分标准	分值	扣分原因	扣分	得分
时间要求	① 准备时间：5 min；正式操作时间：30 min； ② 规定时间内全部完成不加分，也不扣分。每超时 1 min 从总分中扣 1 分，总超时 5 min 停止作业	10			

续表

项目	考核内容及评分标准	分值	扣分原因	扣分	得分
作业过程（内容）要求	① 工具：接触网激光测试仪、钢卷尺、水平尺、钢丝套子、校正扳手、正弯器、安全用具、防护用具、通信工具、手扳葫芦、紧线器等； ② 材料：ϕ4.0 mm 铁线、吊弦，锚支定位卡子、定位管支持器、绝缘子、等位线夹、定位器夹环，电连接线及线夹等，否则缺一项扣 1 分	20			
质量要求	① 检查两悬挂各部分（包括零部件）之间的距离是否符合标准，否则进行调整，否则扣 5 分； ② 检查转换柱处两悬挂的水平距离是否符合标准，否则扣 5 分； ③ 检查转换柱处两悬挂的垂直距离是否符合标准，否则扣 10 分； ④ 检查中心柱两接触线距离轨面是否等高，误差允许偏差正负 20 mm，否则扣 10 分； ⑤ 检查锚支接触线在其垂直投影与线路钢轨交叉处是否符合要求，否则扣 5 分； ⑥ 检查锚支、工作支定位管转动是否灵活，定位管偏移是否符合要求，否则扣 5 分； ⑦ 两悬挂各部分（包括零部件）之间的距离在设计极限温度下应保持 50 mm 以上，否则扣 10 分； ⑧ 检查承力索、接触线下锚绝缘子串上下应对齐，允许上下不超过 100 mm，否则扣 5 分	60			
安全要求	① 按规定穿戴安全防护用品，否则扣 3 分； ② 执行安全技术操作规程，不发生人身、设备事故，否则扣 5 分； ③ 工作场地整洁，工器具材料摆放规范有序，否则扣 2 分； ④ 高空作业系好安全带，安全带高挂低用，否则扣 5 分； ⑤ 高空坠物或抛掷工具、材料，每次扣 2 分； ⑥ 作业中未落实呼唤应答，用语不标准扣 2 分； ⑦ 作业过程中作业人员位于受力方向侧，扣 10 分	10			

任务九　关节式分相检调

任务学习描述

学习任务：关节式分相检调。

学习对象：学习接触网课程的学生及企业新入职人员。

工具选择：常用安全工具、测量工具、梯车。

学习步骤：

（1）学习关节式分相的作用。

（2）学习关节式分相的分类。

（3）学习关节式分相检修标准、检调方法。

任务学习方法

资讯：接受工作任务，分析任务，通过查找学习资料、相关文件，对任务形成总体认识。

计划：学习以小组为单位，讨论关节式分相的作用。

决策：学生与老师共同讨论关节式分相的分类。

实施：确定学习任务，查找资料文件，完成检修标准、检调方法。

检查：以小组为单位，使用梯车完成学习步骤。

总结：学生与老师共同讨论本节课知识点，以及高空作业的注意事项。

任务学习目标

（1）掌握关节式分相的作用。

（2）掌握关节式分相的分类。

（3）掌握关节式分相检修标准、检调方法。

任务分工

关节式分相检调任务分工如表 3-24 所示。

表 3-24　关节式分相检调任务分工表

序号	分工	安全等级	人数	工作内容	备注
1	工作领导人	4 级及以上	1	指挥作业过程，负责任务整体安排	
2	安全员	4 级及以上	1	负责作业全程安全盯控工作	
3	高空作业人员	3 级及以上	1	负责检查关节式分相	
4	辅助人员	2 级及以上	4	负责梯车、轨道车其他安全事项	
5	防护	3 级及以上	2	负责上下行来车方向的防护工作	

一、作　用

电气化铁道是单相牵引供电系统，为了平衡电力系统中的各相负荷，牵引变电所对接触网要实施换相供电。关节式分相用于接触网需要分相供电的电分段处，它一般安设在牵引变电所出口和两相邻牵引变电所供电分区之间。

二、分类介绍

关节式分相不但承受接触网不同相间电压外，同时还承受一定的机械负荷。锚段关节式分相主要有六跨式、七跨式、八跨式。

1. 六跨式

六跨关节式电分相由 2 个四跨绝缘关节重叠组成，其中性段长度约 186 m 无电区长度 22 m。六跨锚段关节式电分相有断电滑行距离短，速度损失小；无电区短，较少发生动车停于无电区故障：对动车组升弓方式制约小；投资少等优点，但由于锚段重叠区的支柱存在 2 支接触悬挂，且由于高铁支柱跨距较短、悬挂张力大等原因，高铁六跨关节式电分相调整难度大，如图 3-39 所示。

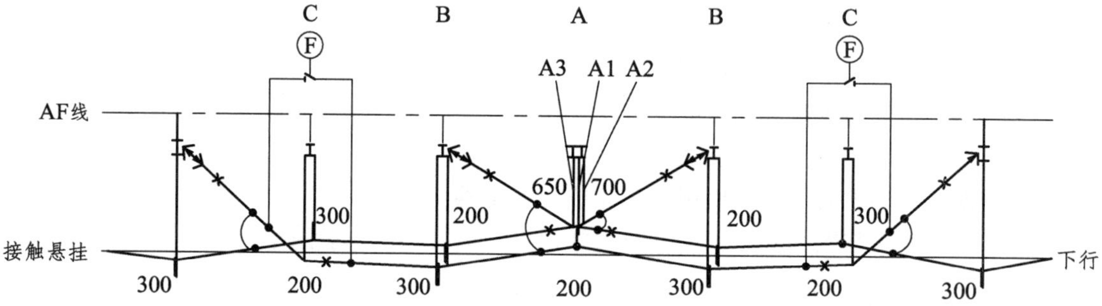

图 3-39　六跨式锚段关节示意图

2. 七跨式

在七跨式锚段关节中，加入一个七跨长的中性嵌入线，中性嵌入线要保证在中间 5 个跨距内是绝缘的。该中性线从左侧第二根支柱起变为工作支到右侧第六根支柱后变为非工作支，其中有 3 个跨距处于工作状态，保证有 100~150 m 长度的中性区（即无电区）。平面图如图 3-40 所示。

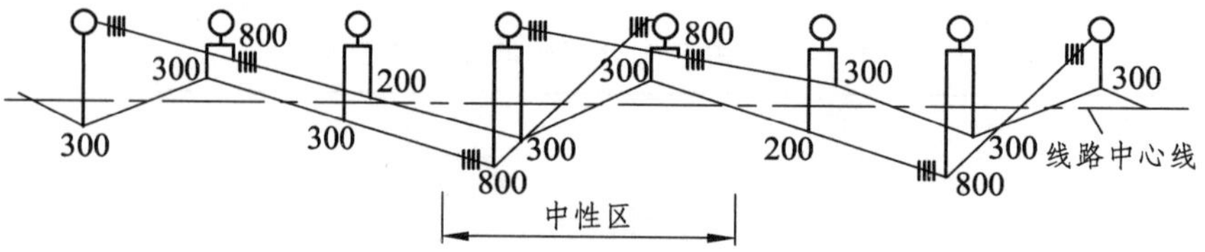

图 3-40　七跨式锚段关节示意图

在通过分相区段前，电力机车要自动切断内部的主断路器靠惯性通过中性区，自动切断主断路器的形式与车载断电自动转换分相装置所述内容基本相同。

3. 八跨绝缘锚段关节式分相（见图3-41）

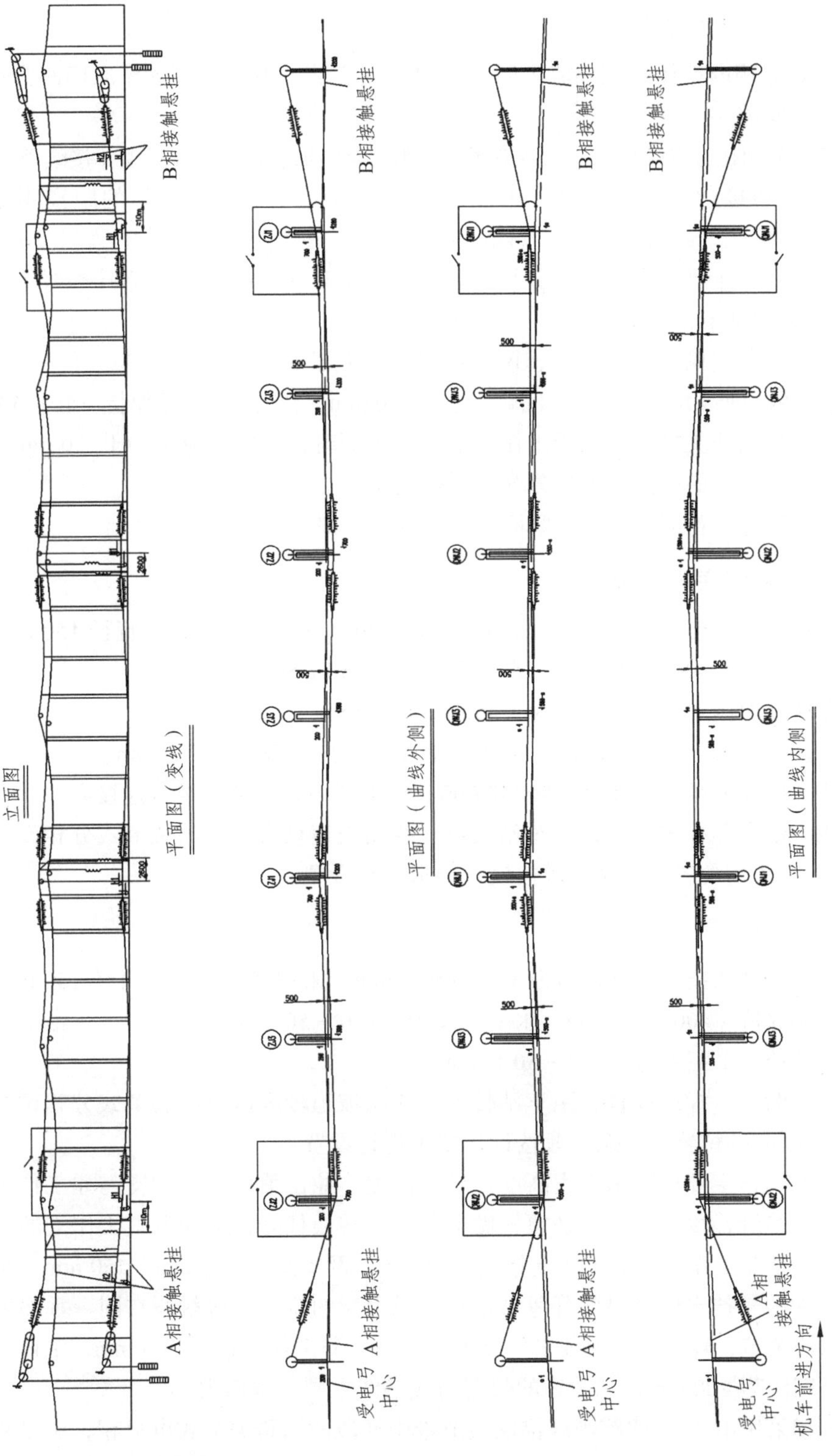

图 3-41 八跨式锚段关节示意图

三、检修标准

1. 六跨绝缘锚段关节式分相

（1）关节式分相内整体吊弦导流环回头应向外侧安装，不得因吊弦导流环回头过长而减小空气绝缘间隙。

（2）关节式分相在有电区与无电区转换区段内承力索需加装预绞丝保护条（接续条）。

（3）承力索和接触线分段绝缘子串至锚支悬挂固定（定位）点间的距离不小于 1 000 mm（包括回头长度在内），允许偏差±100 mm，且在距绝缘子串非下锚侧 500 mm 处应加装 1 根吊弦，任何情况下绝缘子下缘距受电弓大于 200 mm，承力索接触线绝缘子串对齐，允许误差±50 mm。

（4）正线下锚锚支偏角不大于 4°，困难情况下不大于 6°。

（5）中性区内两非支承力索交叉处间距不小于 100 mm，否则需在该处加装一组电连接。

（6）转换柱处当非支接触线位于工作支定位管上面时，其间隙应不小于 50 mm。关节内工作支与非工作支的吊弦应各自分开，不得交叉。

（7）电连接良好，各部零件安装紧固，定位管无卡滞。

2. 七跨绝缘锚段关节式分相

（1）转换柱处两悬挂的垂直距离为（500 ± 50）mm，采用绝缘杆件（直径 150 mm 及以下）分段时应保持（400 ± 50）mm；水平距离为（450 ± 50）mm。

（2）中心柱处两接触线水平距离为（450 ± 50）mm。

（3）中心柱与交叉下锚方向的转换柱在跨中非支抬高不得小于 220 mm。

（4）中性柱交叉下锚侧交叉点 1 500~2 000 mm 范围内各安装一组电连接。

（5）分相“断合”标志设置，距车站较近、线路坡道较大区段的关节式分相设置在两中心柱外方 30 m 的位置，其余区段按设计要求进行设置。

3. 八跨绝缘锚段关节式分相

（1）转换柱处两悬挂的垂直距离为（500±50）mm，采用绝缘杆件（直径 150 mm 及以下）分段时应保持（400±50）mm；水平距离为（450 + 50）mm。

（2）中心柱处水平距离为（450 + 50）mm。

（3）分相“断合”标志设置，距车站较近、线路坡道较大区段的关节式分相设置在两中心柱外方 30 m 的位置，其余区段按设计要求进行设置。

锚段关节的调整主要包括承力索高度、导线高度、拉出值以及工作支与非工作支的相互位置。对于绝缘锚段关节，则必须先做电分段。转换柱处，首先调整工作支的高度和拉出值，再调整非工作支，非工作支抬高 500 mm，两支悬挂水平间距 450 mm。中心柱处，远离支柱的悬挂定位管根部可适当抬高，承力索的位置与接触线在同一垂面内。对于非绝缘锚段关节，转换柱处保证工作支的情况下，非工作支抬高 300 mm，工作支与非工作支水平间距为 200 mm，承力索的位置与接触线在同一垂面内。

（4）电分相采用由 2 个四跨绝缘锚段关节带中性段的六跨关节式电分相，满足双列重联动车组双弓间距 200 ~ 215m、中性段不大于 200 m，并预留长分相条件。

四、检查步骤及方法

（一）检查步骤

（1）检调测量转换柱两接触线间的水平距离和垂直距离。

（2）检查锚支、工作支及定位管偏转是否灵活，绝缘关节锚支绝缘子串至锚支定位卡子间的距离是否符合要求。

（3）检查两锚段工作支导线过渡（四跨为中心柱）处两支接触线距轨面高度是否相等，间隙是否符合要求。

（4）检查绝缘锚段关节两接触悬挂间的绝缘间隙是否符合要求。

（5）支持、定位装置的检查按腕臂结构内重点部件检查方法进行。

（6）设备有无烧伤痕迹。检查承力索、吊弦和接触线、电连接有无烧伤痕迹，吊弦、承力索、电连接有无散股等异常情况。

（7）检查过分相断合标是否齐全、安装是否牢固。

（8）检查各零部件安装情况，紧固并涂油。

（二）处理方法

（1）锚支分段绝缘子串至锚支定位卡子间的距离小于规定值。用紧线工具（双钩紧线器或手扳葫芦）紧起分段绝缘子串，使其充分卸载。

（2）卸下中心锚结侧的楔形线夹，按要求重新制作回头，连接分段绝缘子串。

（3）松开紧线工具，使分段绝缘子串受载，检查连接部件受力情况，拆除紧线工具。

（4）必要时调整补偿器 b 值。在保证工作支导线高度，定位坡度偏移拉出值符合标准后方可调线间距离和抬高。

（5）转换柱锚支与工作支导线相对抬高不符合规定时，可调整锚支吊弦长度，以满足要求。

五、注意事项

（1）检修关节式分相必须在中性区加挂接地线，以防止感应电。

（2）检修关节式分相和隔离开关时，应用不小于 25 mm^2 的等位线先连接等位后再进行作业。

（3）在电分段处作业，中性区及一旦断开开关有可能成为中性区的停电设备上均应接地线，但当中性区长度小于 10 m 时，在与接地设备等电位后可不接地线。

（4）分相两侧两供电臂未同时停电时，禁止进行分相检修。

（5）关节式分相处于曲线区段时，应注意测量跨中偏移值。

（6）当机车没有正常进行断合操作时，受电弓极可能拉弧烧伤接触网设备。因此，应在电分相装置范围内（从一端转换柱到另一端转换柱）详细检查承力索、吊弦和接触线有无烧伤痕迹，吊弦、承力索有无散股等异常情况。

六、选取“接触网关节式分相参数测量”为实作考核项目

实作项目考核评价表

专业：____________ 班级：____________ 小组成员：________________________

1. 考核项目：接触网设备维修。
2. 考核内容：接触网关节式分相参数测量。
3. 考核表（见表 3-25）。

表 3-25　考核表

项目	考核内容及评分标准	分值	扣分原因	扣分	得分
时间要求	① 准备时间：5 min；正式操作时间：20 min； ② 规定时间内全部完成不加分，也不扣分。每超时 1 min，从总分中扣 1 分，总超时 5 min 停止作业	10			
作业过程（内容）要求	① 工具：工具：激光测量仪、笔、记录本、红黄信号旗、防护员通话记录簿、对讲机、臂章，每缺 1 件扣 2 分； ② 未正确穿戴劳动防护用品每人，每件扣 2 分（工作服、安全帽、手套、绝缘鞋）	30			
质量要求	① 测量接触线几何参数，测量方法错误扣 5 分； ② 测量轨面标准线相关参数，测量方法错误扣 5 分； ③ 测量分转换柱相关参数，测量方法错误扣 5 分； ④ 测量中心柱相关参数，测量方法错误扣 5 分； ⑤ 测量定位器坡度相关参数，测量方法错误扣 5 分； ⑥ 测量过程中正确记录测量数据，未记录每次扣 5 分	50			
安全要求	① 作业中出现皮外伤 0 分； ② 横越线路时严格按“一停、二看、三确认、四通过”制度进行，如有违反扣 10 分； ③ 测量过程中严禁攀爬支柱，如有违反失格	10			

任务十　线岔检调

任务学习描述

学习任务：线岔检调。

学习对象：学习接触网课程的学生及企业新入职人员。

工具选择：常用安全工具、测量工具、梯车。

学习步骤：

（1）学习线岔的作用。

（2）学习线岔的分类。

（3）学习线岔检修标准、检调方法。

任务学习方法

资讯：接受工作任务，分析任务，通过查找学习资料、相关文件，对任务形成总体认识。

计划：学习以小组为单位，讨论线岔的作用。

决策：学生与老师共同讨论线岔的分类。

实施：确定学习任务，查找资料文件，完成检修标准、检调方法。

检查：以小组为单位，使用梯车完成学习步骤。

总结：学生与老师共同讨论本节课知识点，以及高空作业注意的事项。

任务学习目标

（1）掌握线岔的作用。

（2）掌握线岔的分类。

（3）掌握线岔检修标准、检调方法。

任务分工

线岔检调任务分工如表 3-26 所示。

表 3-26　线岔检调任务分工表

序号	分工	安全等级	人数	工作内容	备注
1	工作领导人	4 级及以上	1	指挥作业过程，负责任务整体安排	
2	安全员	4 级及以上	1	负责作业全程安全盯控工作	
3	高空作业人员	3 级及以上	1	负责检查线岔	
4	辅助人员	2 级及以上	4	负责梯车、轨道车其他安全事项	
5	防护	3 级及以上	2	负责上下行来车方向的防护工作	

在站场铁路交叉的地方设置道岔，两股道接触线在此道岔上方处交叉形成线岔。由正线与侧线组成的交叉线岔，正线接触线位于侧线接触线的下方；由侧线和侧线组成的交叉线岔，距中心锚结较近的接触线位于下方。

线岔交叉点两侧定位点拉出值满足设计要求，并应保证两接触线交叉点位于规定范围内，任何情况下线岔定位拉出值不大于 450 mm。

一、线岔的作用、结构和分类

线岔的作用是保证电力机车受电弓平安平滑地由一条接触线过渡到另一条接触线，达到转换线路的目的。

线岔可根据所处区段的行车速度分为普通线岔和高速线岔两种，如图 3-42 所示。

接触网的线岔结构是用一根限制管将相交的接触线互相贴近，而限制管的两端则用定位线夹固定在下面的接触线上，以保证上面的接触线在其内活动。

限制管通常是用 3/8 英寸（1 英寸 ≈ 25.4 mm）镀锌钢管加工制成的，两端扁平有圆孔用以固定定位线夹。其安装长度根据两接触线的交叉点到接触线（安装限制管的接触线）的中心锚结的距离来确定。接触线线岔型号有两种，分别为 500 型和 700 型，结构如图 3-43 所示。

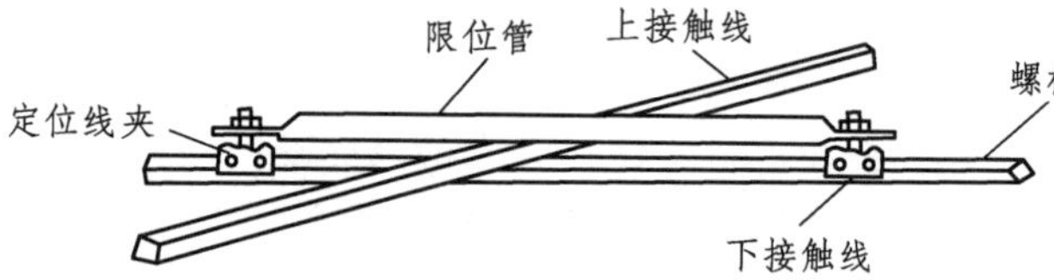

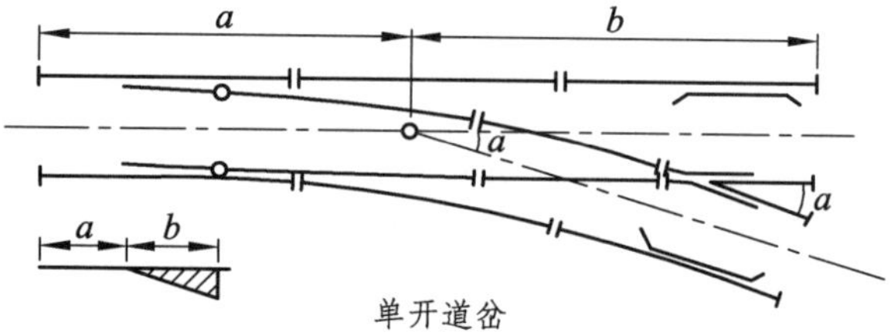

单开道岔

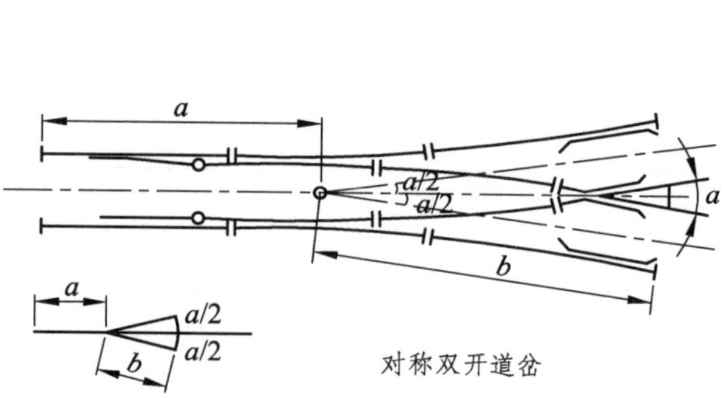

对称双开道岔

（a）普通线岔

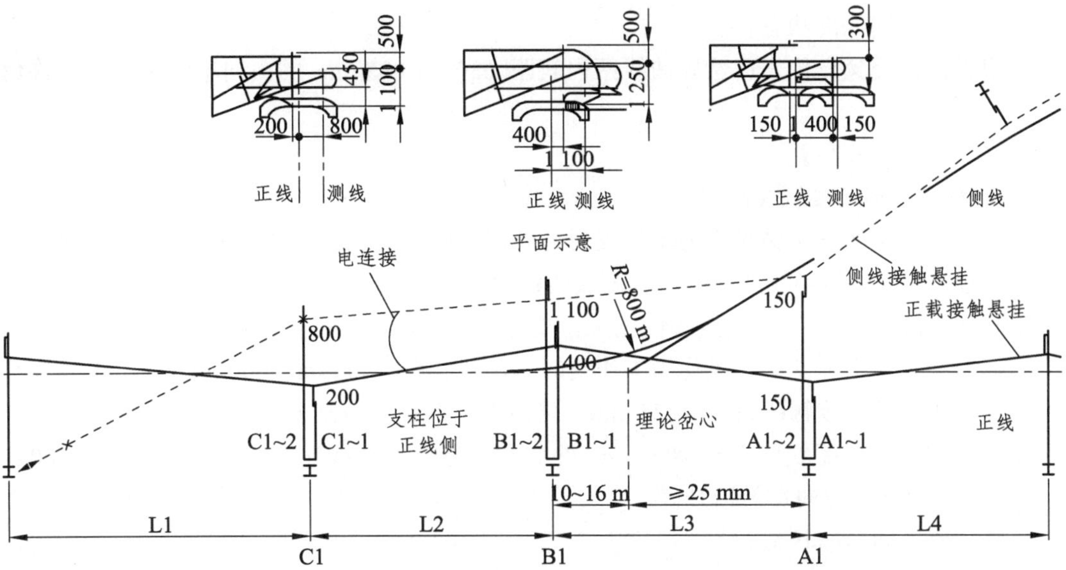

（b）高速线岔

图 3-42　线岔分类

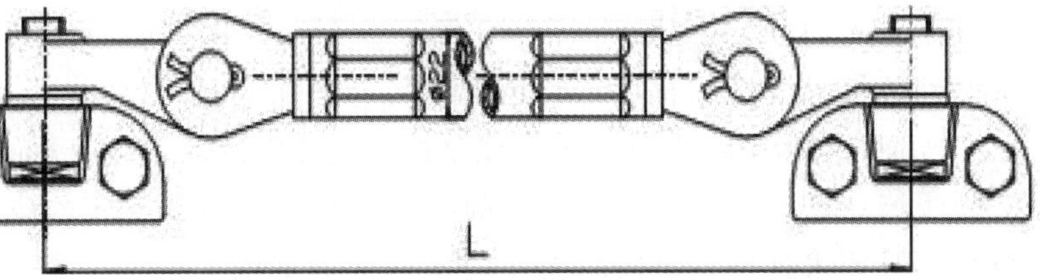

图 3-43　限制管结构示意图

按照线岔的安装要求，一般情况下交叉点到中心锚结（硬锚）距离为 500 m 以下时，采用 500 型的线岔；交叉点到中心锚结（硬锚）距离超过 500 m 时，采用 700 型的线岔。

限制管在平均温度下安装时，限制管的中心应重合于两支接触线交叉点；若安装温度高于平均温度，应略偏于下锚方向；若安装温度低于平均温度时，应略偏于锚结方向。

二、检修标准

线岔的安装位置是由两接触线交叉点决定的。线岔安装前，应通过调整道岔拉出值使两接触线交叉点符合以下要求。

（一）单开和对称（双开）交叉线岔

（1）交叉点位置。

标准值：横向距两线路任一线路中心不大于 350 mm，纵向距道岔定位大于 2.5 m。

标准状态：交叉点位于道岔导曲线两内轨距 735 ~ 1050 mm 的横向中间位置，允许偏差±50 mm。

警示值：同标准状态。

限界值：交叉点位于道岔导曲线两内轨距 630 ~ 1 085 mm 的横向中间位置。允许偏差±50 mm。

（2）两接触线高差。

① 普速铁路两接触线高差。

标准值：当两支接触线均为工作支时，两线相距 500 mm、800 mm 处，正线线岔的侧线接触线比正线接触线高 20 mm，侧线线岔两接触线等高；当一支为非工作支时，距线路中心 800 mm 处，非工作支接触线比工作支接触线抬高 80 mm，并向下锚方向均匀抬升。

标准状态：当两支接触线均为工作支时，两线相距 500 mm、800 mm 处，正线线岔侧线接触线比正线接触线高 15 ~ 25 mm，侧线线岔两接触线高差不大于 20 mm；当一支为非工作支时，其距线路中心 800 mm 处，非工作支接触线比工作支接触线抬高 60 ~ 90 mm，并向下锚方向均匀抬升。

警示值：同标准状态。

限界值：当两支接触线均为工作支时，两线相距 500 mm、800 mm 处，正线线岔侧线接触线比正线接触线高 10 ~ 30 mm，侧线线岔两接触线高差不大于 30 mm；当一支为非工作支时，其距线路中心 800 mm 处，非工作支接触线比工作支接触线抬高 50 ~ 100 mm，并向下锚方向均匀抬升。

② 高速铁路两接触线相距 500 mm 处的高差。

标准值：当两支均为工作支时，正线线岔的侧线接触线比正线接触线高 20 mm，侧线线岔两接触线等高。当一支为非工作支时，非工作支接触线比工作支接触线高 80 ~ 100 mm，并按设计要求延长一跨抬高 350 ~ 500 mm 后下锚。

标准状态：当两支均为工作支时，正线线岔的侧线接触线比正线接触线高 10 ~ 30 mm，侧线线岔两接触线高差不大于 30 mm。当一支为非工作支时，非工作支接触线比工作支接触线抬高 50 ~ 100 mm，并延长一跨抬高 350 ~ 500 mm 后下锚。

警示值：同标准状态。

限界值：同警示值。

（3）限制管长度符合设计要求，安装牢固，并使两接触线有一定的活动间隙，保证接触线自由伸缩。

（4）始触区。线岔两工作支中，任一工作支的垂直投影距另一股道线路中心 600 ~ 1 050 mm 的区域内不得安装除吊弦线夹（必需时）外的其他线夹。在始触区至接触线交叉点处，正线和侧线接触线应位于受电弓中心的同一侧。

（5）道岔定位器支座、软横跨定位立柱不得侵入本线及邻线受电弓动态包络线。

（6）道岔开口方向、道岔定位后的第一个悬挂点设在线间距≥1 220 mm 处，并应保证两线接触悬挂的任一接触线分别与相邻线路中心距离不小于 1 220 mm。

（7）当非工作支下锚偏角：普速铁路大于 10°、高速铁路大于 8°时，非工作支应延长一跨并适当抬高后下锚。

（8）两支承力索垂直间距不应小于 60 mm。

（9）岔区腕臂顺线路偏移量符合设计要求，允许偏差±20 mm。

（二）无交叉线岔的结构与形式

（1）高速线路与正线相交的道岔均采用 18#道岔，道岔全长 *L*=69.00 m，前端长度 *A*=31.729 m，后端长度 *B*=37.271 m。道岔侧股平面线选用圆曲线与直线相切的连接方式。

（2）接触悬挂采用无交叉线岔，共设两个道岔定位柱、1 个转换柱，其原理类似于三跨锚段关节。道岔定位柱 A 设在道岔开口方向距离理论岔心 25 m 左右，即两线间距 1 400 mm 处；道岔定位柱 B 设在道岔开口反方向距离理论岔心 15 m 处，即两线间距 150 mm 处。侧线接触线过道岔柱 A、道岔柱 B 后，由转化柱 C 抬高下锚。道岔定位柱 A、B 和转换柱 C 均采用双腕臂悬挂形式，即正线与侧线接触网单独悬挂，在温度变化时可纵向自由移动，互不干扰。在两导线间距 550~600 mm 处采用交叉吊弦悬挂，以保证正线通过或侧线驶入正线时在该点两支接触线等高。

（3）工作支、非工作支接触线高度走向。

（4）无交叉线岔工作原理。

道岔处接触网的平面布置取决于道岔种类信息、受电弓工作宽度、受电弓的动态运行轨迹（最大摆动量和最大抬升量）。如兰新设计采用 UIC 608 Annex 4a 标准宽度为 1 950 mm 的受电弓，弓头工作宽度为 1 450 mm；受电弓动态包络线左右摆动量：直线为 250 mm，曲线为 350 mm；动态最大抬升量按 150 mm 考虑。无交叉线岔平面布置时，应使侧线接触线和正线线路中心的距离大于两接触线间的距离。

① 电力机车正线高速通过。

受电弓最外端尺寸的半宽为 725 mm，摆动量为 250 mm，升高后的加宽为 150 mm。所以受电弓在侧线侧最外端可触及到的尺寸限界为 725 + 250 + 150=1 125 mm。线岔平面布置如图 1 所示，其中 B 柱正线拉出值为−400 mm、侧线拉出值为−1 100 mm，支柱位于两线路中心间距 150 mm 位置，所以受电弓在侧线侧最外端可触及限界为 1 125 mm<1 100 + 150=1 250 mm。A 柱侧线拉出值 150 mm、正线拉出值 150 mm，支柱位置处两线间距 1 400 mm，受电弓在侧线侧最外端可触及限界为 1 125 mm<1 400−150=1 250 mm。因而机车从正线高速通过岔区时，与区间接触网一样正常受流，不会触及侧线接触线，而与侧线接触悬挂无关。由以上分析可知，受电弓由正线通过时，可以保证侧线接触线与正线线路中心的距离大于受电弓的工作宽度之半加上受电弓的横向摆动，因而正线高速行车时，受电弓不可能接触到侧线接触线，从而保证了正线高速行车的绝对安全性，并且在道岔处不存在相对硬点。

② 电力机车由正线进入侧线。

机车由正线向侧线过渡时，由于侧线接触线在 C 柱处抬高下锚、B 柱接触线抬高 120 mm，因此受电弓不会接触到侧线接触线而从正线接触线上受流。机车过岔时侧线接触线比正线以 4/1 000 的坡度降低到等高区，受电弓经过等高区后逐渐滑离正线接触线，而此时侧线接触线已经降低至正常高度。因而受电弓可以顺利过渡到侧线接触悬挂。

③ 电力机车由侧线进入正线。

当机车由侧线进入正线时，虽然定位柱 A 处侧线和正线接触线等高，但正线接触线偏离侧线线路中心较远（两线间距 1 400 mm），受电弓由侧线接触线取流。受电弓滑过等高区后，受电弓逐渐滑离侧线接触线，同时侧线接触线高度又以 4/1 000 坡度开始抬高，过等高区后，侧线接触线比正线接触线要高，所以受电弓能够顺利地过渡到正线的接触线上。这时，受电弓逐步脱离侧线接触悬挂而平滑地过渡到正线接触悬挂。

（5）无交叉线岔检修标准。

① 岔心两端的定位柱距岔心距离符合设计规定。

② 岔区腕臂顺线路偏移应符合设计要求，允许偏差±20 mm。

③ 两承力索垂直间距不应小于 60 mm。

④ 道岔柱处接触线高度应符合设计要求，两接触线之间的距离、任一接触线距离另一线路中心的距离应符合设计要求。任何情况下工作支拉出值不大于 450 mm。

⑤ 正线接触线距侧线线路中心、侧线接触线距正线线路中心水平投影 600 ~ 1050 mm 为始触区。始触区不得安装除吊弦线夹以外的任何线夹类金具。

⑥ 对于 38 号及以上道岔，在正线接触线距侧线线路中心、侧线接触线距正线线路中心水平投影大于 850 mm 处，各增设一根吊弦，接触线吊弦线夹螺栓从两接触线间向外穿。

⑦ 对于带辅助悬挂的无交叉线岔，三支接触线的拉出值、定位点的抬升符合设计要求；电力机车（动车组）在不同径路运行时受电弓的动态包络线应符合要求。

⑧ 交叉吊弦：

a. 交叉吊弦应安装在正线接触线距侧线线路中心线、侧线接触线距正线线路中心线水平投影 550 ~ 600 mm 的范围内，两交叉吊弦间距一般为 2 m，交叉吊弦与其他吊弦间距（始触区反侧）不大于 6 ~ 8 m。

b. 交叉吊弦的安装顺序应保证在受电弓从道岔开口方向进入时，先经过侧线承力索与正线接触线间的吊弦。

c. 交叉吊弦的承力索端采用滑动吊弦线夹时，绝缘垫块应安装正确，保证滑动灵活；交叉吊弦接触线端的吊弦线夹螺栓及载流环应朝向远离另一支接触线的方向，线夹倾斜角最大不得超过 15°。

⑨ 带辅助悬挂的无交叉线岔。

a. 在开口方向第一根道岔柱处，侧线定位点距离正线（直股）线路中心大于 1 250 mm。

b. 第二根道岔柱处侧线抬高 80 ~ 120 mm。

c. 在线路中心间距为 720 mm 处，正线与侧线接触线间距应小于 1 200 mm。

d. 300 km/h 以上线路的线岔，第二根道岔柱侧线定位点距离正线（直股）的线路中心应在 1 250 ~ 1 350 mm 处。

（6）18 号道岔无交分线岔安装与调整。

① 复检精调腕臂及承力索。

用激光测量仪检查腕臂顺线路偏移是否符合设计要求，如未达标，调整腕臂达标，腕臂顺线路偏移施工允许误差为±20 mm；检查工作支与非工作支承力索间距，检查装配处斜拉线、弹性吊索和非支线索是否有间隙过小、摩擦现象，并调整分开；斜拉线、弹吊、吊弦和悬挂等非接触间隙不应小于 80 mm。

② 复检精调导高和拉出值。

根据平面设计图，用激光测量仪检测定位柱两导线的导高和拉出值是否符合设计要求，拉出值施工允许偏差±20 mm，导高施工允许偏差 5 mm。

③ 检查无线夹区，精调交叉吊弦。

用激光测量仪检测无线夹区是否符合设计要求，并调整达标。受电弓中心距相邻一支接触线的距离 600~1 050 mm 为无线夹区（始触区），无线夹区不得安装任何线夹。

④ 用激光测量仪检测交叉吊弦处的导高，并精调达标。个别不合适的吊弦先拆除，暂用 2.0 铁线调整到位，并测量吊弦长度，以便预制更换。交叉吊弦指正线承力索在此处悬吊侧线接触线、侧线承力索交叉悬挂正线接触线。交叉吊弦与其他吊弦的间距仍然按正常取值，即 6~10 m。始触区前安装交叉吊弦 1 组，安装在 550~600 mm 处（至对侧线线路中心距离）。正线与侧线上的两组吊弦的间距一般为 2 m，交叉吊弦的安装顺序应保证在受电弓从道岔开口方向进入时先接触到的吊弦为侧线承力索与正线接触线间的吊弦。交叉吊弦采用不带载流环的吊弦。

三、交叉线岔检调方法

1. 交叉点位置检调

（1）纵向位置符合要求，横向（中间±50 mm）位置不符合要求。

① 确定调整方向及数值：根据实际测量交叉点投影偏移方向及数值，确定拉出值调整方向及数值。

② 调整拉出值：松开两个定位器的定位环或支持器的顶丝，将两根接触线分别放或拉，直至交叉点投影位置符合要求。调整时，尽量使交叉点对称于两线路中心，在调整过程中，先调整侧线拉出值；达不到要求时，可适当调整正线拉出值。定位点拉出值调整不能使交叉点位置达到要求时，调整相邻定位点的拉出值。

③ 调整接触线高度。

2. 横向位置符合要求，纵向位置不符合要求

（1）根据道岔导曲线两内轨距测量数据，确定交叉点位置大于上限值（1 085 mm）或小于下限值（160 km/h 及以下区段为 630 mm）。

（2）调整道岔定位柱拉出值：大于上限值就减小两接触线交叉角，小于下限值就增大两接触线交叉角。调整时尽量保证正线拉出值。定位点拉出值调整不能使交叉点位置达到要求时，调整相邻定位点的拉出值。

（3） 调整接触线高度。

3. 横向位置和纵向位置都不符合要求

（1）确认限制管的位置，不影响悬挂调整（根据对线岔测量的实际情况，拆卸限制管或将限制管两端固定线夹松动调至需要位置）。

（2）调整正线工作支拉出值至标准定位。将线坠挂在正线接触线（交叉点下边的接触线）630~1 085 mm（预设正线接触线拉出值），松定位器的定位环或支持器的顶丝，调整正线接触线拉出值，直至预设交点（线坠尖指向位置）在 630~1 085 mm 的辙叉角平分线上。

（3）调整侧线（上边的接触线）接触线拉出值，直至该线交于线坠处，则该点就是两接触线的交叉点。

（4）反复调整，直至符合要求。调整限制管、紧固螺母，检查间隙。如果交叉点达不到标准时，可调整相邻支柱处的拉出值。调整时，应在保证正线、侧线拉出值都不超过限界值的情况下进行调整。

（5）调整接触线高度。对于复式交分、交叉渡线道岔的线岔，比照以上方法进行调整，同时调整时要考虑相关线岔的技术参数。

4. 两接触线相距 500 mm 处高差检调

（1）当两支工作支高差不符合标准时。

正线线岔：在保证正线接触线高度的前提下，调整或更换侧线吊弦，达到高差标准。

侧线线岔：在保证重要侧线导高的前提下，调整或更换另一侧线吊弦，保证两接触线等高。

（2）当一支为非工作支，两接触线高差不符合标准时。

在保证工作支导高的前提下，调整或更换非工作支吊弦，达到高差标准。

5. 定位柱导高、拉出值检调

（1）接触线高度不符合标准：通过调整定位点两端吊弦使其符合标准，调整时要考虑与相邻吊弦的高差、接触线的坡度。

（2）拉出值不符合标准：调整或更换定位器，160 km/h 及以下区段的线岔定位拉出值不大于 450 mm。

（3）定位器坡度不符合标准：调整定位管高度，在软横跨处调整斜吊线。接触线高度、拉出值、定位器坡度的具体测量方法见相关检修工艺。

6. 限制管检调

限制管卡滞：松开限制管两端线夹螺栓，根据安装曲线确定偏移量，调整限制管位置。

活动间隙不符合要求：调整或更换侧线吊弦。

限制管本体缺陷：更换。

7. 线岔始触区检调

若始触区有线夹，将相应的线夹移出始触区。

四、注意事项

（1）作业过程中严禁踩踏接触线或给接触网施加外力，以保证接触线平直和良好的高速弓网取流质量。

（2）始触区内严禁安装任何线夹。

（3）始触区附近各类螺母均朝向离开支线条的方向，以防刮弓。

五、选取“线岔检调”为实作考核项目

实作项目考核评价表

专业：__________ 班级：__________ 小组成员：____________________

1. 考核项目：接触网设备维修。

2. 考核内容：线岔检调。

3. 考核表（见表 3-27）。

表 3-27 考核表

项目	考核内容及评分标准	分值	扣分原因	扣分	得分
时间要求	标准时间:30 min,每超时 1 min 扣 2 分,不足 1 min 按 1 min 扣分，累计扣分，总超时 5 min 实作成绩为 0 分	10			
作业过程（内容）要求	① 正确测量岔区导高、定位坡度、拉出值，每漏一项或未做到扣 5 分； ② 检测线岔中心投影点位置，每漏一项或未做到扣 5 分； ③ 用手扳动两线，测定限制管是否卡滞，间隙，每漏一项或未做到扣 5 分； ④ 测量两工作支侧 500 mm 处“水平”状态，每漏一项或未做到扣 5 分； ⑤ 测量非工作支侧 500 mm 处“抬高”状态，每漏一项或未做到扣 5 分； ⑥ 测量检查“始触区”状态及受电弓无碰撞、平滑地通过情况，每漏一项或未做到扣 5 分； ⑦ 检查各部线夹安装是否正确，螺栓是否紧固，对锈蚀者除锈后涂油，每漏一项或未做到扣 5 分； ⑧ 检查线岔处电连接是否符合要求，每漏一项或未做到扣 5 分	40			
质量要求	① 岔区导高、定位坡度、拉出值不标准，每项扣 5 分； ② 线岔中心投影点位置不达标每漏一项或未做到扣 5 分； ③ 限制管卡滞，间隙不达标扣 5 分； ④ 两工作支侧 500 mm 处水平不达标扣 5 分； ⑤ 非支侧 500 mm 处“抬高”不达标扣 5 分。 ⑥“始触区”不达标扣 5 分	40			

续表

项目	考核内容及评分标准	分值	扣分原因	扣分	得分
安全要求	① 劳保用品、个人工具，缺一项扣 2 分； ② 标志证件不全每项扣 2 分； ③ 工具使用不当每次扣 2 分，损坏扣 10 分； ④ 高空掉物，每次扣 5 分； ⑤ 发生皮外伤扣 5 分，出现险情，否则成绩为 0 分	10			

任务十一　定位装置检调

任务学习描述

学习任务：定位装置检调。

学习对象：学习接触网课程的学生及企业新入职人员。

工具选择：常用安全工具、测量工具、梯车。

学习步骤：

（1）学习定位装置的作用。

（2）学习定位装置的分类。

（3）学习定位装置检修标准、检调方法。

任务学习方法

资讯：接受工作任务，分析任务，通过查找学习资料、相关文件，对任务形成总体认识。

计划：学习以小组为单位，讨论定位装置的作用。

决策：学生与老师共同讨论定位装置的分类。

实施：确定学习任务，查找资料文件，完成检修标准、检调方法。

检查：以小组为单位，使用梯车完成学习步骤。

总结：学生与老师共同讨论本节课知识点，以及高空作业的注意事项。

任务学习目标

（1）掌握定位装置的作用。

（2）掌握定位装置的分类。

（3）掌握定位装置检修标准、检调方法。

任务分工

定位装置检调任务分工如表 3-28 所示。

表 3-28　定位装置检调任务分工表

序号	分工	安全等级	人数	工作内容	备注
1	工作领导人	4 级及以上	1	指挥作业过程，负责任务整体安排	
2	安全员	4 级及以上	1	负责作业全程安全盯控工作	
3	高空作业人员	3 级及以上	1	负责检查定位装置	
4	辅助人员	2 级及以上	4	负责梯车、轨道车其他安全事项	
5	防护	3 级及以上	2	负责上下行来车方向的防护工作	

一、定位装置作用

（1）定位装置是支持结构中的主要组成部分，它是在定位点处实现接触线相对于受电弓中心进行横向定位的装置。即定位装置的作用是根据技术要求，把接触线进行横向定位，保证接触线始终在受电弓滑板的工作范围内，保证良好受流。在直线区段，相对于受电弓中心把接触线拉成“之”字形状；在曲线区段，相对于受电弓中心运行轨迹则拉成切线或割线，使受电弓滑板磨耗均匀；同时定位装置还要承担接触线水平负载，并将其传递给腕臂。

（2）定位装置结构及安装状态应保证接触线工作面平行于轨面连线，定位点处接触线的弹性符合规定。当电力机车、动车组受电弓通过和温度变化时，接触线能上下、左右自由移动。

（3）定位装置的技术要求：首先动作要灵活，在温度发生变化、接触线沿顺线路方向发生移动时，定位装置应能以固定点为圆心，灵活地随接触线沿线路方向相应移动，重量应尽量的轻。在受电弓通过定位点时，在受电弓抬升力的作用下，应能上下动作自如，并且有一定的抬升量，不产生明显的硬点。最后应具有一定的风稳定性，在受风时，保证定位状态的稳定性。

二、分类及结构

1. 定位分类

定位装置是由定位管、定位器、定位线夹及连接零件组成的。根据支柱所在位置不同及受力情况，定位装置采用不同形式，一般有硬定位装置、软定位装置、反定位装置、双定位装置及特殊定位装置等。

1）定位管

定位管有两种类型，即普通定位管和特型（T 型）定位管。普通定位管是用镀铸钢管加工制成的，尾部焊有定位钩，以便和定位环配套使用。定位管安装后呈水平状态，当定位管较长时，为保持其水平，可将其前端用 4.0 mm 镀钵铁线吊在承力索上。为了保证定位管的稳定性，现在多用支撑代替铁线。

设置普通定位管目的是为了定位器在水平方向和坡度方向便于调节，使定位装置结构比较灵活，增加定位点的弹性。定位管的长度和外径的选用是根据支柱所在位置和定位管受力情况确定的。普通定位管结构如图 3-44 所示，型号规格如表 3-29 所示。主要用途为钩挂于定位环上支撑定位器。

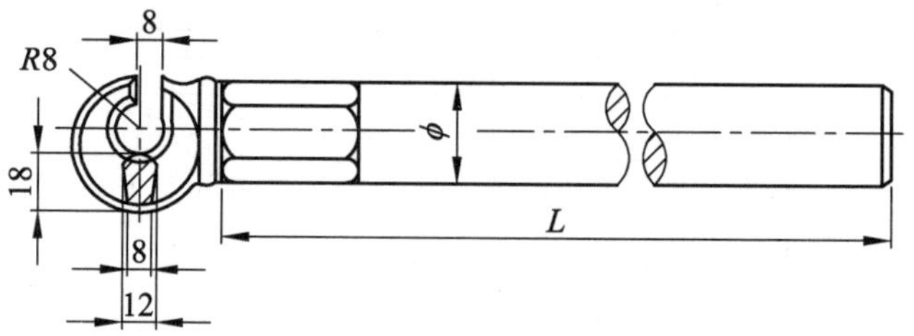

图 3-44　普通定位管结构

表 3-29　普通定位管型号规格

型号		适用范围	主要尺寸/mm		质量/kg
			ϕ	l	
JL62$\left(\frac{1}{2}\right)$-85	$\frac{1}{2}$-700	正反定位	21.25	700	1.12
	$\frac{1}{2}$-960	正反定位	21.25	960	1.52
	$\frac{1}{2}$-1350	正反定位	21.25	1 350	2.02
JL62$\left(\frac{3}{4}\right)$-85	$\frac{3}{4}$-960	正反定位	26.75	960	1.81
	$\frac{3}{4}$-1150	正反定位	26.75	1 150	2.21
JL62(1)-89	1-700	正反定位	33.5	700	2.20
	1-960	正反定位	33.5	960	2.86
	1-1150	正反定位	33.5	1 150	3.34
	1-1500	正反定位	33.5	1 500	4.22
	1-1850	正反定位	33.5	1 850	5.11
	1-2350	反定位	33.5	2 350	6.37
	1-2850	反定位	33.5	2 850	7.64
	1-3200	反定位	33.5	3 200	8.52
JL62$\left(1\frac{1}{2}\right)$-89	$1\frac{1}{2}$-2500	反定位	48	2 500	10.57
	$1\frac{1}{2}$-2850	反定位	48	2 850	11.97
	$1\frac{1}{2}$-3200	反定位	48	3 200	13.38
	$1\frac{1}{2}$-3550	反定位	48	3 550	14.78

T 型定位管又称套管式定位管，它仅与普通定位管的尾部不同，加焊了一段套管来代替定位钩，便于与棒式绝缘子配套并增加其尾部的机械强度。T 型定位管如图 3-45 所示。T 型定位管多用于隧道定位和多线路腕臂支柱装配。图 3-45 中所示的带支持的定位器由棒式绝缘子、T 型定位管、支持器、定位线夹及其他连接零件构成了特殊定位装置。T 型定位管的主要用途是满足接触线的特殊定位，其型号规格如表 3-30 所示。

表 3-30　T 型定位管型号规格

型号		适用范围	主要尺寸 L/mm	质量/kg
JL62(T960)-85	T-960	接触线特殊定位	960	2.8
JL62(T1150)-85	T-1150		1 150	3.3
JL62(T1500)-85	T-1500		1 500	4.1
JL62(T1850)-85	T-1850		1 850	5.1
JL62(T2350)-85	T-2350		2350	6.4

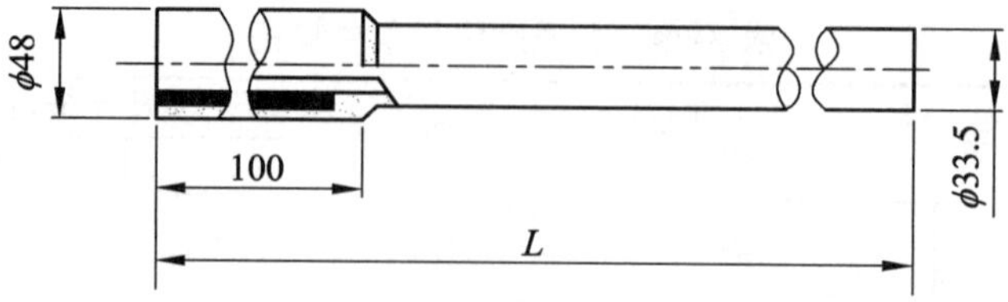

（a）T 型定位管结构图

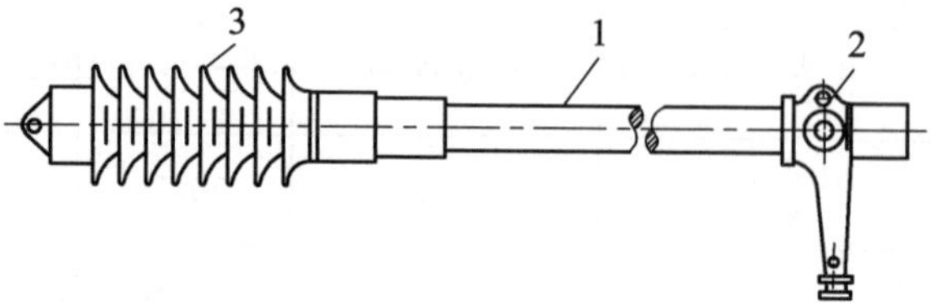

（b）带支持器的定位器

1—T 型定位器；2—长支持器（支持器）；3—TB-25 型。

图 3-45　T 型定位管

2）定位器

定位器是定位装置的关键部件，其作用是通过定位线夹把接触线按设计标准拉出值的要求，固定在一定位置，保证接触线工作面平行于轨面，并承受接触线的水平力。定位器是由镀铸钢管、套筒、定位销钉焊接而成。定位器从形状上可分为直管定位器、弯管定位器等几种，如图 3-46 所示，其型号规格如表 3-31 所示。

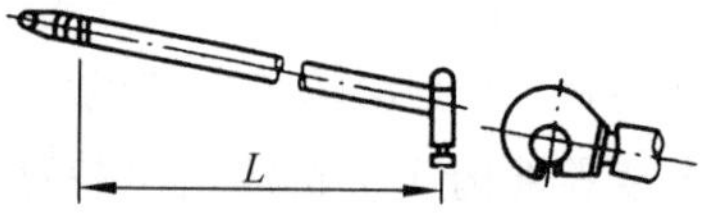

（a）直管定位器

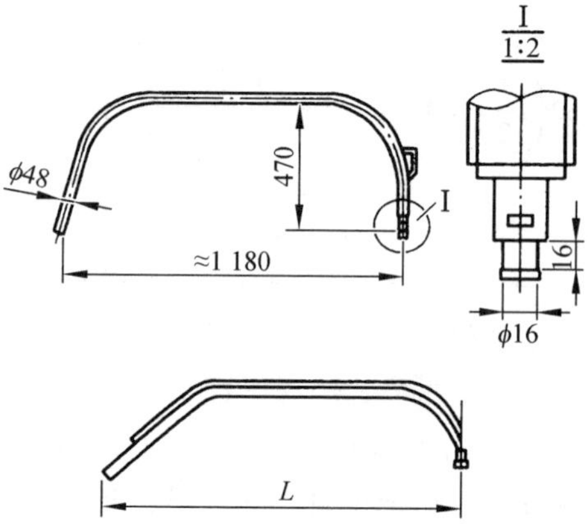

（b）弯管定位器

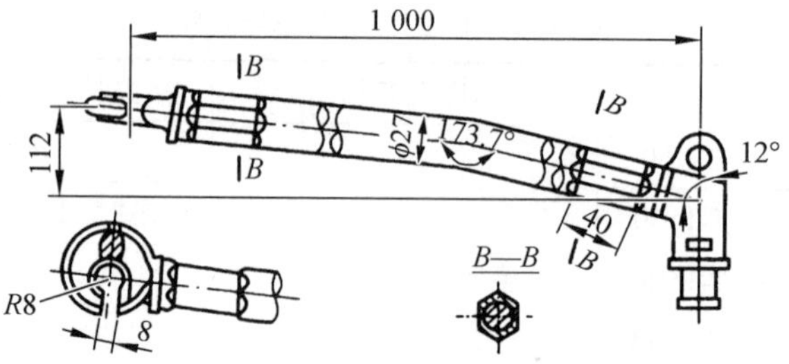

（c）道岔定位器

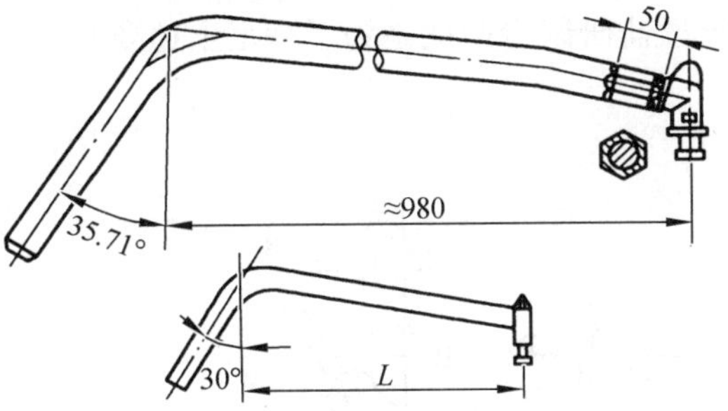

（d）软定位器

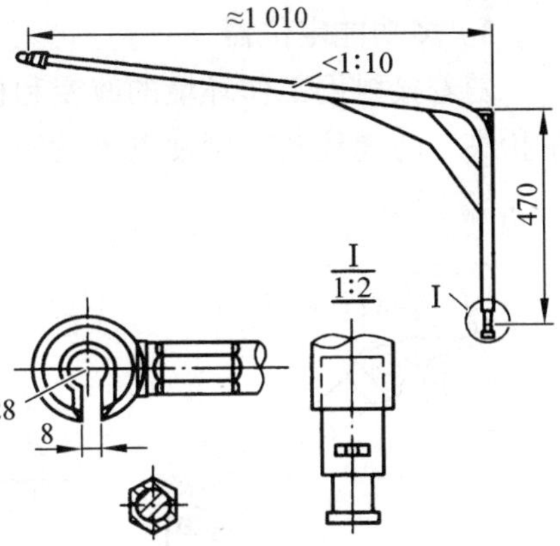

（e）特性定位器

图 3-46　各种定位器结构

表 3-31　定位器型号规格

类别	定位器名称	定位器型号	焊接套筒形式	定位器套管外径/mm	总长/mm	单件重量/kg	使用范围
弯管定位器	道岔定位器	$\frac{3}{4}$DC-1000	有环	$27\left(\frac{3}{4}\right)$	1 000	1.88	道岔处固定接触线位置
	定位器（时速120 km/h 的接触线定位）	$\frac{1}{2}L_1$-745	有环	$22\left(\frac{1}{2}\right)$	745	0.74	直线处定位
		$\frac{3}{4}L_2$-1000	有环	$28\left(\frac{3}{4}\right)$	1 000	1.21	$R\leqslant 1\,000$ m 处定位
		$\frac{1}{2}A_1$-745	有环	$28\left(\frac{3}{4}\right)$	1 200	1.41	软横跨定位
		$\frac{3}{4}A_2$-1000	有环	$23\left(\frac{1}{2}\right)$	745	1.38	直线及 $R\leqslant 1\,000$ m 处定位
		$\frac{3}{4}A_3$-1200	有环	$27\left(\frac{3}{4}\right)$	1 000	2.08	$R\leqslant 1\,000$ m 处定位
		1-980	有环	$27\left(\frac{3}{4}\right)$	1 200	2.40	软横跨定位
	软定位器	1	无环	(1)	~980	3.35	300 m$\leqslant R\leqslant$800 m 曲线外侧定位
		J-1010		33.5(1)		3.24	$R\leqslant 1\,000$ m 处软定位
	特型定位器	T-1180	有环		~1 010	7.11	直线及大半径曲线外侧中心柱处
	特型软定位器	T	无环	$48\left(1\frac{1}{2}\right)$	~1180	8.15	$R<1\,000$ m 曲线外侧中心柱处
			无环	33.5(1)		6.8	$R<1\,000$ m 曲线外侧中心柱处

3）多功能定位器

随着接触网工作环境的改变和机车运行速度的逐渐提高，要求定位器还应具备防过量抬高、防离线和减少硬点等功能，多功能定位器研制生产就是为了满足上述要求，如图 3-47 所示。

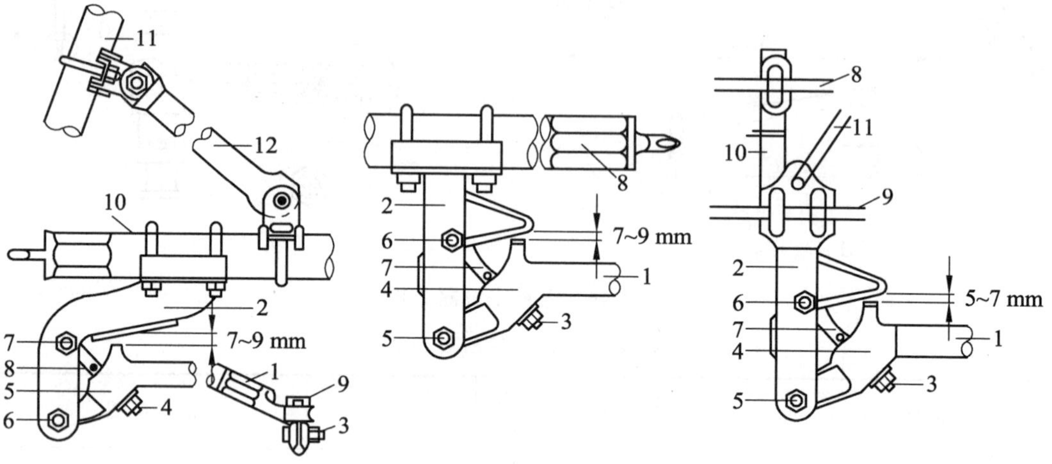

（a）正定位器安装示意图

1—定位器 XTKL91-32-00；2—定位支座 XTKJL91-39-00；3—定位线夹；4—减振弹簧调整螺栓；5—定位支持环；6—定位支座下螺栓；7—定位支座上螺栓；8—减振弹簧装置螺环杆；9—定位销钉；10—定位管；11—腕臂；12—支撑杆。

（b）反定位器安装示意图

1—定位器 XTKJL91-32-00；2—定位支座 XTKJL91-41-00；3—减振弹簧调整螺栓；4—定位支持环；5—定位支座下螺栓；6—定位支座上螺栓；7—减振弹簧装置螺环杆；8—定位管。

（c）软横跨定位器安装示意图

1—定位器 XTKJL91-33- 00；2—定位支座 XTKJL91-43-00；3—减振弹簧调整螺栓；4—定位支持环；5—定位支座下螺栓；6—定位支座上螺栓；7—减振弹簧装置螺环杆；8—上部定位绳；9—下部定位绳；10—固定支持角钢；11—斜吊弦。

图 3-47　XTK 系列多功能定位器结构

（1）防过量抬高功能。

多功能定位器防抬高功能的实现是在定位器根部的铜支持环上做一凸台，在支座上焊一三角形限位板，当定位器抬高到 100 mm 时，两者相撞起到限位作用。定位器正常安装时两者的间隙，若为软横跨定位器，间隙为 5~7 mm；若为直线定位器，间隙为 7~9 mm，此间隙的值是靠调整减振阻尼装置下部的螺母位置来实现的。

（2）防离线功能。

机车在运行中发生的离线是一种十分有害的现象，它可能造成多方面的影响，如供电时断时续，使机车发生不稳定运行，离线瞬间产生电弧，发生高温熔蚀、损坏接触线和滑板，加速磨损，缩短寿命，离线瞬间产生的高次谐波对无线电通信设备产生干扰等。因此，若想提高受流质量，减少离线率，应采取以下措施。

① 减少支柱点处的弹性系数以均衡跨距内各点的弹性。

② 加装减振阻尼装置。

③ 减少硬点功能。

2. 定位方式

根据支柱设置位置的不同，即支柱是在直线区段还是在曲线区段上、在曲线的内侧还是外侧、在锚段中还是在锚段关节处、是否在道岔处等，支柱所采用的定位方式也不相同，定位方式大体分为以下几种。

1）硬定位

在直线区段中间柱和曲线半径 R 为 1 200 ~4 000 m 区段曲线外侧中间柱采用这种定位方式。该定位装置由直管定位器和定位管组成，定位器一端利用定位线夹固定接触线，另一端经定位环与定位管衔接，定位管再经定位环与绝缘腕臂衔接。所谓硬定位就是对接触线的硬固定的定位形式，它只能承受较小的拉力。经常把硬定位也称作正定位，结构安装如图 3-48 所示。

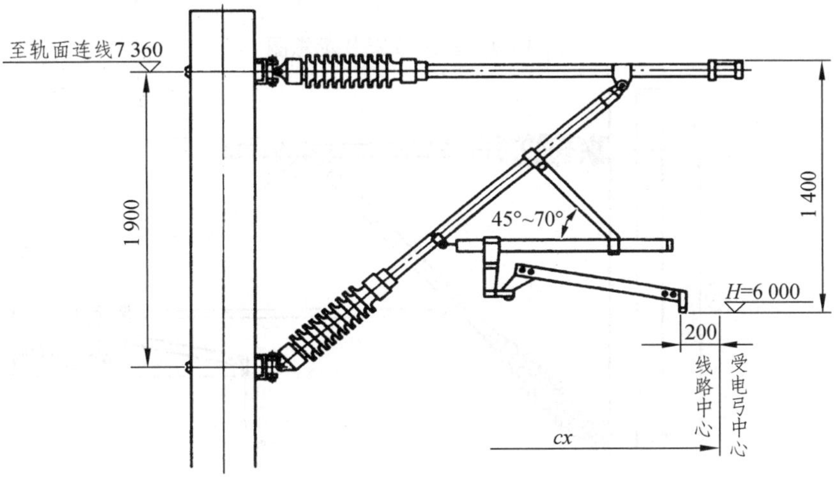

图 3-49　正定位安装示意图

2）软定位

软定位用于小半径曲线外侧支柱上，由弯管定位器通过两股 ϕ4.0 mm 铸铁线拧成的“软尾巴”固定在绝缘腕臂上的定位环里。软定位方式只能承受拉力，且承受拉力较大，不能承受压力。为了防止拉力过小定位器下落，它一般用于曲线半径 R<1 00 m 的曲线外侧支柱上，结构安装如图 3-49 所示。

3）反定位

反定位多用于曲线内侧支柱上和直线区段“之”字值方向与支柱位置相反的支柱上。定位器附挂在较长定位管上，反定位管较长，受压较大。反定位管一般用 1 英寸、1.5 英寸或 2 英寸的镀锌钢管制成。反定位器采用长定位环，安装后应呈水平状态。为保证反定位管水平，防止管头下沉，用两根斜拉线（“人”字拉线）将反定位管吊住，固定在承力索上，结构安装如图 3-50 所示。

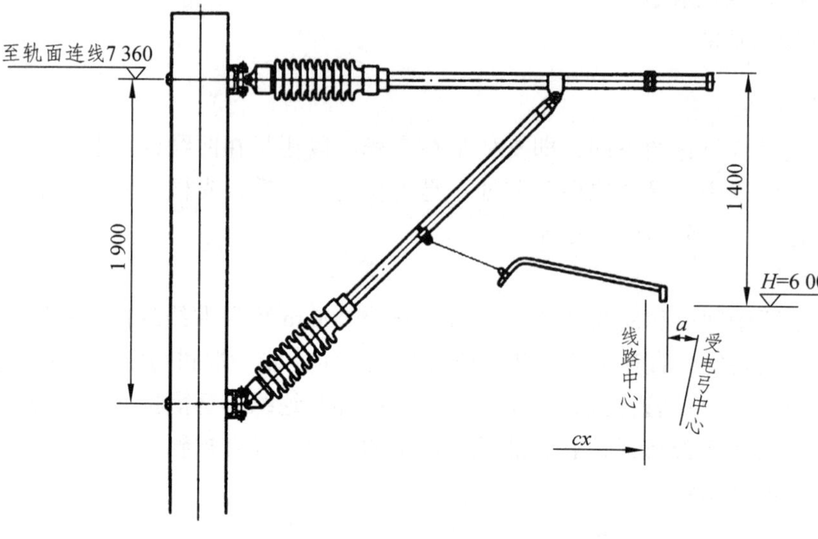

图 3-49　软定位安装示意图

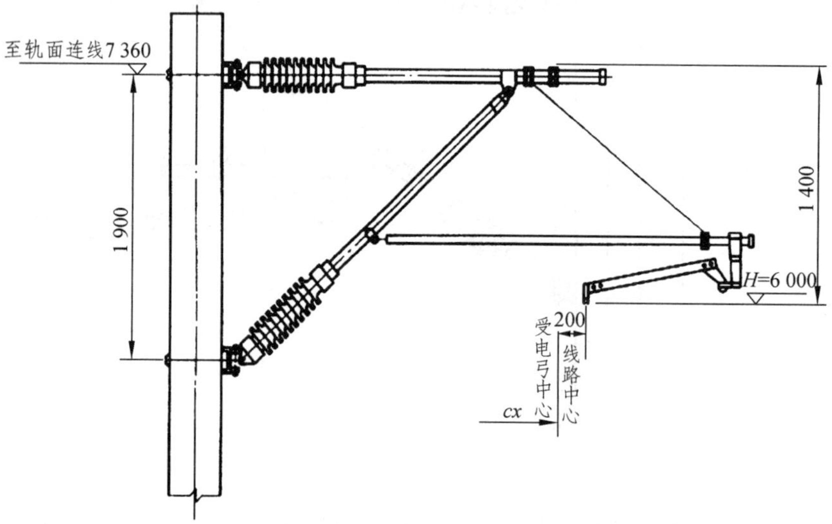

图 3-50　反定位安装示意图

4）双定位

双定位用于锚段关节中的转换柱、中心柱、站场线岔处的道岔柱、站场线岔处的软横跨以及特殊支柱定位中的定位。往往有两根接触线需要在同一支柱上分别固定在要求的位置上。双定位方式就是为了满足这种要求而采用的定位方式。双定位方式较多，各式双定位作用也不相同，如转换柱根据其在直线区段还是在曲线区段以及曲线半径的大小，在曲线内侧还是在曲线外侧，是绝缘的还是非绝缘的，其安装形式也不相同，大约可分为 20 多种。比如道岔柱根据其道岔型号不一样也可分为 3 种。

三、检修标准

（一）普速铁路

1. 定位器

（1）定位器应处于受拉状态（拉力≥80 N），定位器静态角度（定位器与轨面连线之间的夹角）标准如下：

标准值：9°。

标准状态：8° ~ 11°。

警示值：7° ~ 14°。

限界值：6° ~ 17°。

对于非限位、弓形等定位器，安装应符合设计要求。

（2）定位器偏移：

定位器应与腕臂顺线路偏移的方向、角度相一致。

标准值：平均温度时垂直于线路中心线；温度变化时沿接触线纵向偏移，与接触线在该点的伸缩量相一致。

标准状态：标准值±偏移量的 10%。

警示值：标准值±偏移量的 20%。

限界值：极限温度时，偏移值不得大于定位器（管）长度的 1/3。

（3）定位器限位间隙应符合设计要求，允许偏差±1 mm；同时且应满足受电弓最大动态抬升量的限位要求，在 1.5 倍最大动态抬升量时限位间隙为 0。非限位定位器根部与接触线高差符合设计要求，允许偏差±10 mm。

（4）转换支柱处两定位器能分别随温度变化自由转动，不得卡滞；非工作支和工作支定位器、管之间的间隙不小于 50 mm。

2. 定位管

（1）正、反定位管状态均应符合设计要求，应与腕臂在同一垂面内。

（2）定位管端部余长为 50 ~ 150 mm，定位管管口封堵良好。

（3）定位管吊线应顺直受力，与弹性吊索间隙大于 50 mm。

采用“V”形吊线时，两侧吊线的长度张力应相等。固定吊线的定位环、支撑管卡子、吊线固定钩距定位器定位环应保持 100 ~ 150 mm 的距离。吊线固定钩开口方向符合规定。

（4）定位管支撑及两端支撑管卡子与腕臂在同一垂面内，定位管支撑与定位管之间夹角为 30° ~ 60°。

3. 其他

（1）防风拉线固定环面向下锚侧安装，距定位器端头水平距离为 600 mm，允许误差 + 50 ~ −100 mm。

防风拉线长环在定位管端，短环在定位器端。长环端回头 250 mm，短环端回头

100 mm，防风拉线固定环应位于长环中间位置。

（2）定位环应垂直线路方向安装。定位管上定位环的安装位置距定位管根部不小于40 mm。

（3）定位装置各部件之间应连接可靠，定位钩与定位环的铰接状态良好。

（4）定位器支座处电气连接线安装符合设计要求，且不应与定位支座限位止钉相互摩擦，铜铝双面垫片安装正确。

（5）定位线夹或锚支定位卡子受力面符合要求，有环夹板远离定位钩和定位支座侧，U 形销向上弯折 60°。

（6）软定位器的定位拉线调整端在定位器侧，固定端在腕臂侧。

（二）高速铁路

1. 定位器

（1）定位器应与腕臂顺线路偏移的方向、角度相一致。

（2）定位器限位间隙应符合设计要求，允许偏差为±1 mm；同时应满足受电弓最大动态抬升量的限位要求，在 1.5 倍最大动态抬升量时限位间隙为 0 。非限位定位器根部与接触线高差符合设计要求，允许偏差±10 mm。

（3）定位器应处于受拉状态（拉力≥80 N），定位器静态角度（定位器与轨面连线之间的夹角）标准如下。对于非限位、弓形等定位器，安装应符合设计要求。

标准值：8°。

标准状态：6° ~ 10°。

警示值：6° ~ 13°。

限界值：4° ~ 15°。

（4）定位器偏移。

标准值：平均温度时垂直于线路中心线；温度变化时沿接触线纵向偏移，与接触线在该点的伸缩量相一致；

标准状态：标准值±偏移量的 10%；

警示值：同标准状态；

限界值：极限温度时，偏移值不得大于定位器（定位管）长度的 1/3。

（5）转换支柱处两定位器能分别随温度变化自由转动，不得卡滞；非工作支和工作支定位器、管之间的间隙不小于 60 mm。

2. 定位管

（1）正、反定位管状态均应符合设计要求，定位管应与腕臂在同一垂面内。

（2）定位管端部余长为 50 ~ 150 mm，吊钩定位环距接触线悬挂点一般为 400 mm。吊钩定位环开口，正定位时朝支柱侧，反定位时朝远离支柱侧。

3. 其他

（1）防风拉线环的 U 螺栓穿向补偿下锚方向（以中心锚结为界），防风拉线长环在定位管端，短环在定位器端。

（2）防风拉线固定环距定位器端头水平距离为 600 mm，允许误差 + 50 ~ −100 mm。面向下锚侧安装，防风拉线与水平方向呈 45°。防风拉线短环端回头 100 mm，长环端回头 250 mm，防风拉线固定环应位于长环中间位置。

（3）定位管吊线应顺直受力，与弹性吊索间隙大于 60 mm。

（4）定位环应垂直线路方向安装，避免与旋转平双耳出现剪切力。

（5）定位管水平或抬头时应安装管帽，低头时不宜安装管帽。

（6）定位器支座处电气连接线安装符合设计要求，且不应与定位支座限位止钉相互摩擦。铜铝双面垫片安装正确，铝面与定位器和底座接触，铜面与电气连接线鼻子接触。

（7）定位线夹安装正确，与接触线接触面应涂导电介质。定位线夹或锚支定位卡子受力面符合要求，有环夹板远离定位钩和定位支座侧。U 形销向上弯折 60°。

四、调整方法

1. 检修步骤

（1）调定位器坡度及偏移。

（2）检调定位管至水平。

（3）测量定位拉出值及跨中偏移是否超过规定，并确定调整量。

（4）检查各零部件受力是否良好，有无破损及裂纹，螺栓涂油。

2. 处理方法

（1）定位器偏移超过规定应先计算实际偏移值时，在曲线上可利用滑轮组将定位器卸载，然后松动定位线夹，将定位偏移调至规定范围。直线上可直接松动定位线夹进行调整。

定位器偏移值的计算公式：

$$E = L\alpha(T_X - T_p)$$

式中 E——偏移值（m）；

L——定位器至中心锚结的距离（m）；

α——线胀系数（1/°C）；

T_X——调整时温度（°C）；

T_p——平均温度（°C）。

计算拉出值公式：

$$a = m + c$$

$$c = H \cdot h/L$$

式中 α——设计拉出值（mm）；

m——导线定位点到线路中心距离（mm）；

c——受电弓中心到线路中心距离（mm）；

H——导线高度（mm）；

h——线路曲线外轨超高值（mm）；

L——轨距（mm）。

（2）定位坡度不符合要求时。

① 在保证导线高度的前提下调整吊弦。

② 升、降定位支座或定位环的位置直至达到要求。

（3）定位拉出值超过规定时，应用滑轮组将定位器卸载，松动定位支座或定位环，并根据调整量进行调整，直至符合要求，然后按要求紧固其各部螺栓，拆除工具。

（4）曲线跨中接触线偏移超出规定：若该跨两定位拉出值已符合设计要求时，可将此定位拉出值适当增大，一般不超过 450 mm。此办法仍不能达到其目的时，可以将该跨两定位改为双定位方式，以缩小跨距值，从而使跨中偏移符合要求。

（5）受力部件（定位器、定位管、定位支座、定位线夹）的更换必须卸载后方可进行。

五、安全注意事项

（1）定位器一般处于受拉状态，避免受压。

（2）调整定位器坡度及导线高度时，两者必须相互兼顾。

（3）作业中注意人身安全，避免高空坠落。

六、选取“更换定位器”为实作考核项目

实作项目考核评价表

专业：____________ 班级：____________ 小组成员：________________________

1. 考核项目：接触网设备维修。

2. 考核内容：更换定位器。

3. 考核表（见表 3-32）。

表 3-32　考核表

项目及配分		考核内容及评分标准	扣分因素及扣分	得分	备注
时间	10 分	准备时间 10 min，作业时间 30 min，提前不加分，每超时 1 min 扣 2 分，超 5 min 停止作业			
作业准备	10 分	① 准备工具材料，检查工具材料状态是否良好，型号是否符合作业要求；缺少工具材料或工具材料不符合作业要求每件扣 2 分。 ② 按规定标准着装，使用劳动保护用品；未按标准着装，缺少劳保用品一项扣 2 分			

续表

项目及配分		考核内容及评分标准	扣分因素及扣分	得分	备注
安全	40 分	① 攀登车梯时，越车梯蹬上下车梯，每次扣 3 分。 ② 高空作业未系好安全带扣 3 分。 ③ 未正确传递工具、材料，每次扣 3 分。工具、材料（包括工具包）放置在车梯作业平台上、框架上，每件次（工具包及包内工具、材料按 1 件计）扣 3 分。高空掉物，每件次扣 3 分。损坏工具或未正确使用工具，每项扣 3 分。 ④ 定位器安装后铰接状态良好，线夹入槽且力矩符合要求（25 N·m），定位器各部件连接良好，电气连接线连接良好，否则每处扣 3 分。 ⑤ 报告作业完毕后，作业现场遗留工具，每件扣 3 分。 ⑥ 报告作业完毕后，存在侵入受电弓动态包络线、铁路建筑限界或影响送电。 ⑦ 作业过程中发生人身轻伤及以上者，或由于个人原因导致作业无法继续进行时，本项失格			
作业程序及质量	40 分	① 各部连接零件符合要求，不符合要求每处扣 3 分。 ② 测量定位器坡度，检查定位线夹受力面安装正确、防松措施符合要求。少检查或测量一项扣 3 分，检查或测量后技术状态不符合要求每处扣 2 分。 ③ 更换后定位器应处于受拉状态，线夹不得偏斜，不得人为造成定位硬点各部螺栓紧固力矩满足要求，定位线夹入槽，不符合要求每处扣 2 分			
合计	100 分				

任务十二　支持装置检调

任务学习描述

学习任务：支持装置检调。

学习对象：学习接触网课程的学生及企业新入职人员。

工具选择：常用安全工具、测量工具、梯车。

学习步骤：

（1）学习支持装置的作用。

（2）学习支持装置的分类。

（3）学习支持装置检修标准、检调方法。

任务学习方法

资讯：接受工作任务，分析任务，通过查找学习资料、相关文件，对任务形成总体认识。

计划：学习以小组为单位，讨论支持装置的作用。

决策：学生与老师共同讨论支持装置的分类。

实施：确定学习任务，查找资料文件，完成检修标准、检调方法。

检查：以小组为单位，使用梯车完成学习步骤。

总结：学生与老师共同讨论本节课知识点，以及高空作业注意的事项。

任务学习目标

（1）掌握支持装置的作用。

（2）掌握支持装置的分类。

（3）掌握支持装置检修标准、检调方法。

任务分工

支撑装置检调任务分工如表 3-33 所示。

表 3-33　支持装置检调任务分工表

序号	分工	安全等级	人数	工作内容	备注
1	工作领导人	4 级及以上	1	指挥作业过程，负责任务整体安排	
2	安全员	4 级及以上	1	负责作业全程安全盯控工作	
3	高空作业人员	3 级及以上	1	负责检查支持装置	
4	辅助人员	2 级及以上	4	负责梯车、轨道车其他安全事项	
5	防护	3 级及以上	2	负责上下行来车方向的防护工作	

一、支持装置作用及分类

为了将接触悬挂安装到支柱上，并固定在所要求的位置，根据接触网支柱埋设在线路一侧，又与线路中心保持一定距离的特点，必须要有一套中间装置来保证，这套装置就是支持装置。支撑装置用以支持接触悬挂，并将其负荷传给支柱或其他建筑物。定位装置结构及安装状态应保证接触线工作面平行于轨面连线，定位点处接触线的弹性符合规定。当电力机车（动车组）受电弓通过和温度变化时，接触线能上下、左右自由移动。

支持装置按结构形式的不同分为腕臂式支持装置、隧道水平支撑装置、横跨式支持装置等三大类。

1. 腕臂式支持装置

按结构形式不同，腕臂式支撑装置主要有水平拉杆（压管）支撑装置、平腕臂支撑装置、双线路腕臂支撑装置、（隧道）弓形腕臂装置。

腕臂柱支撑装置由腕臂及定位器等组成，腕臂由钢管（合金材料）制成，一般只悬吊一支接触悬挂及定位其接触线，构造简单，安装方便，广泛应用于区间及站场上有条件使用的处所。腕臂支撑装置结构部件如表 3-34 所示。

表 3-34　腕臂支持装置结构部件

序号	材料名称	单位	数量	备注
1	上底座	套	1	
2、10	棒式绝缘子	套	2	
3	水平腕臂	套	1	
4	抱箍型定位环	套	2	
5	单孔承力索座	套	1	
6	预绞丝保护条	套	1	
7	弯型定位管	套	1	
8	限位定位器装置	套	1	L=1 200
9	斜腕臂	套	1	

2. 支持装置

在中间支柱上只安装一根腕臂，悬吊一支接触悬挂并把承力索和接触线定位在所要求的位置上，这种支撑装置称为中间柱支撑装置。中间柱支撑装置是用量最大的支撑结构形式。在直线区段，支柱一般立于线路的同一侧，但接触线需要按“之”字形布置，其拉出值一般在支柱点处要变换方向，所以定位为一正一反。定位方式有正定位和反定位之分，区间正定位支持装置结构如图 3-51 所示，区间反定位安装支撑装置结构如图 3-52 所示，正定位安装如图 3-53 所示，反定位安装如图 3-54 所示。

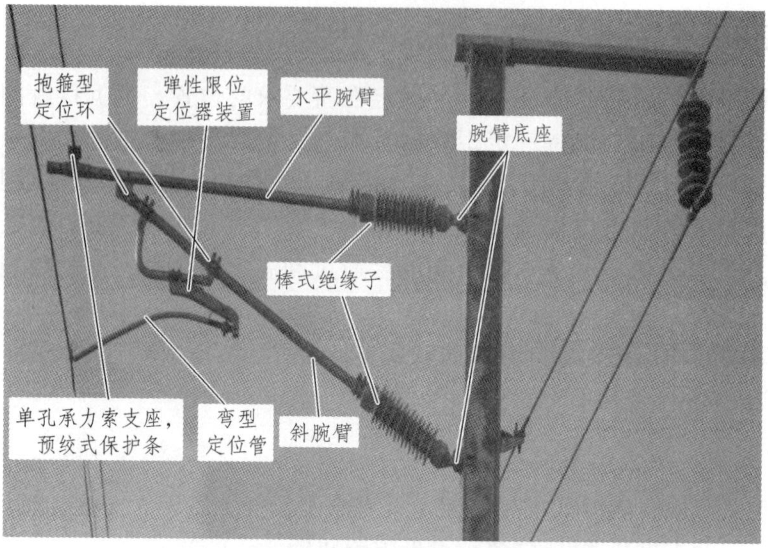

图 3-51　支撑装置结构（区间正定位安装）

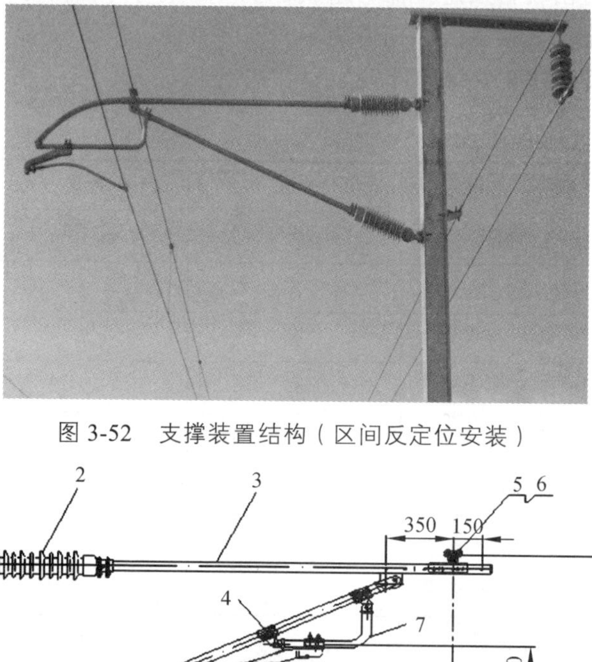

图 3-52　支撑装置结构（区间反定位安装）

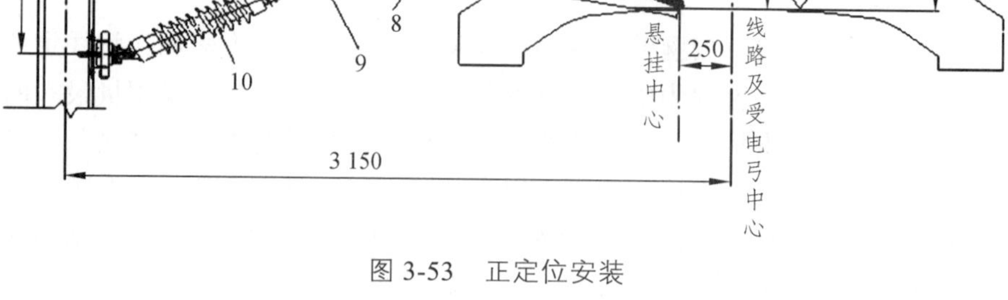

图 3-53　正定位安装

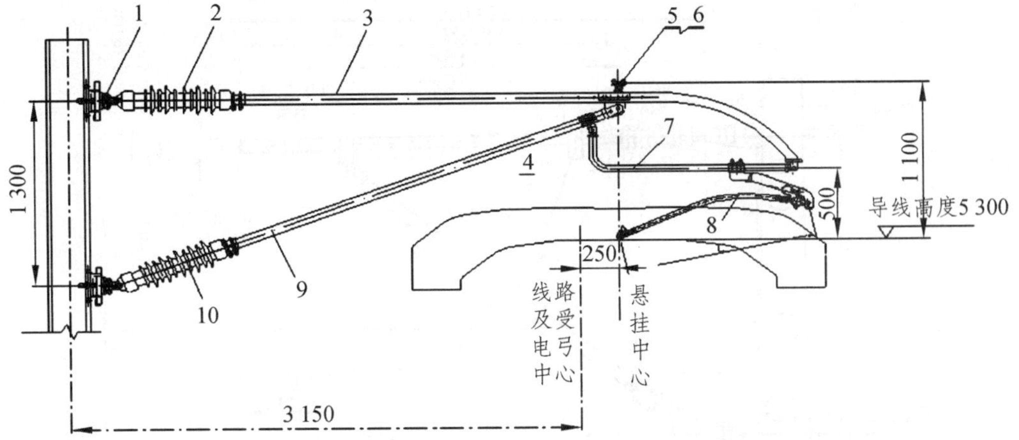

图 3-54 反定位安装

在曲线区段，支柱应尽量设于曲线外侧，使定位器处于受拉状态，这时可采用软定位结构。当支柱必须设于曲线内侧时，则采取与直线上类似的方法，仍使定位器受拉，这时应采用定位立柱加软定位器的反软定位结构。图 3-55 所表示的是位于曲线半径为 400 ~ 500 m 的曲线外侧中间柱软定位支撑装置结构图。

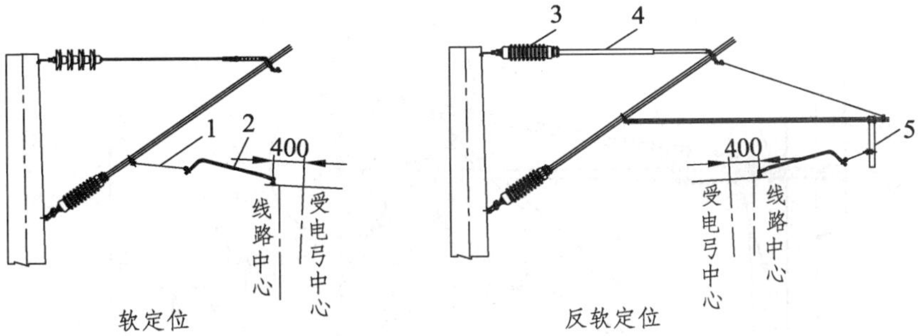

1—尾之线；2—软定位器；3—压管棒瓶；4—压管；5—定位立柱。

图 3-55 曲线定位方式

3. 平腕臂支撑装置

对于三个跨距的非绝缘锚段关节，中间的两根支柱称为转换柱，它安装两套腕臂和定位器悬吊工、非两支接触悬挂，如图 3-56 所示。工作支的接触线与受电弓接触；非工作支的接触线比工作支接触线抬高 200 ~ 250 mm，不与受电弓接触，非支接触悬挂通过转换柱定位延伸到锚柱下锚。两支接触悬挂的接触线在平面上平行，水平距离（100±30）mm，两支接触悬挂在电气上是连通的，在靠近锚柱一侧用电连接线连接起来。非绝缘转换柱安装形式如图 3-57 所示。

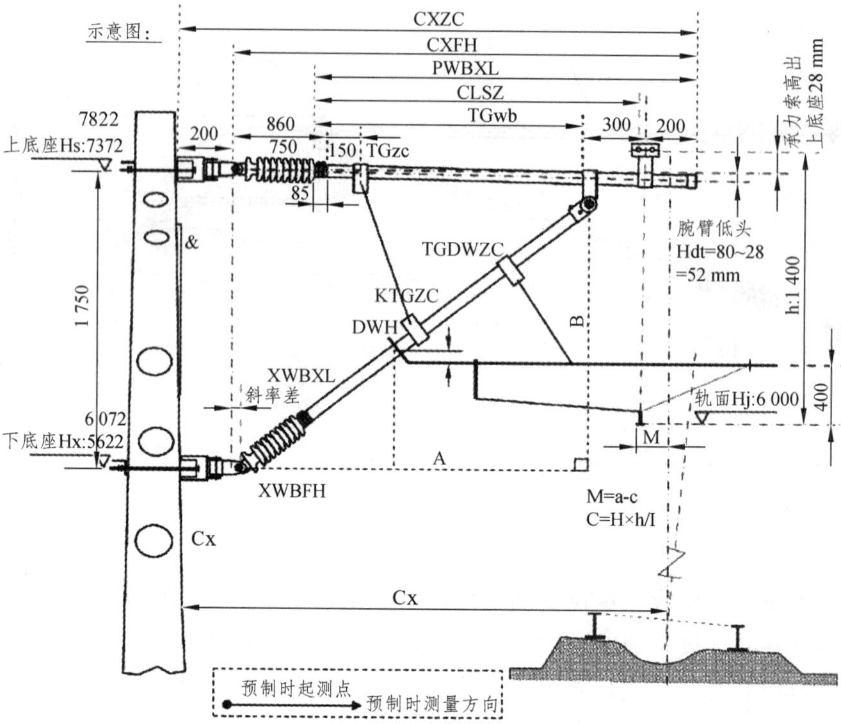

图 3-56　平腕臂支撑装置

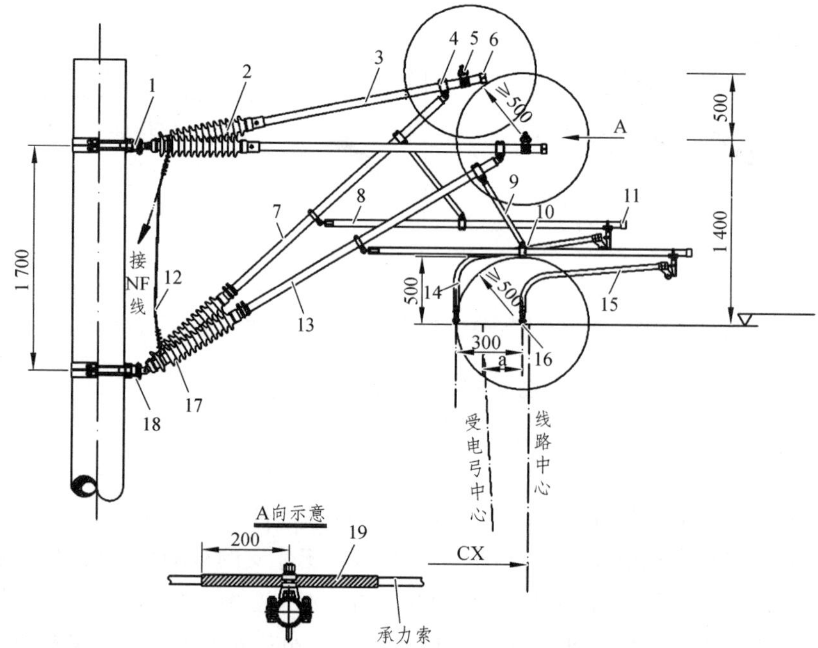

1、18—旋转腕臂底座；2—棒式绝缘子；3—平腕臂；4—套管双耳；5—承力索底座；6—管帽；7—斜腕臂；8—定位管；9—防风支撑；10—1.5 型定位支撑卡子；11—1.5 型管帽；12—接地跳线；14、15—定位器；16—定位器线夹。

图 3-57　直线非绝缘转换柱

4. 双线路腕臂支撑装置

在绝缘锚段关节处，关节的两端紧邻锚柱内侧的支柱称为绝缘转换柱。因此每一绝缘锚段关节同样也有两根转换柱，在绝缘转换柱上需要安装两套支撑装置，分别悬吊两支互相绝缘的接触悬挂，其中一支为工作支，一支为非工作支。电力机车运行到绝缘锚段关节处的时候，转换柱上的工作支接触线与受电弓接触，非工作支的接触线抬高（450 + 50）mm，不与受电弓接触，通过转换柱支撑装置拉向锚柱下锚。这时考虑到电气安全的要求，承力索和接触线均串联有分段绝缘子水平拉紧，再向锚柱下锚。两支悬挂的接触线在水平面上平行，空气间隙为 500 mm，电气上互相分开。转换柱上设隔离开关一台。直线绝缘转换柱安装形式如图 3-58 所示。

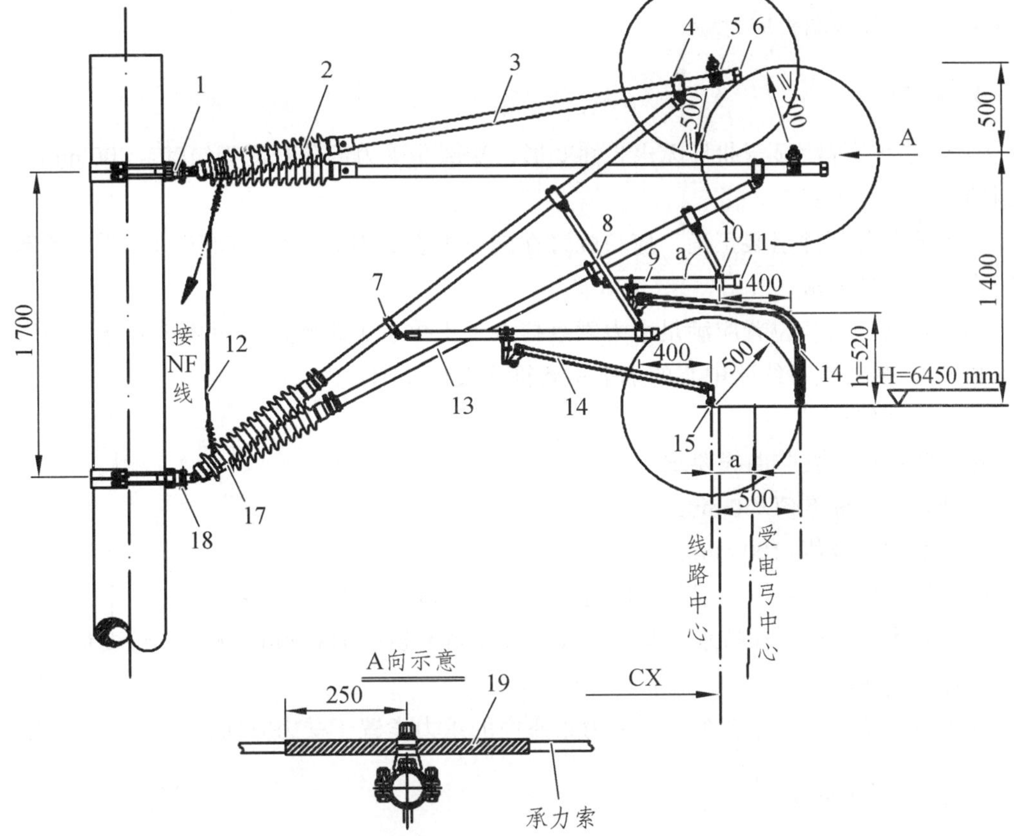

图 3-58　链形悬挂直线绝缘转换柱支撑装置结构

二、检修标准

（一）普速铁路

1. 结构高度

标准值：设计值。

标准状态：标准值±50 mm。

警示值：标准值±200 mm。

限界值：（以跨距中最短吊弦长度为依据界定）最短吊弦长度不小于 300 mm。

2. 腕臂支撑装置底座

腕臂、拉杆、压管底座应与支柱密贴，呈水平状态，两端高差不大于 10 mm。安装高度符合设计要求，允许偏差±50 mm。

多线路腕臂底座及连接件安装高度应满足最高轨面至横梁下缘的设计高度，允许偏差±50 mm。

双腕臂底座间距应满足设计要求。极限温度时，两支悬挂及零部件间距不得小于 60 mm，腕臂底座端头应封堵。

3. 腕臂

（1）腕臂不得明显弯曲且无永久性变形，端部非受力部分长度为 100 ~ 200 mm，管口封堵良好。

（2）腕臂各部件组装正确，应与腕臂在同一垂直面内。铰接处要转动灵活，各部件间距离符合设计要求。

（3）腕臂的安装位置应满足承力索悬挂点（支撑点）距轨面的距离（即导线高度加结构高度），悬挂点距线路中心的水平距离符合设计要求。

（4）腕臂偏移。

标准值：符合安装曲线要求。

标准状态：标准值±50 mm。

警示值：标准值±100 mm。

限界值：任何情况下不得超过腕臂垂直投影长度的 1/3。

（5）双线路腕臂应保持水平状态，其允许仰高不超过 100 mm，无永久性变形。定位立柱应保持铅垂状态。

（6）棒式绝缘子排水孔朝下，承力索座内的承力索置于受力方向指向轴心的槽内。

4. 拉杆（压管）

（1）拉杆（压管）的安装位置要满足承力索的悬挂需要，安装偏差与腕臂相同。

（2）拉杆（压管）应呈水平状态，允许悬挂点侧仰高不超过 100 mm。

（3）拉杆（压管）需处于受拉（受压）状态。

（二）高速铁路

（1）腕臂底座应与支柱密贴，呈水平状态，两端高差不大于 10 mm。安装高度符合设计要求，允许偏差±50 mm。多线路腕臂底座及连接件安装高度应满足最高轨面至横梁下缘的设计高度，允许偏差±50 mm。

双腕臂底座间距应满足要求。极限温度时，两支悬挂及零部件间距不得小于 60 mm。

（2）腕臂。

① 腕臂不得明显弯曲且无永久性变形。平腕臂端部余长为 200 mm，平腕臂绝缘子端头距套管单耳 100 mm，承力索座距双套筒连接器一般为 300 mm，接触线悬挂点距吊钩定位环一般为 400 mm。防风拉线环距定位器头水平距离 600 mm，允许偏差+50 ~ −100 mm。

双线路腕臂应保持水平状态，其允许仰高不超过 100 mm，无永久性变形。定位立柱应保持铅垂状态。

② 平腕臂安装位置满足承力索悬挂点（支撑点）距线路中心的水平距离规定，距轨面距离（即导线高度加结构高度）满足下述要求。

标准值：设计值。

标准状态：标准值±50 mm。

警示值：标准值±200 mm。

限界值：（以跨距中最短吊弦长度为依据界定）最短吊弦长度不小于 300 mm。

③ 腕臂偏移。

标准值：符合安装曲线要求。

标准状态：标准值±50 mm。

警示值：标准值±100 mm。

限界值：任何情况下不得超过腕臂垂直投影长度的 1/3。

④ 平腕臂抬头时和斜腕臂应安装管帽，水平或低头时不宜安装管帽。

（3）支撑装置各部件组装正确。腕臂上的各部件应与腕臂在同一垂直面内，铰接处转动灵活。

① 定位管吊线钩开口，正定位时朝远离支柱侧，反定位时朝支柱侧。

② 腕臂棒式绝缘子排水孔朝下。

③ 承力索座内的承力索置于受力方向指向轴心的槽内。

（4）定位管吊线两端均装设心形环，线鼻子采用压接方法固定。

三、检调方法

1. 检查腕臂底座

（1）腕臂底座呈水平状态，与支柱连接的固定螺栓由线路侧穿向田野侧，螺栓为双螺母，紧固力矩 120~135 N · m。H 型钢柱腕臂底座结构如图 3-59 所示，环形等径预应力混凝土支柱抱箍型腕臂底座结构如图 3-60 所示，环形等径预应力混凝土支柱预留孔腕臂底座结构如图 3-61 所示。

（2）旋转双耳与其连接的销轴应由上向下穿入，开口销由根部劈开 100°~120°。

（3）旋转双耳连接螺栓销向来车方向穿入，拧紧螺母至根部，紧固力矩 10 N · m，开口销由根部劈开 100°~120°。

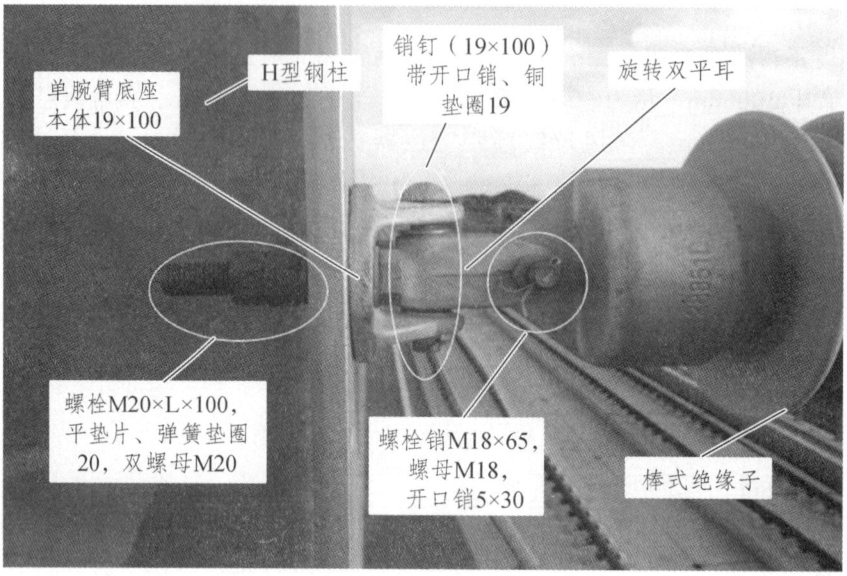

图 3-59　H 形钢柱腕臂底座结构

图 3-60　环形等径预应力混凝土支柱抱箍型腕臂底座结构

图 3-61　环形等径预应力混凝土支柱预留孔腕臂底座结构

2. 检查棒式绝缘子

（1）绝缘子表面应清洁、光滑无脏污、完整无破损、无破碎性裂纹，瓷釉剥落面积不大于 300 mm^2。

（2）绝缘子瓷质部分与铁件间密贴良好，无缝隙和开裂显现。

（3）绝缘子连接铁件与浇注部分间密贴良好、连接紧固。

（4）绝缘子本体线性良好，弯曲度不超过 1%。

（5）绝缘子表面无明显放电痕迹，无环状或贯通性裂纹。

（6）腕臂棒式绝缘子排水孔朝下，棒式绝缘子 U 形压板在绝缘子上方，螺栓紧固力矩 25~30 N · m。

（7）平腕臂棒式绝缘子连接螺栓销向来车方向穿入，螺母旋紧贴合到承压面，紧固力矩 10 N · m，开口销由根部劈开 100°~120°。

3. 检查腕臂

（1）平腕臂端部焊接连接板无发纹、裂缝，反定位弯制平腕臂冷弯后折弯处不得出现起皮、离层、发纹、裂缝等缺陷，平腕臂受力后应呈水平状态，允许偏差为 0~30 mm。

（2）斜腕臂焊接双耳无发纹、裂缝。

（3）平腕臂与斜腕臂的螺栓销应向来车方向穿入，拧紧螺母至双耳平面，紧固力矩 10 N · m，再锁紧背母紧固力矩 60 N · m。

4. 检查承力索支座

（1）检查承力索座无裂纹变形，安装好的承力索支撑线夹应竖直向上，锥压抱紧防松螺母，螺栓紧固力矩 44 N · m。与平腕臂连接的 C 型连接板螺栓销螺栓应向来车方向穿入，螺栓紧固力矩 44 N · m，开口销由根部劈开 100°~120°。双槽承力索支座如图 3-62、图 3-63、图 3-64 所示。

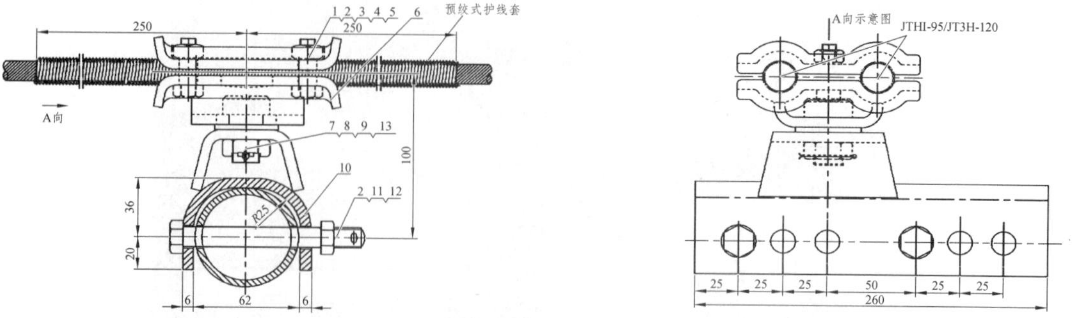

图 3-62　双槽承力索支座

图 3-63　双槽承力索支座

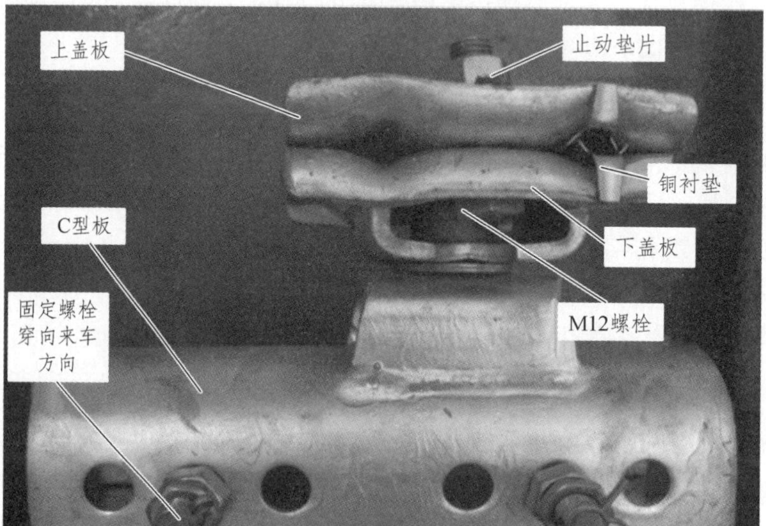

图 3-64　双槽防疲劳型承力索支座

（2）承力索座安装处承力索增设防疲劳型预交式护线条，防疲劳型承力索座要将承力索放在线夹受力方向起始一侧的线槽里。

四、注意事项

（1）开口销不应有折断、裂纹等现象，开口销对称开口角度为 30°~60°，严禁用线材或其他材料代替开口销。

（2）各零部件按照安装图配置齐全。

（3）焊接处无脱焊、虚焊和锈蚀现象。

（4）抱箍型定位环无偏斜安装。

（5）圆头螺栓销必须完全入孔安装，与连接面密贴。

（6）承力索支座螺栓（上下盖板）穿向由下向上，安装符合标准力矩。

（7）固定处承力索要缠绕预绞式保护条，预绞式保护条长度 500 mm，紧密缠绕在承力索上，无散股现象；预绞丝安装时其中心位置与承力索支座中心重合。

五、选取“更换平腕臂棒式绝缘子”为实作考核项目

实作项目考核评价表

专业：__________ 班级：__________ 小组成员：__________________

1. 考核项目：接触网设备维修。
2. 考核内容：更换平腕臂棒式绝缘子。
3. 考核表（见表 3-35）。

表 3-35 考核表

项目及配分		考核内容及评分标准	扣分因素及扣分	得分	备注
时间	10 分	① 准备环节标准用时 5 min，超时即刻停止。若不停止作业，每超时 1 min 扣 1 分（不足 1 min 按 1 min 计算）。 ② 更换环节标准用时 30 min，每超时 1 min 扣 1 分（不足 1 min 按 1 min 计算），超时 10 min 停止作业			
作业准备	10 分	① 准备工具材料，检查工具材料状态是否良好，型号是否符合作业要求。缺少工具材料或工具材料不符合作业要求每件扣 2 分。 ② 按规定标准着装，使用劳动保护用品。未按标准着装，缺少劳保用品一项扣 2 分			
安全	40 分	① 按规定正确穿戴个人劳保用品（安全帽、安全带、手套、绝缘鞋、工作服等），每少 1 件扣 2 分。 ② 作业程序正确完整，否则每处扣 2 分。 ③ 作业用语标准，否则每次扣 2 分。			

续表

项目及配分		考核内容及评分标准	扣分因素及扣分	得分	备注
安全	40 分	④ 攀登支柱前，应观察检查支柱状态，观察支柱上方有无其他设备，选好攀登方向和条件，未做到每次减 2 分（作业开始后口述）。 ⑤ 攀登支柱时，应手把牢靠，脚踏稳准，尽量避开设备，未做到扣 2 分。 ⑥ 未挂等位线，身体接触接触网设备，每次扣 2 分。 ⑦ 高空作业人员与地面辅助人员配合时应呼唤应答，未呼唤应答每次扣 1 分。 ⑧ 未正确使用工具，每次扣 2 分。未正确传递工具、材料，每次扣 2 分。工具、材料损坏，每件扣 5 分。作业中高空掉物每件次扣 2 分。使用紧线工具注意设备受力状态否则扣 2 分。 ⑨ 未确认开通条件，扣 2 分（作业完毕前口述）。 ⑩ 报告作业完毕后，作业区内（含地面和接触网设备上）遗留有工具、多余零部件，每件扣 1 分。未放入指定区域，每件扣 1 分。工具包内有遗留工具、材料每件扣 1 分。扭力扳手未归零，每件扣 1 分。影响行车或送电扣 10 分。 ⑪ 操作中出现皮外伤扣 5 分。危及人身、设备安全的情形，裁判应立即终止其作业，并及时提醒，第一次扣 3 分，之后每次扣 5 分。作业过程中发生人身轻伤及以上者或由于个人原因导致作业无法继续进行时，本项失格。 ⑫其他违章作业每次扣 2 分			
作业程序及质量	40 分	① 检查新绝缘子状态是否良好，否则扣 2 分；对新绝缘子进行清扫，否则扣 2 分。 ② 绝缘子型号正确，否则扣 10 分。 ③ 安装绝缘子时不得发生碰撞否则每次扣 5 分，绝缘子达报废程度为失格。 ④ 绝缘子安装正确否则每件扣 10 分。 ⑤ 销钉安装方向正确，否则每处扣 5 分。 ⑥ 开口销打开应双向不小于 120°，否则每处扣 5 分。 ⑦ 各部螺栓未按规定力矩紧固，每根扣 3 分。各部线夹偏斜每处扣 3 分。螺栓防松措施到位（口述），否则扣 3 分。 ⑧ 相关零部件安装正确、齐全完整，否则每处扣 5 分。 ⑨ 作业范围内，其他不符合标准的每处扣 3 分			
合计	100 分				

六、选取“组装正定位支撑定位装置”为实作考核项目

实作项目考核评价表

专业：＿＿＿＿＿＿＿ 班级：＿＿＿＿＿＿＿ 小组成员：＿＿＿＿＿＿＿＿＿＿＿＿＿

1. 考核项目：接触网故障抢修。
2. 考核内容：组装正定位支撑定位装置。
3. 考核表（见表 3-36）。

表 3-36　考核表

项目及配分		考核内容及评分标准	扣分因素及扣分	得分	备注
时间	10 分	① 准备环节标准用时 5 min，超时即刻停止；若不停止作业，每超时 1 min 扣 1 分（不足 1 min 按 1 min 计算）。 ② 组装环节标准用时 15 min，每超时 1 min 扣 1 分（不足 1 min 按 1 min 计算），超时 10 min 停止作业			
作业准备	10 分	① 准备工具材料；检查工具材料状态是否良好，型号是否符合作业要求。缺少工具材料或工具材料不符合作业要求每件扣 2 分。 ② 按规定标准着装，使用劳动保护用品。未按标准着装，缺少劳保用品一项扣 2 分			
安全	40 分	① 未正确使用工具，每次扣 2 分；材料工具良好，损坏或违章操作每件扣 5 分。 ② 报告作业完毕后，作业区内（含地面和接触网设备上）遗留有工具、多余零部件，每件扣 2 分；未放入指定区域，每件扣 2 分；扭力扳手未归零，每件扣 2 分。 ③ 身体未受伤害，违者每处扣 10 分。 ④ 出现不文明行为扣 10 分			
作业程序及质量	40 分	① 根据提供的供电方式、支柱侧面限界、支柱斜率、设计导高、上下底座间距、设计拉出值、设计结构高度确定平腕臂及斜腕臂的长度，选择合适的棒式绝缘子、定位管、定位器等零部件，选择的零部件缺少或规格型号不符合要求，每件扣 5 分。 ② 零件受力面安装正确，不符的每处扣 5 分。 ③ 定位管支撑及两端支撑管卡子与腕臂在同一垂面内，定位管支撑与定位管之间的夹角为 30°~60°，不符的每处扣 2 分； ④ 各处螺栓按力矩标准紧固，M10 螺栓紧固力矩为 25 N·m，M12 螺栓紧固力矩为 44 N·m，M16 螺栓紧固力矩为 70 N·m，不符的每个扣 2 分。			

续表

项目及配分		考核内容及评分标准	扣分因素及扣分	得分	备注
作业程序及质量	40 分	⑤ 各部件安装位置、尺寸符合要求，上下底座距离为 1 800 mm，结构高度为 1 400 mm，平腕臂及定位管安装水平，套管双耳到承力索间距为 300 mm，平腕臂外露 200 mm，拉出值符合要求，棒式绝缘子安装正确，滴水孔朝下，不符的每处扣 5 分。 ⑥ 各部销钉、螺栓穿向正确，水平穿向的螺栓、销钉均穿向来车方向，垂直穿向的螺栓、销钉均由上方穿向下方，开口销掰开双向夹角不小于 120°，不符的每处扣 5 分。 ⑦ 绝缘子无破损，违者每处扣 10 分，绝缘子达报废程度为失格			
合计	100 分				

任务十三 软横跨检调

任务学习描述

学习任务：软横跨检调。

学习对象：学习接触网课程的学生及企业新入职人员。

工具选择：常用安全工具、测量工具、梯车。

学习步骤：

（1）学习软横跨的作用。

（2）学习软横跨的分类。

（3）学习软横跨检修标准、检调方法。

任务学习方法

资讯：接受工作任务，分析任务，通过查找学习资料、相关文件，对任务形成总体认识。

计划：学习以小组为单位，讨论软横跨的作用。

决策：学生与老师共同讨论软横跨的分类。

实施：确定学习任务，查找资料文件，完成检修标准、检调方法。

检查：以小组为单位，使用梯车完成学习步骤。

总结：学生与老师共同讨论本节课知识点，以及高空作业的注意事项。

任务学习目标

（1）掌握软横跨的作用。

（2）掌握软横跨的分类。

（3）掌握软横跨检修标准、检调方法。

任务分工

软横跨检调任务分工如表 3-37 所示。

表 3-37 软横跨检调任务分工表

序号	分工	安全等级	人数	工作内容	备注
1	工作领导人	4 级及以上	1	指挥作业过程，负责任务整体安排	
2	安全员	4 级及以上	1	负责作业全程安全盯控工作	
3	高空作业人员	3 级及以上	1	负责检查软横跨	
4	辅助人员	2 级及以上	4	负责梯车、轨道车其他安全事项	
5	防护	3 级及以上	2	负责上下行来车方向的防护工作	

一、软横跨基本结构

（1）多股道接触悬挂通过横向线索悬挂在线路两侧的支柱上，这种装配方式称为软横跨。

（2）软横跨由站场线路两侧支柱和悬挂在支柱上的横向承力索，上、下部定位索及支持和连接它们的零件组成。

① 横向承力索是软横跨的主要构件，它的作用是承受各股道纵向接触悬挂的全部垂直负载。根据负载重量有单根承力索组成的单横承力索和双根承力索组成的双横承力索。由于横向承力索承载较大，因而均选用 GJ -70 镀钵钢绞线。

② 横向承力索下方布置有上、下部定位索，上部定位索的作用是固定各股道纵向承力索，并将纵向承力索的水平负载（包括风力、曲线力等）传递给支柱。下部定位索的作用是固定定位器，以便对各股道接触线按技术要求定位，并将接触线水平负载传递给支柱。由于上、下部定位索只承受水平力，承载不大，故上、下部定位索多采用 GJ-50 镀钵钢绞线。

③ 横向承力索与上部定位索之间安装有软横跨直吊弦，它的作用是连接横向承力索与上部定位索，并将接触悬挂垂直重量传递给横向承力索，通过调节软横跨直吊弦长度可以满足上部定位索的安装要求。软横跨直吊弦采用两股 ϕ4.0 mm 镀锌铁线绞合制成，上端做成环状与固定在横向承力索上的横承力索线夹连接，下端与固定在上部定位索上的定位环线夹连接（该端可以调节）。

④ 上部定位索与下部定位索之间安装有斜拉线，它的作用是连接上、下部定位索，通过调节斜拉线长度可以满足下部定位索的安装要求。斜拉线采用两股 ϕ4.0 mm 镀钵铁线绞合制成，上端做成环状与固定在上部定位索上的定位环线夹连接，下端与固定在下部定位索上的定位环线夹相连（该端可以调节）。

⑤ 横向承力索和上、下部定位索的张力与弛度，可以通过线索两端的锚固拉杆进行调节，即将线索一端的锚固拉杆螺母松开，而将另一端的锚固拉杆螺母旋紧，则线索会向收紧的一端做水平位移，两端同时旋紧就可以调整线索张力和弛度。锚固拉杆经球形垫块或角形垫块固定到钢支柱角钢上。

二、软横跨节点

软横跨所采用的结构视其所设地点和接触网线路情况而定，为简化软横跨结构表示方式，使用节点来划分不同的软横跨结构。每一种结构归纳为一种节点，目前广泛采用 14 种节点。每一组软横跨都是由不同节点构成的，特别是在股道较多而线路比较复杂的站场上，同一组软横跨上会出现很多不同形式的节点，故架设软横跨是一项比较复杂而细致的工作。

接触网链形悬挂软横跨节点如图 3-65 所示，图中 H 值为接触线距电化股道最高轨面（轨面连线中心）的垂直高度。

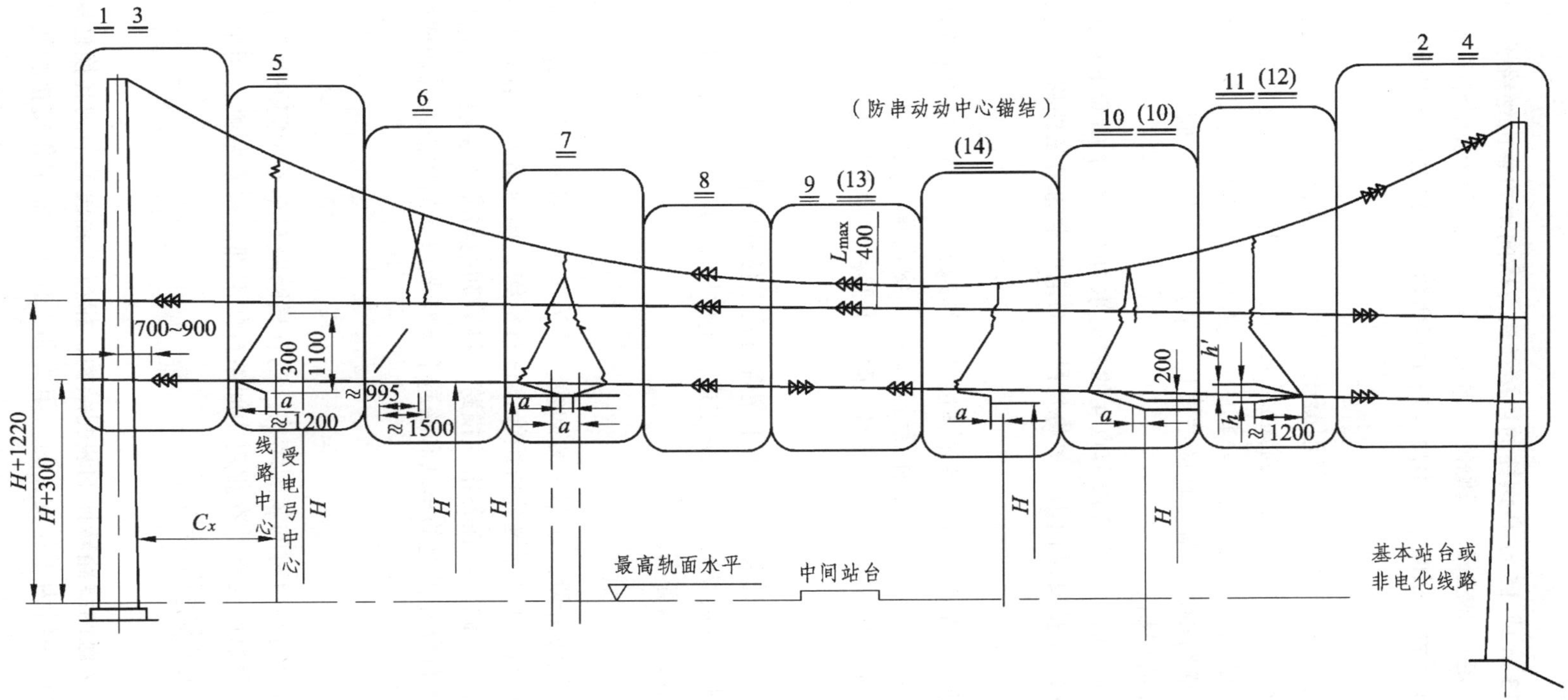

图 3-65　接触网链型悬挂软横跨节点示意图

1. 节点 1、2

用于软横跨与 13 m 或 15 m 高钢柱的连接结构，横向承力索由绝缘子、样头杆、固定角钢、角形垫块固定在钢柱靠线路侧的立面上，上、下部定位索用样头杆、固定角钢、球形垫块固定在钢柱田野侧立面上。节点 2 用于软横跨与站台上钢柱的连接结构。

2. 节点 3、4

用于软横跨与地面以上 12 m 高钢筋混凝土柱的连接结构，横向承力索通过绝缘子串、双耳连接器、样环杆、耳环杆固定在钢筋混凝土软横跨柱靠线路侧的立面上。节点 4 用于软横跨与站台上钢筋混凝土柱的连接。其中开式螺旋扣（零件 23）仅在软横跨线索的一侧安装；当一对软横跨钢筋混凝土柱的节点均为节点 3 或节点 4 时，则在一侧的节点 3 或节点 4 中取消开式螺旋扣。

当侧面限界 C_x>6 m 时，节点 2 或节点 4 的横向承力索绝缘子串应下移，且与上、下部定位索绝缘子串在同一垂直平面内，另将悬吊上部定位索的吊弦外移至双点画线处。

3. 节点 5

用于软横跨只悬挂一组工作支接触悬挂的装配结构，它相当于腕臂柱结构中的中间柱装配。在节点 5 的装配中，对于半补偿链形悬挂，纵向承力索安装在钩头鞍子内；对于全补偿链形悬挂，由于纵向承力索沿线路方向产生偏移，因此安装在悬吊滑轮内。

4. 节点 6、7

用于软横跨跨越道岔时的装配，相当于腕臂道岔定位柱的装配结构。节点 6 类似于 L 型或 Y 型道岔定位柱，节点 7 相当于 LY 型道岔定位柱结构。它们所悬挂的两组接触悬挂均为工作支，导线对轨面等高。

5. 节点 8

用于软横跨横向绝缘分段。在车站装卸线上，为满足装卸货物的要求，需要接触网停电，接触网沿线路方向可以通过分段绝缘器进行绝缘，但每组跨越装卸线的软横跨都是由导电的钢索构成，因此需要在各组软横跨上将装卸线与邻线接触网电路隔开，这时必须设计节点 8。上下行分开供电的车站和跨越上下行股道间的软横跨都需要横向绝缘分段，也应考虑节点 8。

6. 节点 9

用于软横跨跨越中间站台时的装配结构。当软横跨跨越车站中间站台时，为保证车站工作人员和旅客生命财产安全，在正对中间站台的下部定位索两侧，用绝缘子串与邻线电路断开，形成一个无电的中性区。

7. 节点 10

用于软横跨安装接触网线路转换的装配结构，相当于锚段关节的转换柱结构。它悬挂两组接触悬挂，其中一组为工作支，另一组为非工作支。非工作支接触线高于工作支接触线 200~250 mm，非工作支接触线通过夹环和 ϕ4.0 mm 镀锌铁线固定在下部定位索的定位环线夹内。

当节点 10 用于绝缘转换节点时，应将非工作支接触线纵向分段绝缘子串裙边抬升距工作支接触线 200 mm 处，以保证两锚段线索的空气绝缘距离。

8. 节点 11、12

用于软横跨悬挂非工作支的装配结构。当软横跨跨越多股道车站，某股道非工作支在下锚时，由于线索改变方向的夹角一般不大于 6°，所以可能穿越相邻的几组软横跨，这几组软横跨将悬挂非工作支。当下锚线索抬高软横跨节点 11 安装示意图不超过下部定位索时，选用节点 11；超过下部定位索则选用节点 12。其接触线定位连接方式与节点 10 的非工作支接触线相同。

9. 节点 13

用于软横跨跨越中间站台又需要横向绝缘分段的装配结构，相当于节点 8 与节点 9 的组合。既满足了软横跨绝缘分段要求，又兼顾车站站台上工作人员和旅客生命财产安全。

10. 节点 14

用于软横跨设置防窜中心锚结的装配结构。基本结构与节点 5 类似，只是在纵向承力索悬挂点及两侧安装防窜钢绞线和中心锚结绳、中心锚结线夹等设备。

上述软横跨 14 个节点中，前 10 个节点使用较多，车站上软横跨基本就是上述软横跨各节点的组合，接触网平面图中也用各节点编号来显示软横跨结构。

三、普速铁路软横跨检修标准

1. 横向承力索、上下部固定绳

（1）横向承力索（双横承力索为其中心线）的弛度应符合规定，和上下部固定绳应布置在同一个铅垂面内。双横承力索两条线的张力应相等。

（2）上下部固定绳应水平并处于拉紧状态，允许有平缓的负弛度，5 股道及以下不超过 100 mm，5 股道以上不超过 200 mm。

（3）上下部固定绳弹簧补偿器处于固定绳受力小的一侧，张力符合设计规定。

（4）横向承力索和上下部固定绳不得有接头、断股和补强，其机械强度安全系数应符合附件 6 的规定。

2. 吊线

（1）软横跨直吊线、斜拉线应采用不锈钢等防腐性能好的材质。

（2）软横跨直吊线应保持铅垂，吊线呈拉紧状态，上端永久固定，无松弛。横向承力索与上部固定绳在最短吊线处距离为 400 ~ 600 mm。

（3）各吊线应留有不小于 200 mm 的余量。

3. 各部位几何尺寸

（1）下部固定绳距工作支接触线的垂直距离不得小于 250 mm。

（2）横向承力索和上、下部固定绳的电分段绝缘子串应在同一垂直面内。位于站台沿上方绝缘子带电裙边应尽量与站台对齐，股道间横向电分段绝缘子应位于两股道中间。

（3）支柱上角钢底座应水平。各杵头杆螺纹外露长度为 20 ~ 80 mm，调整螺栓的螺杆外露长度应为 50 mm 至螺纹全长的 1/2。

（4）非悬挂线索与固定绳间距离符合要求。

4. 软横跨

软横跨应垂直于正线，各部螺栓、垫片、弹簧垫圈应齐全，螺栓紧固。

5. 悬吊滑轮

悬吊滑轮与承力索材质相匹配，满足线索随温度变化伸缩要求。

四、高速铁路软横跨检修标准

1. 横向承力索、上下部固定绳

（1）横向承力索（双横承力索为其中心线）的弛度应符合规定，和上下部固定绳应布置在同一个铅垂面内。双横承力索两条线的张力应相等。

（2）上下部固定绳应水平并处于拉紧状态，允许有平缓的负弛度，5 股道及以下不超过 100 mm，5 股道以上不超过 200 mm。

（3）上下部固定绳弹簧补偿器处于固定绳受力小的一侧，张力符合设计规定。

（4）横向承力索和上下部固定绳不得有接头、断股和补强，其机械强度安全系数应符合附件 6 的规定。

2. 吊线

（1）软横跨直吊线、斜拉线应采用不锈钢等防腐性能好的材质。

（2）软横跨直吊线应保持铅垂，吊线呈拉紧状态，上端永久固定，无松弛。横向承力索与上部固定绳在最短吊线处距离为 400 ~ 600 mm。

3. 下部固定绳距接触线的距离

下部固定绳距接触线距离：正线为 400 mm、侧线为 300 mm，允许偏差±50 mm。

4. 螺栓等连接器件

软横跨应垂直于正线，各部螺栓、垫片、弹簧垫圈应齐全，螺栓紧固，各杵头杆螺纹外露长度为 20 ~ 80 mm，调整螺栓的螺杆外露长度为 50 mm 至螺纹全长的 1/2。

5. 各部位几何尺寸

（1）横向承力索和上、下部固定绳的电分段绝缘子串应在同一垂直面内。位于站台沿上方绝缘子带电裙边应尽量与站台对齐，股道间横向电分段绝缘子应位于股道中间。

横向承力索两端绝缘子串外侧钢帽距支柱内缘不小于 400 mm，上、下部固定绳两端绝缘子串的裙边至支柱内缘的最小距离不小于 700 mm，带电侧绝缘子裙边距线路中心线不小于 200 mm。

（2）各部件应齐全完好，连接牢固。支柱上角钢底座应水平，各斜吊线完好无松弛，并留有不小于 200 mm 的余量。

五、调整方法

1. 横向承力索距上部固定绳距离检调

（1）在横向承力索上的绝缘子处楔形线夹两侧打上紧线器，通过手扳葫芦钢丝绳与两紧线器相连后紧线，将绝缘子卸载后，调整横承在楔形线夹内的回头长度，保证横向承力索的弛度及受力状态，并确保最短吊线长度。

（2）横向承力索两端，调整杵头杆外露长度（如是钢柱，调整耳环杆外露长度）。

2. 下部固定绳距接触网距离检调

距接触线的距离不足 250 mm 时，通过调整斜拉线来保证下部固定绳距接触线的距离大于 250 mm 以上。具体方法：

（1）用滑轮组将斜拉线卸载，同时上下部固定绳间临时用 ϕ4.0 mm 铁丝连接。

（2）松动定位环线夹。

（3）调整斜拉线的长度，调整定位环线夹位置，保证下部固定绳距接触线的安全距离。

（4）复核定位点拉出值。

3. 上下部固定绳松弛、受力不均调整

（1）混凝土支柱：如果上下部固定绳两端松弛，在相应固定绳上打上紧线器，用手扳葫芦将固定绳与支柱连接零件卸载后，通过调整两端的 U 形调整螺栓即可；如果中间两悬式绝缘子间上下部固定绳松弛，用手扳葫芦将固定绳卸载后，采用调整上下部固定绳在悬式绝缘子处的回头长度来调节固定绳松弛度。

（2）钢柱：如果上下部固定绳两端松弛，在相应固定绳上打上紧线器，用手扳葫芦将固定绳与支柱连接零件卸载后，通过调整两端的调节杵头杆螺纹长度或更换杵头杆；如果是中间两悬式绝缘子上下部固定绳松弛，用手扳葫芦将固定绳卸载后，采用调整上下部固定绳在悬式绝缘子处的回头长度来调节线索松紧度。

4. 软横跨直吊线检调

（1）吊线松弛、烧伤、锈蚀严重，更换直吊线。更换步骤：

① 现场测量吊线长度，预制的吊线为两股 ϕ4.0 mm 铁线制成，上端制成 20~25 mm 的圆环并用本线缠绕 3 圈，缠绕要求紧密整齐。

② 将绝缘挂梯放至需更换吊线的上方。

③ 用滑轮组（紧线器）使吊线卸载。

④ 更换吊线。

（2）调整软横跨直吊线布置位置的方法步骤：

① 将绝缘挂梯放至需要调整的直吊线一侧。

② 用滑轮组将直吊线卸载（短吊线也可用紧线器）。

③ 调整横向承力索线夹或 U 形线夹要求的位置。

④ 调整直吊线的长度，保证上下部固定绳呈水平状态。

5. 弹簧张力补偿器检调（拉力超标或损坏检调）

（1）弹簧补偿器拉力过大（过小）：松（紧）U 形调整螺栓或增大（减小）钢柱杵头杆螺纹长度，具体方法同上。

（2）弹簧补偿器拉力损坏：在相应固定绳上打上紧线器，用手扳葫芦将弹簧补偿器卸载，进行更换。

6. 各部位几何尺寸

（1）横向承力索和上下部固定绳的电分段绝缘子串应在同一垂直面内。位于站台沿上方绝缘子带电裙边应尽量与站台对齐，股道间横向电分段绝缘子应位于股道中间。

（2）横向承力索两端绝缘子串外侧钢帽距支柱内缘应不小于 400 mm，上下部固定绳两端绝缘子串的瓷裙至支柱内缘的最小距离不小于 700 mm，带电侧绝缘子裙边距线路中心线不得小于 200 mm。

（3）各部件应齐全完好，连接牢固，支柱上角钢底座应水平，各斜吊线完好无松弛，并留有不小于 200 mm 有余量。

7. 螺栓等连接器件检调

软横跨应垂直于正线，其上的螺栓、垫片、弹簧垫圈应齐全，螺栓紧固，各杵头杆螺纹外露长度应为 20~80 mm，紧固力矩按力矩紧固表进行紧固。

六、注意事项

（1）地面作业人员戴好安全帽，上部作业人员一定要系好安全带。

（2）利用梯车作业时一定要做好防倾倒措施；利用作业车作业时司乘人员要听从作业人员的指挥。作业车平台转动前要检查平台高度，与接触网有无剐蹭。

（3）作业人员作业时要防止高空坠物，工具材料要用大绳传递，严禁抛扔。

七、选取“接触网软横跨设备全面检查”为实作考核项目

实作项目考核评价表

专业：____________ 班级：____________ 小组成员：________________________

1. 考核项目：接触网设备检查。

2. 考核内容：接触网软横跨设备全面检查。

3. 考核表（见表 3-38）。

表 3-38　考核表

项目	考核内容及评分标准	分值	扣分原因	扣分	得分
时间要求	① 准备时间：5 min；正式操作时间：20 min。 ② 规定时间内全部完成不加分，也不扣分。每超时 1 min，从总分中扣 1 分，总超时 5 min 停止作业	10			
作业过程（内容）要求	① 准备工具和材料。缺少工具每件扣 1 分，缺少材料每件扣 2 分。 ② 按规定标准着装，使用劳动保护用品；未按标准着装，缺少劳保用品一项扣 2 分	10			
质量要求	① 检查作业前所需工具状态是否良好，缺少工具每件扣 2 分，准备工作每少一项扣 2 分。 ② 按照停电作业程序办理相关手续，不符合要求每项扣 5 分。 ③ 辅助人员到位，作业人员与辅助人员呼唤应答，确认符合攀登车梯条件，不符合要求每项扣 5 分。 ④ 上下车梯时要手把牢靠、脚踏稳准，到达合适位置挂好等位线，上车梯要钻入车梯工作台内，不得翻越进入，不符合要求每项扣 5 分。 ⑤ 到达车梯工作台内，按规定系好安全带，方可进行全面检查作业，不符合要求每项扣 5 分； ⑥ 按照标准对相关设备进行检查，不符合要求每项扣 5 分。 ⑦ 检查完成后，按规定撤除安全带和等位线，下车梯时手把牢靠、脚踏稳准。到达地面向考评员报告作业结束，不符合要求每项扣 5 分。 ⑧ 使用力矩扳手时，严格按照紧固力矩标准执行，不符合要求每处扣 2 分。 ⑨ 严禁踩踏接触线、定位器，不符合要求每处扣 2 分	65			
安全要求	① 操作人员应执行安全技术操作规程，不发生人身、设备事故，不符合要求每项扣 5 分。 ② 不伤手脚，无不安全因素，发生每次扣 10 分。 ③ 不发生高空掉物，发生每次扣 5 分。 ④ 准备时间 5 min，作业时间 30 min；提前不加分，每超 1 min 扣 2 分，超时 3 min 停止作业。 ⑤ 工具材料良好，损坏或违章操作，发生每次扣 5 分	15			

任务十四　硬横跨检调

任务学习描述

学习任务：硬横跨检调。

学习对象：学习接触网课程的学生及企业新入职人员。

工具选择：常用安全工具、测量工具、梯车。

学习步骤：

（1）学习硬横跨的结构特点。

（2）学习硬横跨的组成。

（3）学习硬横跨检修标准。

任务学习方法

资讯：接受工作任务，分析任务，通过查找学习资料、相关文件，对任务形成总体认识。

计划：学习以小组为单位，讨论硬横跨的结构特点。

决策：学生与老师共同讨论硬横跨的组成。

实施：确定学习任务，查找资料文件，完成检修标准、检调方法。

检查：以小组为单位，使用梯车完成学习步骤。

总结：学生与老师共同讨论本节课知识点，以及高空作业的注意事项。

任务学习目标

（1）掌握硬横跨的结构特点。

（2）掌握硬横跨的组成。

（3）掌握硬横跨检修标准。

任务分工

硬横跨检调任务分工如表 3-39 所示。

表 3-39　硬横跨检调任务分工表

序号	分工	安全等级	人数	工作内容	备注
1	工作领导人	4 级及以上	1	指挥作业过程，负责任务整体安排	
2	安全员	4 级及以上	1	负责作业全程安全盯控工作	
3	高空作业人员	3 级及以上	1	负责检查硬横跨	
4	辅助人员	2 级及以上	4	负责梯车、轨道车其他安全事项	
5	防护	3 级及以上	2	负责上下行来车方向的防护工作	

一、硬横跨结构特点

硬横跨具有机械上独立、事故范围小、结构稳定、抗震动及抗风性能好的优点，在接触网检修时股道间相互不产生影响。由于硬横跨具有较好的刚度、稳定性高，因此能够有效的提高和改善弓网受流状态，受电弓磨耗小并可降低离线率。同时硬横跨采用模块化安装结构，通过标准化设计使整体部件互换性强，有利于机械加工和机械化安装，避免了软横跨需要进行复杂力学计算的过程。可以提高工效加快施工进度。硬横跨结构如图 3-66 所示。

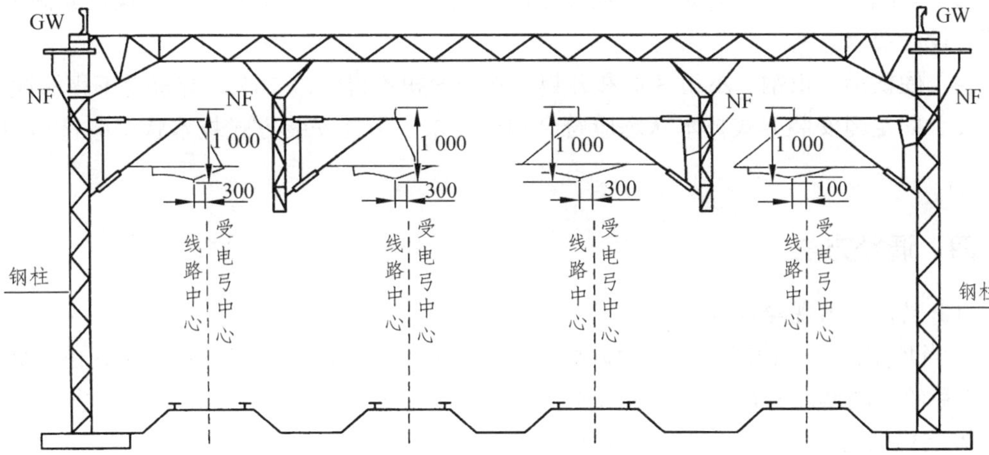

图 3-66　弹性链形悬挂硬横跨结构示意图

硬横跨能有效降低支柱高度，通过采用二跨或三跨连续式跨越结构，可以满足多股道大型站场的硬横跨布置，它的跨越能力比较强。近年来我国研制出等径圆形钢筋混凝土支柱，用于 3~5 股道站场硬横跨支柱，体现出美观、经济和维护工作量小的优点。

二、硬横跨的组成

硬横跨是由立于站场两侧的支柱和横梁（简称硬横梁）组成的，硬横跨横梁是由若干个梁段用螺栓连接而成。硬横梁端头部分梁段称为“硬横梁端头段”，用“YHT”表示。硬横梁中间部分各梁段称为“硬横梁中间段”，用“YHZ”表示。硬横梁整体用“YHL”表示。

根据跨度和悬挂负载数量选用不同长度和不同型号的梁段组成硬横梁，如 YHL-29.5(A)表示长度为 29.5A 型硬横梁。而 YHL-29.5(A)型硬横梁是由以下几部分梁段组成：

$$YHT(A) + YHZ-1(A) + YHZ-1(A) + YHT(A)$$

它表示自左端至右端组成 YHL-29.5(A)型硬横梁的梁段是：2 段 YHT(A)型硬横梁端头段和 2 段 YHZ-1(A)硬横梁中间段构成。其中括号内 A、B、C 表示硬横梁采用不同型号的角钢制作。编号 1，2，3，…表示采用不同长度的硬横梁。硬横跨支柱采用钢柱或直径为 550 mm、容量为 60 kN · m 的圆形钢筋混凝土支柱埋入地下杯形基础内固定。

三、检修标准

（1）硬横梁的安装高度应符合设计要求，允许偏差 0 ~ +100 mm。

（2）硬横梁应呈水平状态，允许向上微拱，铰接硬横梁的挠度小于梁长的 1/200，刚接硬横梁的挠度小于梁长的 1/360。

（3）硬横梁与支柱、硬横梁各梁段之间应结合密贴，连接牢固可靠，螺栓紧固力矩应符合设计要求。

（4）硬横梁（角钢）不得变形和开焊，锈蚀面积不得超过 20%，焊接处不得锈蚀。

（5）固定绳安装方式技术状态应符合相关要求，吊柱安装方式技术状态应符合相关要求。

四、调整方法

（1）当横梁出现异常时。

① 当角钢出现锈蚀时，首先用砂纸（或专用除锈喷砂机）进行除锈直至露出金属本色，然后喷涂防锈漆，最后喷涂银粉漆。

② 当横梁弯曲变形严重时，更换硬横梁。

a. 测量出该硬横跨的各部尺寸，生产一组新的硬横跨。

b. 在距原硬横跨 2 m 处重新立设新硬横跨，将原硬横跨上的接触悬挂，倒换至新硬横跨并调整到位。

c. 拆除原有硬横跨（硬横跨的具体拆除与安装方法参考施工工艺）。

③ 当横梁出现弛度时，用吊车自横梁中部起吊至受力，稍微松动横梁中部拼接法兰的上半部分螺栓，加入适量垫片，使横梁略有负弛度，松开吊车，按标准紧固拼接螺栓，此时横梁应呈水平或略有负弛度。

（2）用线坠检查吊柱的竖直度，当其倾斜度超过 1°时，对吊柱底座进行调整。松动吊柱倾斜方向同侧的螺栓，插入适量薄垫片，然后按要求紧固螺栓，使其竖直。

（3）采用上下部固定绳的硬横跨，其上下部固定绳检修见软横跨检修标准。

（4）按照标准紧固各部螺栓。

五、注意事项

（1）地面作业人员戴好安全帽，上部作业人员一定要系好安全带。

（2）利用梯车作业时一定要做好防倾倒措施；利用作业车作业时司乘人员要听从作业人员的指挥。作业车平台转动前要检查平台高度，与接触网有无刮蹭。

（3）作业人员作业时要防止高空坠物，工具材料要用大绳传递，严禁抛扔。

六、选取“接触网硬横跨设备全面检查”为实作考核项目

实作项目考核评价表

专业：____________ 班级：____________ 小组成员：________________________

1. 考核项目：接触网设备检查。
2. 考核内容：接触网硬横跨设备全面检查。
3. 考核表（见表 3-40）

表 3-40　考核表

项目	考核内容及评分标准	分值	扣分原因	扣分	得分
时间要求	① 准备时间：5 min；正式操作时间：20 min。 ② 规定时间内全部完成不加分，也不扣分；每超时 1 min，从总分中扣 1 分，总超时 5 min 停止作业	10			
作业过程（内容）要求	① 准备工具和材料。缺少工具每件扣 1 分，缺少材料每件扣 2 分。 ② 按规定标准着装，使用劳动保护用品；未按标准着装，缺少劳保用品一项扣 2 分	10			
质量要求	① 检查作业前所需工机具状态是否良好，缺少工具每件扣 2 分，准备工作每少一项扣 2 分。 ② 按照停电作业程序办理相关手续，不符合要求每项扣 5 分。 ③ 辅助人员到位，作业人员与辅助人员呼唤应答，确认符合攀登车梯条件，不符合要求每项扣 5 分。 ④ 上下车梯时要手把牢靠、脚踏稳准，到达合适位置挂好等位线，上车梯要钻入车梯工作台内，不得翻越进入，不符合要求每项扣 5 分。 ⑤ 到达车梯工作台内，按规定系好安全带方可进行全面检查作业，不符合要求每项扣 5 分。 ⑥ 按照标准对相关设备进行检查，不符合要求每项扣 5 分。 ⑦ 检查完成后，按规定撤除安全带和等位线，下车梯时手把牢靠、脚踏稳准，到达地面向考评员报告作业结束，不符合要求每项扣 5 分。 ⑧ 使用力矩扳手时，严格按照紧固力矩标准执行，不符合要求每处扣 2 分。 ⑨ 严禁踩踏接触线、定位器，不符合要求每处扣 2 分	65			

续表

项目	考核内容及评分标准	分值	扣分原因	扣分	得分
安全要求	① 操作人员应执行安全技术操作规程，不发生人身、设备事故，不符合要求每项扣 5 分； ② 不伤手脚，无不安全因素，发生每次扣 10 分； ③ 不发生高空掉物，发生每次扣 5 分； ④ 准备时间 5 min，作业时间 30 min;。提前不加分，每超 1 min 扣 2 分，超 3 min 停止作业。 ⑤ 工具材料良好，损坏或违章操作，发生每次扣 5 分	15			

任务十五　附加悬挂检调

任务学习描述

学习任务：附加悬挂检调。

学习对象：学习接触网课程的学生及企业新入职人员。

工具选择：常用安全工具、测量工具、梯车。

学习步骤：

（1）学习附加悬挂的分类及作用。

（2）学习附加悬挂的技术标准。

（3）学习附加悬挂检调方法。

任务学习方法

资讯：接受工作任务，分析任务，通过查找学习资料、相关文件，对任务形成总体认识。

计划：学习以小组为单位，讨论附加悬挂的分类及作用。

决策：学生与老师共同讨论附加悬挂检调方法。

实施：确定学习任务，查找资料文件，完成检修标准、检调方法。

检查：以小组为单位，使用梯车完成学习步骤。

总结：学生与老师共同讨论本节课知识点，以及高空作业的注意事项。

任务学习目标

（1）掌握附加悬挂的分类及作用。

（2）掌握附加悬挂的技术标准。

（3）掌握附加悬挂检调方法。

任务分工

附加悬挂检调任务分工如表 3-41 所示。

表 3-41　附加悬挂检调任务分工表

序号	分工	安全等级	人数	工作内容	备注
1	工作领导人	4 级及以上	1	指挥作业过程，负责任务整体安排	
2	安全员	4 级及以上	1	负责作业全程安全盯控工作	
3	高空作业人员	3 级及以上	1	负责检查附加悬挂	
4	辅助人员	2 级及以上	4	负责梯车、轨道车其他安全事项	
5	防护	3 级及以上	2	负责上下行来车方向的防护工作	

一、附加悬挂的分类及作用

接触网附加导线系指牵引网中除接触悬挂线索以外的架空导线，包括供电线、保护线、正馈线、回流线、架空地线、架空避雷线、捷接线、并联线、加强线等。但各种附加导线并不同时出现在一种供电方式中，而是因供电方式的不同以不同的组合形式出现。附加导线的特点是工作时只起电气联结作用而无机械状态和空间位置的变化。有些线只有在事故状态才起作用。附加导线是为了供电系统的完善，有利于供电质量的提高和减小对相邻系统的不良影响而设置的，是保证供电系统可靠运行和维持良好供电质量不可缺少的组成部分。

（一）供电线

供电线有时又称馈电线，用 F 表示，它是牵引变电所、分区所、开闭所与接触网连接的线路。其作用是将牵引变电所的电能输送到接触网上，一般送至接触网电分相两侧。供电线与接触网同杆架设在支柱田野侧，当有正馈线和回流线同杆架设时，供电线悬挂在最高处。供电线的截面积要根据通过电流的大小来决定，目前常采用 LBGLJ-185、LBGLJ-240 和 LBGL-300 三种铝包钢芯铝绞线。

（二）保护线（PW 线）

保护线用于 AT 供电区段，因保护需要而架设的导线，它是相邻两台自耦变压器中点的连线。保护线经保护跳线与接触网绝缘子接地端相连，因此当绝缘子发生闪络或击穿时，保护线会给短路电流提供一个良好的金属通路，短路电流可通过保护线作回路回归变电所，使变电所继电保护装置迅速动作，达到及时反映和排除故障的目的。

保护线的电压一般为 200~300 V，短路故障时可达 3 000 V 左右。由于保护线不流过牵引电流，只有在发生短路故障时，保护线才流过短路电流，所以保护线采用钢芯铝绞线。目前铁路集团公司常采用 LBGLJ-120 铝包钢芯铝绞线，既满足电流要求，也保证了机械强度。

AT 供电区段保护线与正馈线、接触网设备同杆架设，而且保护线经保护跳线与正馈线、接触网接地端连接，所以在安装保护跳线时要充分考虑与正馈线之间的距离，防止因跳线与正馈线之间空气绝缘间隙不够，造成放电，烧断正馈线。根据《铁路技术管理规程》（以下简称《技规》）规定：接触网带电部分至固定接地物的距离不小于 300 mm，再考虑风力偏移，一般考虑保护跳线与正馈线间的间距为 350 mm。

（三）正馈线（AF 线）

正馈线用于 AT 供电区段，在 AT 供电方式中起回流作用的导线称作正馈线（AF 线）。AF 线的电压与接触线相同，电流方向则与接触线相反。AF 线、PW 线、接触网均架设在同一支柱上，AF 线与 PW 线位于田野侧，PW 线在支柱侧、AF 线在田野侧。停电作业时，AF 线的接地线和接触线的接地线同时接钢轨，而 PW 线经支柱接地线接大地。其作用是迫使机车电流经 AF 线回归牵引变电所，方向与接触网中电流相反，因而可抵消绝大部分由接触网电流产生的对通信线路的干扰影响。目前常采用 LBGLJ-240 铝包钢芯铝绞线。

（四）回流线（NF 线）

回流线是在交流电气化铁路吸流变压器供电方式（简称 BT 供电方式）中串接在吸流变压器次边的导线。在 BT 供电方式中，电流的回路是牵引变电所—接触网—电力机车—钢轨—回流线—牵引变电所。通过吸流的作用，迫使大地回归的电流大部分由回流线返回牵引变电所，其回归方向与接触网中的电流方向相反，因而可抵消绝大部分由接触网电流产生的对通信线路的干扰影响。

目前铁路集团公司常采用 LBGLJ-120、LBGLJ-185 铝包钢芯铝绞线，并架设在接触网支柱的田野侧。同时，每隔一定距离（1~2 km）用吸上线将钢轨和回流线进行连接，以保证回流线的作用和防护效果。

吸流变压器的变比为 1∶1，当牵引电流流经吸流变压器原边时，副边也反向流过同样大小的电流。实际上这部分电流是通过吸上线在钢轨及大地回流中取得的。这部分电流由回流线流回牵引变电所，于是吸上线到牵引变电所间的钢轨和大地回流近似为零。

（五）架空地线（GW 线）

在 AT 供电方式中，基本站台或中间站台上为了人身安全，除设了保护线外，还在支柱顶部架设了一段架空地线。架空地线在站台的两端外侧下锚，并每端各打一个接地极，直接固定在支架上，并与钢柱相连。所以架空地线是保证站台上人身安全、使站台钢柱有双重保护的一根架空地线。目前铁路集团公司常采用 LBGLJ-70 铝包钢芯铝绞线。

（六）并联线

由电工原理可知，并联电路可以减小线路阻抗、线路的电能损耗和线路上的电压降，从而提高了末端并联点的电压。在供电臂较长、坡度较大的线路上，为了减小线路阻抗，有时采用并联供电的方法提高接触网的末端电压。并联线为一相一地的架空电力线路，采用钢芯铝绞线为连接导线，截面以线路具体情况经计算选择。

（七）加强线

为改善接触网的电压水平或载流能力，同接触线并联架设以增加接触线导流横截面积的架空导线称为加强线。当铁路线比较平直时，采用架空电力线路形式的并联线就不经济了，可改为沿接触悬挂架设，将腕臂长度适当延长，末端以钩头鞍子悬挂导线使其位于承力索的上方。增设加强线会增加支柱负载，使接触悬挂变得复杂。加强线可以沿线路多设并联点，更好地起并联线的作用。在坡度大的双机（多机）牵引区段，接触线的载流量不能满足要求时，加强线也是能起到分流作用的较简便方式。

加强线也是采用钢芯铝绞线，截面规格根据所需的分流量或应补偿的接触网电压损失值经计算而定，同时要满足线路架设本身对机械强度的要求。

加强线的缺点：由于负荷的增加，对支持装置和支柱容量的要求提高了，使得接触网结构复杂，给施工及维修增加了困难。

加强线的分段与接触悬挂相同，但下锚在转换柱上，此时转换柱应采用带拉线的锚柱。加强线为硬锚、不装补偿装置。在两转换柱之间是利用两根接触线导电的，加强线下锚支与接触网下锚支之间应加设电连接。

由于承力索下锚在锚柱处，而加强线下锚在转换柱处，往往造成（加强）线（承力）索交叉下锚的现象。线索交叉应该是“立体交叉”而不是“平面搭接”，极限情况下应保证有 150 mm 的间隙，否则会造成线索机械磨损，尤以加强线磨损最甚。同时，线索交叉处应装有良好的电连接，使加强线、承力索、接触线通过电连接接在一起，保证等电位，以免发生“搭接”现象而造成电火花，从而使线索发生电损伤。由于装设加强线区段往往是大负荷电流区段，这个问题更应该引起重视。

（八）捷接线

在线路弯曲、坡度较大及运输繁忙的线路，由于接触网通过的电流较大、路径较长，易造成电压损失较大，影响电力机车正常工作。为了提高供电臂末端电压，一般在接触网迂回弯折的最近处，设置捷接线以缩短电流的流动路径。捷接线的架设与供电线基本相同，其跨距较大，对导线的机械强度要求较高，一般采用 LG-120 型钢芯铝绞线。

二、技术标准

附加导线的材质和截面积应满足通过的最大电流，供电线、加强线、正馈线、回流线等接触网附加导线的机械强度安全系数不应小于 2.5。

（一）普速铁路

1. 张力和弛度

标准值：符合安装曲线的要求。标准状态为标准值±6%，警示值为标准值±8%，限界值为标准值±10%。支柱同一侧悬挂为不同线径及材质的导线时，导线的弛度应以其中弛度较大的导线为准。

2. 接头及损伤

（1）跨越铁路、一二级公路、重要通航河流时，附加导线不得有接头。不同金属、不同规格、不同绞制方向的导线严禁直接进行接头。

（2）一个跨距内一根导线的接头不得超过 1 处。一个耐张段内附加导线接头、断股和补强线段的总数量不得超过下列规定，且接头距悬挂点的距离应大于 500 mm。

① 耐张段长度在 800 m 及以下者。

标准值：0 处。

标准状态：0 处。

警示值：2 处。

限界值：4 处。

② 耐张段长度超过 800 m 者。

标准值：0。

标准状态：0 处。

警示值：4 处。

限界值：8 处。

③ 附加导线不得散股、损伤断股标准。

标准值：无损伤。

标准状态：无损伤。

警示值：无断股。

限界值：断股。

铝绞线和钢芯铝绞线的铝线断股、损伤 3 股及以下时，可用预绞丝接续条或铝绑线绑扎补强，缠绕方向与被接续导线外层绞向一致，绑扎长度超出缺陷部分 30 ~ 50 mm；当断股、损伤 3 股以上 7 股以下时，应采用同材质导线进行补强；当断股、损伤 7 股及以上时，应重新制作接头或更换。

钢芯铝绞线的钢芯断股或损伤时应重新制作接头或更换。

钢芯铝绞线与绝缘子或金具的固定处缠绕铝包带时，应密贴缠绕，不得重叠，绕向与导线绕向一致，绑扎长度为 200 mm。

③ 附加导线在接头、下锚和补强处采用预绞丝护线条时，预绞丝护线条的型号、规格应与附加导线材质相匹配，缠绕方向与附加导线绞向一致。接续时，其缠绕长度、机械性能应符合设计要求，接续点处导电性能不低于被接续导线。

（3）附加导线不得跨越屋顶为易燃材料的建筑物；对耐火屋顶的建筑物也要尽量避免跨越，若必须跨越时，其距建筑物的距离要符合第一百四十一条第（五）项的规定，且跨越的跨距内不得有接头、断股和补强。

（4）附加导线对地面及相互距离在任何情况下不应小于表 3-42 的数值。

表 3-42　附加导线对地面及相互距离的最小值　　单位：mm

<table>
<tr><th>序号</th><th colspan="2">有　关　情　况</th><th>供电线、正馈线、加强线</th><th>保护线、回流线、架空地线架空避雷线</th></tr>
<tr><td rowspan="3">1</td><td rowspan="3">导线在最大弛度时距地面的高度</td><td>居民区及车站站台处</td><td>7 000</td><td>6 000</td></tr>
<tr><td>非居民区</td><td>6 000</td><td>5 000</td></tr>
<tr><td>车辆、农业机械不能到达的山坡、峭壁和岩石</td><td>5 000</td><td>4 000</td></tr>
<tr><td rowspan="2">2</td><td rowspan="2">导线距离峭壁、挡土墙和岩石</td><td>无风时</td><td>1 000</td><td>500</td></tr>
<tr><td>计算最大风偏时</td><td>300</td><td>75</td></tr>
<tr><td rowspan="2">3</td><td rowspan="2">导线跨越铁路时</td><td>跨越非电化股道（对轨面）</td><td>7 500</td><td>7 500</td></tr>
<tr><td>跨越不同回路电气化股道（对承力索或无承力索时对接触线）</td><td>3 000</td><td>2 000</td></tr>
<tr><td rowspan="2">4</td><td rowspan="2">不同相或不同供电分段两导线悬挂点间距离</td><td>两线水平排列</td><td>2 400</td><td>——</td></tr>
<tr><td>导线垂直排列，上方为供电线，下方为供电线或回流线</td><td>2 000</td><td>——</td></tr>
<tr><td rowspan="2">5</td><td rowspan="2">与建筑物间的最小距离</td><td>最大弛度时最小垂直距离</td><td>4 000</td><td>2 500</td></tr>
<tr><td>边导线最大风速时最小水平距离</td><td>3 000</td><td>1 000</td></tr>
</table>

（5）附加导线与接触网同杆合架时，供电线、加强线、正馈线带电部分与支柱边沿的距离应不小于 1 m。附加导线与接触网分杆架设时，应符合电力部门架空输电线路的有关规定。

（6）附加导线肩架。

① 肩架安装位置正确，允许偏差 + 50 mm。

② 肩架安装牢固，呈水平状态。

③ 肩架采用方（槽）钢方式时，端头应封堵。

（二）高速铁路

（1）张力和弛度：

标准值：符合安装曲线的要求。

标准状态：标准值±8%。

警示值：标准值±8%。

限界值：标准值±10%。

支柱同一侧悬挂不同线径及材质的导线时，导线的弛度应以其中弛度较大的导线为准。

（2）接头及损伤。

① 跨越铁路、一二级公路、重要通航河流时，附加导线不得有接头。不同金属、不同规格、不同绞制方向的导线严禁直接进行接头。

② 一个耐张段内接头不得超过 1 个。耐张段长度不超过 150 m 时，严禁接头；超过 500 m 时，接头距悬挂点的距离应大于 500 mm。

③ 一个耐张段内接头、断股和补强线段的总数量不得超过下列规定。

标准值：0 处。

标准状态：0 处。

警示值：2 处。

限界值：4 处。

④ 附加导线不得跨越屋顶为易燃材料的建筑物；对耐火屋顶的建筑物也要尽量避免跨越，若必须跨越时，其距建筑物的距离要符合第一百二十六条第（四）项的规定，且跨越的跨距内不得有接头、断股和补强。

⑤ 附加导线不得散股、损伤断股标准。

标准值：无损伤。

标准状态：无损伤。

警示值：无断股。

限界值：断股。

铝导线断 3 股及以下时，可用预绞丝接续条或铝绑线绑扎补强，缠绕方向与被接续导线外层绞向一致，绑扎长度超出缺陷部分 30 ~ 50 mm；断 3 股以上时，应重新制作接头或更换。

钢芯铝绞线的钢芯断股或损伤时，应重新制作接头或更换。

钢芯铝绞线与绝缘子或金具的固定处缠绕铝包带时，应密贴缠绕，不得重叠，绕向与导线绕向一致，绑扎长度为 200 mm。

⑥ 附加导线在接头、下锚和补强处采用预绞丝护线条时，预绞丝护线条的型号、规格应与附加导线材质相匹配，缠绕方向与附加导线绞向一致。接续时，其缠绕长度、机械性能应符合设计要求，接续点处导电性能不低于被接续导线。

（3）附加导线对地面及相互距离在任何情况下不应小于下表之规定。

（4）附加导线与接触网同杆合架时，正馈线、保护线安装位置应符合设计要求。正馈线带电部分与支柱边沿的距离应不小于 1 m。当附加导线与接触网分杆架设时，应符合电业部门架空输电线路有关规定。

（5）肩架安装位置正确，安装牢固，呈水平状态。肩架位置的偏差为 ± 50 mm。肩架采用方钢方式时，端头应封堵。

三、检调方法

1. 附加导线的弛度不符合要求

弛度过大：松开线索各悬挂点，将线索放入滑轮，两端下锚处打紧线器、手扳葫芦，紧手扳葫芦，根据安装曲线调整弛度到符合要求后，重新制作终端，紧固各悬挂点螺栓。

弛度过小：在两端下锚处加绝缘子串或重新制作终端（方法同上）。

2. 附加导线的各部绝缘距离不符合要求

增加或调整固定点，加装绝缘保护或更换肩架。

3. 附加导线散股或断股

当附加导线散股、损伤断股不满足技术标准时，应剪断重接。其方法如下：

（1）按导线规格选择接续管和压模，并将接续管内部及垫片擦拭干净。

（2）断线：断线位置两边各 20 mm 处，用 ϕ1.6 mm 镀锌铁线绑扎 2 圈，再用断线钳断线；用平锉将附加线线头磨平，去掉毛刺；用砂布清除导线表面污垢和氧化膜，清除长度为连接部分的两倍，并在导线表面涂一层电力脂。

（3）穿线：将连接的导线穿入接续管，使导线端头露出管外 20~30 mm，然后将其端部用绑线扎紧，以防松散。如为钢芯铝线时，应在插入一根后，中间插入一个铝垫片，再插入另一根导线。

（4）压接：将接续管放入压接钳的压模中，铝绞线自管的一端开始上下交错压向另一端；钢芯铝绞线自管的中间开始依次上下交错的压向一端，完成后再压向另一端。压接顺序如图 3-67 所示，钳压压口数及压后尺寸如表 3-43 所示。

表 3-43　钳压压口数及压后尺寸

导线型号		钳压部分尺寸/mm			压后尺寸 D /mm	压口数
		a	a	a		
钢芯铝绞线	LGJ-70	46	54.5	123.5	23.0	16
	LGJ-95	54	61.5	142.5	29.0	20
	LGJ-120	62	67.5	160.5	33.0	24
	LGJ-150	64	70	166	36.0	24
	LGJ-185	66	74.5	173.5	39.0	26
	LGJ-240	62	68.5	161.5	43.0	2×14
铝绞线	LJ-70	44	28	50	19.5	8
	LJ-95	48	32	56	23.0	10
	LJ-120	52	33	59	26.0	10
	LJ-150	56	34	62	30.0	10
	LJ-185	60	35	65	33.5	10

注：压接后尺寸允许误差为±1.0 mm。

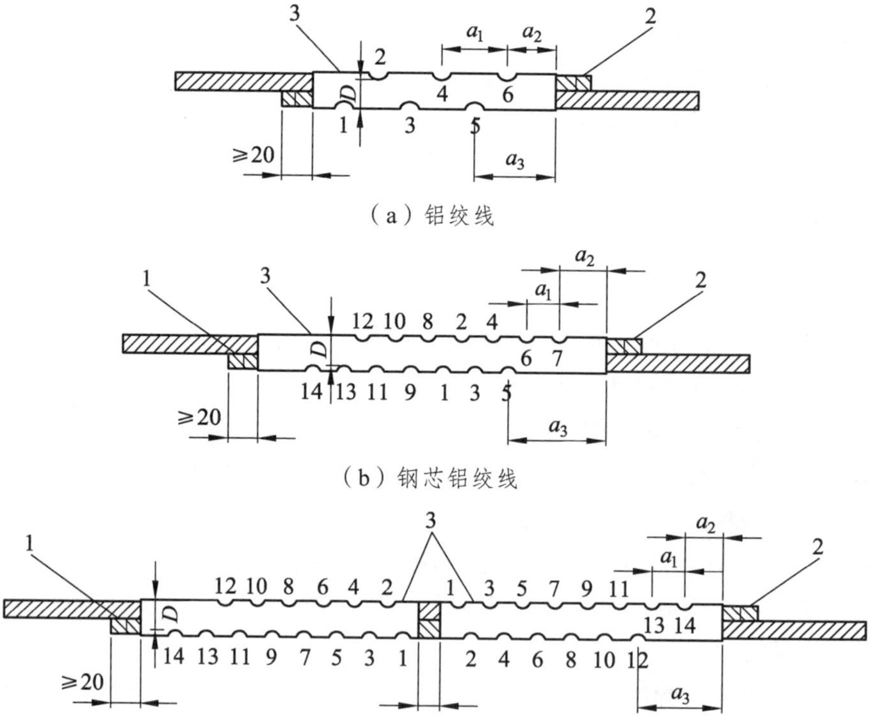

（a）铝绞线

（b）钢芯铝绞线

（c）钢芯铝绞线

1—垫片；2—绑线；3—接续管（接续管上的数字 1、2、3…表示压接顺序）。

图 3-67　接续管的压接顺序示意图

（5）压接后，接续管两端出口处、合缝处及外露部分涂刷油漆。

（6）钢芯铝绞线钢芯折断，剪断重接（方法同上）。

（7）附加导线有背扣等永久变形时，剪断重接（方法同上）。

4. 绝缘子状态

（1）绝缘子有闪络放电、击穿、破损、釉面剥落超过 300 mm^2，需更换绝缘子。

（2）绝缘子脏污应进行擦拭或清洗。

5. 导线固定

导线在针式绝缘子上的固定是用单股铝线绑扎在针式绝缘子上的。在直线区段，绑扎在针式绝缘子顶上；在曲线区段，绑扎在针式绝缘子颈部的曲线外侧。

1）顶扎法

① 在绑扎处包缠铝带 200 mm，铝带绕向和导线绕向相同，应一道紧贴一道缠绕，不得重叠。缠好铝包带的导线放人绝缘子的顶槽内。1.5 m 长的铝绑线盘成一个圆盘，绑线留头为 150 mm，靠近瓷瓶颈由下往上绕 3 圈。

② 绑线绕过瓷瓶颈后在另一侧同样绕 3 圈。

③ 绕过瓷瓶颈再绕 3 圈。

④ 绑线绕过瓷瓶颈与导线斜交到另一端由本线下面绕回，再通过瓷瓶顶两绑线在本线上部斜交呈“十”字花后再由另一端本线下部绕回，两余端在瓶颈中间拧 3 个花切断压倒。缠绕绑扎过程如图 3-68 所示。

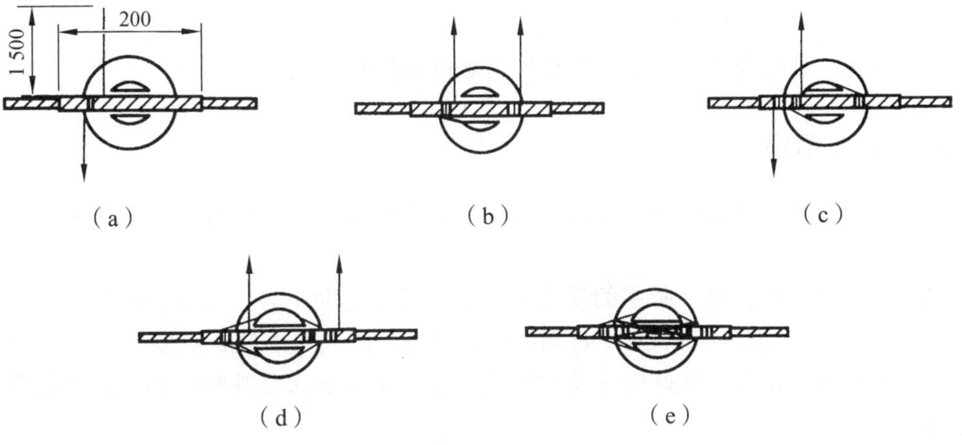

图 3-68　顶扎法

2）颈扎法

① 将导线放入与张力方向相反的绝缘子颈槽内，本线缠长度为 200 mm 的铝包带，铝绑线一头留 150 mm，靠近瓶颈由下往上缠 3 圈后在另一侧由上往下再缠 3 圈。

② 在原侧由下往上缠 3 圈。

③ 在另一侧由上往下再缠 3 圈。

④ 绑线绕过瓶颈由下往上绕过本线与本线斜交。

⑤ 绕过瓶颈再由上往下绕过本线与本线斜交，这样两绑线相交呈“十”字花后将两余端在瓶颈中间拧 3 个花切断压倒。缠绕绑扎过程如图 3-69 所示。

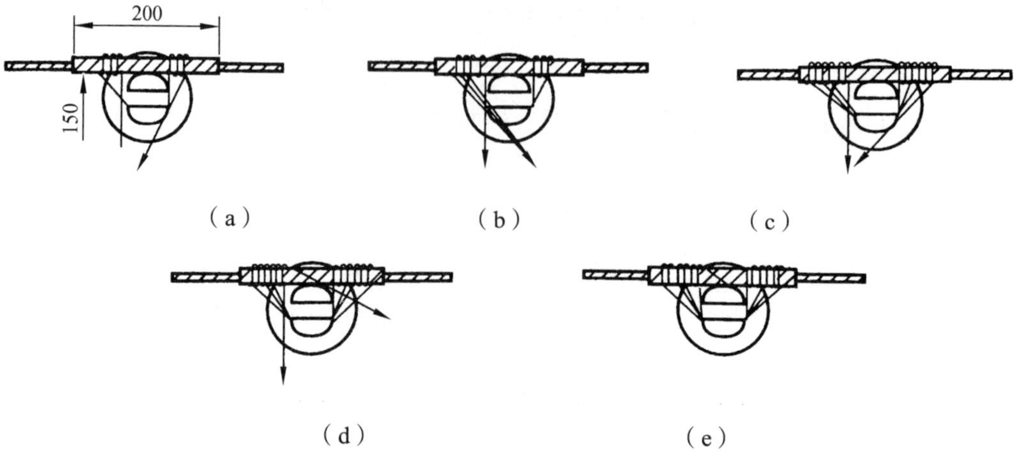

图 3-69 颈扎法

注：导线在悬式绝缘子上的固定是安装在杵座鞍子内，鞍子内的线索应缠铝绑带或加装铝衬垫。

6. 检查肩架

（1）肩架歪斜、变形：松开螺栓进行调整，永久性变形则需进行更换。

（2）肩架锈蚀：涂刷防腐漆或更换零部件。

7. 检查各部螺栓、销钉

确保齐全，且符合标准，对各部螺栓力矩进行校验。

四、注意事项

（1）附加悬挂检修前一定要先确认支柱号，确认是否有“V 停禁攀”警示牌，防止误攀误爬。

（2）线索弛度调整时，所用的受力工具必须经过定期试验，且在合格期内。使用前还必须认真检查，受力过程中还要时刻注意其状态，防止发生抽断隐患。

（3）各种高空作业应做好安全防护措施，上、下作业人员呼唤应答，配合得当，防止受伤。

五、选取“接触网 AF 线检查接续”为实作考核项目

实作项目考核评价表

专业：____________ 班级：____________ 小组成员：____________________

1. 考核项目：接触网设备检查。

2. 考核内容：接触网 AF 线检查接续。

3. 考核表（见表 3-44）。

表 3-44　考核表

项目及配分		考核内容及评分标准	扣分因素及扣分	得分	备注
时间	10 分	① 准备时间：5 min。 ② 正式操作时间：60 min。 ③ 计时从准备开始，到作业人员汇报完成结束。 ④ 规定时间内全部完成不加分，也不扣分。每超时 1 min，扣 1 分，总超时 5 min 停止作业			
作业准备	20 分	① 个人工具：活动扳手（250 mm、300 mm）、虎口钳、尖嘴钳、平口改锥、十字改锥，每缺少一项扣 1 分； ② 仪表：万用表，缺少扣 1 分； ③ 其他：望远镜、红外线测温仪、铁锹、绑线等，每缺少一项扣 1 分； ④ 安全用具：绝缘手套、绝缘靴、绝缘拉杆，每缺少一项扣 1 分； ⑤ 未正确使用工具、仪表，扣 2 分； ⑥ 按规定标准着装，使用劳动保护用品；未按标准着装，缺少劳保用品一项扣 2 分			
安全	40 分	（1）巡视作业前： ① 未按标准着装，工作服、鞋、帽、手套穿戴是否整齐，每项扣 1 分。 ② 未检查活动扳手及钳子使用状态是否良好，扣 1 分。 ③ 未对万用表使用状态进行检查，扣 1 分。 ④ 未对望远镜、红外线测温仪使用状态进行检查，扣 1 分。 （2）巡视作业中： ① 确认巡视范围、巡视项目，未确认，每项扣 5 分。 ② 未查看线路周围是否有开挖等施工情况，扣 2 分。 ③ 未查看线路附近树害或其他线路跨越情况，扣 2 分。 ④ 遇带电无法处理情况，未及时记录，扣 2 分。			
		（3）未正确传递工具、材料，每次扣 3 分；工具、材料（包括工具包）放置在作业车作业平台、框架上，每件次（工具包及包内工具、材料按 1 件计）扣 3 分；高空掉物，每件次扣 3 分。损坏工具或未正确使用工具，每项扣 3 分；高空作业未扎好安全带扣 3 分。 （4）安装或拆卸紧线器时，不得用其他工具进行敲打，以免损坏紧线器，否则每次扣 3 分。 （5）紧线器受力后要检查受力状态，紧线器无滑移后，方可继续紧线，否则每次扣 3 分。 （6）接头线夹受力后要检查受力状态良好，方可拆除链条葫芦和紧线器，否则每次扣 3 分。			

续表

项目及配分		考核内容及评分标准	扣分因素及扣分	得分	备注
安全	40分	（7）根据不同的导线和导线的张力选择正确的紧线器和链条葫芦，否则每次扣3分。 （8）报告作业完毕后，作业现场遗留工具，每件扣3分。 （9）导线： ① 未检查线路弛度状态，每项扣2分； ② 未查看线路有无断股、散股、损伤或闪络烧伤等情况，每项扣2分； ③ 未查看导线绑扎是否牢固。每项扣2分。 （10）作业过程中发生人身轻伤及以上者，或由于个人原因导致作业无法继续进行时，本项失格			
作业程序及质量	30分	① 巡视检查腕臂、定位、吊弦、中心锚结、下锚补偿装置、电连接等部件损坏状态，制定抢修步骤及方法，每少1项扣2分； ② 导线有明显硬弯，每处扣2分； ③ 螺栓紧固方法不正确、工具力矩不符合要求，每处扣2分			
合计	100分				

任务十五　分段绝缘器检调

任务学习描述

学习任务：分段绝缘器检调。

学习对象：学习接触网课程的学生及企业新入职人员。

工具选择：常用安全工具、测量工具、梯车。

学习步骤：

（1）学习分段绝缘器的分类及作用。

（2）学习分段绝缘器的类型。

（3）学习分段绝缘器检调方法。

任务学习方法

资讯：接受工作任务，分析任务，通过查找学习资料、相关文件，对任务形成总体认识。

计划：学习以小组为单位，讨论分段绝缘器的分类及作用。

决策：学生与老师共同讨论分段绝缘器检调方法。

实施：确定学习任务，查找资料文件，完成检修标准、检调方法。

检查：以小组为单位，使用梯车完成学习步骤。

总结：学生与老师共同讨论本节课知识点，以及高空作业的注意事项。

任务学习目标

（1）掌握分段绝缘器的分类及作用。

（2）掌握分段绝缘器的类型。

（3）掌握分段绝缘器检调方法。

任务分工

分段绝缘器检调任务分工如表 3-45 所示。

表 3-45　分段绝缘器检调任务分工表

序号	分工	安全等级	人数	工作内容	备注
1	工作领导人	4 级及以上	1	指挥作业过程，负责任务整体安排	
2	安全员	4 级及以上	1	负责作业全程安全盯控工作	
3	高空作业人员	3 级及以上	1	负责检查分段绝缘器	
4	辅助人员	2 级及以上	4	负责梯车、轨道车其他安全事项	
5	防护	3 级及以上	4	负责上下行来车方向的防护工作	

一、分段绝缘器的作用及组成

分段绝缘器是接触网进行电分段时采用的一种绝缘设备。为了保证接触网供电的可靠性、灵活性，并能缩小停电事故的范围，需要对接触网进行电分段。电分段分为同相电分段和分相电（不同相电）分段。分段绝缘器用于接触网同相电分段。

在同相电分段区域内，接触网电气上是独立的，并通过隔离开关连接。当某区段进行检修或发生事故时，可以打开相应的隔离开关实现停电作业，而不影响其他区段的正常供电。接触网电分段有横向电分段和纵向电分段两种。横向电分段是指接触网线路之间所进行的电分段，如在车站的装卸线、机车整备线、站场的正线与侧线间进行的电分段。纵向电分段是指接触网沿线路方向的电分段，如站场和区间连接处、区间遇有大型建筑物（长大隧道及长大下承桥）、接触网相邻锚段之间的电分段，如图 3-70 所示。

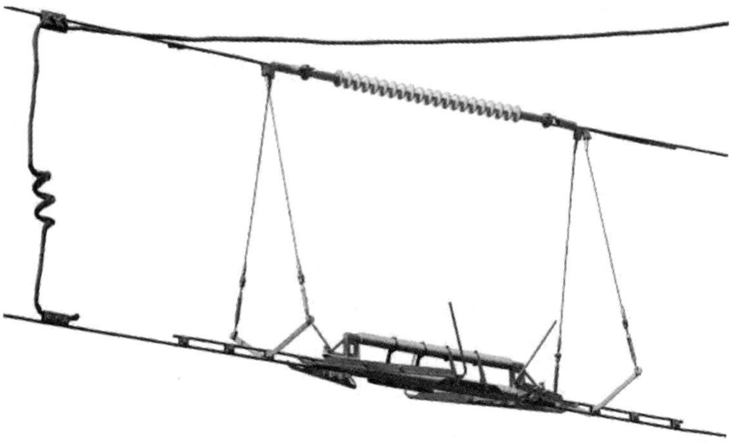

图 3-70　接触网分段绝缘器

分段绝缘器主要由导流滑板、绝缘部件、悬吊装置、备线、备线线夹、接头线夹等组成。

二、分段绝缘器的类型

目前现场常用的分段绝缘器：消弧分段绝缘器、菱形分段绝缘器、高铝陶瓷分段绝缘器和无弯矩防污型分段绝缘器。

（一）消弧分段绝缘器

消弧分段绝缘器由两端较强的不锈钢三角形零件和两根绝缘滑道所组成。

接触线的张力通过各部件实现平衡，其中连接接触线的三角形零件的横梁也像菱形分段绝缘器的桥绝缘子一样承受弯曲和压缩的作用，但不锈钢横梁抗弯能力较强，变形很小，保证了两根主绝缘滑道基本上只承受张力。其承载力可超过 80 kN。消弧分段绝缘器的铜导流板能承受受电弓的冲击、磨损并完成导流任务。同时，消弧分段绝缘器在两端导流板之间设了消弧角，消弧角的空气间隙小于分段绝缘器不同电位部件间的气隙值。

消弧分段绝缘器结构紧凑、断口尺寸小、速度特性好。消弧分段绝缘器的导流板在安装准确到位时，适用于 200 km/h 的行车速度，如图 3-71 所示。

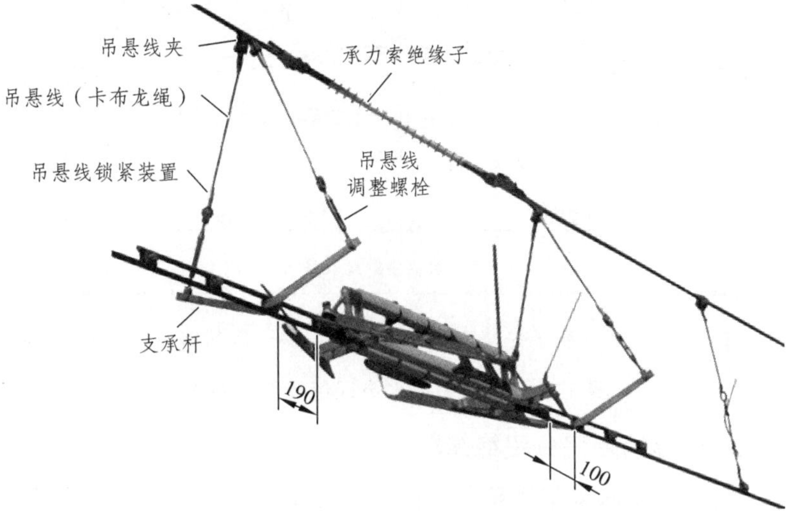

图 3-71　消弧分段绝缘器示意图

（二）滑道式菱形分段绝缘器

受电弓通过分段绝缘器时，受电弓滑板与导流板和绝缘件同时接触。分段绝缘器绝缘件采用玻璃纤维树脂绝缘棒，具有较高的机械强度、绝缘强度和耐磨性。导流板用磷青铜制成，具有较好的导电性和耐磨性。桥绝缘子一般采用硅橡胶或聚四氟乙烯材料制成，结构上起支撑和绝缘作用。受电弓通过桥绝缘子下方时为防止在两导流板转换时拉弧，特设防闪络角隙，以保护桥绝缘子。角隙为 220 mm，用不锈钢制成。绝缘件泄漏距离为 1 200 mm，当用于钢铝接触线时总长度为 3 058 mm；用于铜接触线时，因接头线夹不同，总长度为 2 812 mm。

滑道式菱形分段绝缘器具有结构简单、质量轻、防污性能好的特点，可适应 160 km/h 的行车速度，如图 3-72 所示。

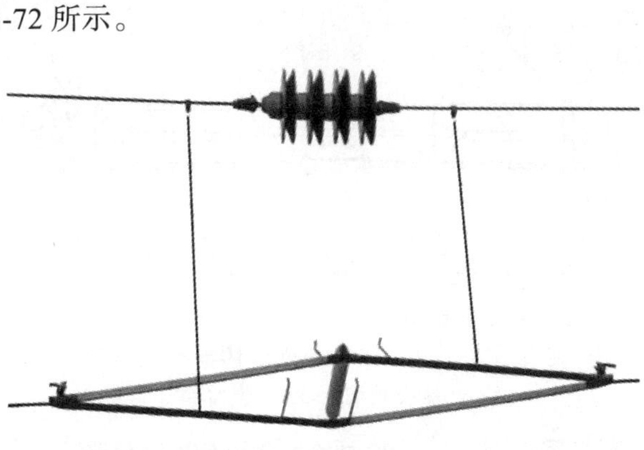

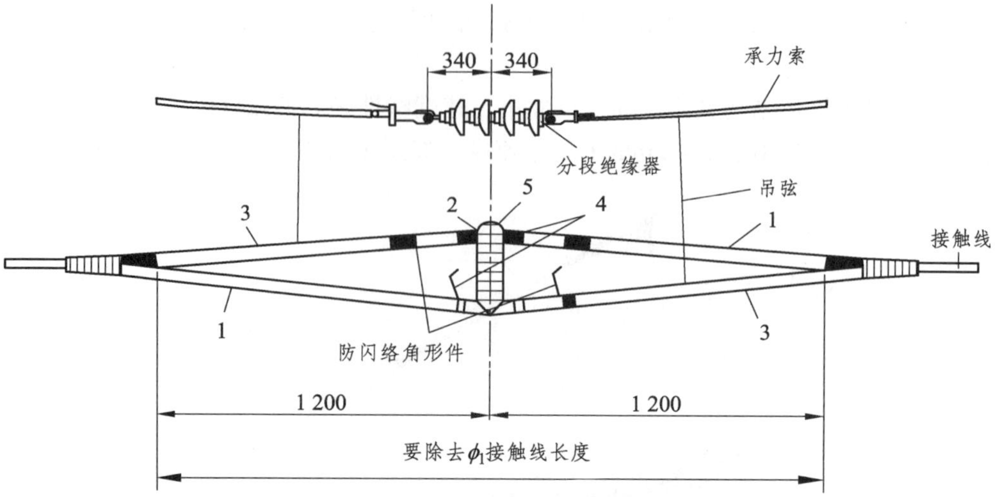

1—玻璃纤维绝缘板；2—桥绝缘子安装座；3—导流板；4—防闪络角隙；5—硅橡胶绝缘子。

图 3-72　滑道式菱形分段绝缘器示意图

（三）C-1200 型高铝陶瓷分段绝缘器

其中绝缘元件为高铝陶瓷绝缘棒，它由高强度玻璃纤维芯棒、高铝陶瓷护套、密封垫圈、灌封层和金属接头组成，长度 600 mm，每侧用两根棒串接起来，总泄漏距离是 1 200 mm。高强度玻璃纤维芯棒是采用聚醋树脂或环氧树脂为胶黏剂的棒材，其抗拉强度超过 45 钢，直径为 12 mm。

高铝陶瓷护套为 75 号氧化铝瓷，表面涂釉，有优异的耐磨和抗老化性能。密封垫圈起密封和缓冲作用，采用石棉垫和硅橡胶两种。硅橡胶垫圈在耐老化、抗漏电及工艺方面都优于石棉垫圈，如图 3-73 所示

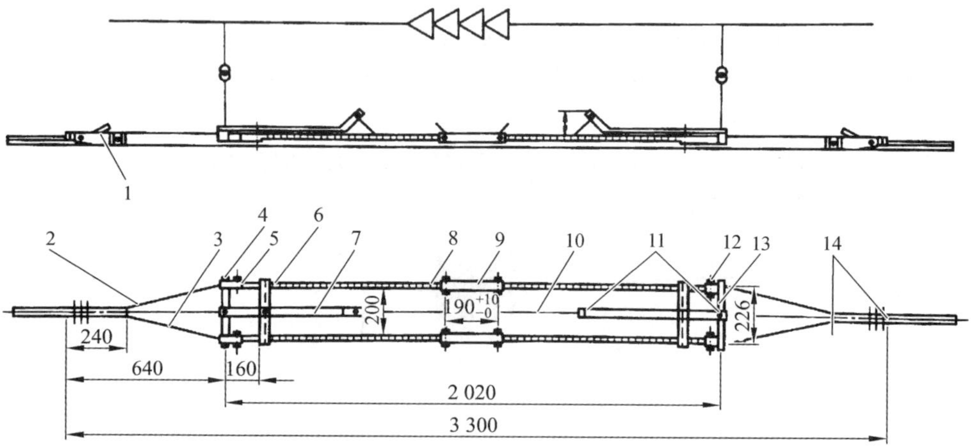

1—钢铝接触接头线夹；2—导流框架 i；3—导流框架 ii；4—销钉；5—接头；6—横撑架；7—角钢支架；8—绝缘元件；9—辅助滑道；10—导流角隙；11、14—螺栓；12—圆头销钉；13—横撑管。

图 3-73　C-1200 型高铝陶瓷分段绝缘器

C-1200 型高铝陶瓷分段绝缘器的特点：

（1）采用高铝陶瓷护套克服了材质老化问题。

（2）绝缘件比滑道高 15 mm，工作日才不与受电弓滑板接触，改善了绝缘件的工作条件。

（3）绝缘件泄漏距离为 1 200 mm，提高了绝缘性能和防污染能力，增强了工作的可靠性。

（4）受电弓通过导流角隙时，利用拉弧工作原理，使导流角隙起导流和灭弧作用，并在此设置辅助滑道，以保证机械平稳过渡。

（5）可满足 70 km/h 行车速度的要求。

（四）XFFP-2.0 无弯矩防污型分段绝缘器

XFFP-2.0 无弯矩防污型分段绝缘器（见图 3-74）适用于交流工频 25 kV 电气化铁道接触网同相电分段处。

图 3-74　XFFP-2.0 无弯矩防污型分段绝缘器

（1）本绝缘器采用优质材料及先进工艺制作，具有优良的耐弧、耐磨及耐老化性能，接头线夹结构合理，便于安装，能确保电力机车受电弓平滑通过。

（2）本分段绝缘器重量轻，清洁维修方便，使用寿命长，是国内目前较理想的接触网分段设备。该分段绝缘器适用线型见表 3-46。

表 3-46　适用线型规格

线夹型号	适用线型	整机全长/mm	整机质量约/kg
T	铜合接触线 85~150 mm^2	3 365±5/ 3 700±5	25.5
GLCN195 GLCN250	GLCN195 GLCN250	3 375±5/ 3 710±5	25.5

三、技术标准

（1）分段绝缘器通过速度不得超过 120 km/h，空气绝缘间隙不小于 300 mm。

（2）分段绝缘器主绝缘应完好，其表面放电痕迹应不超过有效绝缘长度的 20%。主绝缘严重磨损应及时更换。

（3）分段绝缘器应位于受电弓中心，一般情况下偏差不超过 100 mm。相对于两侧吊弦点有 5 ~ 15 mm 的负弛度。滑道底面应平行于轨面，最大偏差不超过 10 mm。

（4）分段绝缘器导线接头、导流滑道端头处过渡平滑。承力索分段绝缘子应采用重量较轻的有机复合绝缘子。

（5）分段绝缘器不应长时间处于对地耐压状态。雨、雪、雾、霾、冻雨等恶劣天气下，起电分段作用的隔离开关严禁处于分闸状态。隔离开关应在作业开始前 30 min 内断开，在作业间歇时间大于 30 min 时应闭合，继续作业时再断开，作业结束后应及时闭合。

（6）分段绝缘器安装位置应符合规定，距离定位点不得小于 2 m。

四、检修方法

（1）测量分段绝缘器两侧定位点导高及分段绝缘器两侧接触线终端线夹导高，计算分段绝缘器负弛度，应满足在 50~70 mm。相对于两侧吊弦点有 5~15 mm 的负弛度。

（2）测量分段绝缘器是否位于受电弓中心，偏差不超过 100 mm。滑道底面应平行于轨面，最大偏差不超过 10 mm，若不符合标准进行调整。测量位置如图 3-75 所示。

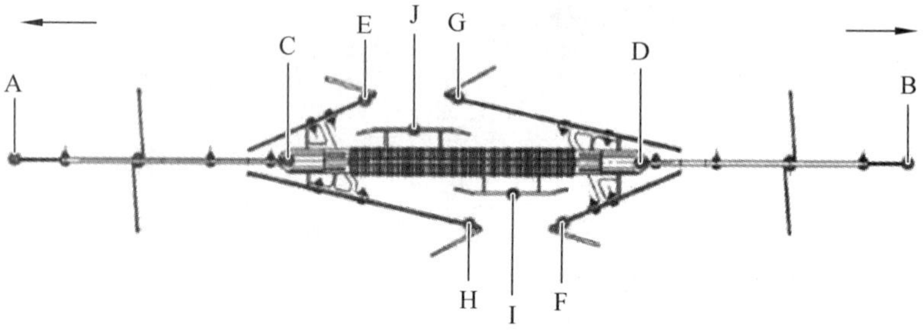

图 3-75　分段绝缘器测量点位

（3）检查分段绝缘器各零部件是否有无永久性变形、破损、烧伤、裂纹和老化现象，吊弦（索）状态是否良好，视具体情况进行处理，必要时进行更换。

（4）用水平尺模拟受电弓在各连接区域来回滑动，有无碰撞或跳跃感。

（5）绝缘滑道、金属滑道烧损处理方法：首先找出原因，用水平尺模拟受电弓在各连接区域来回滑动，有无碰撞或跳跃感；再用砂纸或锉刀打磨至不见痕迹，确认损伤程度，当不能满足安全运行时必须更换。金属滑道烧伤处需打磨平整。

（6）连接部件的检查：

① 有无滑移现象。

② 连接零件是否齐全。

③ 连接安装方式是否正确（线夹，螺栓、组装）。

④ 被连接件受力是否均匀。

⑤ 螺栓是否紧固，开口销是否掰开。

（7）绝缘器的工作高度及工作面的调整：

① 调整绝缘器上吊弦的长度来达到要求。

② 用水平尺检查绝缘器工作面。

a. 曲线处：外轨侧滑道与内轨侧滑道高差值 C 的确定：

C =检查处绝缘器宽度/检查处对应的轨距×外轨超高

b. 直线处 $C=0$（水平状态）。

（8）绝缘（金属）滑道距受电弓中心的距离大于 400 mm 时，在保证跨中最大静态拉出值不超过 400 mm 的情况下，减小相邻定位点的拉出值以满足要求。如跨中拉出值不能保证，则将绝缘器相邻定位改为双定位。

（9）承力索绝缘子：当为硅胶绝缘子时，进行检查，清扫；当有裂纹、破损或闪络放电痕迹时须更换。

（10）检查各部螺栓紧固状态是否良好、涂油、销钉齐全。

五、注意事项

（1）检修绝缘器作业前，必须使用 25 mm^2 裸铜软绞线短接线分别连通分段绝缘器两端导线和其正上方分段绝缘子两端承力索后再进行作业。

（2）作业过程中应严格防止抽脱。

（3）硅橡胶绝缘清扫时，严禁使用带溶剂的各种清洗剂，可使用中性的清洗液（粉）。

（4）注意避免损伤分段绝缘器。作业过程中绝缘元件必须避免碰撞和脏污，安装时不得踩踏绝缘器，导流板不得有任何横纵向弯曲、变形。

（5）校直接触线应用电车线校直器或用木锤敲打，严禁使用铁锤、铁管等硬物敲击。

（6）分段绝缘器不应长时间处于对地耐压状态，尤其是雾、雨、雪等恶劣天气时更应尽量缩短其对地耐压时间，作业结束后应尽快合上隔离开关，恢复正常运行。

六、选取“分段绝缘器检调”为实作考核项目

实作项目考核评价表

专业：____________ 班级：____________ 小组成员：____________________

1. 考核项目：接触网设备维修。
2. 考核内容：分段绝缘器检查调整。
3. 考核表（见表 3-47）。

表 3-47 考核表

项目及配分		考核内容及评分标准	扣分因素及扣分	得分	备注
时间	10 分	准备时间 10 min，作业时间 60 min，提前不加分，每超 1 min 扣 2 分，超时 5 min 停止作业			
作业准备	10 分	① 准备工具材料，检查工具材料状态是否良好，型号是否符合作业要求。缺少工具材料或工具材料不符合作业要求每件扣 2 分。			
		② 按规定标准着装，使用劳动保护用品；未按标准着装，缺少劳保用品一项扣 2 分			

续表

项目及配分		考核内容及评分标准	扣分因素及扣分	得分	备注
安全	40 分	① 攀登车梯时，越车梯蹬上下车梯，每次扣 3 分； ② 高空作业未系好安全带扣 3 分。 ③ 未正确传递工具、材料，每次扣 3 分；工具、材料（包括工具包）放置在车梯作业平台、框架上，每件次（工具包及包内工具、材料按 1 件计）扣 3 分；高空掉物，每件次扣 3 分；损坏工具或未正确使用工具，每项扣 3 分。 ④ 作业过程中碰撞、损伤、污染或踩踏分段绝缘器，每项扣 3 分。 ⑤ 报告作业完毕后，作业现场遗留工具，每件扣 3 分。 ⑥ 高空作业人员进入车梯作业平台前应用短接线将分段绝缘器两端进行短接，否则扣 3 分。 ⑦ 报告作业完毕后，存在侵入受电弓动态包络线、铁路建筑限界或影响送电情形扣 20 分。 ⑧ 作业过程中发生人员轻伤及以上者，或由于个人原因导致作业无法继续进行时，本项失格			
作业程序及质量	40 分	① 使用激光测量仪测量分段绝缘器弛度。对分段绝缘器旁一侧支柱定位线夹（含）至另一侧支柱定位线夹（含）间的吊弦及分段的接触线高度依次进行测量，并通知监护人员填写测量记录。少测量一处扣 3 分，测量不正确每处扣 2 分； ② 测量分段绝缘器处接触线高度及分段绝缘器水平位置，并通知监护人员填写测量记录。少测量一处扣 3 分，测量不正确每处扣 2 分。 ③ 检查承力索绝缘子状态。未检查扣 3 分，检查后绝缘子技术状态不符合要求每处扣 2 分。 ④ 检查承力索和绝缘子接头处线索及连接线夹状态。少检查一处扣 3 分，检查后技术状态不符合要求每处扣 2 分。 ⑤ 检查金属滑板状态。用清洁干燥的抹布擦拭分段绝缘器的绝缘部分，观察有无放电痕迹。检查并沟线夹是否卡入接触线沟槽，检查并沟线夹的螺栓有无松动，并涂抹锁固胶。少检查一处扣 3 分，检查后技术状态不符合要求每处扣 2 分。 ⑥ 用水平尺检调分段绝缘器过渡平滑，将水平尺从下方靠在滑板端头向分段绝缘器中心 50 mm 处，检查分段绝缘器的两个滑板与中间的接触线三点是否在一个平面上。若不在同一平面，需调整分段绝缘器端头上部调节螺栓，将接触线调整到与两端滑板在同一平面后，再将固定螺母紧固，并涂抹锁固胶。未检查扣 3 分，检查后技术状态不符合要求每处扣 2 分；			

续表

项目及配分		考核内容及评分标准	扣分因素及扣分	得分	备注
		⑦ 用水平尺测量分段绝缘器的水平及调整。将水平尺从分段绝缘器下部对角测量分段绝缘器的滑板是否在同一平面内，是否与轨面平行。若水平尺指示倾斜，需调整花篮螺丝。调整花篮螺丝时，应两人配合，操作对称两组花篮螺丝同时操作花篮螺丝。调整完毕后，将所有螺母拧紧，并插上开口销，保证掰开角度大于 120°。未检查扣 3 分，检查后技术状态不符合要求每处扣 2 分。 ⑧ 用水平尺从分段绝缘器下部沿导体与本体整体进行滑动，并通过本体观察是否在同一水平度，有无可能妨碍受电弓运行的硬点。未检查扣 3 分，检查后技术状态不符合要求每处扣 2 分。 ⑨ 清扫分段绝缘器的绝缘部件，未清扫的扣 3 分，清扫不彻底的扣 2 分			
合计	100 分				

任务十六　隔离开关检调

任务学习描述

学习任务：隔离开关检调。

学习对象：学习接触网课程的学生及企业新入职人员。

工具选择：常用安全工具、测量工具、梯车。

学习步骤：

（1）学习隔离开关的作用及组成。

（2）学习隔离开关的类型和特性。

（3）学习隔离开关检调方法。

任务学习方法

资讯：接受工作任务，分析任务，通过查找学习资料、相关文件，对任务形成总体认识。

计划：学习以小组为单位，讨论隔离开关的作用及组成。

决策：学生与老师共同讨论隔离开关的类型和特性。

实施：确定学习任务，查找资料文件，完成检修标准、检调方法。

检查：以小组为单位，使用梯车完成学习步骤。

总结：学生与老师共同讨论本节课知识点，以及高空作业的注意事项。

任务学习目标

（1）掌握隔离开关的作用及组成。

（2）掌握隔离开关的类型和特性。

（3）掌握隔离开关检调方法。

任务分工

隔离开关检调任务分工如表 3-48 所示。

表 3-48　隔离开关检调任务分工表

序号	分工	安全等级	人数	工作内容	备注
1	工作领导人	4 级及以上	1	指挥作业过程，负责任务整体安排	
2	安全员	4 级及以上	1	负责作业全程安全盯控工作	
3	高空作业人员	3 级及以上	1	负责检查隔离开关	
4	辅助人员	2 级及以上	4	负责梯车、轨道车其他安全事项	
5	防护	3 级及以上	4	负责上下行来车方向的防护工作	

一、隔离开关的作用及组成

接触网用隔离开关具有一般隔离开关的特点，其作用是连通或切断接触网供电分段间的电路，增加供电的灵活性，满足检修和不同供电方式运行的需要。隔离开关在分闸状态下有明显的断口，在合闸状态下能可靠地通过额定电流和短路电流。因隔离开关没有灭弧装置，不能切断负荷电流和短路电流，因此隔离开关通常和断路器配合使用，且在操作中必须注意与断路器操作的先后顺序：当合闸时，先合隔离开关，后合断路器；在分闸时，先分断路器，后分隔离开关。这种操作通常称为倒闸操作，为了保证安全，一般采用连锁装置，以防止误操作。

按照隔离开关担负的任务，应满足以下要求：一是隔离开关应具有明显的断开点，易于鉴别电器是否与电网断开。二是隔离开关断开点应具有可靠的绝缘。要求隔离开关断开点之间有足够的距离，以保证在恶劣的气候条件下也能可靠地工作，并在过电压及相间闪络时，不至从断开点击穿，危及人身安全。三是它在运行中会受到短路电流和热效应电动力的作用，故它应具有足够的热稳定性和动稳定性，尤其不能因电动力的作用而自动断开，否则将引起严重事故。四是隔离开关的结构应尽可能简单，动作要可靠。五是带有接地闸刀的隔离开关必须有连锁机构，以保证先断开隔离开关后再合上接地闸刀、先断开接地闸刀再合上隔离开关的操作顺序。

隔离开关一般装设在大型建筑物（如长大隧道和长大桥梁）两端、车站装卸线、专用线、电力机车库线、机车整备线、绝缘锚段关节、分区、分相绝缘器等需要进行电分段的地方。它的主要用途是当需要接触网停电作业检修时，用它来实现与正线或到发线接触网线路的可靠隔离，从而保证作业及检修人员的安全和运行部分的正常工作。

二、隔离开关的类型和特性

1. 普通隔离开关

隔离开关按安装地点可分为户内型和户外型；按触头运动方式分为水平回转式、垂直回转式、伸缩式和直线移动式；按有无接地刀闸分为有接地刀闸和无接地刀闸；按隔离开关的级数分为单极、双极和三极隔离开关；按隔离开关的操作机构有手动和电动两种。户内型一般采用手动操作机构。对改变运行方式的隔离开关一般采用电动操作机构，以便实现远距离控制。其主要技术参数包括额定电压、最大工作电压、额定电流、极限通过电流、热稳定电流。

接触网采用电力系统中的 35 kV 单极隔离开关和电气化铁道专用耐污型单极隔离开关。隔离开关结构如图 a 所示，隔离开关技术参数如表 3-49 所示。

隔离开关按其用途分为带接地刀闸和不带接地刀闸两种，其型号为 GW_4-35、$GW_4$35D、GW_4-25/6301、GW_4-25/630TD。

符号的意义：G—隔离开关；W—户外型；4—产品序号；35、25—额定电压为 35 kV、

25 kV；D—带接地刀闸；T—铁路专用；630—额定电流（A）。

表 3-49　常用隔离开关技术特性

<table>
<tr><th>型号</th><th>额定电压/kV</th><th>最大工作电压/kV</th><th>额定电流/A</th><th>极限通过电流限值/kA</th><th>10 s 热稳定电流有效值/kA</th><th>破冰厚度/mm</th><th>母线最大水平拉力/N</th><th>每极质量/kg</th><th>配用操作机构</th></tr>
<tr><td>$GW_1-\frac{10}{400}$</td><td>10</td><td>11.5</td><td>400</td><td>25</td><td>10</td><td></td><td></td><td>20</td><td>CS8-1</td></tr>
<tr><td>$GW_1-\frac{10}{600}$</td><td>10</td><td>11.5</td><td>600</td><td>35</td><td>14</td><td></td><td></td><td>21</td><td>CS8-1</td></tr>
<tr><td rowspan="2">GW_4-35</td><td rowspan="2">35</td><td rowspan="2">40.5</td><td>600</td><td>50</td><td>10</td><td rowspan="2">5</td><td rowspan="2">490</td><td rowspan="2">65</td><td rowspan="2">CS11</td></tr>
<tr><td>1 000</td><td>80</td><td>15</td></tr>
<tr><td rowspan="2">GW_4-35D</td><td rowspan="2">35</td><td rowspan="2">40.5</td><td>600</td><td>50</td><td>10</td><td rowspan="2">5</td><td rowspan="2">490</td><td rowspan="2">68</td><td rowspan="2">CS8-6D</td></tr>
<tr><td>1 000</td><td>80</td><td>15</td></tr>
<tr><td rowspan="3">$GW_4-\frac{35}{60}$</td><td rowspan="3">35
60</td><td rowspan="3">40.5
69.5</td><td>600</td><td>50</td><td>10</td><td rowspan="3">5</td><td rowspan="3">490</td><td rowspan="3"></td><td rowspan="3">CS11</td></tr>
<tr><td>1 000</td><td>80</td><td>15</td></tr>
<tr><td>2 000</td><td>104</td><td>30</td></tr>
<tr><td rowspan="3">$GW_4-\frac{35}{60D}$</td><td rowspan="3">35
60</td><td rowspan="3">40.5
69.5</td><td>600</td><td>50</td><td>10</td><td rowspan="3">5</td><td rowspan="3">490</td><td rowspan="3"></td><td rowspan="3">CS8-6D
CS15-D</td></tr>
<tr><td>1 000</td><td>80</td><td>15</td></tr>
<tr><td>2 000</td><td>104</td><td>30</td></tr>
</table>

按操作次数多少分为经常操作和不经常操作两种。经常操作的隔离开关安装在车站货物装卸线、机车整备线和库线等处，选用带接地刀闸的 GW_4-35D 或 GW_4-25/630TD 型开关。当开关打开的同时，接地刀闸将接通停电铡刀闸，以保证装卸货物和检修机车人员的安全。不经常操作的隔离开关安装在绝缘锚段关节、分相电分段和馈线等处，采用不带接地刀闸的 $GW_4$35、GW_4-25/630T 型开关。

上述四种开关的主体结构基本相同，只是带接地刀闸的开关多了一套接地刀闸和联动装置。它由金属底座、绝缘瓷柱、导电刀闸、接地刀闸和操动机构组成。开关的分合过程是操作手动机构，经转动杆转动主轴上的瓷柱，并带动导电刀闸水平转动 90°，转动的同时又通过交叉连杆使另一个瓷柱和导电刀闸转动 90°。

隔离开关安装时，腕臂柱安装在支柱顶部，软横跨柱安装在支柱的 1/2 高度处，导电刀闸通过电连接线与接触网连接，如图 3-76 所示。

GW_4-25/630T 与 GW_4-25/630TD 为电气化铁道专用耐污型隔离开关，额定电压为 25 kV，额定电流 630 A，其主要特点是瓷柱采用了耐污型支持绝缘子。主要技术性能如

表 3-50 所示。

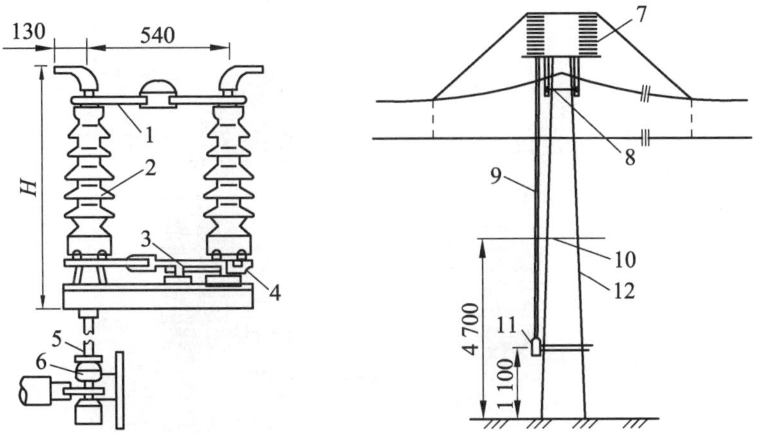

1—导电刀闸；2—瓷柱；3—交叉连杆；4—底座；5—传动杆；6—操动机构；
7—隔离开关；8—隔离开关托架；9—传动杆；10—传动杆限制架；
11—手动操动机构；12—支柱。

图 3-76　隔离开关结构

表 3-50　耐污型隔离开关支持绝缘子技术特性

泄漏距离/mm	工频闪络电压有效值/kV			50%全波冲击闪络电压幅值/kV	抗弯破坏负荷/N	抗扭破坏负荷/N	备注
1 200	≥1 800	≥1 400	≥32	≥300	≥3 524	≥981	污闪盐密 0.3 mg/cm^2

2. DDV-27.5-2P（P）系列户外交流高压隔离开关

DDV-27.5-2P(P)系列户外交流高压隔离开关（以下称隔离开关）是专为电气化铁路研制的单极、双极高压隔离开关。该产品适用于额定频率为 50 Hz、额定电压为 27.5 kV 的电气化铁路牵引供电系统，是供高压线路在无载荷情况下进行换接，以及对被检修的高压母线、断路器等电器设备与带电的高压线路进行电气隔离之用。

本系列隔离开关户外是双柱垂直开启结构，本体部分由底座、绝缘子、导电部分及传动部分组成。外形如图 3-77 所示，27.5 型户外交流高压隔离开关结构如图 3-78 所示。

其中导电臂① 在两端导电静触头② 处镀银。底座③ 采用钢型材热镀锌防腐工艺，主传动轴④ 与底座③ 为装配式连接，拉杆绝缘子⑤ 作用于主传动轴与导电臂之间完成操作力的传递，拐臂⑥ 通过斜拉杆与操作机构连接以完成操作力臂的改变。

图 3-77　DDV-27.5-2P(P)系列户外交流高压隔离开关

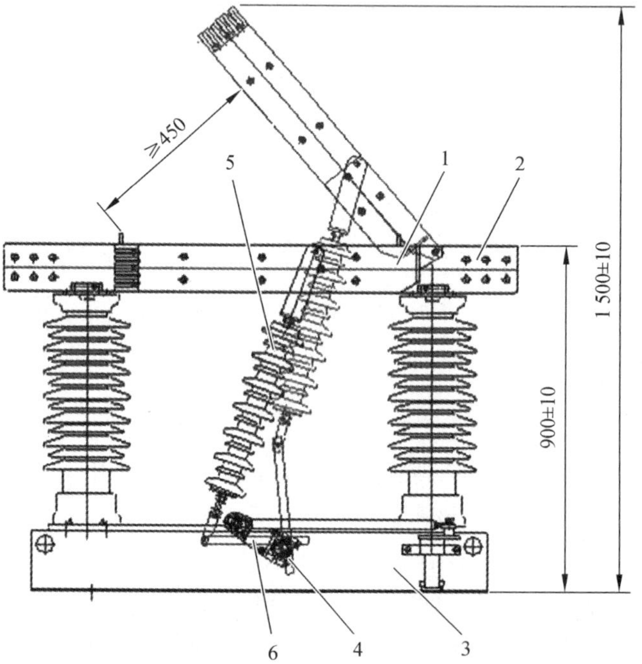

①—导电臂；②—导电静触头；③—底座；④—主传动轴；⑤—拉杆绝缘子；⑥—拐臂。

图 3-78　27.5 型户外交流高压隔离开关结构

三、技术标准

1. 普速铁路

（1）隔离开关应动作可靠、转动灵活，转动部分应注以适合当地气候的润滑油。分闸角度及合闸状态应符合产品技术要求，止钉间隙符合规定。

（2）隔离开关触头接触面应平整、光洁无损伤，并涂以导电脂。触头间接触紧密，接触压力均匀，用 0.05 mm×10 mm 的塞尺检查，线接触为 0 mm，面接触不大于 4 mm。分合状态时，分闸 90°，允许误差+1°；合闸呈直线。分、合位置时，止钉与止钉挡的间隙为 1 ~ 3 mm。分闸时主刀闸开口方向朝田野侧。带接地刀闸的地刀闭合时，应接触良好。

（3）引线和连接线的截面与开关额定电流及所连接接触网当量截面相适应，引线连接良好且不得有接头。引线及连接线应连接牢固接触良好，无破损和烧伤。当接触悬挂受温度变化偏移时，引线的长度应保证有一定的活动余量并不得侵入限界，引线摆动到极限位置对接地体的距离不小于 350 mm，引线张力不大于 500 N，锚段关节处隔离开关宜装设双引线。

（4）支持绝缘子应清洁、无破损和放电痕迹，瓷釉剥落面积不超过 300 mm^2。

（5）新安装的隔离（负荷）开关在投入运行前应按《电气装置安装工程电气设备交接试验标准》（GB 50150—2016）进行交接试验，合格后方可投入运行。

（6）隔离开关安装位置及方向正确，技术状态应符合产品说明书的相关要求。

（7）新安装的隔离开关在投入运行前应做交流耐压试验，运行中每年用 2 500 V 的兆欧表测量一次绝缘电阻，与前一次测量结果相比不应有显著降低。

（8）隔离开关应单独设接地极。接地极的安装符合要求，接地电阻值不应大于 10 Ω，接地电阻按周期进行测量。

（9）隔离开关操作机构。

① 隔离开关操作机构应完好无损并加锁。操作时平稳正确、无卡阻和冲击，联锁、限位器作用良好可靠。操作机构箱应密封良好，箱体及托架等无锈蚀并可靠接地。

② 具有远动操作功能的隔离开关，应能保证当地位及远动位的正常操作。

③ 电动隔离开关操作机构的分合闸电机、接触器等部件状态良好，接线紧固，限位开关位置正确，操作灵活可靠。

④ 驱动装置的电机转向正确，机械系统润滑良好，分、合闸指示器与开关实际位置相符合。驱动装置的电机和传动器的滑动离合器应符合技术要求。

2. 高速铁路

（1）隔离（负荷）开关应动作可靠、转动灵活，转动部分应注以适合当地气候的润滑油。分闸角度及合闸状态应符合产品技术要求，止钉间隙符合规定。

（2）隔离（负荷）开关触头接触面应平整、光洁无损伤，并涂以导电介质。触头间接触紧密，接触压力均匀，用 0.05 mm×10 mm 的塞尺检查，线接触为 0 mm，面接触不大于 4 mm。

（3）引线和连接线的截面与开关额定电流及所连接接触网当量截面相适应，引线连接良好且不得有接头。引线及连接线应连接牢固接触良好，无破损和烧伤。当接触悬挂受温度变化偏移时，引线的长度应保证有一定的活动余量并不得侵入限界，引线摆动到极限位置对接地体的距离不小于 350 mm。

（4）支持绝缘子应清洁、无破损和放电痕迹，瓷釉剥落面积不超过 300 mm^2。

（5）新安装的隔离（负荷）开关在投入运行前应按《电气装置安装工程电气设备交接试验标准》（GB 50150—2016）进行交接试验，合格后方可投入运行。

（6）负荷开关的技术状态应符合产品技术要求。

（7）隔离开关操作机构。

① 隔离开关操作机构应完好无损并加锁。操作时平稳正确，无卡阻和冲击，联锁、限位器作用良好可靠。操作机构箱应密封良好，箱体及托架等无锈蚀并可靠接地。

② 具有远动操作功能的隔离开关，应能保证当地位及远动位的正常操作。

③ 电动隔离开关操作机构的分合闸电机、接触器等部件状态良好，接线紧固，限位开关位置正确，操作灵活可靠。

④ 驱动装置的电机转向正确，机械系统润滑良好，分、合闸指示器与开关实际位置相符合。驱动装置的电机和传动器的滑动离合器应符合技术要求。

四、检修方法

1. 隔离开关（水平回转式）

1）开关托架不水平时

将水平尺放在托架上观察，同时调整斜撑角钢与水平角钢连接处的位置，直至托架水平，然后将螺栓紧固。

2）绝缘子状态不良时

按照绝缘子检修工艺要求对开关绝缘子进行检查，脏污时按要求进行清扫维护，损坏时按要求进行更换。当开关绝缘子要求直立安装时，其倾斜度不得超过 2°，超过时松开绝缘子底座，添加适量垫片使其垂直。

3）接地线状态不良时

接地线与螺栓连接处松动时，按标准紧固螺栓；接地线锈蚀时，用砂纸对其除锈，然后涂防腐漆。

4）主刀闸触头

（1）刀闸接触面有烧伤麻点及灰尘时，可用砂纸打磨擦净，然后表面涂一层电力复合脂；接触面不密贴，可用扳手将刀片矫正或调整触头弹簧压力。

（2）合闸不呈直线时，先将开关倒至合闸的位置，卸下交叉连杆，使刀片合闸呈直线，然后调合闸止钉间隙，最后调好交叉连杆的长度并与转动连板连接。

（3）触头与刀片（高差造成）旁击，可略扳动刀片直至合适，必要时可在瓷瓶与底座间加垫片。

5）分闸角度

将开关倒至分闸位置后，先调整分闸止钉的间隙，然后再调整交叉连杆的长度，直至分闸角度符合要求。

$$S=D+0.0349L$$

式中　D——主刀闸根部的距离（mm）；

S——距主刀闸根部 L 处刀闸间的距离（mm）；

L——D 与 S 之间的距离（mm）；

分闸角度必须满足：$D \leqslant S(D+0.0349L)$。

6）合闸呈直线而分闸角度不符合要求，或分闸符合要求而合闸不呈直线

主要是操作机构连锁止孔的位置不对，这种情况只有重新改变止孔的位置，才能满足要求。除此之外就是转动关节活动活动范围大，则只有设法消除，方能解决。

7）操作机构不灵活时

（1）可能由于传动杆弯曲，应进行矫正。

（2）活动关节缺润滑油，应涂油。

（3）上下托架歪斜，应矫正或更换托架。

8）接地刀闸

（1）接地刀闸合后不到位或合过头，可调整接地刀闸传动拐臂的角度及接地连杆的长度，使其接地符合要求。

（2）刀闸接触不密贴或过紧，可调整触头弹簧片的压力。

9）开关引线安装和检修时应先用丙酮（汽油）将铜线和线夹擦洗至本色，涂电力复合脂，然后用同材质单股硬绞线密扎至电连接线夹两端外露各 20 mm，再涂电力复合脂，最后上电连接线夹。

10）操作机构状态不良时

① 操作机构转动有卡滞或冲击现象时，对转动部分注入润滑油。

② 手动操作机构分合闸与标识不一致时，调整标识，重新安装。

③ 传动杆与操作机构连接松动时，按照标准紧固法兰盘连接螺栓。

④ 传动杆安装不垂直时，调整操作机构安装位置，直至其垂直。

11）检查完毕

恢复开关原位、加锁。

2. 隔离开关（垂直回转式）

1）隔离开关本体检查

（1）确认开关分合状态。用不小于 25 mm^2 的裸铜软绞线短接开关两引线，带接地刀闸的隔离开关要同时短接接地刀闸。

（2）外观检查。开关触头是否闭合（分开）到位，开关托架有无倾斜，开关是否严重锈蚀、严重烧损，绝缘子破损面是否超过 300 mm^2。

（3）开关绝缘子是否清洁无剥落破损，有无放电痕迹，各金属构件有无锈蚀。

（4）将开关倒至分闸位置，测量分闸角度、分闸止钉间隙及触头接触情况；带接地刀闸的隔离开关应检查接地刀闸接触情况。

（5）隔离开关应动作可靠、转动灵活，合闸时触头接触良好，开关倒至合闸位置，检查合闸是否呈直线、合闸止钉间隙及触头密贴情况。

（6）隔离开关的触头接触面应平整、光洁无损伤，并涂以电力复合脂。隔离开关合

闸时触头接触紧密，接触压力均匀无回弹现象。

（7）支持绝缘子应清洁无破损和放电痕迹，瓷釉剥落面积不超过 300 mm^2。

3. 隔离开关引线检查

（1）引线及连接线应连接牢固、接触良好，零件无破损和烧伤；开关设备线夹与接线端子连接处涂一薄层电力复合脂；引线距接地体的距离应不小于 350 mm；引线的长度应保证当接触悬挂受温度变化偏移时有一定的活动余量并不得侵入限界；引线摆动到极限位置对接地体的距离符合规定。

（2）引线和连接线的截面与开关的额定电流及所连接的接触网当量截面相适应，且引线不得有散股、断股和接头。主导回路开关引线宜设双引线，且用并联线夹并联，并联线夹应符合设计规定，双线弛度一致。

（3）针对管内未安装隔离开关托架支撑绝缘子的引线进行绑扎，防止因隔离开关引线脱落侵入机车车辆限界而造成的隐患事故。

① 在隔离开关设备线夹出来侧 300 mm 处将第一根、第二根引线使用绑扎绳绑扎，绑扎 15 mm 左右即可。

② 在隔离开关设备线夹出来侧 600 mm 处将第二根、第三根引线使用绑扎绳绑扎，绑扎 15 mm 左右即可。

③ 绑扎工艺需密贴可靠，绑扎结束及时调整引线弛度，使其受力均匀。

3）隔离开关传动机构检查

（1）开关托架呈水平状态，安装高度符合设计要求，瓷柱垂直，传动杆垂直与操作机构轴线一致，连接牢固，无松动现象；手动操作机构离地面的距离为 1 100 mm，允许误差±100 mm。

（2）隔离开关分合闸的调试方法。

当隔离开关合闸不到位时，调整步骤如下：

① 将刀闸处于半分半合的状态。

② 将图 3-79 中所示的连杆 A 两端螺母拧松。

③ 通过手握连杆中的圆管来缩短连杆 A 的长度，如图 3-79 所示。

④ 检查隔离开关刀闸是否歪斜，若发现歪斜调整刀闸底部螺栓，或将刀闸底座垫平。

⑤ 检查隔离开关本体底座是否歪斜。

⑥ 调整好后，将两端的螺母拧紧以防松动。

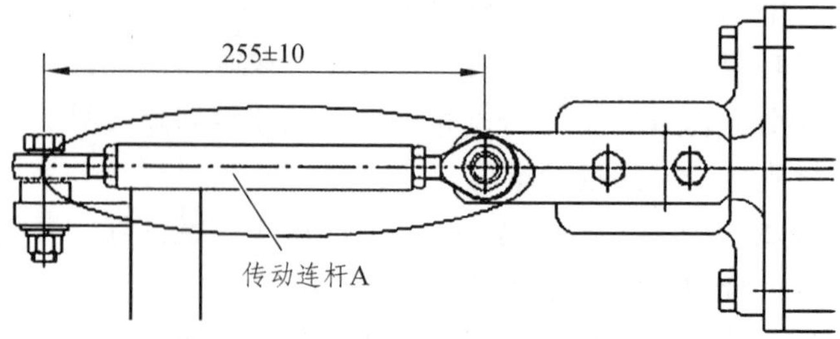

图 3-79　隔离开关传动机构检查

（3）垂直连杆的检修方法。

① 保证操作机构转轴、传动钢管和隔离开关操作轴中心线重合（即在同一垂线），传动钢垂直钢管外壁与 H 形槽钢壁面的距离可以通过过渡板调节，要求尺寸距离公差不大于 10 mm，即图 3-80 中 A、B、C 三根传动钢管需与 H 形槽钢平行。

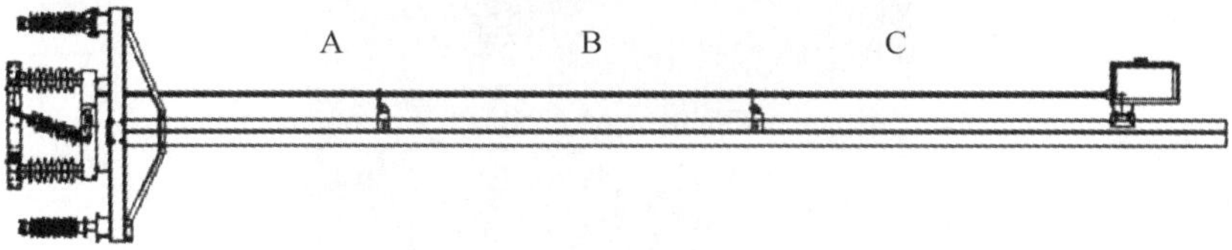

图 3-80　垂直连杆的检修方法

② 紧固垂直连杆的固定螺栓必须用扭力扳手交叉、对称、逐步、均匀拧紧，直至每个螺栓都旋转不动为止，如图 3-81 所示。垂直连杆一共包括三段连接，每段连接处的螺栓都不应放过，拧紧螺栓的力矩参考表 3-51。

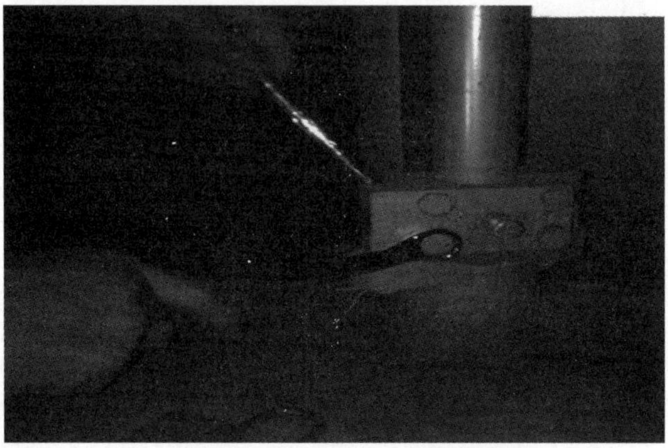

图 3-81　紧固垂直连杆固定螺栓的方法

表 3-51　螺栓的力矩参考

螺纹规格	螺栓力矩标准值/（kg·cm）	螺栓力矩标准值/（N·m）
M6	80	8
M8	186	18
M10	372	37
M12	638	63
M16	1596	157
M20	2926	286
M24	3857	508

③ 垂直连杆的底部应与抱箍底部齐平，与机构箱输出轴间留有一定间隙，否则会顶紧输出轴，增大输出力矩，从而造成滑脱故障，如图 3-82 所示。

图 3-82　垂直连杆的底部与抱箍

④ 电动操作机构的检修方法。

操作机构安装于隔离开关操作轴下方，确定操作机构距地面高度后，固定操作机构，使用量具（水平尺）保证操作机构不会倾斜，且操作机构背面与 H 形槽钢壁面需平行，如图 3-83。

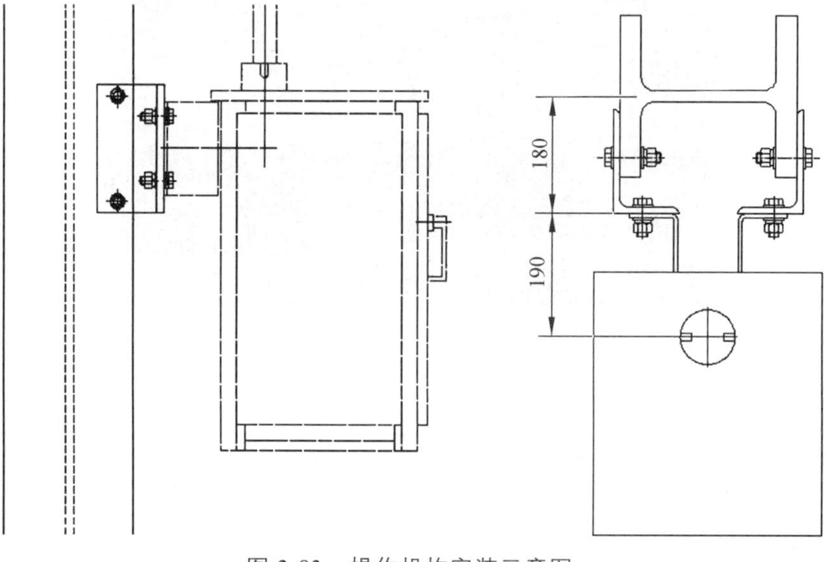

图 3-83　操作机构安装示意图

隔离开关操作机构应完好无损并加锁，转动部分注润滑油，操作时平稳正确无卡阻和冲击。带接地刀闸的隔离开关，其主刀闸和接地刀闸一次操作时，分（合）闸过程中的瞬时间隙不小于 330 mm。

四、注意事项

（1）检修电动隔离开关前，首先断开操作机构的操作电源。

（2）所有隔离开关检修作业前，必须装好短接线。

（3）高空作业应做好安全防护措施，上、下作业人员呼唤应答，配合得当，防止挤伤。
（4）防止误操作损伤开关。
（5）作业完毕恢复开关原位。

五、选取“隔离开关手动倒闸操作”为实作考核项目

实作项目考核评价表

专业：__________ 班级：__________ 小组成员：____________________

1. 考核项目：隔离开关倒闸。
2. 考核内容：隔离开关手动倒闸操作。
3. 考核表（见表 3-52）。

表 3-52 考核表

项目及配分		考核内容及评分标准	扣分因素及扣分	得分	备注
时间	10 分	准备时间 5 min，作业时间 10 min，提前不加分，每超时 1 min 扣 2 分，超时 5 min 停止作业			
作业准备	10 分	① 准备工具。检查工具状态是否良好，型号是否符合作业要求。缺少工具或工具不符合作业要求每件扣 2 分。 ② 按规定标准着装，使用劳动保护用品。未按标准着装，缺少劳保用品一项扣 2 分			
安全	40 分	① 倒闸操作前，必须先确认开关位置和开合状态无误，再进行倒闸，不符合要求每处扣 3 分； ② 倒闸时操作人员必须戴好安全帽和绝缘手套，穿绝缘靴，操作准确迅速，一次开闭到位，中途不得停留和发生冲击，不符合要求每次扣 3 分； ③ 倒闸操作完成后，隔离开关箱必须加锁，不符合要求每处扣 3 分； ④ 损坏工具或未正确使用工具，每项扣 3 分； ⑤ 报告作业完毕后，作业现场遗留工具，每件扣 3 分； ⑥ 作业过程中发生人员轻伤及以上者，或由于个人原因导致作业无法继续进行时，本项失格			
作业程序及质量	40 分	① 与监护人员共同确认区间（站场）、行别（站内股道号）、支柱号，检查隔离开关的状态，底座、绝缘瓷柱、电连接线确认良好。确认开关及其传动装置正常，接地线良好；确认隔离开关编号、锁具是否正确良好；确认开关开合状态（口述）。未确认上述信息的每处扣 3 分。			

续表

项目及配分		考核内容及评分标准	扣分因素及扣分	得分	备注
		② 作业前要和集团公司供电调度联系汇报需倒闸的隔离开关信息，申请进行手动倒闸作业（口述），未和集团公司供电调度联系扣 3 分。 ③ 按规定操作隔离开关，不符合操作要求每处扣 3 分。 ④ 操作结束后，与监护人员共同确认开关开合状态，不符合要求每处扣 3 分。 ⑤ 操作完毕后要和集团公司供电调度联系，确认隔离开关开合状态（口述），未和集团公司供电调度联系扣 3 分			
合计	100 分				

任务十七　避雷器检调

任务学习描述

学习任务：避雷器检调。

学习对象：学习接触网课程的学生及企业新入职人员。

工具选择：常用安全工具、测量工具、梯车。

学习步骤：

（1）学习避雷器的作用。

（2）学习避雷器的类型和结构。

（3）学习避雷器检调方法。

任务学习方法

资讯：接受工作任务，分析任务，通过查找学习资料、相关文件，对任务形成总体认识。

计划：学习以小组为单位，讨论避雷器的作用。

决策：学生与老师共同讨论避雷器的类型和结构。

实施：确定学习任务，查找资料文件，完成检修标准、检调方法。

检查：以小组为单位，使用梯车完成学习步骤。

总结：学生与老师共同讨论本节课知识点，以及高空作业的注意事项。

任务学习目标

（1）掌握避雷器的作用。

（2）掌握避雷器的类型和结构。

（3）掌握避雷器检调方法。

任务分工

避雷器检调任务分工如表 3-53 所示。

表 3-53　避雷器检调任务分工表

序号	分工	安全等级	人数	工作内容	备注
1	工作领导人	4 级及以上	1	指挥作业过程，负责任务整体安排	
2	安全员	4 级及以上	1	负责作业全程安全盯控工作	
3	高空作业人员	3 级及以上	1	负责检查避雷器	
4	辅助人员	2 级及以上	4	负责梯车、轨道车其他安全事项	
5	防护	3 级及以上	4	负责上下行来车方向的防护工作	

一、避雷器的作用

避雷器的工作原理：接触网是露天供电装置，为了安全运行，应采取必要的大气过电压防护措施。《铁路电力牵引设计规范》规定：“接触网大气过电压的防护，应根据雷电活动情况，结合运营经验，采取相应的防护措施，在下列重点位置应适当设置避雷装置：电分相和电分段锚段关节、长大隧道两端、分区亭引入线和牵引变电所馈电线出口处。”

避雷器是连接在导线和地之间的一种防雷击的设备，通常与被保护设备并联。避雷器可以有效地保护电力设备，一旦出现不正常电压，避雷器产生作用，起到保护作用。当被保护设备在正常工作电压下运行时，避雷器不会产生作用，对地面来说视为断路。一旦出现高电压且危机被保护设备绝缘时，避雷器立即动作，将高电压冲击电流导向大地，从而限制电压幅值，保护电气设备绝缘。当过电压消失后，避雷器迅速恢复原状，使系统能够正常供电。避雷器的主要作用是通过并联放电间隙或非线性电阻的作用，对入侵流动波进行削幅，降低被保护设备所受过电压值，从而达到保护电力设备的作用。避雷器不仅可以用来防护大气高电压，也可以用来防护操作高电压。如果出现雷雨天气，电闪雷鸣就会出现高电压，电力设备就有可能有危险，此时避雷器就会起作用，保护电力设备免受损害。避雷器的最大作用也是最重要的作用就是限制过电压以保护电气设备。

二、避雷器的类型及结构

目前接触网上采用的避雷器有氧化锌避雷器、管型避雷器和角隙避雷器等 3 种，其主要工作原理是不同的，但是他们的工作实质是相同的，都是为了保护设备不受损害。

1. 角隙避雷器

角隙避雷器是在总结国内实践经验、吸取国外先进技术的基础上研制出的一种新型防雷设备。它是由角型间隙、支持绝缘子、支持钢管及底座组成，并安装有动作记录器，其结构如图 3-84 所示。

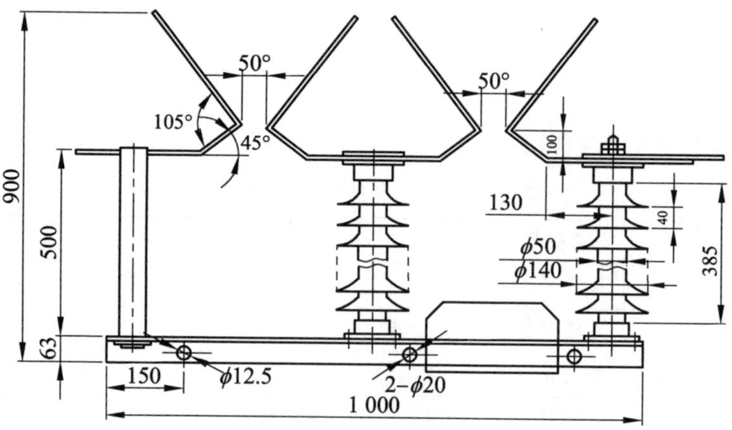

图 3-84　角隙避雷器结构

放电角型间隙是角隙避雷器的关键部分，它由两个串在一起的火花间隙组成。其中一个靠边的角固定在防污型支柱绝缘子上，用截面不小于 25 mm^2 的钢绞线或 70 mm^2 的钢芯铝线将它连接到接触网，而另一个靠边的角则通过支持钢管和地线接到钢轨上（架空地线上）。

当接触网产生过电压时，角隙击穿放电电流被引入大地，此时角隙之间的电弧在电动力和上升的热气流作用下，自动沿着开放的角型导体向外拉长，弧柱迅速变细并在大气中冷却熄灭，使接触网又恢复正常工作状态。

角隙避雷器具有制作容易、安装方便、维护简单、防护效果好、使用寿命长的特点。由于支持绝缘子采用了 ZSW 型棒式支柱绝缘子，泄漏距离为 1200 mm，是加强性防污瓷柱，从而提高了避雷器的防污能力及接触网运行的可靠性。

角隙避雷器一般安装在接触网支柱顶部，与线路中心呈 45°~90°角。在该角度下形成环线状，以便在放电时电动力效应得到充分发挥。也可以将避雷器安装在肩架上，这时应将其接地的角隙置于支柱侧，并应使避雷器与支柱间有不小于 1 m 的距离。接地侧的角通过接地孔、连接导线与动作记录器连接，记录器应可靠地连接在地线上。

2. 氧化锌避雷器

1）工作原理

氧化锌避雷器采用金属氧化物非线性电阻片作为主保护元件。正常运行电压下，电阻片呈高阻绝缘状态，使得接触网对地绝缘；当接触网出现过电压时，电阻片呈低阻导通状态，过电压被限制在允许值范围内，从而避免接触网绝缘闪络击穿或牵引变电所跳闸中端供电。工作原理如图 3-85 所示。

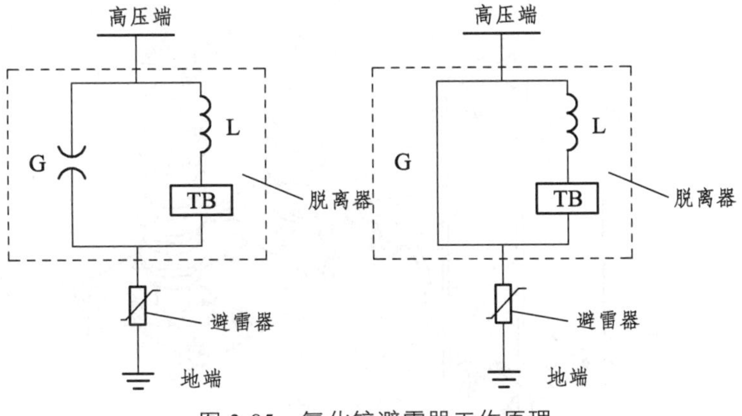

图 3-85　氧化锌避雷器工作原理

2）氧化锌避雷器结构

（1）瓷外套避雷器：由避雷器单元、底座等组成。电阻片被密封在避雷器单元内，由绝缘拉杆、固定卡盘固定后用弹簧压紧，以防内部零部件松动。

（2）复合外套座式避雷器：主要由硅橡胶复合外套、环氧玻璃缠绕绝缘筒、限压元件、脱离装置及连接金具等组成，如图 3-86 所示。

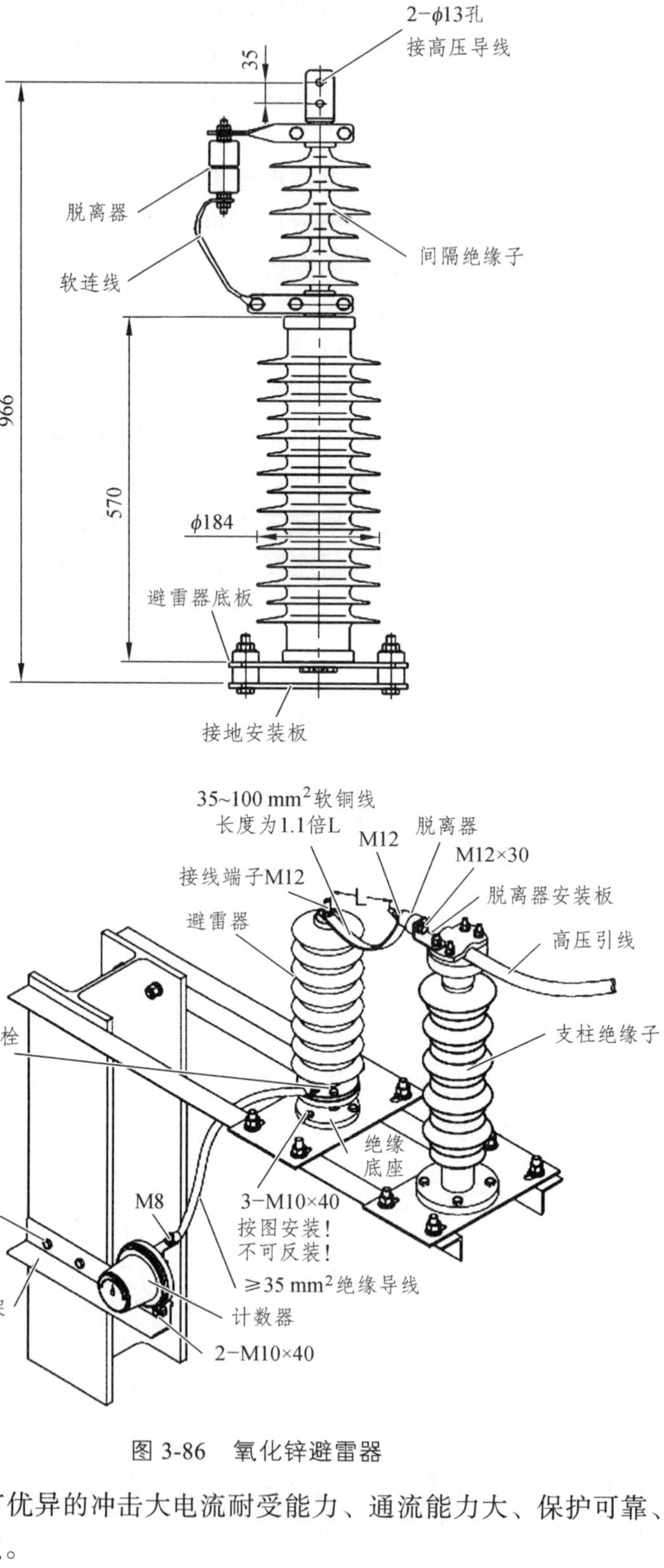

图 3-86　氧化锌避雷器

氧化锌避雷器具有优异的冲击大电流耐受能力、通流能力大、保护可靠、灭弧快、寿命长、免维护等优点。

(三)管型避雷器

由内部间隙、外部间隙和发生气体的管子组成。外部间隙由两个针尖相对的极棒构成，其作用是使避雷器在正常运行时，避免管子承受电压，防止管子表面长时间通过泄漏电流而引起破坏，如图 3-87 所示。

内部间隙在管子里由一个棒形电极和一个环形电极组成，管子是用棉花纤维制成的元棉纸加氯化镑胶液粘制成的，它一端封闭，另一端开有管口。当接触网遭受雷击时，避雷器在大气过电压作用下，其外部间隙和内部间隙相继被击穿，在放电瞬间，强大的放电电流在内部间隙中产生高温电弧，管子内壁在高温电弧作用下融化，产生高压气体并从管口一端喷出，靠高压气体的流动将管内电弧吹灭，放电终止，使接触网恢复对地绝缘。因此管子和内部间隙的主要作用是灭弧，防止接触网 25 kV 的工作电压通过避雷器而泄漏大地。整个灭弧过程可在 0.01~0.02 s 完成。

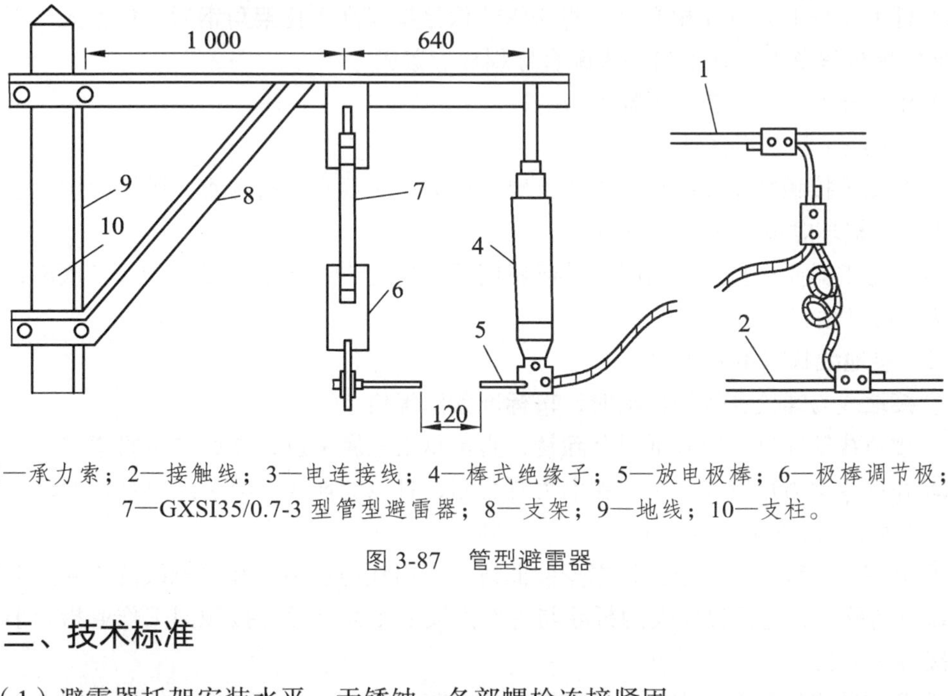

1—承力索；2—接触线；3—电连接线；4—棒式绝缘子；5—放电极棒；6—极棒调节极；7—GXSI35/0.7-3 型管型避雷器；8—支架；9—地线；10—支柱。

图 3-87　管型避雷器

三、技术标准

（1）避雷器托架安装水平，无锈蚀，各部螺栓连接紧固。

（2）避雷器及支持绝缘子应呈竖直状态，倾斜角度不超过 2°。表面清洁，安装牢固，无裂纹、破损及放电痕迹。

（3）避雷器引线无烧伤、断股。至高压侧引线的张力应适宜，不应使连接端子受到超出允许的外加应力。极限条件下，高压侧引线对接地体之间的距离应大于 350 mm。

（4）脱离器状态良好，无破损、裂纹。安装位置满足动作后，引线不侵入限界并与带电体保持足够的绝缘间距。

（5）动作计数器完好，一般安装在距离地面 2 m 为宜，具备在线泄漏电流监测功能。

（6）避雷器的试验按照国家和行业有关标准执行。

四、检修方法

（1）当脱离器本体损坏时，更换该脱离器；脱开时，更换该避雷器。更换避雷器时。

① 一人带安全带、小绳爬到杆上合适的高度，系好安全带。

② 用小绳把钢丝套子、滑轮吊上来，在支柱上高于托架角钢 1.5 m 处挂好滑轮，再用小绳把大绳吊上来，穿过滑轮放下去。

③ 高空作业人员用大绳将损坏的避雷器捆绑好。

④ 拆下避雷器引线，用铁线将其固定在底座角钢上。

⑤ 松开避雷器底座螺栓，辅助人员拉紧大绳，将避雷器徐徐放下。

⑥ 下面的人把避雷器下节和底座连接好，用大绳拴牢，再在避雷器上系一条小绳作晃绳。

⑦ 经高空作业人员同意，辅助人员拉绳，将避雷器吊上去。

⑧ 杆上、杆下人员互相配合，将避雷器徐徐拉起高于托架角钢后，杆上人员将避雷器推向安装位置落下，杆上另一人配合穿螺栓、紧固。

⑨ 用同样方法，安装避雷器上节。

（2）绝缘子状态不良时：

① 按照《接触网作业指导书》中绝缘子检修工艺要求进行检查，脏污时按要求进行清扫维护，损坏时按要求进行更换。

② 当避雷器要求直立安装时，其倾斜度不得超过 2°。超过时松开绝缘子底座，适量增减垫片使其垂直。

（3）接地线状态不良时：

① 接地线与螺栓连接处松动时，按标准紧固螺栓。

② 接地线锈蚀时，用砂纸对其除锈，直至露出金属本色，然后涂防腐漆。

③ 并沟线夹力矩紧固到位，涂电力复合脂，且该处地线打磨至露出金属本色。

（4）避雷器引线状态不良时：

① 避雷器引线弛度过小：根据安装曲线，将引线与承力索和接触线的连接点向靠近避雷器方向移动，电连接线夹的拆除与重新安装的工艺参照《接触网工作业指导书》中电连接检修工艺。

② 避雷器引线弛度过大：根据安装曲线，将引线与承力索和接触线的连接点向远离避雷器方向移动，电连接线夹的拆除与重新安装的工艺参照《接触网工作业指导书》中电连接检修工艺。

③ 引线距接地部分距离较小或钢轨相交处与接触线高差较小时，可将引线与承力索相连处顺着承力索绑扎一段，减小引线弛度，增大其距离。

④ 引线与设备线夹连接螺栓松动时，按标准力矩对螺栓进行紧固。

⑤ 设备线夹有裂纹时，将损坏的设备线夹拆除，清除新设备线夹内的毛刺，涂电力复合脂，重新安装。

⑥ 引线有烧伤或断股时，比照原有长度按电连接安装要求进行预制更换。

⑦ 引线与承力索和接触线连接处的检修参照《接触网工作业指导书》中电连接检修工艺。

（5）绝缘、接地电阻不合格时：

① 绝缘电阻测量结果小于 10 000 mΩ 或比上次测量结果显著下降时，对该绝缘子进行更换。

② 对接地极进行测量，若测量接地电阻超标，则应对该处添加降阻剂或增加接地极，具体方法见接地极检修工艺。

五、注意事项

（1）脱离器安装时不能用力过猛，否则会导致脱离器破损。

（2）上网引线与脱离器的位置不能装错，否则当避雷器故障时，会造成直接接地。

（3）各种高空作业做好安全防护措施，上、下作业人员呼唤应答，配合得当，防止受伤。

六、检修标准

检修标准如表 3-54 所示。

表 3-54　避雷器检调

序号	作业步骤	作业标准	技术标准	安全卡控点
1	作业准备	按规程要求填写工作票并交付工作领导人，工作领导人向作业组全体成员宣读工作票、分工并进行安全预想，检查工具、材料		
2	完成安全措施	做好安全措施，工作领导人确认完成安全措施后，通知各作业组开工		
3	检查测量	① 脱离器的状态： a. 脱离器本体是否损坏； b. 脱离器是否脱离。 ② 避雷器绝缘子状态： a. 检查绝缘子表面是否脏污； b. 表面有无裂纹、有无放电痕迹； c. 复合绝缘子表面有无绝缘老化现象。 ③ 接地线状态： a. 检查接地线与各部螺栓连接是否紧密； b. 检查接地线表面是否锈蚀； c. 地线并沟线夹内是否有放电痕迹，接触时否良好。 ④ 避雷器引线状态： a. 检查引线弛度是否过大或过小。 b. 用水平尺和钢卷尺检查引线与钢轨相交处与接触线的高度差是否小于 300 mm。 c. 用钢卷尺测量引线与接地体之间的最小绝缘距离。 d. 引线与承力索和接触线连接处电连接线夹的状态。		

续表

序号	作业步骤	作业标准	技术标准	安全卡控点
		⑤ 测量绝缘、接地电阻： a. 对避雷器绝缘子进行绝缘电阻测量时将高压侧连接断开，用 2500 kV 绝缘电阻测试仪分别测量，观察其数值是否小于 10 000 mΩ 或比上次测量结果显著下降。 b. 测量接地电阻时，将接地极与接地引线断开，同时在附近打入接地针，将设备的接地引线进行旁路，再用接地电阻测量仪对该接地极进行测量。 ⑥ 检查避雷器计数器。 ⑦ 用力矩扳手复核螺栓紧固力矩		
4	避雷器本体	当避雷器本体损坏时，更换该避雷器；脱开时，更换该避雷器。 更换避雷器时： ① 一人带安全带、小绳爬到杆上合适的高度，系好安全带。 ② 用小绳把钢丝套子、滑轮吊上来，在支柱上高于托架角钢 1.5 m 处挂好滑轮，再用小绳把大绳吊上来，穿过滑轮放下去。 ③ 高空作业人员用大绳将损坏的避雷器捆绑好。 ④ 拆下避雷器引线，用铁线将其固定在底座角钢上。 ⑤ 松开避雷器底座螺栓，辅助人员拉紧大绳，将避雷器徐徐放下。 ⑥ 下面的人把避雷器下节和底座连接好，用大绳拴牢，再在避雷器上系一条小绳作晃绳。 ⑦ 经高空作业人员同意，辅助人员拉绳，将避雷器吊上去。 ⑧ 杆上、杆下人员互相配合，将避雷器徐徐拉起高于托架角钢后，杆上人员将避雷器推向安装位置落下，杆上另一人配合穿螺栓、紧固。 ⑨ 用同样方法安装避雷器上节	① 瓷套管应光洁、无裂纹、无破损等缺陷，铁件无锈蚀； ② 底座结合缝及其油漆应完好，不应有裂纹、脱落等现象； ③ 封口处的橡皮胶垫应良好、严密； ④ 法兰盘间应无缝隙，如有空隙应用玻璃腻子堵严后，表面刷油漆	
5	绝缘子状态	绝缘子状态不良时： ① 按照绝缘子检修工艺要求进行检查，脏污时按要求进行清扫维护，损坏时按要求进行更换。 ② 当避雷器要求直立安装时，其倾斜度不得超过 2°，超过时松开绝缘子底座，适量增减垫片使其垂直	避雷器绝缘子应呈竖直状态，倾斜角度不超过 2°	
6	接地线状态	接地线状态不良时： ① 接地线与螺栓连接处松动时，按标准紧固螺栓。 ② 接地线锈蚀时，用砂纸对其除锈，直至露出金属本色，然后涂防腐漆。 ③ 铁并沟线夹力矩紧固到位，涂电力复合脂，且该处地线打磨至露出金属本色		

续表

序号	作业步骤	作业标准	技术标准	安全卡控点
7	避雷器引线	避雷器引线状态不良时： ① 避雷器引线弛度过小：根据安装曲线，将引线与承力索和接触线的连接点向靠近避雷器方向移动，电连接线夹的拆除与重新安装的工艺参照电连接检修工艺。 ② 避雷器引线弛度过大：根据安装曲线，将引线与承力索和接触线的连接点向远离避雷器方向移动，电连接线夹的拆除与重新安装的工艺参照电连接检修工艺。 弛度过小时向内侧移；弛度过大时向外侧移动 ③ 引线距接地部分距离较小或钢轨相交处与接触线高差较小时，可将引线与承力索相连处顺着承力索绑扎一段，以减小引线弛度，增大其距离。 ④ 引线与设备线夹连接螺栓松动时，按标准力矩对螺栓进行紧固。 ⑤ 设备线夹有裂纹时，将损坏的设备线夹拆除，清除新设备线夹内的毛刺，涂电力复合脂，重新安装。 ⑥ 引线有烧伤或断股时，比照原有长度按电连接安装要求进行预制更换。 ⑦ 引线与承力索和接触线连接处的检修参照电联结检修工艺	避雷器至高压侧的引线张力应适宜，保证在极限条件下高压侧引线对接地体和与之绝缘的带电体之间保证大于350 mm。且其垂直投影与钢轨相交处高于接触线300 mm以上	
8	绝缘、接地电阻	绝缘、接地电阻不合格时： ① 绝缘电阻测量结果小于10 000 mΩ或比上次测量结果显著下降时，对该绝缘子进行更换； ② 对接地极进行测量，若测量接地电阻超标，则应对该处添加降阻剂或增加接地极，具体方法见接地极检修工艺	避雷器接地电阻不大于10 Ω	
9	计数器	观察计数器，记录其数值		
10	各部螺栓	按标准对各部位螺栓进行紧固，并检查防松措施		
11	办理收工手续	① 工作领导人确认各作业组工作结束，人员机具均已撤至安全地带后，通知监护人员撤除地线及其他安全措施。 ② 工作领导人确认安全措施撤除后，通知驻站联络员申请消除停电作业命令和线路封锁命令。 ③ 工作领导人召开收工会，办理收工手续		
12	填写检修记录	按照当天检修情况填写检修记录		

七、选取“避雷器检调”为实作考核项目

实作项目考核评价表

专业：____________ 班级：____________ 小组成员：________________________

1. 考核项目：接触网设备检修。
2. 考核内容：避雷器检调。
3. 考核表（见表 3-55）。

表 3-55 考核表

项目	考核内容及评分标准	分值	扣分原因	扣分	得分
时间要求	① 准备时间：5 min； ② 正式操作时间：20 min； ③ 规定时间内全部完成不加分，也不扣分。每超时 1 min，从总分中扣 1 分，总超时 5 min 停止作业	10			
作业过程（内容）要求	① 机具：车梯、锉刀、等位线、力矩扳手、个人工具、安全工具、防护工具、通信工具等； ② 材料：螺栓、开口销、电力复合脂、砂纸、棉纱等； ③ 未正确穿戴劳动防护用品，每人每件扣 2 分	10			
质量要求	① 避雷器托架保持水平，否则扣 2 分； ② 避雷器及支持绝缘子应呈竖直状态，倾斜角度不超过 2°，否则扣 2 分； ③ 对避雷器绝缘子表面进行擦拭，否则扣 5 分； ④ 检查绝缘子有无裂纹、破损及放电痕迹，有无绝缘老化现象，未检查扣 5 分； ⑤ 检查接地线与各部螺栓连接是否紧密、表面是否锈蚀、接地连接线夹内是否有放电痕迹，未检查扣 5 分； ⑥ 检查脱离器状态，无破损、裂纹，安装位置应满足动作后引线不侵入限界并与带电体保持足够的绝缘间距，未检查调整扣 5 分； ⑦ 检查引线应连接牢固、接触良好，无烧伤和断股，未检查扣 5 分； ⑧ 检查引线张力适宜，极限条件下，高压侧引线对接地体之间距离大于 350 mm，未检查调整扣 5 分；	70			

续表

项目	考核内容及评分标准	分值	扣分原因	扣分	得分
质量要求	⑨ 检查引线与承力索和接触线连接处电连接线夹及避雷器侧设备线夹的状态，未检查扣 5 分； ⑩ 带动作计数器的避雷器，检查计数器安装是否牢固，连接引线状态及接触是否良好，未检查扣 5 分； ⑪ 检查各部螺栓、开口销是否齐全，缺失一处扣 5 分； ⑫对各部螺栓力矩进行校验，未校验每处扣 2 分				
安全要求	① 按规定穿戴安全防护用品，否则扣 3 分； ② 执行安全技术操作规程，不发生人身、设备事故，否则扣 5 分； ③ 工作场地整洁，工器具材料摆放规范有序，否则扣 2 分； ④ 高空作业应系好安全带，安全带高挂低用，否则扣 5 分； ⑤ 高空坠物或抛扔工具、材料，每次扣 2 分； ⑥ 作业中未落实呼唤应答，用语不标准扣 2 分	10			

任务十八　补偿装置检调

任务学习描述

学习任务：补偿装置检调。

学习对象：学习接触网课程的学生及企业新入职人员。

工具选择：常用安全工具、测量工具、梯车。

学习步骤：

（1）学习补偿装置的作用及组成。

（2）学习补偿装置类型及结构。

（3）学习补偿装置检调。

任务学习方法

资讯：接受工作任务，分析任务，通过查找学习资料、相关文件，对任务形成总体认识。

计划：学习以小组为单位，讨论补偿装置的作用及组成。

决策：学生与老师共同讨论补偿装置类型及结构。

实施：确定学习任务，查找资料文件，完成检修标准、检调方法。

检查：以小组为单位，使用梯车完成学习步骤。

总结：学生与老师共同讨论本节课知识点，以及高空作业的注意事项。

任务学习目标

（1）掌握补偿装置的作用及组成。

（2）掌握补偿装置类型及结构。

（3）掌握补偿装置检调。

任务分工

补偿装置检调任务分工如表 3-56 所示。

表 3-56　补偿装置检调任务分工表

序号	分工	安全等级	人数	工作内容	备注
1	工作领导人	4 级及以上	1	指挥作业过程，负责任务整体安排	
2	安全员	4 级及以上	1	负责作业全程安全盯控工作	
3	高空作业人员	3 级及以上	1	负责检查补偿装置	
4	辅助人员	2 级及以上	4	负责梯车、轨道车其他安全事项	
5	防护	3 级及以上	4	负责上下行来车方向的防护工作	

一、补偿装置的作用及组成

补偿装置又称为自动张力补偿器，它设在锚段两端，能自动补偿接触线或承力索的张力，它是自动调整接触线或承力索张力的补偿装置及其制动装置的总称，由滑轮和坠砣组成。其作用是温度变化时，线索受温度影响而伸长或缩短，由于补偿装置坠砣的重量作用，可使线索沿线路方向移动而自动调整线索张力，使张力恒定不变，并借以保持线索的弛度满足技术要求。

补偿装置中的坠砣串为什么能随温度的变化而升高或降低呢？这是因为坠砣串同时受到自身重力和接触线（承力索）的张力的作用，当温度不变时处于平衡状态，坠砣不升不降；当温度升高时，接触线（承力索）长度增加，在坠砣自身重力作用下，坠砣会随着温度升高而降低；反之当温度下降时，接触线（承力索）就会缩短，坠砣上升。

当某种原因，造成补偿装置坠砣卡滞时，如：无中心锚结的悬挂向一侧偏移造成一端坠砣“升天”，补偿绳自由长度不够，限制管卡住坠砣，齿轮式制动器失灵等。坠砣不能升降，会使接触线（或承力索）的张力得不到补偿。当温度升高时，接触线的弛度就会增大，有可能使导线高度不够，造成跳闸，烧断接触线；当温度降低时，接触线的张力就会增大，有可能发生断线事故。

二、补偿装置类型及结构

补偿装置有许多种类，包括滑轮式、棘轮式、鼓轮式、液压式及弹簧式等。

1. 滑轮式补偿装置

滑轮是滑轮补偿装置的核心设备，由铝合金铸造而成，传动效率应在 98%以上。滑轮组由定滑轮和动滑轮组成，其数量取决于补偿张力的大小。补偿绳需用 19 股 50 mm^2 的镀锌钢绞线或不锈钢丝绳。滑轮式补偿装置按传动比分类可分为双滑轮组（一动、一定）、三滑轮组（一动、两定）、四滑轮组（两动、两定）、五滑轮组（三动、两定）型式，如图 3-88 所示。

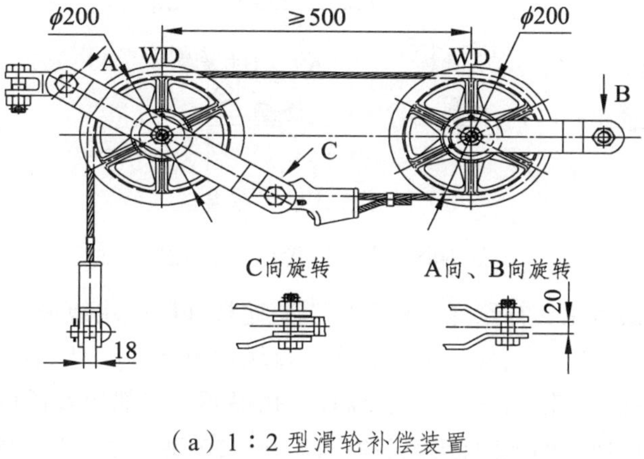

（a）1∶2 型滑轮补偿装置

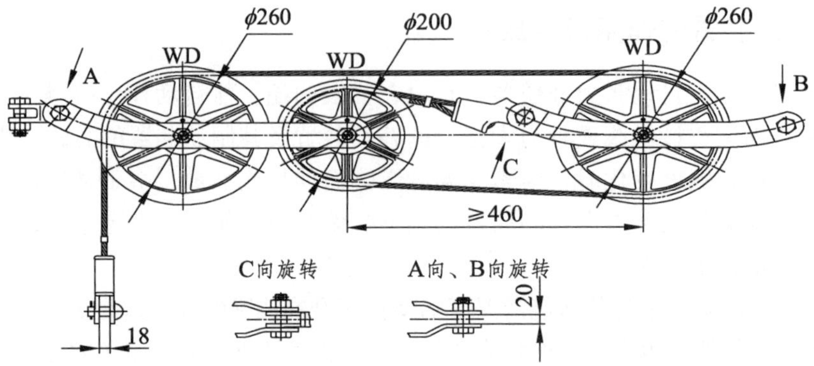

（b）1：3 型滑轮补偿装置

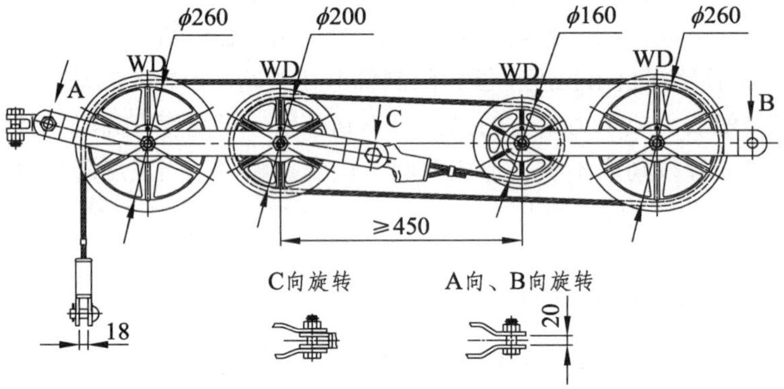

（c）1：4 型滑轮补偿装置

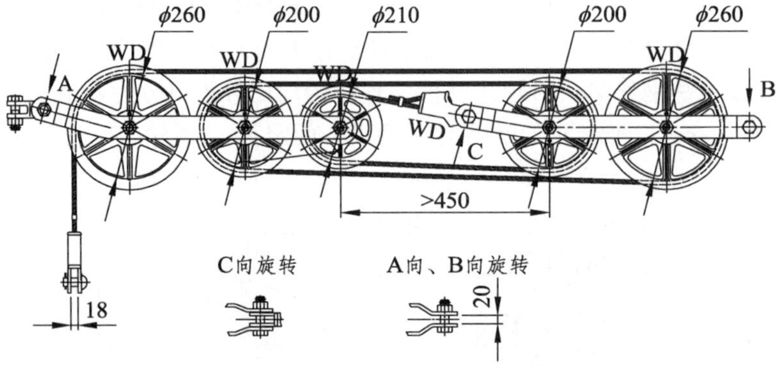

（d）1：5 型滑轮补偿装置

图 3-88　滑轮组传动比示意图

补偿装置由补偿滑轮、补偿绳、杵环杆、坠砣杆和坠砣块组成。

坠砣块一般采用混凝土或灰口铸铁制成，每块约重 25 kg，呈中间开口的圆饼状。坠砣杆一般由直径 16 mm 圆加工制成，上端有单孔焊环，底部焊有托板。坠砣杆的型号规格根据其放置坠砣块数量的不同分为三种：17 型、20 型和 30 型。型号中的数字表示坠砣杆所悬挂坠砣块的数量。坠砣块与坠砣杆构造如图 3-89 所示。

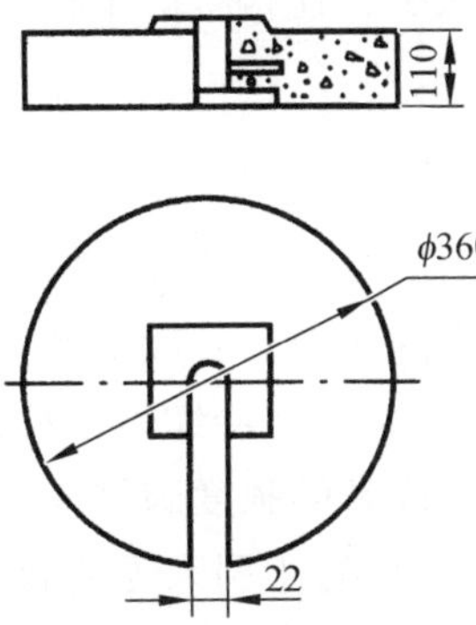

（a）混凝土坠砣块

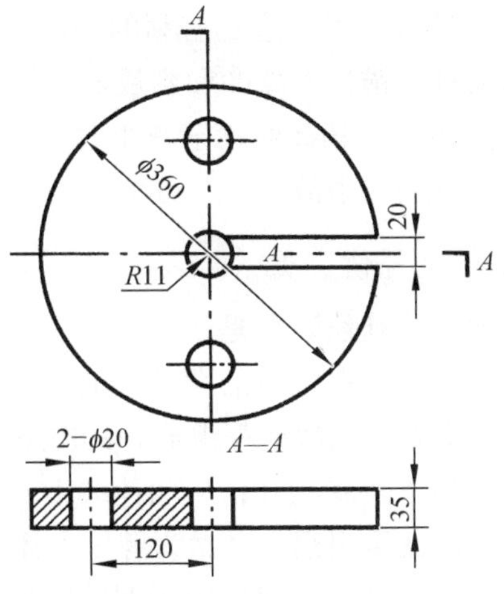

（b）灰口铸铁（HT10-26）T 型坠砣块

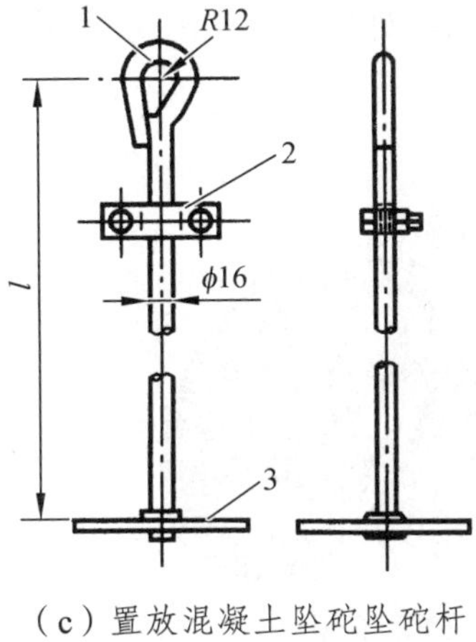

（c）置放混凝土坠砣坠砣杆

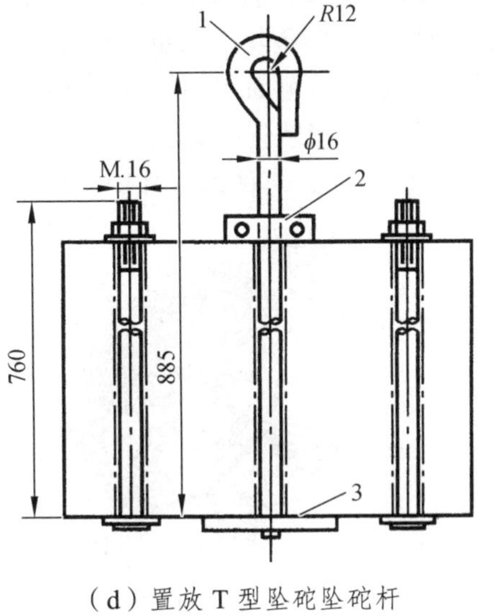

（d）置放 T 型坠砣坠砣杆

图 3-89　坠砣块与坠砣杆

安放坠砣块时，坠砣块开口相互错开 180°整齐叠码，并自上而下按块编号，标明重量；坠砣串能上下自由伸缩，无卡滞现象。滑轮补偿装置结构简单、安装方便，但体积偏大，需要较大空间。当补偿绳与滑轮轴心不垂直时会产生偏磨现象。

补偿装置串接在锚段内线索两端与支柱固定处，根据接触悬挂类型的不同的补偿装置结构。

半补偿时，接触线带补偿装置，多采用两滑轮组结构，滑轮组的传动比为 1∶2，即用两个滑轮使补偿绳的张力为接触线张力的一半，也就是坠砣块的重力为接触线标称张力的一半。

全补偿时，接触线与承力索两端均带补偿装置，接触线补偿装置的安设与半补偿相同。承力索补偿装置则采用三滑轮组式，传动比为 1∶3。采用传动比比较大的滑轮组时坠砣串块数减少了，这是有利的一面，但坠砣串上升和下降的距离也会按倍数增大，这时要求支柱（锚柱）高度和容量要增加，既不经济也不利于施工和维修。在运营线路上，当接触线因磨耗其截面逐渐减小时，坠砣串块数也相应地减少，使得接触维持一定的张力防止出现断线事故。

2. 棘轮补偿装置

棘轮张力补偿装置是使电气化铁路接触网悬挂系统承力索及接触线保持恒定张力的关键装置，它设在锚段的两端，能自动补偿接触线或承力索的张力，一般由棘轮装置、坠砣、平衡轮和钢丝绳等组成，其作用是当温度变化时，线索因热胀冷缩而伸长或缩短，带动坠砣块下降或上升，从而使线索张力恒定不变，以保证线索的驰度满足技术要求。在材质上广泛采用铝合金做为棘轮本体，在传统棘轮张力补偿装置中引入无油润滑轴承，在棘轮轮轴与棘轮之间采用新型减摩材料，取代原来的含油滚珠轴承结构，达到无需定期注油，实现免维护的效果。最重要的是在结构上实现了断线制动功能：该结构采用当线路断线后，补偿坠陀串在重力的作用下拉棘轮，棘轮在瞬间卡入制动板中达到制动目的；其创新点为以侧面制动代替原来的圆周制动，安全可靠，减少了线路事故的发生，

棘轮张力补偿装置按制动方式分为两种，其中Ⅰ型为轮外制动（反制动），Ⅱ型为轮内制动（正制动），具体形式如图 3-90 所示。

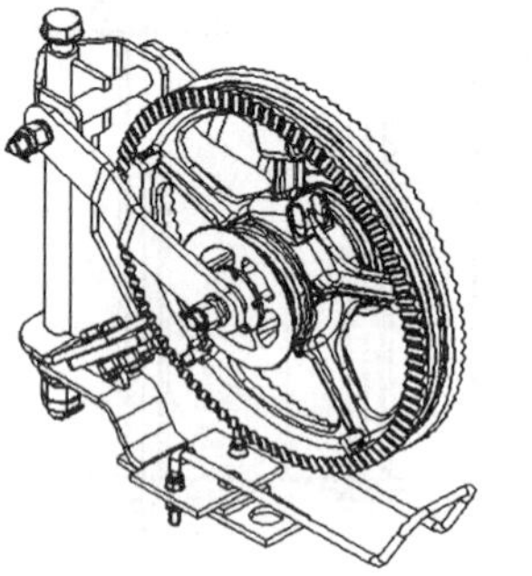

（a）Ⅰ型

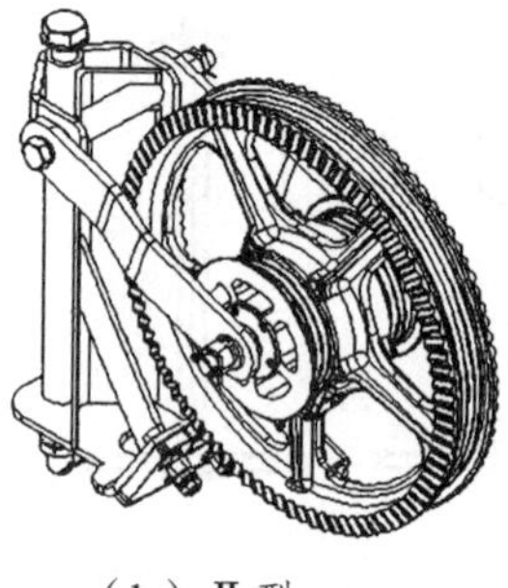

（b）Ⅱ型

图 3-90　棘轮张力补偿装置

三、a、b 值及安装曲线

补偿装置 a 值是指补偿绳回头末端到定滑轮的下沿（制动部件）或坠砣抱箍至限界架上端的距离，用来校验，以保证外偿器安装高度的正确性。补偿装置 b 值是指由坠砣串最下面一块坠砣底面至地面（基础面）的距离，当地面有堆积物时，应为到堆积物的垂直距离。用以保证最大温度时，坠砣不至于坠地失去补偿作用。

补偿装置 a、b 值随温变化而变化，和中心锚结与补偿装置之间的距离及气温的变化有关。在接触网设计中规定：a 值在最低温度−20°C 时不小于 300 mm；b 值在最高温度 40 °C 时不小于 300 mm（《接触网运行维修规则》规定，最低温度时的 a 值不得小于 200 mm，最高温度时的 b 值不得小于 200 mm）。在任意温度下 a、b 值的计算公式为

$$a = a_{\min} + n \cdot L \cdot a(t_x - t_{\min})$$

$$b = b_{\min} + n \cdot L \cdot a(t_{\max} - t_x)$$

式中　$a_{\min}$、$b_{\min}$——设计中规定的最小 a、b 值（即 300 mm）；

$t_{\min}$——设计中采用的最低气温（−20 °C）；

$t_{\max}$——设计中采用的最高气温（40 °C）；

t_x——安装或调整时的气温；

n——补偿滑轮的传动系数（补偿滑轮的传动比）；

L——中心锚结至补偿装置的距离（为补偿锚段长度的 1/2）；

a——线膨胀系数。

随着大气温度的变化，接触线（承力索）会发生线性伸长（缩短），为了不使接触线（承力索）在最高计算温度时，因补偿坠砣着地而失去作用及在最低计算温度时，补偿装置因卡住滑轮而发生事故，一般根据锚段长度的不同（安装曲线图中按半个锚段），计算出在极限温度范围内坠砣串的安装高度。接触线和承力索材质不同，具有不相同的线性系数。安装曲线如图 3-91 所示，安装曲线系表示坠砣串底部至基础面（钢筋混凝土柱至地面）的高度。

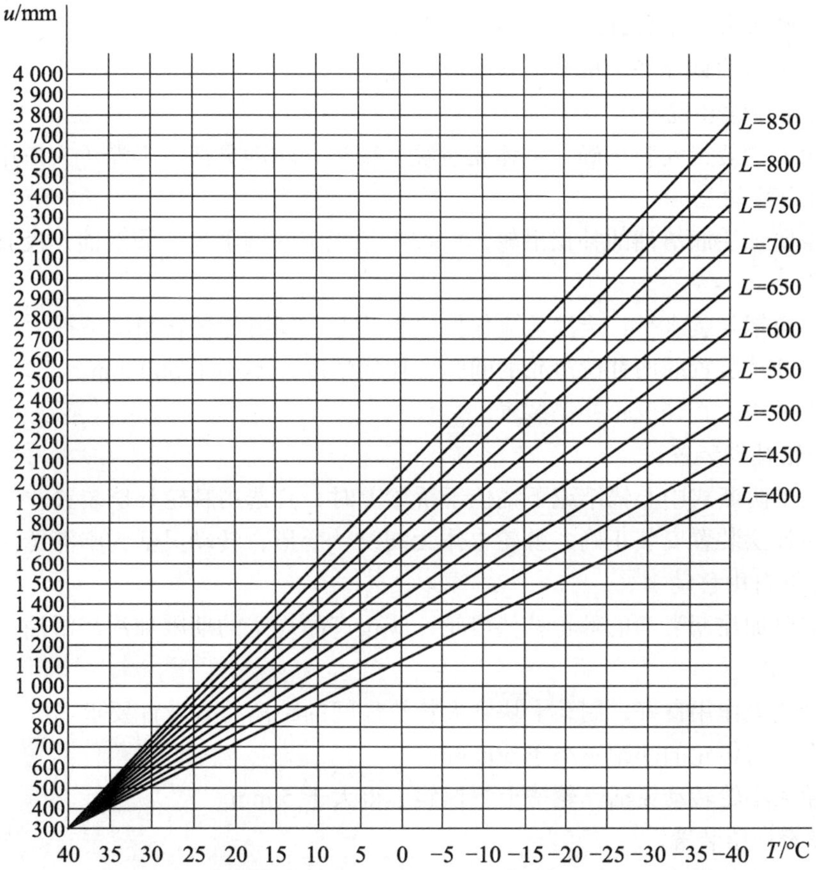

图 3-91　铜合金承力索及接触线 1:3 补偿坠砣串安装曲线

四、技术标准

1. 普速铁路

（1）a 值、b 值。

标准值：设计值。

标准状态：标准值±100 mm。

警示值：标准值±200 mm。

限界值：任何情况下不小于 200 mm。

（2）坠砣及坠砣限制架。

① 坠砣宜采用铁质或高密度复合坠砣。

② 坠砣块应完整，自上而下编号且叠码整齐，其缺口相互错开 180°。坠砣串的重量（包括坠砣杆的重量）符合规定，整串重量偏差小于 2%。

③ 限制架的安装位置应满足坠砣升降变化要求。山谷口、高路堤（一般指高出自然地面 5m）、高架桥等“风口”地段，宜采用防风型坠砣限制架。

（3）补偿绳。

① 补偿绳不得有散股、断股、接头现象，且不得扭绞或与其他部件、线索相摩擦。

② 棘轮装置大、小轮缠绕补偿绳符合要求。

③ 优先采用柔韧性好、抗疲劳强的补偿绳。

（4）滑轮补偿装置。

① 滑轮补偿装置安装正确，本体无裂纹、变形，转动灵活无卡滞（人力用手托动坠砣能上下自由移动）。

② 对需要加注润滑油的补偿滑轮，应按产品规定的期限加注润滑油，没有规定的至少 3 年一次。

③ 下锚角钢安装水平，定滑轮应保持铅垂状态，动滑轮偏转角度不得大于 45°。

④ 同一补偿装置的两补偿滑轮的间距，任何情况下不小于 500 mm。

⑤ 优先采用大直径滑轮补偿装置。

（5）棘轮补偿装置。

① 采用不防断式中心锚结或下锚位于桥梁上时，宜选用棘轮补偿装置。

② 棘轮补偿装置安装正确，棘轮本体无裂纹、变形，转动灵活无卡滞（人力用手托动坠砣能上下自由移动）。

③ 对需要加注润滑油的棘轮补偿滑轮，应按产品规定的期限加注润滑油，没有规定的至少 3 年一次。

④ 制动装置作用良好，制动卡块到大轮轮齿间的距离符合设计要求。

⑤ 平衡轮与棘轮的间距不小于 500 mm。

⑥ 棘轮大小轮转动灵活，轮槽上下偏斜不得大于 5 mm。

（6）弹簧补偿装置。

① 弹簧补偿装置刻度牌与环境温度相对应，补偿绳伸缩长度符合设计要求。

② 弹簧补偿装置本体安装牢固，位置符合设计要求。本体无裂纹、变形，与下锚方向在同一直线上。

③ 补偿绳位于渐开线轮槽正中，不得偏磨，不得有松股、断股和接头。

④ 弹簧补偿装置各零部件安装正确。

（7）承力索、接触线两下锚绝缘子串应对齐，允许偏差为±100 mm。

（8）液压等其他结构形式补偿装置，其技术状态应符合设计要求。

（9）同一锚段两端，补偿装置型号应保持一致。

2. 高速铁路

（1）a 值、b 值。

标准值：设计值。

标准状态：标准值±100 mm。

警示值：标准值±200 mm。

限界值：200 mm。

（2）坠砣。

① 坠砣宜采用铁质或高密度复合坠砣。

② 坠砣块应完整，自上而下编号且叠码整齐，其缺口相互错开 180°。坠砣串的重量（包括坠砣杆的重量）符合规定，整串重量偏差小于 1%。

③ 限制器的安装位置应满足坠砣升降变化要求。山谷口、高路堤（一般指高出自然地面 5 m）、高架桥等“风口”地段，宜采用防风型坠砣限制架。

（3）补偿绳。

① 补偿绳不得有散股、断股、接头现象，且不得扭绞或与其他部件、线索相摩擦；

② 棘轮装置大、小轮缠绕补偿绳符合要求。

③ 承力索、接触线两下锚绝缘子串应对齐，允许偏差为±100 mm。

（4）滑轮补偿装置。

① 滑轮补偿装置安装正确，本体无裂纹、变形，转动灵活无卡滞（人力用手托动坠砣能上下自由移动）。

② 对需要加注润滑油的补偿滑轮，应按产品规定的期限加注润滑油，没有规定的至少 3 年一次；

③ 下锚角钢安装水平，定滑轮应保持铅垂状态，动滑轮偏转角度不得大于 45°。

④ 同一补偿装置的两补偿滑轮的间距，任何情况下不小于 500 mm。

（5）棘轮补偿装置。

① 棘轮补偿装置安装正确，棘轮本体无裂纹、变形，转动灵活无卡滞（人力用手托动坠砣能上下自由移动）。

② 对需要加注润滑油的棘轮补偿滑轮，应按产品规定的期限加注润滑油，没有规定的至少 3 年 1 次。

③ 制动装置作用良好，制动卡块到大轮轮齿间的距离符合设计要求。

④ 平衡轮与棘轮的间距不小于 500 mm。

⑤ 棘轮大小轮转动灵活，轮槽上下偏斜不得大于 5 mm。

（6）弹簧补偿装置。

① 弹簧补偿装置刻度牌与环境温度相对应，补偿绳伸缩长度 a 值符合安装曲线要求。

② 弹簧补偿器本体安装牢固，位置符合设计要求。本体无裂纹、变形，与下锚方向在同一直线上。

③ 补偿绳位于渐开线轮槽正中，不得偏磨，不得有松股、断股和接头。

④ 弹簧补偿装置各零部件安装正确。

五、检修方法

1. 滑轮补偿装置

（1）测量 a、b 值是否符合标准。

用钢卷尺测量 b 值和 a 值：如高处不能直接测量，用皮尺测量定滑轮至地面的距离 d 和坠砣串的高度 c，计算 $a=d-b-c$。若 a、b 值过大或过小。按照安装曲线确定调整量进行调整。调整方法：

① 根据调节量在补偿绳上适当位置打一紧线器，在坠砣杆上固定好钢丝套子，连接手扳葫芦，紧动手扳葫芦，使补偿绳松弛。

② 将楔形线夹从坠砣杆环内取下，退出楔子，按补偿曲线的要求，重新做回头。

③ 撤除各用具，盘好多余补偿绳回头，复测 b 值。

（2）检查补偿滑轮。

① 补偿滑轮转运不灵活。

a. 检查补偿绳是否在滑轮槽的正中，若不在正中使用手扳葫芦配合卸载补偿力，重新调整补偿绳，加润滑油；

b. 检查坠砣抱箍与限制管之间是否存在卡滞。调整方法：首先将坠砣抱箍拆除，使坠砣串自然下垂，然后通过调整上下限制架和限制管确保限制管自然贴近坠砣串，再安装坠砣抱箍，相互之间不得承受任何拉力。承锚与导锚共用一根限制管时，坠砣抱箍相互之间不得叠加在一起，平均温度时至少保证 300 mm 伸缩量。

② 两滑轮间距小于 500 mm。

根据测量数据及温度安装曲线确定调整量进行调整。调整方法：一是若接触线、承力索隔断绝缘子上下对齐的情况下，可选择更换更短杵环杆的方法处理。二是使用手扳葫芦配合卸载补偿力，将接触线或承力索截断重新做下锚回头，同时必须保证承力索、接触线两绝缘子串上下应对齐，允许偏差 100 mm。

③ 动滑轮偏斜角度大于 45°。

使用手扳葫芦配合卸载部份补偿力，用管钳或 450 mm 扳手卡住终端线夹，旋转动滑轮使其保持垂直状态（旋转位置在绝缘杵座和杵环杆杵头处）。

（3）检查补偿绳。

① 补偿绳散股、断股更换及调整方法。

a. 将需要更换补偿绳的坠砣串用手扳葫芦吊起固定在支柱上。

b. 将紧线器安装在接触线上、钢丝套子安装在接触网支柱上，紧动手扳葫芦，使补偿绳卸载。

c. 拆除旧补偿绳，安装新补偿绳，或更换整套补偿滑轮组。

d. 确认补偿绳全部位于滑轮中部，两个手扳葫芦配合加载，撤除工具。在加载的同时要确保动滑轮处于垂直状态，否则按动滑轮偏斜调整方法进行调整，检查各部数值和状态。

② 补偿绳与双环杆互磨调整方法。

a. 将需要调整下锚角钢的坠砣串用手扳葫芦吊起固定在支柱上。

b. 将紧线器安装在接触线上、钢丝套子安装在接触网支柱上，连接手扳葫芦，紧动手扳葫芦使补偿卸载。

c.调节下锚角钢调节孔，使承力索或导线下锚双环杆错位，脱离摩擦。部分下锚角钢没有调节孔，则稍松开下锚角钢穿钉，使用手锤敲击，使承力索或接触线下锚双环杆错位，脱离摩擦。

（4）检查坠砣。

① 坠陀破损：用手扳葫芦、钢丝套子将承力索或接触线硬锚在支柱上，卸下破损坠砣，换上新坠砣。

② 坠砣块数不足：补齐并立即检查本锚段另一段下锚坠砣数量，使两端坠砣数量相等。

③ 坠砣叠码不规范：叠码整齐，其缺口互相交错 180°。

④ 坠砣上下移动不灵活：移动限制管上下部螺栓调节孔，将限制管与坠砣重心线调整至平行且距离适当。如限制管与底座固定，则重新确定底座位置，固定限制管。

（5）检查限制架。

① 限制架歪斜、变形：松开螺栓进行调整，永久性变形则需进行更换。

② 限制架锈蚀：涂刷防腐漆或更换零部件。

（6）检查各部螺栓、销钉齐全，且符合标准，对各部螺栓力矩进行校验。

2. 棘轮补偿装置

（1）测量 a、b 值。

用钢卷尺测量 b 值和 a 值：如高处不能直接测量，用皮尺测量定滑轮至地面的距离 d 和坠砣串的高度 c，计算 $a=d-b-c$。若 a、b 值过大或过小，按照安装曲线确定调整量进行调整。调整方法：

① 根据调节量在补偿绳上适当位置打一紧线器，在坠砣杆上固定好钢丝套子，连接手扳葫芦，紧动手扳葫芦，使补偿绳松弛。

② 将楔形线夹从坠砣杆环内取下，退出楔子，按补偿曲线的要求，重新做回头。

③ 撤除各用具，盘好多余补偿绳回头，复测 b 值。

（2）检查棘轮补偿绳。

① 大、小轮缠绕补偿绳时最少缠绕 0.5 圈，最多缠绕 3.5 圈，大、小轮缠绕时补偿绳

必须两边对称、无交叉。

② 补偿绳不得有散股、断股和接头，不得与其他部件、线索相摩擦。

③ 补偿绳与固定楔子在轮体安装时受力面正确，补偿绳头由斜边一侧裙口穿出，补偿绳露头 60~80 mm。

④ 补偿绳散股、断股应更换补偿绳。

a. 将需要更换补偿绳的坠砣串用手扳葫芦吊起固定在支柱上。

b. 将紧线器安装在线索上、钢丝套子安装在支柱上，紧动手扳葫芦，使补偿绳卸载。

c. 调整补偿绳或者拆除旧补偿绳，安装新补偿绳。

d. 两个手扳葫芦配合加载，撤除工具，检查各部数值和状态。

⑤ 棘轮补偿安全抱箍距补偿绳小于 3 mm。

a. 将板上螺栓连接的螺母拧开，直到安全抱箍能够自由移动。

b. 将补偿绳和安全抱箍的间距调整到 3 mm，拧紧螺母。

（3）检查棘轮本体。

① 棘轮轮体安装必须竖直，使用线坠和卷尺检查棘轮有无偏倒，如有偏倒现象，使用木锤敲击棘轮本体，使其保持垂直状态，测量偏倒值 $a \leqslant 10$ mm。或通过螺栓轴和棘轮底座本体上的调整板进行细调。受力较大时要通过手扳葫芦将其卸载，然后调整，调整后慢慢使其恢复张力，并随时观察平衡轮状态保持平衡。

② 棘轮转动不灵活时应查明原因（如补偿绳卡滞或者叠加，偏磨、阻碍转动的部件、轴承缺油、制动块影响等），采取相应措施，更换或调整相应部件至符合要求，如图 3-92 所示。

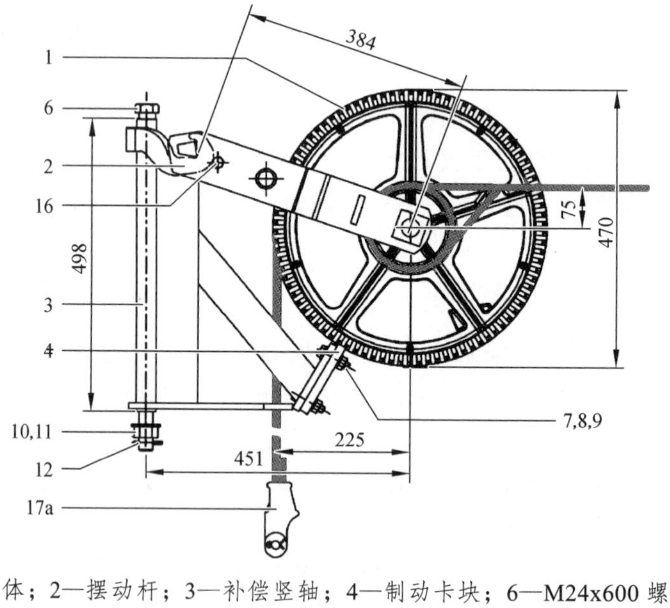

1—轮体；2—摆动杆；3—补偿竖轴；4—制动卡块；6—M24x600 螺栓；
7、8、9—M12x50 六角螺栓、垫片、M12 六角螺母；10、11—垫片、M24 螺母；
12—5x40 销钉；16—防脱螺栓（两侧）；17a—带专用楔子的终端楔形线夹。

图 3-92　棘轮补偿示意图

（4）检查制动卡块。

① 检查制动块的螺栓是否紧固，棘轮齿与制动块的间隙为 20 mm，如图 3-93 所示，止动板可以调节棘轮制动间隙。

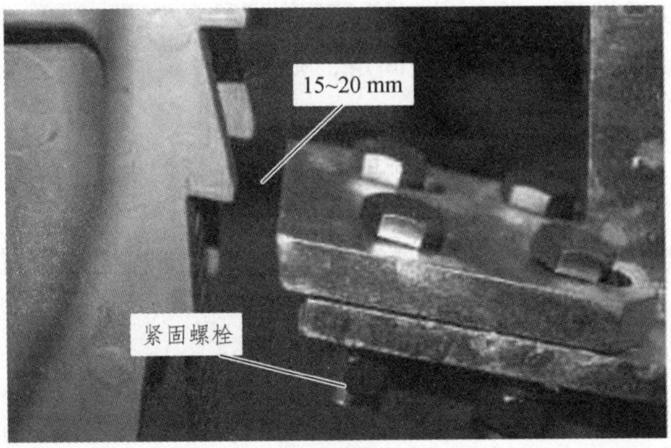

图 3-93　检查制动卡块

② 检查棘轮补偿制动卡块到棘轮的距离不达标。

a. 首先松开 4 个制动块固定螺栓，方便在调节孔范围内移动制动卡块。

b. 调整间距，将制动卡块按要求移动到距轮体 48 mm 处，并使其两边和轮缘中心对齐。

c. 紧固 4 个固定螺栓，扭矩为 56 N · m。

（5）检查球头挂环及平衡轮。

① 检查球头挂环与平衡轮连接状态，如图 3-94 所示，螺栓销由上向下穿入，拧紧螺母至平衡轮夹板平面，紧固力矩 10 N · m，开口销由根部劈开 100°~120°。

② 平衡轮与棘轮的间距小于 500 mm：根据测量数据及温度安装曲线确定调整量进行调整，使用手扳葫芦配合卸载补偿力，将接触线或承力索截断重新做下锚回头，同时必须保证承力索、接触线两绝缘子串上下应对齐，允许偏差 100 mm。

③ 平衡轮偏斜超过 20°：使用手扳葫芦配合卸载部分补偿力，用管钳或 450 mm 扳手卡住终端线夹，旋转平衡轮使其保持水平状态（旋转位置在绝缘杵座和球头挂环杵头处）。

图 3-94　球头挂环及平衡轮

（6）转向轮组件的检查（隧道内棘轮补偿装置）。

转向轮组件应安装于坠砣限制架的上角钢支架上，尽管设计的转向轮支架上下、左右以及旋转可调，但这些均是用来弥补已有零件加工误差的。实际上，任何时候都要保证转向轮处于垂直位置，保证经过转向轮转向后的补偿钢丝绳铅垂向下。检查时注意：钢丝绳是否偏磨，是否存在影响棘轮补偿的传动效率；补偿绳若出现过大倾斜，可能会改变转向轮的受力方向，破坏转向轮，而且会使坠砣补偿绳滑出槽道，造成严重的后果。

（7）检查坠砣。

① 坠陀破损：用手扳葫芦、钢丝套子将承力索或接触线硬锚在支柱上，卸下破损坠

砣，换上新坠砣。

② 坠砣块数不足：补齐并立即检查本锚段另一段下锚坠砣数量，使两端坠砣数量相等。

③ 坠砣叠码不规范：叠码整齐，其缺口互相交错 180°。

④ 坠砣上下移动不灵活：移动限制管上下部螺栓调节孔，将限制管与坠砣重心线调整至平行且距离适当。如限制管与底座固定，则重新确定底座位置，固定限制管。

（8）检查限制架。

① 限制架歪斜、变形：松开螺栓进行调整，永久性变形则需进行更换。

② 限制架锈蚀：涂刷防腐漆或更换零部件。

（9）检查各部螺栓、销钉齐全，且符合标准，对各部螺栓力矩进行校验。

六、注意事项

（1）调整补偿装置所用的受力工具必须经过定期试验，且在合格期内。使用前还必须认真检查，受力过程中还要时刻注意其状态，防止发生抽断隐患。

（2）为防止发生抽断隐患或设备偏移、偏锚现象，调整补偿装置过程中作业人员禁止站在坠砣串上。

（3）不同的补偿方式、不同的地理环境设计安装曲线不一样，因此参数调整必须严格按照设计安装曲线进行调整。

（4）各种高空作业应做好安全防护措施，上、下作业人员呼唤应答，配合得当，防止受伤。

七、选取“滑轮补偿装置的检查和调整”为实作考核项目

实作项目考核评价表

专业：____________ 班级：____________ 小组成员：______________________

1. 考核项目：接触网设备维修。
2. 考核内容：滑轮补偿装置的检查和调整。
3. 考核表（见表 3-57）。

表 3-57 考核表

项目及配分		考核内容及评分标准	扣分因素及扣分	得分	备注
时间	10 分	准备时间 5 min，作业时间 30 min，提前不加分，每超时 1 min 扣 2 分，超时 5 min 停止作业			
作业准备	10 分	① 准备工具，检查工具状态是否良好、型号是否符合作业要求。缺少工具或工具不符合作业要求每件扣 2 分。 ② 按规定标准着装，使用劳动保护用品。未按标准着装，缺少劳保用品一项扣 2 分			

续表

项目及配分		考核内容及评分标准	扣分因素及扣分	得分	备注
安全	40 分	① 攀登支柱前，攀登支柱人员应观察和检查支柱状态及支柱上方有无其他设备，选好攀登方向和条件，不符合要求每项扣 3 分。 ② 攀登支柱时，应手把牢靠，脚踏稳准，注意尽量避开设备并与带电设备保持规定的安全距离，扎好安全带，不符合要求每项扣 3 分。 ③ 高空作业未系好安全带扣 3 分。 ④ 未正确传递工具、材料，每次扣 3 分；高空掉物，每件次扣 3 分；损坏工具或未正确使用工具，每项扣 3 分。 ⑤ 作业人员不得站在坠砣串上，不得踩踏补偿绳，否则每处扣 3 分。 ⑥ 报告作业完毕后，作业现场遗留工具，每件扣 3 分。 ⑦ 作业过程中发生人员轻伤及以上者，或由于个人原因导致作业无法继续进行时，本项失格			
作业程序及质量	40 分	① 检查坠砣串及限制架状态，坠砣串重量、升降灵活性符合技术要求。少检查一处扣 3 分，检查后不符合技术要求每处扣 2 分。 ② 测量 a（L）值、b 值，少测量一处扣 3 分。 ③ 检查补偿滑轮、补偿绳、下锚角钢状态，定滑轮和动滑轮偏转角度，少检查一处扣 3 分，检查后螺栓紧固力矩不符合要求每处扣 2 分。 ④ 检查各部螺栓紧固情况，查找螺栓松动原因并及时紧固。少检查一处扣 3 分，检查后螺栓紧固力矩不符合要求每处扣 2 分。 ⑤ 采取人工托动使坠砣上升 300 mm 后记录回旋量。未进行托动检查扣 3 分，检查方法不符合要求每处扣 2 分			
合计	100 分				

八、选取“补偿装置 a、b 值调整”为实作考核项目

实作项目考核评价表

专业：______________ 班级：______________ 小组成员：__________________________

1. 考核项目：接触网设备维修。
2. 考核内容：补偿装置 a、b 值调整。

3. 考核表（见表3-58）。

表3-58 考核表

项目及配分		考核内容及评分标准	扣分因素及扣分	得分	备注
时间	10分	准备时间 10 min，作业时间 30 min，提前不加分，每超时1 min扣2分，超时5 min停止作业			
作业准备	10分	①未按规定着装扣5分； ②工具、材料准备不齐，每缺一项扣2分			
安全	40分	①作业组在接到停电作业命令后需先验电接地，然后方可作业； ②作业过程中不得发生皮外伤，扣20分； ③不得有危及人身安全的动作，扣10分			
作业程序及质量	40分	①检查工具材料的状态。 a. 安全带检查：无破损，安全环扣无变形及裂纹，安全锁扣良好，安全带试拉良好。 b. 脚扣的检查：脚扣外观良好，金属部分无开焊、裂纹，无严重变形；脚扣带无抽丝断股、破损，橡胶皮无破损裂纹。 c. 手扳葫芦的检查：链条无扭绞、无裂纹破损，葫芦本体无裂纹破损，挡位灵活无卡滞，防逆棘爪、制动爪状态良好； d. 紧线器的检查：紧线器无裂纹变形破损，锯齿状态良好，保险扣无破损，且作用良好。 e. 钢丝套检查：钢丝套无抽丝、断股破损，漏项每项扣10分。 ②调整前先根据当日温度、安装曲线表等，对需调整量进行计算确认。 ③在补偿绳上部打紧线器，锁好保险扣。在紧线器下方安装与线径匹配的钢线卡子，未安装或安装不到位每处扣5分。 ④攀登支柱时系好安全带，攀登时手抓牢靠、脚踏稳准，选择好攀登方向和条件，脚扣要卡牢系紧，严防滑落。未系好安全带扣10分。 ⑤手扳葫芦在紧线过程中，必须确认其受力良好，紧线器不得滑移。发生滑移的每次扣5分。 ⑥作业过程中发生高空坠物的每次扣5分；楔形线夹回头方向安装错误的每次扣5分。 ⑦调整完毕后对结果进行复测，误差大于±200 mm的每次扣5分。 ⑧作业完毕确认工器具全部拆除，各连接部件状态良好，未确认的每次扣5分			
合计	100分				

任务十九　27.5　kV 电缆检修

任务学习描述

学习任务：27.5 kV 电缆检修。

学习对象：学习接触网课程的学生及企业新入职人员。

工具选择：常用安全工具、测量工具、梯车。

学习步骤：

（1）学习 27.5 kV 电缆的作用及特点。

（2）学习 27.5 kV 电缆检修技术标准。

（3）学习 27.5 kV 电缆户外终端头制作。

任务学习方法

资讯：接受工作任务，分析任务，通过查找学习资料、相关文件，对任务形成总体认识。

计划：学习以小组为单位，讨论 27.5 kV 电缆的作用及特点。

决策：学生与老师共同讨论 27.5 kV 电缆户外终端头制作。

实施：确定学习任务，查找资料文件，完成检修标准、检修方法。

检查：以小组为单位，使用梯车完成学习步骤。

总结：学生与老师共同讨论本节课知识点，以及高空作业的注意事项。

任务学习目标

（1）掌握 27.5 kV 电缆的作用及特点。

（2）掌握 27.5 kV 电缆检修技术标准。

（3）掌握 27.5 kV 电缆户外终端头制作。

任务分工

27.5 kV 电缆检修任务分工如表 3-59 所示。

表 3-59　27.5 kV 电缆检修任务分工表

序号	分工	安全等级	人数	工作内容	备注
1	工作领导人	4 级及以上	1	指挥作业过程，负责任务整体安排	
2	安全员	4 级及以上	1	负责作业全程安全盯控工作	
3	高压场地作业人员	3 级及以上	1	负责检查 27.5 kV 电缆	
4	辅助人员	2 级及以上	4	负责作业现场其他安全事项	
5	防护	3 级及以上	4	负责上下行来车方向的防护工作	

一、27.5 kV 电缆的作用及特点

电气化铁路 27.5 kV 单芯供电线电缆普遍采用铜芯交联聚乙烯绝缘电力电缆，电缆主要利用在电力线路途经隧道、桥梁、进出变电所和分区所、开闭所等地理条件受限、环境恶劣，不能采用架空线路的供电线区段。电缆特点主要有：不受线路落差限制；热性能好，允许工作温度高、传输容量大；电缆附件简单；制造工序少、工艺简单，可靠性高。现电气化铁路电缆使用的越来越多，但是由于施工工艺不到位、安装不符合标准及日常运营、维护不当等情况，导致电缆及附件发生故障逐渐增多，从而影响供电安全。为了减少电缆发生故障的频率，提高供电线电缆的运行质量，必须严格按照施工工艺进行施工，并正确使用维护方法。

二、27.5 kV 电缆检修技术标准

1. 电缆本体

（1）电缆本体各部分无机械损伤，无过热变色、变形、开裂、放电现象。

（2）电缆及电缆终端的固定处必须采用专用的铝制或非磁性材料抱箍，并加装保护垫。

（3）电缆固定支架无松动、严重锈蚀或变形，电缆悬挂钢索和挂钩无严重锈蚀或脱落。

（4）电缆铠装层、屏蔽层及电缆导体之间均应可靠绝缘。测量电缆铠装层、屏蔽层及电缆主绝缘之间的绝缘电阻值与历次数据比较，不应有显著变化。

（5）电缆上网点宜设置隔离开关并纳入远动控制。

2. 电缆终端

（1）电缆终端表面干燥、清洁、密封良好，无渗漏水、裂纹、老化、破损等。

（2）电缆终端应保证竖直向上，不得出现偏转、扭曲变形，伞裙不得挤压变形，最大偏移角度不得大于 30°。

（3）电缆终端母排及零部件应与大地、接地钢构、固定抱箍等保持足够的绝缘距离。顶部端子对地空气绝缘距离不小于 450 mm；电缆终端应力锥对地空气绝缘距离不小于 35 mm；多个电缆终端并联时，其空气绝缘距离不小于 35 mm。

（4）电缆终端应固定牢固，金属端子不得承受拉力，应力锥无受力变形。电缆终端固定夹持部位距离冷缩地线管下端大于 100 mm，不得夹持在电缆终端锥体表面，并与接地线保证 50 mm 以上的距离。

（5）电缆及电缆终端投运前应按照《电气化铁路 27.5 kV 单相交流交联聚乙烯绝缘电缆及附件》（GB/T 28427—2012）有关标准进行试验，合格后方可投入运行。

3. 电缆接地

（1）电缆长度小于 100 m 时，电缆终端应一端直接接地，另一端可不接地。

长度 100 m 及以上时，宜每隔 400 m（直供方式）或 800 m（AT 供电方式）划分区段且在每个区段实施接地绝缘分隔。电缆终端应一端铠装层、屏蔽层直接接地，另一端铠装层、屏蔽层通过护层保护器分开接地。

（2）电缆终端接地线及端子应采取绝缘包扎并固定在电缆上，不得与金属构架直接接触。

（3）电缆终端接地线无破损现象，受损股数不得超过总数的 20%。

4. 电缆敷设

（1）电缆采用地面敷设时需单独设置电缆沟槽，并按规定设置地面电缆标识桩。同沟（槽）敷设 2 根以上电缆时，每隔 30 m 分别标识。

（2）电缆应做波浪形敷设，在敷设过程中，不应出现铠装压扁、电缆绞拧、护套折裂破损等现象。电缆弯曲半径不小于电缆外径的 20 倍。电缆终端（上支柱、上桥等）处，电缆应预留不小于 5 m。

（3）电缆上、下行间敷设应无交叉，供电线、正馈线电缆间无交叉（特殊区段用绝缘板做隔离），并按规定采取隔热及阻燃防护措施。

（4）当电缆穿管敷设时，保护管长度、内径应符合要求；当采用磁性保护管防护时，应顺向切割开缝，防止构成闭合磁路。

（5）当电缆直埋敷设时，电缆表面距地面不应小于 0.7 m，穿越农田时不应小于 1 m；其径路应避开使电缆受到机械损伤、化学或地下电流腐蚀、振动、热影响、虫鼠等危害地段。困难情况下应设置电缆槽、沟，并采取必要的防护措施。电缆过轨时应加装防护套管，埋深低于轨面不少于 1 m。

（6）直埋或以直埋电缆槽方式敷设的电缆，敷设后应及时填埋电缆沟，并采取减振、阻燃、阻断鼠道措施。同路径并排展放的多根电缆，相邻两根之间应有隔离措施。

（7）电缆标桩埋设应清晰显示出路径状态，直线地段每 35 ~ 50 m 设置一根电缆标桩，在出所位置、电缆转弯处以及和其他管、线、路交叉处，可增加标桩数量。电缆标桩上字样由各集团公司自定。

（8）电缆上网处应自地面下 0.8 m 至地面以上 2 m，砌钢筋混凝土电缆槽或砖砌防护墙进行防护。

三、27.5 kV 电缆户外终端头制作

（1）按图 3-95 所示仔细剥除电缆各层，确定电缆各层结构末端位置。注意：避免划伤内层结构。

从电缆末端向下量取 $L+370$ mm；10 mm 为半导电断口（L 为端子孔深），用玻璃片将外半导电层末端修成约 15 mm 长的斜坡，并打磨斜坡使其与绝缘层平滑过渡；半导电断口向下 100 mm 为内护套末端，保留所有铜丝屏蔽及扎紧铜带；内护套末端向下 30 mm 为铠装层末端；铠装层末端向下 30 mm 为外护套末端；外护套末端向下 150 mm 处用玻璃片刮除石墨层。

（2）打磨主绝缘。用 320#的砂条将绝缘层打磨光滑，不允许有半导电粉尘或颗粒残留。

（3）先将扎紧铜带穿入到铜丝屏蔽下面，并将铜丝屏蔽沿内护套反折；再缠绕扎紧铜带延伸至半导电断口下 20 mm 处，返回缠绕至铜丝根部，裁去多余部分后缠绕一层半

导电带将其固定（严禁半导电带超出半导电断口）；最后将铜丝屏蔽汇成一束，汇集起点距内护套端口下 15 mm 为宜，避免隆起过高（可以用绝缘胶带捆绕成束，便于缩管后外形圆整）。

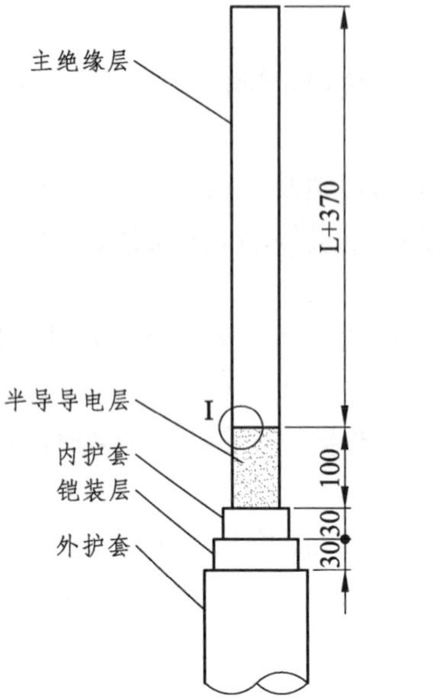

（a）27.5 kV 电缆户外终端头制作 A

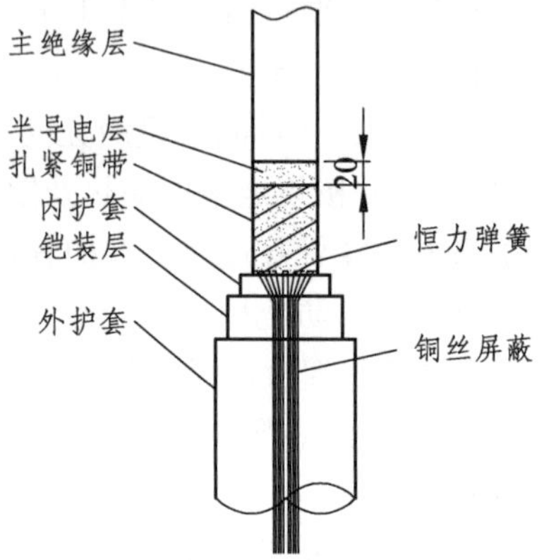

（b） 27.5 kV 电缆户外终端头制作 B

图 3-95 7.5 kV 电缆户外终端头制作

（4）在铜丝屏蔽上安装镀锡铜端子。

① 剪齐铜丝屏蔽末端，插入端子孔内并压接，压接后要保证压痕前部至少有 20 mm 的圆整段。

② 先将接地端子上的压痕打磨去尖角、毛刺，并清理干净，在端子尾部的铜丝处缠绕填充一层密封胶，再用绝缘胶带缠绕包裹到整个压痕；然后收缩两层热缩管，收缩后的热缩管与接地端子搭接 15~20 mm；最后在热缩管前做防水处理后，收缩端子密封管 B，如图 3-96 所示。

（5）打磨铠装层，并安装铠装层地线，做好地线端部密封，收缩一根密封管 B。将铠装层打磨光，用一个恒力弹簧将铠装地线固定好，并用扎线扎紧弹簧（见图 3-97），然后缠绕绝缘胶带包裹住铠装层、恒力弹簧及铠装地线毛刺。

（7）铜丝地线出线密封处理。先将内护套末端口处及以 30 mm 段用密封胶做好防水，铜丝辫夹在两层密封胶之间；再用填充胶将内护套末端附近台阶和密封处的铜丝辫两侧填充圆整，并用绝缘胶带包裹住填充胶、密封胶；最后从半导电断口向下 35 mm 处开始向外护套方向收缩冷缩管 B。

（8）用半导电将冷缩管 B 端口台阶缠绕填充，形成平滑过渡的长斜坡。注意不要超过半导电断口（距离半导电断口 15 mm 为宜），并搭接冷缩管端口 5~10 mm。最后用力按住半导电带末端头并保持数秒，确保其自身粘在一起，以免脱开翘起，如图 3-98 所示。

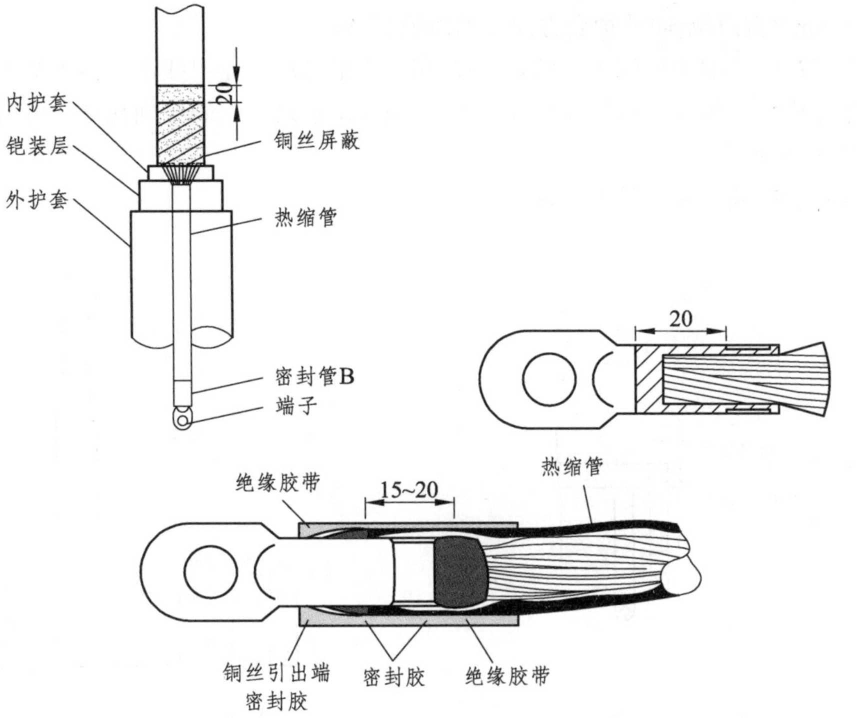

图 3-96　安装镀锡铜端子

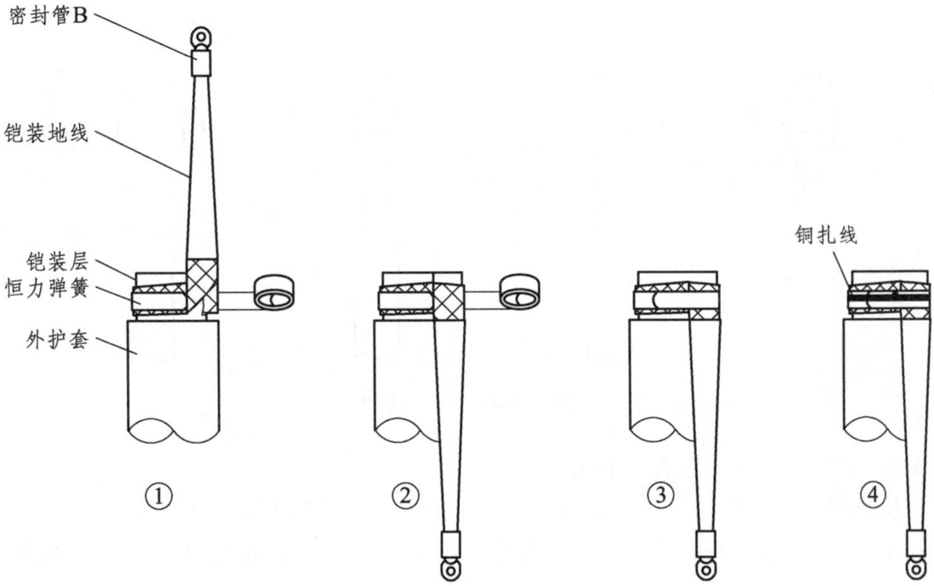

图 3-97　打磨铠装层

（6）铠装地线出线密封处理。外护套末端口处及以下 30 mm 段用密封胶做好防水，铠装地线夹在两层密封胶之间；先将再用填充胶将铠装层末端至外护套末端的台阶和密封处的铠装地线两侧填充圆整，并用绝缘胶带包裹住填充胶、密封胶；最后从内护套末端向下 5 mm 左右开始向外护套方向收缩冷缩管 A。

（9）压接线芯端子按端子，的深度 L 切除主绝缘层，露出线芯；插入端子，用符合国标六角压模压。压接痕数量及尺寸请参照 3-99 所示进行，若空间允许，可增加一次压接，如图 3-99 所示。

注意：检查核实端子是否压接紧密。

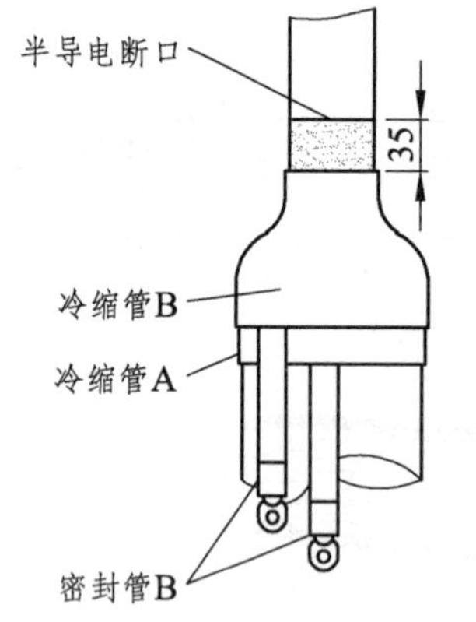

图 3-98　冷缩管

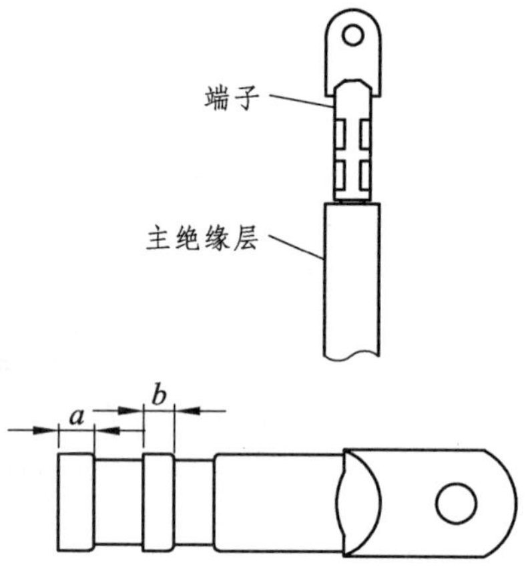

图 3-99　压接线芯端子

（10）安装垫管，如图 3-100 所示。

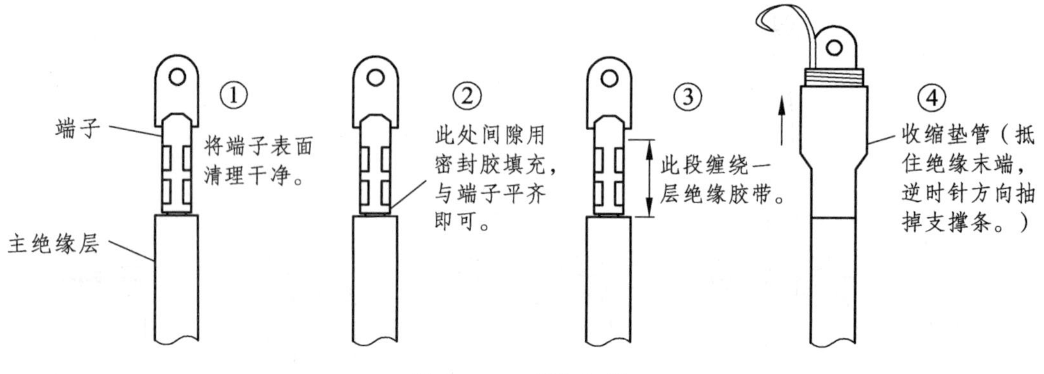

图 3-100　安装垫管

（11）确定定位线，清洁主绝缘。

① 从半导电断口向下量 60 mm 作为定位标线，并用电工胶带做好记号。

② 用清洁纸清洁主绝缘层，仔细检查并确认主绝缘层表面光滑、干净，如图 3-101 所示。

（12）安装终端主体。

① 待清洁剂挥发干后，在主绝缘层上均匀涂抹硅脂。

② 将终端穿过电缆，待终端端口和安装限位线对齐后，逆时针方向慢慢拉动衬管条，使冷缩终端收缩。注意：刚开始收缩时，先轻轻拉动终端内的衬管条，让衬管端口和终

端端口对齐，最终一定要保证终端端头和限位线的位置准确。

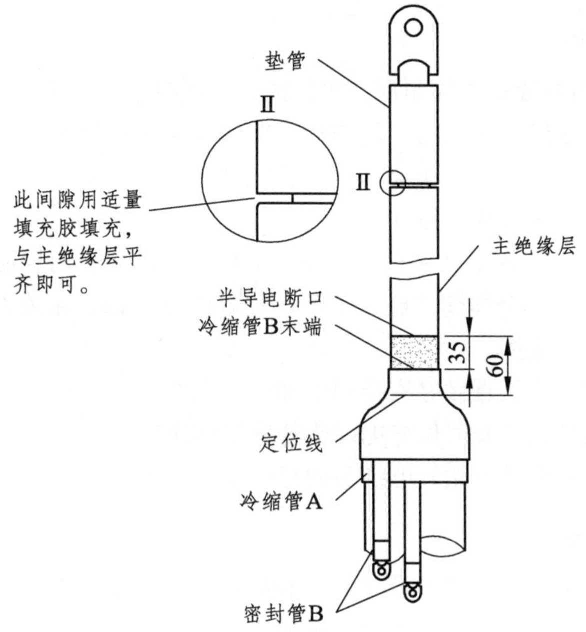

图 3-101　确定定位线、清洁主绝缘

（13）端部密封。

① 从冷缩主体端口下的第三条筋开始缠一层密封胶至与垫管搭接 10 mm 处，密封胶外缠绕一层绝缘胶带。

② 以终端第一个伞裙为起点收缩密封管 A，然后用硅胶带缠绕疏水锥分别与接线端子和密封管搭接 15~20 mm，如图 3-102 所示。

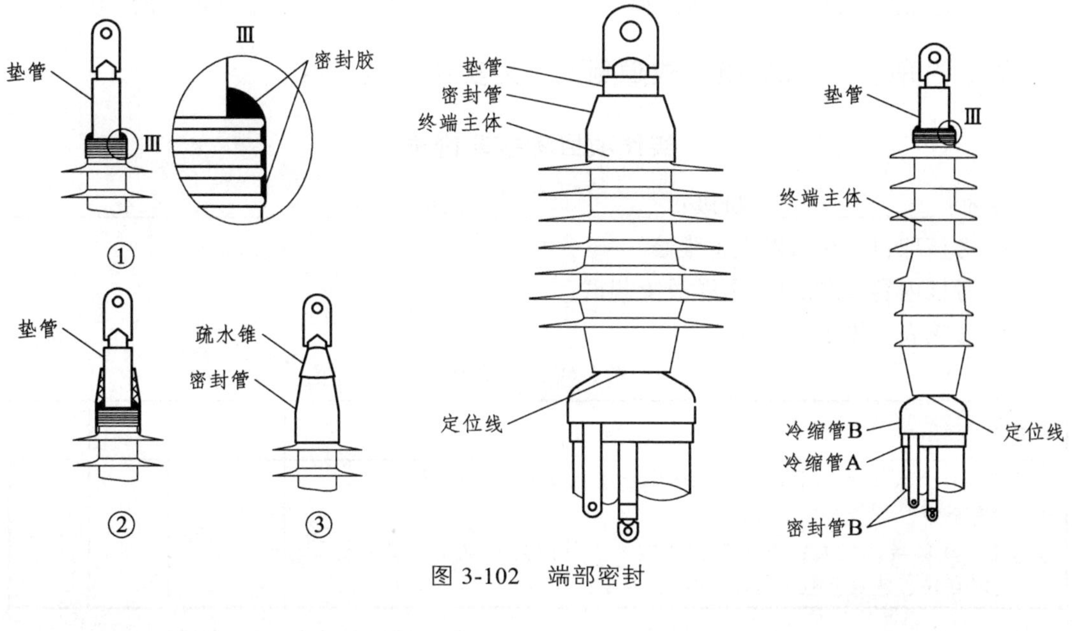

图 3-102　端部密封

四、施工安全及质量控制

1. 施工安全事项

（1）27.5 kV 电力电缆的绝缘耐压等级较高，电缆线路相当于一组电容器，为保证施工安全，在进行电缆接续施工前后，均应对电缆的各相间和相地间进行放电。

（2）电缆放电时，应先通过电阻放电几次，再直接接地放电，以避免一开始直接接地放电，产生振荡电压而损坏设备和电缆。

（3）在进行电缆的绝缘测试和直流耐压试验以及接续施工时，必须认真做好电缆两端的安全防护工作，用安全绳圈好施工范围，挂好明显标识，无关人员不得入内。测试和接续时，必须有专人指挥。

（4）接续施工时，要认真做好安全用电和防火工作。

（5）接续施工完毕，要及时做好电缆头的固定和防护。

（6）电缆运行过程中必须做好电缆头的保护接地工作。

2. 质量控制措施

（1）必须确保电缆接续材料的质量，选择好的供应厂家。电缆接续材料由供应厂家配套，购置时要确认材料的质量、品种和数量。

（2）认真把好电缆剥切质量关，做到应剥去的部分要剥切干净，应保留的部分不要有所损伤，剥切尺寸不能有错误。专用的剥切工具和熟练的剥切技术是保证电缆剥切质量的关键。

（3）认真做好清洗工作，优化的清洗程序和纯洁的清洗剂能够保证清洗质量。

（4）尽可能采用专用的电热吹风机进行热收缩操作，条件受限时可采用汽油喷灯，但是使用汽油的纯度要高。

（5）电缆接续施工环境的清洁和干燥，对于保证接续质量也是十分重要的。

五、选取“27.5 kV 电缆故障测试”为实作考核项目

实作项目考核评价表

专业：____________ 班级：____________ 小组成员：________________________

1. 考核项目：接触网设备维修。

2. 考核内容：27.5 kV 电缆故障测试。

3. 考核表（见表 3-60）。

表 3-60 考核表

项目	考核内容及评分标准	分值	扣分原因	扣分	得分
作业准备	① 个人工具：平口起子、十字起子、老虎钳、活动扳手、安全帽，每少一项扣 1 分； ② 仪器、仪表：万用表、兆欧表、故障定位电源、故障定点仪、波反射仪，每少一项扣 1 分；	20			

续表

项目	考核内容及评分标准	分值	扣分原因	扣分	得分
作业准备	③ 绝缘用具：绝缘手套、绝缘鞋、高压验电器、放电棒，每少一项扣 1 分； ④ 正确使用工具、仪器、仪表，否则扣 5 分； ⑤ 仪器接线错误，扣 5 分				
作业过程	① 确认作业范围、电缆名称及回路，否则各扣 2 分	10			
	② 对测试电缆进行检电、放电，否则各扣 2 分	10			
	③ 用兆欧表对电缆进行摇测相与地、相与相的绝缘阻值，初步判断电缆故障相，否则扣 1 分。	5			
	④ 判定电缆的故障类型（绝缘电阻值大于 200 mΩ 及以上判定为高阻故障，低于 200 mΩ 判定为低阻故障），判定错误扣 5 分	5			
作业过程	⑤ 使用波反仪测量故障电缆的全长，未测量全长或测量错误扣 2 分	10			
	⑥ 低阻故障： a. 用万用表对故障相电缆进行复测确认，否则扣 2 分； b. 使用低压脉冲法对故障相进行测量，否则扣 2 分； c. 根据显示的故障波形对故障电缆进行定位，否则扣 2 分； d. 报出故障点的米数并留底拍照，否则各扣 2 分； e. 对找到的故障地点设置防护物，否则扣 2 分	10			
	⑦ 高阻故障： a. 使用脉冲电流法对故障相进行测量，否则扣 2 分； b. 根据显示的故障波形对故障电缆进行定位，否则扣 2 分； c. 报出故障点的米数并留底拍照，否则各扣 2 分； d. 使用定点仪对故障地点进行精确定点，误差不超过 3 m，否则扣 2 分； e. 对找到的故障地点设置防护物，否则扣 2 分	10			
安全事项	① 安全讲话：人、机、料、法、环 5 个方面进行，否则扣 5 分； ② 电缆摇测前后每相都应充分放电，放电时间不小于 60 s，否则每次扣 2 分； ③ 正确使用放电棒，应先阻放，后直放。每次错误扣 2 分； ④ 按规定穿戴安全防护用品，否则扣 2 分； ⑤ 工作场地整洁，仪器、仪表、工具等摆放规范有序，否则扣 2 分	20			
合计		100			

六、选取“27.5 kV 电缆绝缘测试”为实作考核项目

实作项目考核评价表

专业：__________ 班级：__________ 小组成员：__________________

1. 考核项目：接触网设备维修。
2. 考核内容：27.5 kV 电缆绝缘测试。
3. 考核表（见表 3-61）。

表 3-61 考核表

项目	考核内容及评分标准	分值	扣分原因	扣分	得分
作业准备	① 个人工具：平口起子、十字起子、活动扳手（250 mm、300 mm）、虎口钳、尖嘴钳，每缺少一项扣 0.5 分； ② 仪表：兆欧表，缺少扣 1 分； ③ 安全用具：绝缘手套、绝缘靴、放电棒、验电器，每缺少一项扣 0.5 分； ④ 未正确使用工具、仪表，每次扣 2 分； ⑤ 未对仪表进行检查，扣 2 分	20			
作业过程	① 未确认作业范围核对回路名称，扣 10 分	10			
	② 未对被测电缆验电，每相扣 2 分	10			
	③ 未对电缆进行放电，每相扣 2 分	10			
	④ 对电缆相与相进行摇测，未执行每项扣 2 分	10			
	⑤ 对电缆每项对地进行摇测，未执行每项扣 2 分	10			
	⑥ 每次测试完毕后将数值进行记录，未执行每项扣 2 分	10			
安全事项	① 作业结束，未清理作业现场遗留的工具、材料，每件扣 2 分； ② 作业结束，未清点作业小组人员，扣 2 分； ③ 每测完一相需对电缆进行放电，未执行每次扣 5 分； ④ 验电、放电、使用兆欧表时操作人员应穿绝缘靴、戴绝缘手套，未执行每次扣 5 分	20			
合计		100			

任务二十　吸上线检调

任务学习描述

学习任务：吸上线检调。

学习对象：学习接触网课程的学生及企业新入职人员。

工具选择：常用安全工具、测量工具。

学习步骤：

（1）学习吸上线工作原理。

（2）学习扼流变的接触网工作原理。

（3）学习吸上线检修分界、固定方式。

任务学习方法

资讯：接受工作任务，分析任务，通过查找学习资料、相关文件，对任务形成总体认识。

计划：学习以小组为单位，讨论吸上线工作原理。

决策：学生与老师共同讨论吸上线检修分界、固定方式。

实施：确定学习任务，查找资料文件，完成检修标准、检调方法。

检查：以小组为单位，使用电缆制作工具完成学习步骤。

总结：学生与老师共同讨论本节课知识点，以及高空作业注意的事项。

任务学习目标

（1）掌握吸上线工作原理。

（2）掌握扼流变的接触网工作原理。

（3）掌握吸上线检修分界、固定方式。

任务分工

吸上线检调任务分工如表 3-62 所示。

表 3-62　吸上线检调任务分工表

序号	分工	安全等级	人数	工作内容	备注
1	工作领导人	4 级及以上	1	指挥作业过程，负责任务整体安排	
2	安全员	4 级及以上	1	负责作业全程安全盯控工作	
3	高空作业人员	3 级及以上	1	负责检查补吸上线	
4	辅助人员	2 级及以上	4	负责梯车、轨道车其他安全事项	
5	防护	3 级及以上	2	负责上下行来车方向的防护工作	

一、吸上线工作原理

在电气化铁路上，电力机车是利用走行轨作为牵引电流回路的，大部分电流经过与之相连的吸上线直接回到变电所。由于轨道与大地之间是不绝缘的，所以牵引电流的一部分要流经大地，从埋设在牵引变电所下面的接地网回到变压器。同时，钢轨和吸上线不直接相连，而是在轨道电路绝缘节处增设扼流变压器，二者分别与变压器的接线柱和中性点牢固连接，从而使牵引电流回路和轨道信号回路各自形成导通回路，互不干扰，如图 3-103 所示。

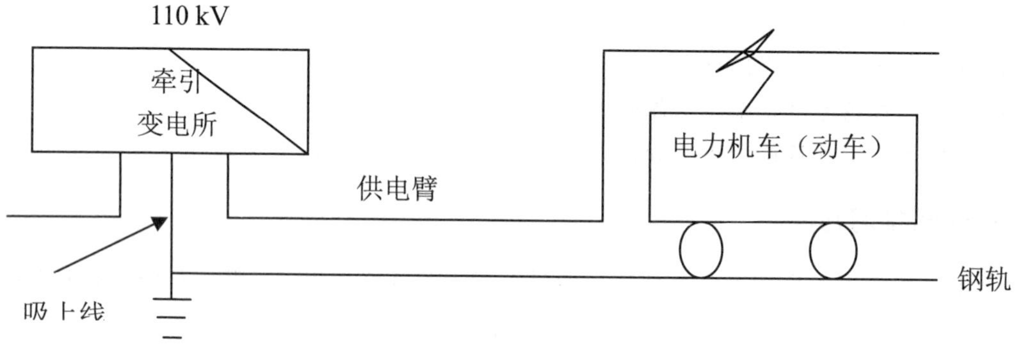

图 3-103　电力机车供电方式

吸上线的作用：在供电系统中，用作回流的吸上线，在单线轨道电路区段接入牵引钢轨，在复线轨道电路区段接入扼流变压器中点，为牵引电流提供顺畅的通道，以免造成轨道电路不平衡，影响设备正常使用。

二、扼流变接触网工作原理

如图 3-104 所示，当有电力机车在某区段行驶取流时，则在钢轨上存在频率为 50 Hz 电流 I_1、I_2，I_1 经 1 接线端进入扼流变，从 3 接线端流出，从而在扼流变一次侧 1、3 接线端两端产生感应电动势 E_1。同理，当 I_2 经 2 接线端进入扼流变，从 3 接线端流出，在扼流变一次侧 2、3 接线端两端产生感应电动势 E_2，由于 $I_1=I_2$，所以 $E_1=-E_2$，在扼流变 1、2 接线端处两端总电动势 $E_1+E_2=0$，则 4、5 接线端不产生电压或电流。电流 I_1、I_2 经 3 接线端流入回流线。由此可以看出，接触网的回流只在扼流变的一次侧流过，在二次侧并不产生电流，同时由于与电务电流的频率不同，两电流可同时叠加在扼流变的一次侧而互不影响。

扼流变的作用就是沟通牵引电流，当遇到绝缘节时，牵引电流可以经扼流变绕过绝缘节流到下一个区段。另一个作用就是平衡牵引电流。如果一根钢轨有 30 A 牵引电流，另一根钢轨有 20 A 牵引电流，经过扼流变之后两根钢轨都是 25 A 的牵引电流。牵引电流分别从两轨向牵引线圈，电流流入线圈时在铁心中产生的磁场互相抵消，仅作为导线沟通电路并不感应电压。当轨道信号电流流入牵引线圈，和普通变压器无异。扼流就是扼制牵引电流混入轨道电路，工作原理如图 3-105 所示。

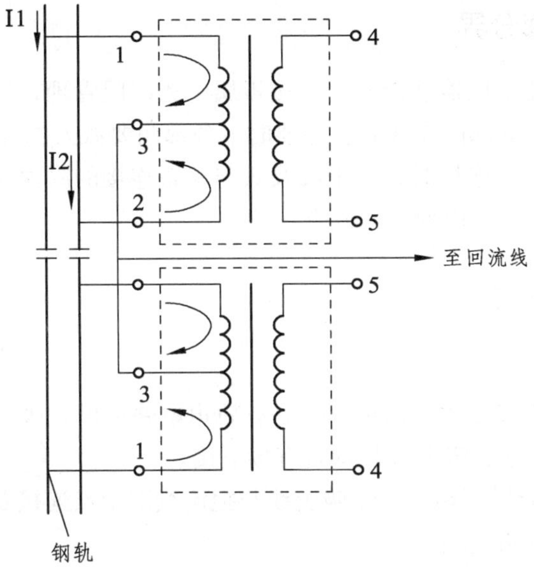

1、2 接线端为一次侧；4、5 接线端为二次侧；3 接线端为中心点。

图 3-104　虚线方框内为扼流变接线示意图

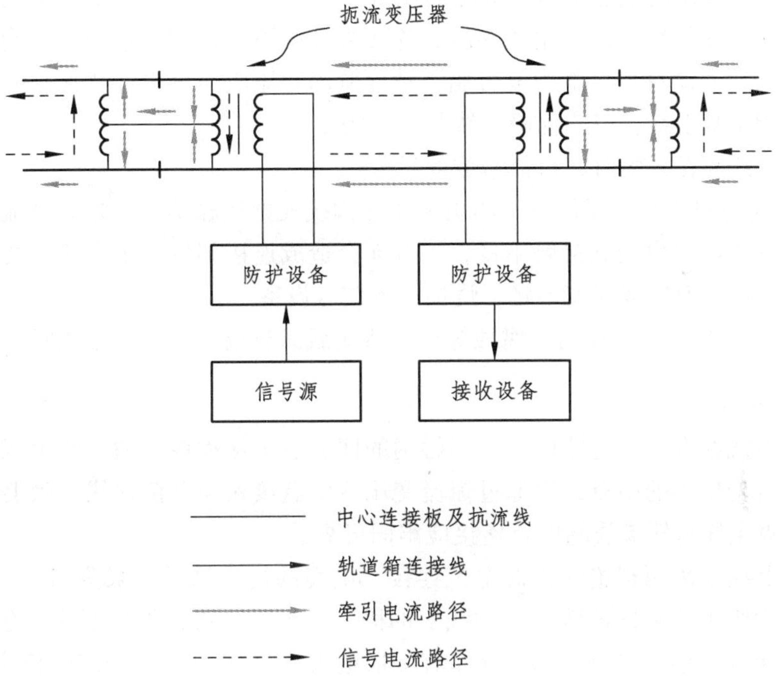

图 3-105　扼流变工作原理图

三、扼流变电务工作原理

在两条钢轨间输入频率为 25 Hz、电压差为 1 V 的电压，经 1、2 接线端进入扼流变，通过扼流变升压变比，4、5 接线端输出约为 3 V 的电压后接到电务设备上。

四、吸上线检修分界

（1）吸上线与扼流变压器连接时，连接板属电务部门管理，连接板上的螺丝和吸上线属供电部门管理。供电部门作业时，必要时电务部门要派人配合。

（2）吸上线与钢轨相连接时，吸上线及其与钢轨连接的附件属供电部门管理。供电部门作业时，必要时工务部门要派人配合。

五、吸上线固定方式

1. 普速铁路

（1）吸上线主要连接方式有两种：一是有轨道电路区段，吸上线与扼流变中性点连接。二是无轨道电路区段，吸上线与钢轨直接连接。

（2）吸上线与回流线（保护线）、吸上线与扼流线圈中点连接及无轨道电路区段吸上线与钢轨连接应牢固可靠。

（3）当设计无要求时，吸上线采用扁钢连接，且应搭接封闭电焊，吸上线扁钢与设备线夹连接处应挂锡处理。埋入地下的扁钢涂沥青或防腐油，地上部分除锈涂防锈漆。

（4）吸上线采用电缆连接时，电缆的规格型号一般为 2×VLV-185。并沟线夹作为吸上线和回流线（保护线）的固定线夹时，连接处导线不得包缠铝包带。并沟线夹导线连接面平整光洁，并涂有一层电力复合脂，螺栓紧固力矩应符合设计要求。采用专用抱箍沿支柱均匀固定吸上线，以确保吸上线与支柱密贴。

（5）吸上线存在缺陷时，可能造成的后果：

① 吸上线与回流线（保护线）的引上线并沟线夹处接触不良、接触载流面不够或吸上线与扼流变压器引出线处接触不良，一方面会造成连接部位严重发热、烧损直至吸上线烧断线。另一方面造成回流不畅，烧损电务信号设备。

② 吸上线本体因机械损伤、腐蚀等原因造成截面载流面不够，造成吸上线烧断。

2. 高速铁路

（1）客专线在有轨道电路区段，接触网的回流线（保护线）通过吸上线接到信号轨道电路的扼流变压器的中点，再通过扼流变压器中点接入综合接地线。吸上线与回流线（保护线）、吸上线与扼流线圈中点连接应牢固可靠。

（2）吸上线采用两根绝缘铜芯电缆连接，电缆的规格型号一般为 2×YJV-150。用并沟线夹作为吸上线和回流线（保护线）的固定线夹时，连接处导线不得包缠铝包带。并沟线夹与导线连接面平整光洁，并涂有一层电力复合脂，连接应密贴牢固，螺栓紧固力矩应符合设计要求。采用专用铝质抱箍沿支柱均匀固定吸上线，以确保吸上线与支柱密贴。

（3）在桥梁和隧道，为保证接触网钢支柱的可靠接地，接触网的回流线（保护线线）每隔 60 m 左右需要接地 1 次。在高速铁路中随着牵引电流的增大，为降低轨面电压，接触网的吸上线每间隔 1.2 km 左右，也就是每个闭塞分区都需要与信号扼流变压器相连。

（4）吸上线存在缺陷时，可能造成的后果：

① 吸上线与回流线的引上线设备线夹处接触不良接触载流面不够或吸上线与扼流变压器引出线处接触不良，一方面会造成连接部位严重发热、烧损直至吸上线烧断。另一方面造成回流不畅，烧损电务信号设备。

② 吸上线本体因机械损伤、腐蚀等原因造成某截面载流面不够，会造成吸上线烧断。

六、吸上线检查标准步骤

1. 普速铁路

（1）使用力矩扳手检查吸上线与扼流变中性点连接螺栓状态。或检查吸上线与钢轨连接（当吸上线与钢轨连接时）螺栓状态。

（2）检查吸上线线鼻子压接部位是否存在松动现象，聚乙烯绝缘带缠绕是否紧密，对缠绕松脱的拆除，重新缠绕聚乙烯绝缘带。

（3）检查吸上线是否完全埋入地下，对裸露部位的吸上线重新敷设，埋入地下部位不少于 300 mm。

（4）由下向上逐个检查支柱上固定吸上线的抱箍状态，紧固抱箍螺栓。

（5）使用力矩扳手检查吸上线与回流线（保护线）连接处所并沟线夹状态，确保紧固状态良好。

2. 高速铁路

（1）使用力矩扳手检查吸上线线鼻子与扼流变中性点连接螺栓状态。

（2）检查吸上线线鼻子压接部位是否存在松动现象，聚乙烯绝缘带缠绕是否紧密，对缠绕松脱的拆除，重新缠绕聚乙烯绝缘带。

（3）检查吸上线在沿地面敷设固定时，吸上线橡胶护套是否破损，对破损橡胶套管重新更换。发现橡胶套管两端未封堵，采用聚乙烯绝缘带将橡胶套管两端口密封。

（4）检查吸上线在地面敷设时，要用 U 形卡子和膨胀螺栓固定到地面上。U 形卡子和膨胀螺栓松动脱落时，应重新打孔固定。

（5）检查吸上线沿电缆沟敷设时，不得被盖板碾压，电缆盖板要完好不得破损。

（6）由下向上逐个检查支柱上固定吸上线的抱箍状态，紧固抱箍螺栓。

（7）使用力矩扳手检查吸上线与回流线（保护线）连接处所并沟线夹状态，确保紧固状态良好。

七、吸上线技术标准

1. 普速铁路

（1）吸上线采用电缆连接时，其电缆截面应满足回流要求，外露部分电缆护管应无损伤，封堵良好，在支柱上安装密贴牢固，其固定方式符合要求。

（2）吸上线埋入地下时，埋深不少于 300 mm。穿过钢轨、桥台时应采取防护措施。

电缆敷设尽量紧贴周边台阶角落，避免直接暴露在路面中央。吸上线要紧贴支柱，固定抱箍应牢靠，与回流线（保护线）或吸流变中性点相连处螺栓紧固、垫片齐全。

（3）吸上线连接应牢固、接触良好，所用并沟线夹、线鼻子等连接面均应涂一层电力复合脂，且螺栓紧固力矩符合要求。

（4）吸上线与回流线（保护线）连接时，距离悬挂点的距离应符合要求。

2. 高速铁路

（1）吸上线采用电缆连接时，其电缆截面应满足回流要求，外露部分电缆护管应无损伤，封堵良好，在支柱上安装密贴牢固，固定抱箍应牢靠，与回流线（保护线）或吸流变中性点相连处螺栓紧固、垫片齐全。

（2）吸上线穿过钢轨、桥台时应采取防护措施。吸上线敷设在地面时，此处电缆要用 U 形卡子和膨胀螺栓固定到地面上，并用橡胶套管保护。电缆敷设尽量紧贴周边台阶角落，避免直接暴露在路面中央。

（3）吸上线连接应牢固、接触良好，所用并沟线夹、线鼻子等连接面均应涂一层电力复合脂，且螺栓紧固力矩符合要求。

（4）吸上线与回流线（保护线）连接时，距离悬挂点的距离应符合要求。

八、注意事项

（1）V 形天窗检修吸上线时不得开路，如必须进行断开回路的作业，则必须在断开前使用不小于 25 mm^2 的铜质短接线先行短接后，方可进行作业。

（2）在变电所、分区亭、上网点处进行吸上线检修时必须利用垂直天窗。吸上线与扼流变中性点连接点的检修，不得进行拆卸，防止造成回流回路开路。确需拆卸处理时，必须采用旁路措施，必要时请电务部门配合。

（3）攀登支柱前要检查支柱状态，观察支柱上有无其他设备，选好攀登方向和条件。

（4）攀登支柱时要手把牢靠、脚踏稳准，尽量避开设备并与带电设备保持规定的安全距离。用脚扣和踏板攀登时，要卡牢和系紧，严防滑落。

（5）检查、检修过程中，必须采取相应安全措施，确保人身、设备安全。

九、参考“吸上线”为检修标准。

检修标准如表 3-63 所示。

表 3-63　检修标准

序号	作业步骤	作业标准	技术标准	安全卡控点
1	作业准备	按规程要求填写工作票并交付工作领导人，工作领导人向作业组全体成员宣读工作票、分工并进行安全预想，检查工具、材料		
2	完成安全措施	做好安全措施，工作领导人确认完成安全措施后，通知各作业组开工		

续表

序号	作业步骤	作业标准	技术标准	安全卡控点
3	检查测量	① 电缆本体： 电缆本体有无损坏； ② 电缆与回流线连接部位及线夹： 电缆与回流线连接部位及线夹有无氧化或烧伤； ③ 有无放电声或垂直吸上线对支柱放电： 倾听电缆有无放电声，支柱上有无放电痕迹； ④ 吸上线在支柱上的保护情况： 保护管有无丢失、损坏，固定抱箍有无锈蚀、缺少； ⑤ 吸上线与扼流圈中性板等连接部位及线夹： 设备线夹有无损坏、丢失，连接螺栓有无锈蚀、缺少		
4	电缆本体	吸上线有破损：更换。 ① 现场测量需更换吸上线的长度； ② 根据测量数据预制吸上线； ③ V 形天窗检修吸上线时不得开路，如必须进行断开回路的作业，则必须在断开前使用不小于 25 mm^2 的铜质短接线先行短接后（使用接地针式接地线接地），方可进行作业。 ④ 吸上线与扼流变中性点连接点的检修，不得进行拆卸，以防止造成回流回路开路。确需拆卸处理时，必须采取旁路措施，必要时请电务部门配合。 ⑤ 拆除并更换与回流线连接处的并沟线夹的吸上线。 ⑥ 拆除并更换与扼流变中性点连接点处的设备线夹，拆除时作业人员应穿绝缘靴、戴绝缘手套。 ⑦ 埋设水平部分的吸上线，埋深不少于 300 mm。 ⑧ 安装垂直部分的固定抱箍。 ⑨ 撤出短接线和旁路措施。 ⑩ 有放电声或垂直吸上线对支柱有放电痕迹， 如有放电声，应检查外露部分和挖开埋入地下部分，检查有无损伤或开断。若有，应临时拆除、更换吸上线， 若吸上线对支柱有放电痕迹，则临时拆除、更换吸上线，	① 吸上线电缆截面应满足回流要求，外露部分电缆护管应无损伤。 ② 吸上线埋入地下时，埋深不少于 300 mm；穿过钢轨、桥台时应采取防护措施。 ③ 吸上线型号及安装位置应符合设计要求	

续表

序号	作业步骤	作业标准	技术标准	安全卡控点
5	连接部位及线夹	① 电缆与回流线连接部位及线夹氧化或烧伤： 若有氧化时，用砂纸打磨电缆头、连接部位回流线和并沟线夹的内槽，露出金属本色后，涂中性凡士林紧固。 若有烧伤视情况应进行打磨或更换，措施同上。 ② 吸上线与扼流圈中性板连接部位烧伤或烧损、固定螺栓松动及开断、脱落，按与电务部门的分界，除污、打磨后涂中性凡士林紧固，必要时更换有关固定零件	① 吸上线与回流线连接时，距离悬挂点的距离应符合设计要求； ② 在有轨道电路区段，采用截面满足要求的电缆接至扼流圈中性板；吸上线必须与支柱密贴且连接牢固； ③ 各部螺栓扭矩符合设计要求	
6	吸上线的保护措施	吸上线在支柱上的保护损坏、丢失： 保护管（PVC 材质管）丢失、损坏，电缆抱箍丢失或生锈，丢失及时补装，若生锈则除锈涂漆		
7	复测	复测各部位技术参数，符合技术标准		
8	办理收工手续	① 工作领导人确认各作业组工作结束、人员机具均已撤至安全地带后，通知监护人员撤除地线及其他安全措施； ② 工作领导人确认安全措施撤除后，通知驻站联络员申请消除停电作业命令和线路封锁命令； ③ 工作领导人召开收工会，办理收工手续		
9	填写检修记录	按照当天检修情况填写检修记录		

任务二十一　保安装置及其他设备巡视

任务学习描述

学习任务：保安装置及其他设备巡视。

学习对象：学习接触网课程的学生及企业新入职人员。

工具选择：常用安全工具、测量工具、梯车。

学习步骤：

（1）学习预绞式铠装护线条（绝缘护套）标准。

（2）学习限界门相关知识。

（3）学习轨面标准线及标识。

任务学习方法

资讯：接受工作任务，分析任务，通过查找学习资料、相关文件，对任务形成总体认识。

计划：学习以小组为单位，讨论预绞式铠装护线条（绝缘护套）标准。

决策：学生与老师共同讨论轨面标准线及标识。

实施：确定学习任务，查找资料文件，完成检修标准、检调方法。

检查：以小组为单位，使用梯车完成学习步骤。

总结：学生与老师共同讨论本节课知识点，以及高空作业的注意事项。

任务学习目标

（1）掌握预绞式铠装护线条（绝缘护套）标准。

（2）掌握限界门相关知识。

（3）掌握轨面标准线及标识。

任务分工

保安装置及标识检查任务分工如表 3-64 所示。

表 3-64　保安装置及标识检查任务分工表

序号	分工	安全等级	人数	工作内容	备注
1	工作领导人	4 级及以上	1	指挥作业过程，负责任务整体安排	
2	安全员	4 级及以上	1	负责作业全程安全盯控工作	
3	高空作业人员	3 级及以上	1	负责检查保安装置	
4	辅助人员	2 级及以上	4	负责梯车、轨道车其他安全事项	
5	防护	3 级及以上	4	负责上下行来车方向的防护工作	

一、预绞式铠装护线条（绝缘护套）标准

1. 安装位置要求及种类

上跨构筑物（桥、隧道、明洞、站房等）下方的承力索、供电线、正馈线，应在防断点处至少 5 m 采取预绞式铠装护线条（绝缘护套）的防护措施。隧道、桥梁内漏水点距离接触网带电线索小于 2 m 处所，下方承力索、供电线、正馈线等在漏水点垂直投影向两侧延伸至少 1 m，采取安装预绞式铠装护线条（绝缘护套）的防护措施。重点处所上跨电线路下方的承力索、供电线、正馈线、加强线，可在上跨电线路垂直投影两侧延伸至少 5 m 预绞式铠装护线条（绝缘护套）的防护措施。

预绞式铠装护线条（绝缘护套）安装在电气化铁路上跨构筑物（桥、隧道、明洞、站房等）下方的接触网线索上，作为接触网防护措施之一，在一定程度上可降低异物坠落、漏水、冰凌、风摆等对接触网线索的伤害。预绞式铠装护线条（绝缘护套）不能作为接触网带电部分至接地体间及不同线索间的隔离部件。不得因使用预绞式铠装护线条而减小相互间的电气绝缘距离。

1）预绞式铠装护线条

（1）预绞式铠装护线条按结构型式分为：A 型预绞式铠装护线条和 B 型预绞式铠装护线条两种。优先选用 B 型预绞式铠装护线条。

A 型预绞式铠装护线条为双层结构，内层为阻燃层，外层为金属预绞丝结构层，其结构型式如图 3-106 所示。

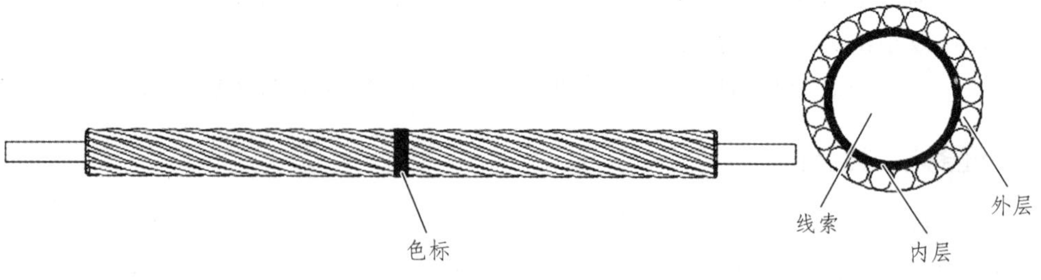

图 3-106　A 型预绞式铠装护线条

B 型预绞式铠装护线条为三层结构，内、外两层为金属预绞丝结构，内层内侧铺导电砂，中间层为阻燃层，其结构型式如图 3-107 所示。

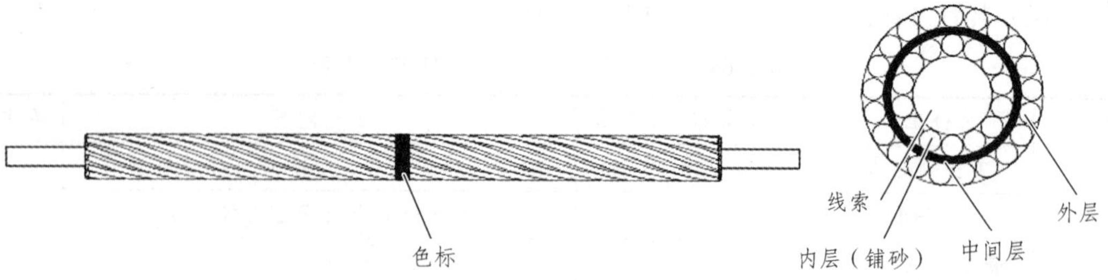

图 3-107　B 型预绞式铠装护线条

（2）预绞式铠装护线条规格型号。根据安装线索的线径选择大小匹配的预绞式铠装

护线条，预绞式铠装护线条类型选择应满足表 3-65、表 3-66 的要求。

表 3-65　A 型预绞式铠装护线条规格型号

型号	适用线索		护线条长度/mm	护线条外径/mm	外层单丝直径/mm	外层单丝根数	每米节距数	护线条单重/(kg/m)
	线索型号	外径/mm						
YJKZ(A70)	JTM70、JTMH70	10.50	≥2 000	17.5	2.60	16	≤9	0.66
YJKZ(A95)	JTM95、JTMH95	12.50	≥2 000	19.5	2.60	18	≤8	0.74
YJKZ(A120)	JTM120、JTMH120、JTCZ120	14.00	≥2 000	21.0	2.60	20	≤8	0.82
YJKZ(A150)	JTM150、JTMH150	15.80	≥2 000	22.8	2.60	22	≤7	0.91
YJKZ(A185)	LBGLJ185/25（24/7）	18.90	≥2 000	26.7	3.00	22	≤6	1.23
	JL/LB1A-200-26/7	18.00		25.8				
YJKZ(A240)	LBGLJ240/30（27/7）	21.60	≥2 000	29.4	3.00	25	≤5	1.40
	JL/LB1A-250-26/7	21.70		29.5				
YJKZ(A300)	LBGLJ-300/25	23.76	≥2 000	31.56	3.00	27	≤5	1.51
	JL/LB1A-315-45/7	23.70		31.5				
	JL/LB1A-315-26/7	24.40		32.2				

表 3-66　B 型预绞式铠装护线条规格型号

型号	适用线索		护线条长度/mm	护线条外径/mm	内层单丝直径/mm	外层单丝直径/mm	外层单丝根数	外层单丝根数	每米节距数	护线条单重/(kg/m)
	线索型号	外径/mm								
YJKZ(B70)	JTM70、JTMH70	10.50	≥2 000	21.9	2.60	2.20	13	24	≤7	1.21
YJKZ(B95)	JTM95、JTMH95	12.50	≥2 000	23.9	2.60	2.20	16	27	≤6	1.45
YJKZ(B120)	JTM120、JTMH120、JTCZ120	14.00	≥2 000	25.4	2.60	2.20	17	29	≤6	1.55
YJKZ(B150)	JTM150、JTMH150	15.80	≥2 000	27.2	2.60	2.20	19	32	≤5	1.71
YJKZ(B185)	LBGLJ185/25（24/7）	18.90	≥2 000	31.1	3.00	3.00	20	27	≤5	2.68
	JL/LB1A-200-26/7	18.00		30.2						
YJKZ(B240)	LBGLJ240/30（27/7）	21.60	≥2 000	33.8	3.00	3.00	22	30	≤4	2.91
	JL/LB1A-250-26/7	21.70		33.9						
YJKZ(B300)	LBGLJ-300/25	23.76	≥2 000	35.96	3.00	3.00	25	32	≤4	3.13
	JL/LB1A-315-45/7	23.70		35.9						
	JL/LB1A-315-26/7	24.40		36.6						

（3）预绞式铠装护线条应具备出厂检验报告和产品合格证等质量证明文件，以及产品安装使用说明等技术资料。

2）绝缘护套

（1）接触网绝缘护套（TB/T 3253—2010）分为 A、B 两种结构（见图 3-108、图 3-109），优先采用 A 型绝缘护套。

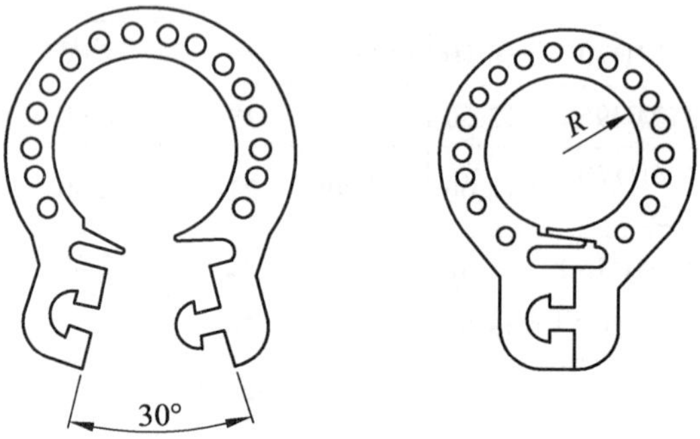

图 3-108　A 型绝缘护套示意图

图 3-109　B 型绝缘护套示意图

（2）接触网绝缘护套（TB/T 3253—2010）应采用硅橡胶或其他聚烯烃材料，优先采用抗老化性能较好的硅橡胶材料。根据安装线索的线径选择大小匹配的绝缘护套，绝缘护套类型选择应满足表 3-67 要求。

表 3-67　绝缘护套类型参数表

序号	护套类型	结构	使用导线截面/mm^2	R/mm	S/mm
1	A1	A	70、95、120	8	—
2	A2	A	150、185	10	—
3	A3	A	240	13	—
4	A4	A	315	16	—
5	B1	B	50~185	—	20
6	B2	B	240~315	—	28

（3）绝缘护套应具备出厂检验报告和产品合格证等质量证明文件，以及产品安装使用说明书等技术资料，验收时必须检查相应证明文件及技术资料，对绝缘护套相应文件、技术资料不全或没有的，严禁接收、使用。

2. 安装步骤

1）预绞式铠装护线条

（1）将 3 片内层预绞式铠装护线条依次安装到线索上。

（2）将保护带内侧的一条胶带膜撕下，将其（长度 510 mm 侧）贴在内层保护条外部，平行于线索张紧缠绕。

（3）缠绕到保护带末端后，将另一条胶带膜撕开，粘合在护线条上。

（4）将第二张保护带压住第一张保护带，重合尺寸约 10 mm，依次缠绕，完成中层安装。

（5）按照产品长度，依次将外层护线条安装完毕即可。

2）绝缘护套

（1）预先按照线索的长度将绝缘护套裁切备好。

（2）将绝缘护套吊起安装在线索上，并依次扣紧。

（3）为防止绝缘护套滑动，从绝缘护套端部 20 mm 处开始绑扎，相邻绑扎带间距 500 mm。

3. 技术标准

1）预绞式铠装护线条

（1）接触网线索安装预绞式铠装护线条时，其长度以上跨建筑物或隧道口为断面向内侧安装 1~2 m，向外侧安装 4~5 m。低净空或梁底存在湿接缝、排水孔的上跨桥，应以断面向外延伸 5 m、梁底贯通的形式进行安装。

（2）预绞式铠装护线条安装前，需经有资质的检验机构进行抽样检验，并出具检验报告，确认合格后方可上线安装。

（3）检修标准。

① 预绞式铠装护线条的检修周期定为三年，并纳入日常巡视检查范围内。

② 检查预绞式铠装护线条之间是否密贴、散股，检查预绞式铠装护线条有无变形、变色、开裂、起痕等劣化现象。

③ 检查发现接触网预绞式铠装护线条状态不良时，应及时安排处理，必要时进行拆除更换。

④ 预绞式铠装护线条实行寿命管理，对达到寿命年限的预绞式铠装护线条全部进行拆除更换。

⑤ 当确认预绞式铠装护线条本体处所发生放电跳闸时，应尽快重新更换安装预绞式铠装护线条，并确认线索状态，按相关技术标准补强。

2）绝缘护套

（1）接触网线索上安装绝缘护套时，其长度选择应以防护点断面为基准，向两侧各延长 5 m。

（2）绝缘护套安装前，需对绝缘护套抽样检验其绝缘性能，并出具检验报告，确认合格后方可上线安装。

（3）检修标准。

① 绝缘护套的检修周期定为 1 年，纳入日常设备巡视检查。

② 检查绝缘护套锁扣是否存在开裂现象；检查绝缘护套安装位置是否滑移；检查绝缘护套是否使用规定材料绑扎完好；检查绝缘护套端口或中间对接部分是否使用规定材料封堵良好；检查绝缘护套有无粉化、变形、变色、开裂或起痕等劣化现象。

③ 检查发现接触网绝缘护套状态不良时，应及时安排处理，必要时进行拆除更换。

④ 绝缘护套实行寿命管理，对达到运行寿命的绝缘护套全部进行拆除更换。

⑤ 绝缘护套使用寿命为 5 年。

4. 注意事项

（1）安装护线条（绝缘护套）时，应确认安装范围、接触网线索表面清洁、线索没有断股、散股、腐蚀等现象。

（2）安装护线条（绝缘护套）后，接触网线索必须满足规定的绝缘间距，不得在雨、雪、雾天气下安装预绞式铠装护线条（绝缘护套）。

（3）登高作业前要检查受力工具，选好攀登方向和条件。

（4）登高作业时要手把牢靠，脚踏稳准，尽量避开设备并与带电设备保持规定的安全距离。安全带要卡牢和系紧，严防坠落。

（5）检查、检修过程中必须采取相应安全措施，确保人身、设备安全。

二、限界门

1. 限界门设置位置

（1）在机动车辆通过的平交道口处铁路两侧的公路上，应设置限界门。限界门设置在沿公路中心线距最近铁路线路中心不小于 12 m 的地方。

（2）限界门的宽度不得小于平交道口处公路路面的宽度，限界门的下缘距地面的高度为 4.5 m，限界门框柱涂以警示色标。

（3）限界门处应按有关规定悬挂揭示牌。

2. 检查方法

（1）检查限界门固定状态是否良好，焊接部位无开焊现象。

（2）测量限界门距地面高度是否满足距离地面 4.5 m 的要求。

（3）检查限界门立柱状态，并按规定涂漆。

（4）检查各连接件状况，螺栓紧固。

3. 质量标准

（1）在车辆通过的平交道口处铁路两侧的公路上应设置限界门。

（2）限界门位置应设在沿公路中心线距离最近铁路的线路中心线不小于 12 m 的地方。

（3）限界门柱地上部分涂黑白相间的油漆，间距 200 mm。

（4）限界门的宽度不得小于平交道口处公路路面的宽度。

（5）限界门的横梁应平齐，下缘距地面的高度为 4.5 m，允许误差+100 mm，−200 mm。

（6）在面向铁路右侧的限界门框柱上（下沿距路面 3 m 处）安装“道口安全揭示牌”。限高牌及揭示牌应完整无损，安装牢固，字迹清晰，便于瞭望。

4. 注意事项

（1）检查作业时公路两端设专人防护。

（2）攀登限界门时，注意及时调整脚扣，登杆人员要手把牢靠、脚踏稳准、严防滑落。

三、轨面标准线

1. 轨面标准线位置及要求

在接触网支柱上、隧道每个定位点下方隧道边墙上，均要涂刷红色“轨面标准线”。轨面标准线标画依据为正线股道靠近隧道边墙、站台或支柱侧的钢轨顶面的设计高程。

① 接触网设计的轨面标准线（以下简称轨面标准线，俗称红线）和其标明的数据，是确定轨面、接触线、桥梁、隧道边墙及接触网支柱相对位置的依据，是工务线路维修、接触网检修作业时共同遵守的标准。

② 电气化铁路竣工时，由施工单位标出轨面标准线，开通前由供电、工务部门共同复查确认。

③ 遇接触网大修、调整线路纵断面等施工时，在施工完成后，由供电部门组织重新测量、标画轨面标准线并修改相关技术参数。变更后的技术参数应由供电、工务部门双方签字。

2. 轨面标准线的标画方法

（1）轨面标准线（简称红线）位于支柱线路侧，宽度 10 mm，长 200 mm。格构钢柱处不短于 45 mm。红线上沿与轨面平齐，线条清晰，参数字符清晰工整且均为红色。具体参数为：导高设计值（mm）、超高设计值（mm）及侧面限界设计值（mm），如图 3-110 所示。

（2）轨面标准线绘制时，绘制 240 mm×240 mm 方框，白底黑边，红线位于方框内且中心距方框上沿 160 mm。

（3）当实际轨面低于主角钢时应距轨面提高适当高度并在相应主角钢侧面标出所提高度（即上提　　mm）。自红线以上 1 500 mm 处开始向下刷白并顺序涂写有关参数。

（4）隧道内红线均上提 500 mm 描定在悬挂点边墙的下方，同时在方框外注明上提高度（即上提　　mm）。

（5）红线高程以红线上边缘为准，红线上方依次标注设计的线路超高、接触线高度，下方标注设计的侧面限界。轨面标准线在直线上为正线两轨面连线的延长线上，在曲线上为正线线路纵断面中心线的水平投影。

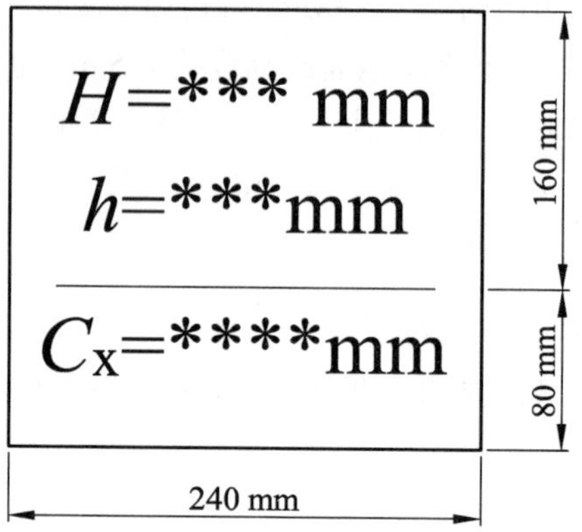

图 3-110　轨面标准线参数牌

3. 质量标准

（1）实际侧面限界与标明的侧面限界之差不得大于 30 mm，且实际侧面限界不得小于《普速铁路接触网运行维修规则》规定的最小值；实际超高和标明的超高之差不得大于 7 mm。以此作为线路和接触网维修时共同遵守的标准。

（2）日常接触网巡视过程中，注意检查轨面标准线的状态，如发现红线不清晰应及时在原红线处进行补画，保证其清晰醒目。

（3）每年会同工务部门对管内轨面标准线、侧面限界、外轨超高进行一次全面复核。

（4）将每次测量后的轨面标准线、侧面限界、外轨超高等填入《轨面标准线测量记录》并共同签认，签认后各持一份，同时报送一份给集团公司相关部门备案。

4. 注意事项

（1）日常维护时，不得任意改变原轨面标准线的位置。

（2）在轨面标准线维护和复核过程中，必须采取行车防护等相应安全措施，确保人身安全。

四、标　识

1. 各类标识安装位置及要求

1）号码牌

每根接触网支柱顺线路两侧（高速铁路支柱顺线路两侧及田野侧）均应安装反光号码牌。每个区间、车站、隧道均应分别单独编号，上行双号、下行单号。

2）电力机车禁停标识

（1）电力机车禁停标设置在站场、区间接触网不同供电臂的电分段两端，电力机车

（动车组）在该标识提示的禁停区域内不得停留（见图 3-111）。

图 3-111　电力机车禁停标

（2）标志设于转换柱至锚柱跨距内距转换柱 2 m 处，靠列车运行方向的左侧（双线区段均立于支柱侧）。标志面向列车运行方向，距线路中心距离应不小于 3.5 m，反向设置与正向标准一致。遇特殊情况不能按此标准设置时，可根据现场情况适当缩短，但禁停标必须设置在两接触线的垂直距离大于 300 mm，且便于司机瞭望处。

（3）电力机车禁停标所标示的禁停区域为该绝缘锚段关节两端所设电力机车禁停标之间的距离，如图 3-112 所示。

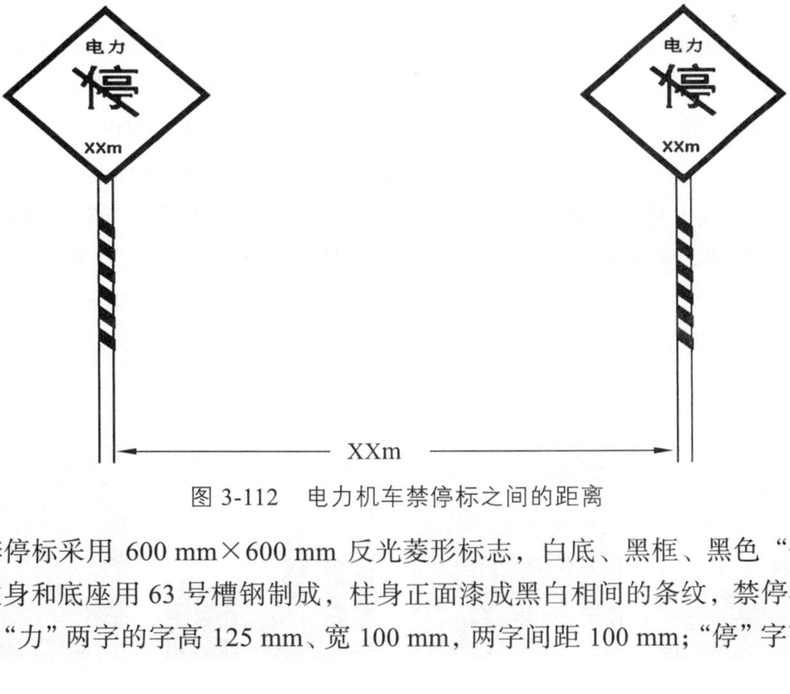

图 3-112　电力机车禁停标之间的距离

（4）禁停标采用 600 mm×600 mm 反光菱形标志，白底、黑框、黑色“停”字、红色斜杠。柱身和底座用 63 号槽钢制成，柱身正面漆成黑白相间的条纹，禁停标反面漆成白色。“电”“力”两字的字高 125 mm、宽 100 mm，两字间距 100 mm；“停”字高 350 mm、宽 280 mm，在“停”字上打斜红杠，水平夹角 45°，斜红杠宽 30 mm、长 400 mm；表示间距的数字“XX”字高 80 mm、宽 64 mm，表示间距单位的“m”字高 60 mm、宽 48 mm。施工埋深 1.0 m，混凝土封固。其中：×× m 表示禁停区域长度，其规格及安装要求如图 3-113 所示。

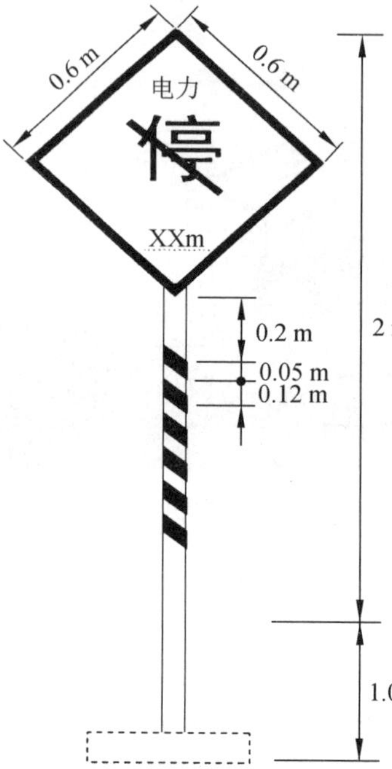

图 3-113　电力机车禁停标规格及安装要求

3）分相断合标

（1）普速铁路接触网电分相前方，分别设断电标、禁止双弓标。对于最高运行速度大于 120 km/h 的旅客列车、特快货物班列及最高运行速度为 120 km/h 的货物列车、快速货物班列运行的线路，在断电标的前方增设特殊断电标。在接触网电分相后方设合电标，设置位置如图 3-114 所示。在双线电气化区段，在“合”“断”电标背面，可分别加装“断”“合”字标，作为反方向行车的“断”“合”电标使用。“禁止双弓”“断（T 断）”“合”标，标牌均为白底黑字，荧光显示。“断”“合”标时设置距分相中性区为 30 m；“T 断”标的设置距分相中性区为 75 m；“禁止双弓”标设置距分相中性区为 150 m。

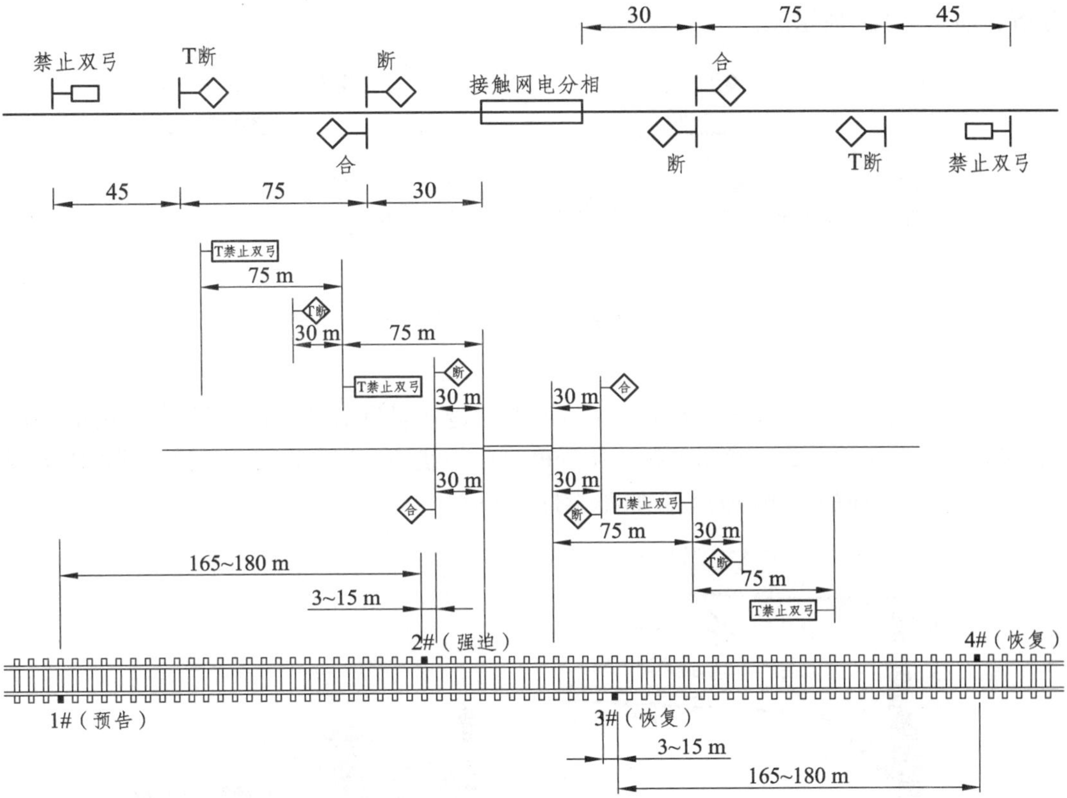

图 3-114　普速铁路接触网断电标、合电标、禁止双弓标

（2）在高速铁路接触网电分相前方设断电标，断电标设置在电分相中性区段起始位置前第 2 根支柱上（该支柱距电分相中性区段起始位置不小于 80 m）；在接触网电分相后方设合电标，合电标设置在电分相中性区段终止位置后 400 m 处附近的接触网支柱上，（该支柱距电分相中性区段终止位置不小于 400 m）如图 3-115 所示。

图 3-115　普速铁路接触网断电标、合电标

线路反方向按上述规定设置断电标、合电标。有电力机车上线的线路，还应在“断”标背面加装“机车合”标，表示自该标识之后电力机车应合闸。线路反方向按相同原则

设置，如图 3-116 所示。

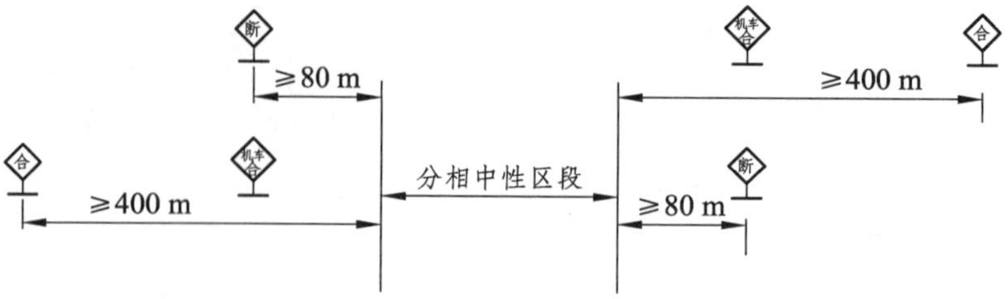

图 3-116　普速铁路接触网断电标、合电标位置

4）接触网终点标

接触网终点标就是提醒电力机车司机不要超越接触网有效区段，设在接触网边界。“接触网终点”标应装设于接触网锚支距受电弓中心线不大于 400 mm 处接触线的上方或线路列车运行方向的左侧地面上，如图 3-117 所示。

图 3-117　接触网终点标

5）“高压危险”警示标识

在站台接触网支柱上距轨面 2.5 m 高的处所，以及安全挡板、细孔网栅和跨线桥防护网栅均应设置白底黑字、红色闪电符号的“高压危险”警示标识。标识应完整无损、安装牢固、字迹清晰，如图 3-118 所示。

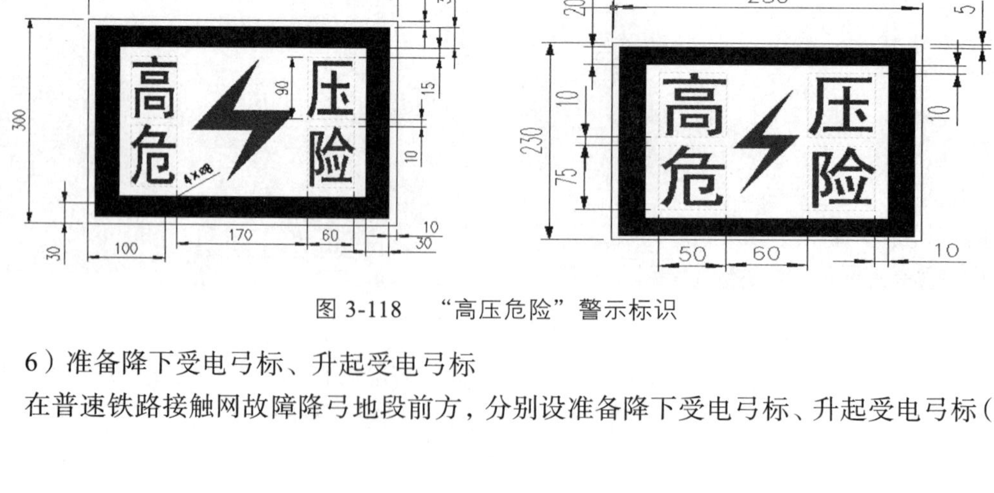

图 3-118　“高压危险”警示标识

6）准备降下受电弓标、升起受电弓标

在普速铁路接触网故障降弓地段前方，分别设准备降下受电弓标、升起受电弓标（见

图 3-119）；对于最高运行速度大于 120 km/h 的旅客列车、特快货物班列及最高运行速度为 120 km/h 的货物列车、快速货物班列运行的线路，在降下受电弓标的前方增设特殊降弓标。在降弓地段后方，设升起受电弓标，设置位置如图 3-119 所示。

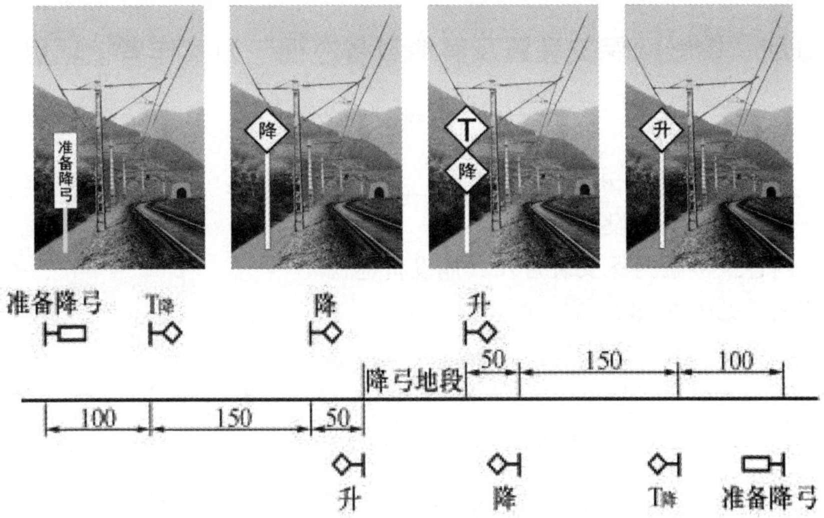

图 3-119　接触网准备降下受电弓标、升起受电弓标

以上各种标识和揭示牌应完整无损、安装牢固、字迹清晰、便于瞭望，不得侵入限界。与行车有关的标识一般设于列车运行方向的左侧，一般不在接触网设备上悬挂分界标识。

2. 检查方法及项目

（1）标识牌脏污、损坏，地面标识牌立柱倾斜、基础塌陷。

① 对脏污的标识牌用清水清洗、擦拭，确保字迹清楚。

② 对标识牌内容破损、模糊部分用同色油漆进行描画，无法修补的进行更换。

③ 倾斜的标识牌立柱对立柱基础开挖后整正立柱，并进行培土加固。整体道床上安装的标识牌对地脚螺栓进行紧固。

（2）标识牌的安装位置调整。

用钢卷尺测量标识牌的实际装设位置，按照技术标准重新安装。

（3）标识牌连接固定线夹、紧固螺栓松动。

① 对螺栓进行紧固，抱箍不符合的进行更换。

② 对悬吊标识牌的吊弦进行检查调整、更换。

3. 质量标准

（1）各种标识和揭示牌应完整无损、安装牢固、字迹清晰、便于瞭望，不得侵入限界。与行车有关的标识一般设于列车运行方向的左侧。

（2）安装位置检查。用钢卷尺（激光测距仪）检查各种标识牌安装位置应符合标准规定。

4. 注意事项

（1）攀登支柱时，登杆人员要手把牢靠、脚踏稳准，严防滑落。

（2）各类工器具应及时清理，防止遗留在线路上。

五、选取“接触网保安装置及其他设备巡视”为实作考核项目

实作项目考核评价表

专业：__________ 班级：__________ 小组成员：____________________

1. 考核项目：接触网设备巡视。
2. 考核内容：接触网保安装置及其他设备巡视。
3. 考核表（见表 3-68）。

表 3-68　考核表

项目及配分		考核内容及评分标准	扣分因素及扣分	得分	备注
时间	10 分	准备时间 10 min，作业时间 30 min，提前不加分，每超时 1 min 扣 2 分，超时 5 min 停止作业			
作业准备	10 分	①准备工具材料，检查工具材料状态是否良好，型号是否符合作业要求。缺少工具材料或工具材料不符合作业要求每件扣 2 分；			
		②按规定标准着装，使用劳动保护用品。未按标准着装，缺少劳保用品一项扣 2 分			
安全	40 分	①巡视人员安全等级不符合要求，扣 5 分；			
		②未按规定戴安全帽、穿反光防护服，通讯工具及照明灯具状态不良扣 5 分；			
		③未组织工前点名，季节性防护措施不到位，未进行安全讲话扣 5 分；			
		④抢越线路、钻车，巡视人员未按要求下道避车扣 5 分；			
		⑤巡视过程中攀登支柱扣 5 分；			
		⑥巡视时未做防护，防护措施落实不到位；上下机车飞乘、飞降，违反登乘巡视规定扣 10 分			
作业程序及质量	40 分	①作业人员站立在列车运行方向的左侧，面向来车方向，不符合要求每次扣 3 分；			
		②作业人员站立位置距离故障设备位置符合要求，不符合要求每处扣 3 分；			
		③接头线夹不入槽扣 10 分；			

续表

项目及配分		考核内容及评分标准	扣分因素及扣分	得分	备注
作业程序及质量	40 分	④手信号显示符合要求，不符合要求每处扣 3 分； ⑤巡视过程未对补偿装置坠砣进行拖拽扣 10 分； ⑥发现危及行车和供电的紧急情况，应及时报告供电调度员和工长，并采取应急措施； ⑦巡视人员如实记录巡视情况，要求字迹清楚、措词准确、情况完整			
合计	100 分				

任务二十二　绝缘部件检查和一日作业流程考核

任务学习描述

学习任务：绝缘部件检查和一日作业流程考核。

学习对象：学习接触网课程的学生及企业新入职人员。

工具选择：常用安全工具、测量工具。

学习步骤：

（1）学习接触网绝缘部件。

（2）学习绝缘部件绝缘强度管理。

（3）学习绝缘清扫、检查质量标准。

任务学习方法

资讯：接受工作任务，分析任务，通过查找学习资料、相关文件，对任务形成总体认识。

计划：学习以小组为单位，讨论接触网绝缘部件。

决策：学生与老师共同讨论绝缘清扫、检查质量标准。

实施：确定学习任务，查找资料文件，完成检修标准、检调方法。

检查：以小组为单位，利用工器具完成学习步骤。

总结：学生与老师共同讨论本节课知识点，以及高空作业的注意事项。

任务学习目标

（1）掌握接触网绝缘部件。

（2）掌握绝缘部件绝缘强度管理。

（3）掌握绝缘清扫、检查质量标准。

任务分工

绝缘部件检查任务分工如表 3-69 所示。

表 3-69　绝缘部件检查任务分工表

序号	分工	安全等级	人数	工作内容	备注
1	工作领导人	4 级及以上	1	指挥作业过程，负责任务整体安排	
2	安全员	4 级及以上	1	负责作业全程安全盯控工作	
3	高空作业人员	3 级及以上	1	负责检查绝缘部件	
4	辅助人员	2 级及以上	4	负责梯车、轨道车其他安全事项	
5	防护	3 级及以上	4	负责上下行来车方向的防护工作	

一、接触网绝缘部件

（1）接触网绝缘部件是将接触网带电体与其他部分分隔，包括腕臂定位装置、供电线、正馈线、加强线、回流线、分段（分相）绝缘器、隔离开关、避雷器等采用的棒式、悬式、针式、柱式等，按绝缘材质分为瓷质、复合材料以及其他绝缘材料。接触网绝缘部件运行管理主要包括机械强度和绝缘强度两项内容。

（2）接触网大修、改造工程所采用的绝缘部件应根据当地污秽等级和特殊气象条件，合理选择绝缘部件。

（3）绝缘部件分类。

① 按照材质分为：瓷绝缘子、钢化玻璃绝缘子、复合绝缘子等。

a. 瓷绝缘子。

优点：生产成本低，价格便宜，有良好的绝缘性能，耐热性能好，运行经验丰富。缺点：重量过重，缺乏弹性，防污和可靠性方面有待提高，运营维护费用较大。

b. 钢化玻璃绝缘子。

优点：零值自破，自洁性能好，不易老化。缺点：存在自爆率 0.02%~0.04%。

c. 复合绝缘子。

主要用于：隧道内净空条件受限场合；粉尘污染严重地区；减少接触悬挂集中性负载（如分段绝缘器承力索的绝缘、锚段关节处）；易受击打破坏场合代替瓷、钢化玻璃绝缘子使用。

② 绝缘子按照结构分为：悬式绝缘子、棒式绝缘子、针式绝缘子等。

a. 悬式绝缘子：用于承受张力，如用于线索下锚、水平拉杆、软横跨绳索、隧道内悬挂、锚段关节以及馈电线、并联线等处的对地绝缘 。

b. 棒式绝缘子：在需要承受压力、张力和弯距的场合使用棒式绝缘子。电气化铁道接触网使用棒式绝缘子主要用于斜腕臂、压管、平腕臂及隧道定位和隧道悬挂等场合。

c. 针式绝缘子：多用于回流线，保护线及跳线处，它承受线索不同方向的负荷，将线索固定，并对地起电气绝缘。

③ 绝缘子的电气参数。

a. 干闪电压：绝缘子表面干燥状态时，使其表面闪络所需的最低电压。

b. 湿闪电压：雨水降落方向与水平面呈 45°淋在绝缘子表面时，使其闪络的最低电压值。

c. 击穿电压：绝缘子绝缘元件被击穿损坏而失去绝缘作用的最低电压。

d. 泄漏距离：绝缘元件表面的曲线长度，即两电极间绝缘表面的爬电距离，俗称“爬距”。

二、绝缘部件机械强度管理

（1）绝缘部件的机械强度检查是日常检修和巡视的重要内容，运行 20 年以上的绝缘部件每年按运行数量的 2‰委托有资质的检测机构进行电气、机械试验，根据试验结果确定防范措施。

（2）对发生绝缘闪络的区段要建立连续台账（包括线别、区间、杆号、里程、绝缘闪络时间、闪络绝缘子型号、处理情况、处理时间、闪络次数），及时安排对绝缘部件进行检查，当绝缘部件损伤、机械强度降低时应及时更换。

三、绝缘部件绝缘强度管理

（1）日常管理时对每个污染区每年至少进行 1 次附盐（碱）密度的抽样测试，污染源的调查应包含线路周围 5 km 以内的所有污染源。

（2）对接触网的污秽等级进行划分，具体划分标准及泄漏电流有效值与污秽度对照表 3-70。

表 3-70　接触网的污秽等级划分标准及泄漏电流有效值与污秽度对照

污秽等级	污湿特征	线路爬电距离/（cm/kV）	
		盐密度/（mg/cm^2）	220 kV 及以下
0	大气清洁地区及离盐碱滩（湖）50 km 以上无明显污染地区	≤0.03	1.39（1.60）
1.	大气轻度污染地区，工业区或人口低密集区，离盐碱滩（湖）10～50 km 地区；少雨、少雾、气候干、燥湿度在 50%以下地区	>0.03～0.06	1.39～1.74（1.60～2.00）
2.	大气中度污染地区，烟尘及粉尘地区；离盐碱滩（湖）5～10 km 地区；少雨、少雾、气候干燥、湿度在 50%以下地区	>0.06～0.10	1.74～2.17（2.00～2.50）
3.	大气重度污染地区，重雾和重盐碱地区，离盐碱滩（湖）3～5 km 地区，多雨（雾）、湿度在 50%以上地区	>0.10～0.25	2.17～2.78（2.50～3.20）
4.	大气特别严重污染地区，离盐碱滩（湖）1～3 km 地区，离化学污染源和炉烟污秽 300 m 以内的地区，多雨（雾）、湿度在 50%以上地区	>0.25～0.35	2.78～3.30（3.20～3.80）

（3）新建电气化铁路根据当地污秽等级和特殊气象条件，结合运行经验确定绝缘水平，重污区爬电距离不得小于 1 600 mm。大修和更改项目不得降低原有线路绝缘水平。

（4）分段绝缘器在雷电、雾、雨、雪等恶劣天气时应避免处于对地耐压状态。打开隔离开关进行作业时，应在作业结束后及时闭合隔离开关。

四、绝缘部件监测清扫管理

1. 棒形瓷质绝缘子报警信息处理

二级报警：泄漏电流超限（泄漏电流≥4.5 mA）；重点对该区段进行观察，对绝缘子污秽程度进行图片数据采样，提报绝缘子清洗周计划。

一级报警：泄漏电流超限（泄漏电流≥7 mA）；要求当天立即提报绝缘子清洗临时计划，对绝缘子进行清洗。

2. 棒式复合绝缘子报警信息处理

二级报警：泄漏电流超限（泄漏电流≥2 mA)：重点对该区段进行观察，对绝缘子污秽程度进行图片数据采样，提报绝缘子清洗周计划。

一级报警：泄漏电流超限（泄漏电流≥4.5 mA)；要求当天立即提报绝缘子清洗临时计划，对绝缘子进行清洗。

五、绝缘子清扫、更换方式及方法

1. 绝缘清扫方式

（1）可以采取人工直接清扫和用水冲洗设备清扫等方式。

（2）人工清扫瓷质绝缘子时可采用干净的棉布加清水对绝缘子进行清扫。脏污严重的处所可先采用中性清洗剂清洗，再用干净的棉布加清水对绝缘子进行清扫。

（3）复合绝缘子优先采用水冲洗除尘，严重脏污的绝缘子先采用干净的毛巾加中性肥皂水进行除尘，再用干净的棉布加清水对绝缘子进行清扫。

2. 清扫绝缘子方法

（1）作业开始后，经作业负责人允许，一人带清洗剂、抹布登上支柱，将安全带系在牢固可靠的部位。

（2）作业人员对瓷质悬式、棒式等绝缘子喷洒清洗剂，并用抹布擦拭干净。

（3）对于有机绝缘子，应先用丙酮喷洒，然后再进行清扫。

3. 平腕臂绝缘子更换

（1）作业车配合作业。

① 在杆顶安装钢丝套子和滑轮，用绳子绑紧绝缘子；拆除绝缘子上的跳线。

② 将顶杆安装固定在承力索支座与套管双耳（绞环）中间，慢慢升起平台晃动水平腕臂，取出绝缘子与平腕臂销钉或直接取出腕臂底座销钉。

③ 更换新的绝缘子前，先将绝缘子与平腕臂管连接（滴水孔向下），垂直地面销钉（螺栓销）应从上向下穿，安装绝缘子根部销钉可以通过下降平台来配合安装。

④ 销钉必须加装合适开口销，开口销掰开角度不小于 60°；铁锚压板螺栓应配 1 弹垫、1 平垫，1 备帽，按标准力矩进行紧固，最后将跳线恢复绑扎。

（2）车梯配合作业。

① 一人上支柱在支柱顶部的平腕臂上方挂上钢丝套子、绳子及单滑轮，并拆除跳线（无接地跳线时忽略），一人上车梯配合作业。

② 将手扳葫芦一端挂在钢丝套子上，另一端挂在承力索上（对承力索采取防护措施），并拆除腕臂支撑的一端。高空人员收紧手扳葫芦，将承力索底座盖板拆除，从定位器线夹处拆除接触线，并用小绳将平腕臂端部与承力索进行软固定。

③ 将平腕臂与绝缘子充分卸载。

④ 用绳子将腕臂绝缘子系住后，将其通过单滑轮放至地面。

⑤ 将新绝缘子用绳子、滑轮吊上支柱，先与支柱上腕臂底座连接，然后与水平腕臂连接，插入横向螺栓，检查横向螺栓螺帽齐全，开口销掰开角度不小于 60°。安装固定铁锚压板，按照标准力矩紧固，最后将跳线恢复绑扎。

⑥ 高空人员缓慢卸载手扳葫芦，使承力索恢复到承力索底座内，并按照技术标准固定，最后将接触线恢复到位。

⑦ 确认各部件受力状态良好，取下手扳葫芦及钢丝套子等工具，清理现场，结束作业。

4. 斜腕臂绝缘子更换

（1）用力矩扳手与绝缘子根部螺栓及开口销、销钉，拆除绝缘子上的跳线。

（2）将顶杆打到承力索支座与套管双耳（绞环）中间，升起平台慢慢将斜腕臂从棒瓶绝缘子中抽出。

（3）在旋转腕臂上底坐处安装滑轮，用绳子绑紧绝缘子，取出绝缘子根部铁锚销钉，通过滑轮更换新的绝缘子。

（4）更换新绝缘子前，先将绝缘子与斜腕臂管连接（滴水孔向下），拧紧铁锚压板再装绝缘子根部销钉，安装绝缘子根部销钉可以通过下降平台来配合安装；销钉必须加装合适开口销，最后将跳线恢复绑扎。

5. 下锚绝缘子更换

（1）在承力索适当位置（大概 1~2 m 处）安装一卡线器，同时在杵环杆上安装一卡线器，用手扳葫芦连接两卡线器，拆除绝缘子上的跳线。

（2）紧手扳葫芦，使绝缘子卸载松弛，拆除需更换的绝缘子，用大绳吊下，吊上新的绝缘子，更换完毕拆除手扳葫芦和卡线器。

（3）杵座式绝缘子安装完后弹簧销安装到位；耳环式绝缘子安装要将销钉掰开角度不小于 60°，使用无开口销的螺栓应配 1 弹垫、1 平垫，按标准力矩进行紧固，最后将跳线恢复绑扎。

六、绝缘清扫、检查质量标准

绝缘子清扫时要对绝缘子的运行状态进行外观检查。绝缘子清扫、检查遵守下列规定。

（1）清扫后的绝缘子表面应清洁、光滑无脏污。

（2）绝缘子表面应完整无破损、无破碎性裂纹，瓷釉剥落面积不大于 300 mm^2。

（3）瓷质绝缘子部分应结合紧密，浇注部分不得有松动和辐射性裂纹，铁件应镀锌良好，弹簧销弹力合适，无锈蚀。

（4）各悬式绝缘子间连接良好，弹簧销、开口销齐全。

（5）绝缘子表面无明显放电痕迹、无环状或贯通性裂纹。

（6）棒式绝缘子滴水孔应朝向下方，绝缘子本体线性良好无挠度、弯曲显现。

（7）硅橡胶绝缘子裙边无老化，无环状和贯通性裂纹及龟裂现象。

（8）在运输装卸和安装绝缘子时应避免发生冲撞，不得锤击与瓷体连接的铁帽和金属件，同时也不得对其进行机械加工和热处理，铁帽和金具无锈蚀。

（9）绝缘子裙边距接地体的距离符合《接触网运行维修规则》中规定的数值。

七、注意事项

（1）登杆人员要手把牢靠，脚踏稳准、严防滑落。

（2）作业人员登上肩架前，要对肩架与支柱的连接螺栓进行紧固，防止松垮。

（3）高空人员不得站在棒式绝缘子上作业，防止绝缘子折断。

（4）清扫时，应在绝缘子两端加挂短接线，作业完毕应撤除短接线。

（5）用丙酮清洁绝缘子时，作业人员应戴橡胶手套。当使用清洁剂清扫瓷质绝缘子时，应用清水将绝缘子上残留清洁剂冲洗干净。

（6）作业人员安装瓷瓶时，防止瓷瓶与支柱及金属部件碰撞。

（7）注意线索的受力情况，不得损伤线索。

用车梯进行作业时，应指定车梯负责人，工作台上的人员不得超过 2 名。所有的零件、工具等均不得放置在工作台的台面上。

八、选取“识别接触网常用零部件”为实作考核项目

实作项目考核评价表

专业：____________ 班级：____________ 小组成员：____________________

1. 考核项目：接触网设备维修。
2. 考核内容：识别接触网常用零部件。
3. 考核表（见表 3-71）。

表 3-71　考核表

项目及配分		考核内容及评分标准	扣分因素及扣分	得分	备注
时间	10 分	作业时间 20 min，提前不加分，每超 1 min 扣 2 分，超 5 min 停止作业			
作业准备	10 分	按规定标准着装，穿工作服、绝缘鞋，使用劳动保护用品，未按标准着装、缺少劳保用品一项扣 5 分			
安全	20 分	① 拿起零部件识别时，防止掉落，每次扣 5 分；			
		② 损坏、抛掷零部件，每次扣 5 分；			
		③ 出现身体受伤扣 10 分			
零部件	60 分	① 零部件名称每错 1 件扣 2 分；			
		② 规格型号错读每件扣 1 分；			
		③ 用途错误每件扣 2 分			
合计	100 分				

九、选取“一日作业流程”为实作考核项目

实作项目考核评价表

专业：____________ 班级：____________ 小组成员：________________________

1. 考核项目：接触网设备维修。
2. 考核内容：一日作业流程。
3. 考核表（见表 3-72）。

表 3-72 考核表

项目	考核内容及评分标准	分值	扣分原因	扣分	得分
时间要求	① 准备时间：5 min； ② 工作领导人作业标准流程：30 min； ③ 规定时间内全部完成不加分，也不扣分； 以上每超时 1 min 扣 1 分，超时 5 min 停止作业	10			
作业过程（内容）要求	① 组织人员参加现场修前调查； ② 工作领导人接到工作票后，结合修前调查、图纸、维修计划等核对工作票； 以上缺 1 项扣 3 分	20			
质量要求	① 接收工作票签发人签发的工作票后，审核确认作业内容的可行性和必要性；熟悉工作票内容，确认安全措施完备，经认真分析，确认无误后，签字确认，否则每项扣 3 分。 ② 确认工作票各项内容符合规定后，根据作业内容、安全措施和人员安全等级填写分工单，并根据安全等级和人员素质安排作业分工及所带作业机具、材料，否则扣 3 分。 ③ 工作领导人组织召开工前预备会，将工作票内容进行讲解，对接触网作业车调车路径及作业过程中的进出路径、停电及封锁范围、地线接挂位置、安全防护措施、作业内容等进行详细讲解，确保每一名作业人员清楚自己的工作内容，否则扣 5 分； ④ 预备会后，抽查作业组成员是否清楚该次作业内容；预备会结束安排作业人员各自准备个人工具及作业所用料具，否则扣 3 分。 ⑤ 作业人员出发前，组织作业人员列队点名，宣读工作票，明确作业任务、人员分工及采取的安全措施；同时与安全员（监护人）共同检查个人工具、作业材料准备情况，确保各种工具、材料齐全合格，并对通讯工具进行检查；组织全体作业组成员根据各自分工准备齐全工具、材料，待车辆状态检查完毕后装车，否则扣 3 分。	60			

续表

项目	考核内容及评分标准	分值	扣分原因	扣分	得分
	⑥ 安排小组负责人对车梯状况进行检查，或对作业车平台进行检查试验，否则扣3分。 ⑦ 按要求进行通信联络，安排作业组成员按照分工携带工具、材料分别到达指定的作业地点，做好作业准备；线路未封锁前严禁上线作业，否则扣3分。 ⑧ 接到线路封锁命令后，复述并记录命令编号和时间，通知防护员设置防护；行车防护设置完毕，通知地线人员做接地前准备工作；接到停电命令后，复述并记录命令编号和时间，通知地线人员验电、接地，否则扣5分。 ⑨ 确认验电、接地完毕后，通知开始登高作业，否则扣3分。 ⑩ 作业过程中要不间断监护作业组成员的安全，同时监控作业标准执行与作业质量卡控，及时掌握作业区段行车情况，否则扣3分。 ⑪ 高空作业完毕后，确认设备具备送电及开通条件后，工作领导人通知高空作业组成员将工器具及材料全部撤到安全地带；否则扣3分； ⑫ 工作领导人通知地线监护人员撤除地线并进行确认，否则扣5分； ⑬ 对现场作业人员和工具材料进行清点，和分工单核对相符，确保没有工具、材料遗漏在线路上，否则扣3分。 ⑭ 通知撤除行车防护，所有人员不得再次上道；通知驻站联络员消令并确认，否则扣3分。 ⑮ 安排各作业组成员根据作业分工将携带的工具、料具入库，否则扣3分。 ⑯ 组织作业组全体成员召开接触网作业收工总结会，做好收工总结会记录，否则扣3分。 ⑰ 将完成的工作票整理后交回工区保管，安排专人对相关台账更新录入，否则扣3分				
安全要求	① 携带安全合格证，否则扣1分； ② 作业中呼唤应答使用标准用语，否则扣2分； ③ 安全措施不完善，超出工作票指定范围不作业，否则扣5分； ④ 正确下发作业命令，否则扣5分； ⑤ 联系中断，未停止作业，扣3分； ⑥ 违章指挥，扣10分	10			

第四部分　接触网应知必会

1. 各单位除按规定组织从事普速铁路接触网运行和检修工作的有关现职人员每年进行一次安全等级考试外，对属于哪些情形的人员，还应在上岗前进行安全等级考试？

《普速铁路接触网安全工作规则》第 7 条

（1）开始参加普速铁路接触网工作的人员。

（2）安全等级变更，仍从事普速铁路接触网运行和检修工作的人员。

（3）接触网供电方式改变时的检修工作人员。

（4）接触网停电检修方式改变时的检修工作人员。

（5）中断工作连续 6 个月以上仍继续担任普速铁路接触网运行和检修工作的人员。

2. 参加接触网作业人员应符合哪些条件？

《普速铁路接触网安全工作规则》第 8 条

（1）作业人员符合岗位标准要求，1～2 年进行一次身体检查，符合作业所要求的身体条件。

（2）经过普速铁路接触网作业安全培训，考试合格并取得相应的安全等级。

（3）熟悉触电急救方法。

（4）职业健康体检合格。

3. 普速铁路哪些维修作业可在天窗点外进行，但严禁利用速度 160 km/h 及以上的列车与前一趟列车之间的间隔时间作业？

《普速铁路接触网安全工作规则》第 10 条

（1）对接触网步行巡视、静态测量、测温等设备检查作业。

（2）接触网打冰，处理鸟窝、异物。

（3）在道床坡脚以外栅栏以内的标志安装及整修、基础整修、接地装置整修、支柱基坑开挖等不影响设备正常运行的作业。

上述作业必须制定天窗点外维修作业计划，天窗点外维修作业计划由车间或段一级批准，具体审批程序由铁路局规定。上线作业时必须按规定登记，设置驻站联络员（以下简称为联络员）、现场防护员，联系中断时必须停止作业。

4. 接触网步行巡视有哪些工作要求？

《普速铁路接触网安全工作规则》第 13 条

（1）巡视不少于两人，其中一人的安全等级不低于三级。

（2）巡视人员应携带望远镜和通讯工具，一般情况下应面向来车方向。

（3）任何情况下巡视，对接触网都必须以有电对待，巡视人员不得攀登支柱并时刻注意避让列车。

（4）必须上道查看设备时，两人必须一人防护、一人上道检查。

5. 接触网的检修作业分为哪三种？

《普速铁路接触网安全工作规则》第 16 条

（1）停电作业——在接触网停电设备上进行的作业。

（2）间接带电作业——借助绝缘工具间接在接触网带电设备上进行的作业。

（3）远离作业——在距接触网带电部分 1 m 及其以外的处所进行的作业。

6. 根据作业性质的不同，工作票分为哪三种？分别用于什么作业？

《普速铁路接触网安全工作规则》第 18 条

（1）接触网第一种工作票，用于停电作业。

（2）接触网第二种工作票，用于间接带电作业。

（3）接触网第三种工作票，用于远离作业即距带电部分 1 m 及其以外的高空作业、较复杂的地面作业（如安装或更换火花间隙和地线、开挖支柱基坑）、未接触带电设备的测量等。

7. 工作票中针对 V 形停电接触网检修作业的特殊性提出的安全措施主要有哪些？

《普速铁路接触网安全工作规则》第 26 条

（1）写明上行（下行）封锁及停电，下行（上行）未封锁及有电，人员机具和作业车平台旋转不得侵入下行（上行）限界的范围。

（2）防止误触有电设备的安全措施。

（3）防止感应电伤害的安全措施。

（4）防止穿越电流伤害的安全措施。

（5）防止电力机车将电带入作业区段的安全措施。

在设备较复杂的区段作业时，应附页画出作业区段简图，标明停电作业范围、接地线位置，并用红色标记带电设备。

8. 工作票签发人在安排工作时，要做好哪些事项？

《普速铁路接触网安全工作规则》第 27 条

（1）所安排的作业项目是必要和可能的。

（2）所采取的安全措施是正确和完备的。

（3）所配备的工作领导人和作业组成员的人数和条件是符合规定的。

9. 工作领导人在组织作业时，要做好哪些事项？

《普速铁路接触网安全工作规则》第 28 条

（1）确认作业内容、地点、时间、作业组成员等均符合工作票提出的要求。

（2）确认作业采取的安全措施正确而完备。

（3）检查落实工具、材料准备，与安全员（安全监护人）共同检查作业组成员着装、工具、劳保用品齐全合格。

（4）监督作业组成员的作业安全。

（5）检查确认接触网设备送电及线路开通条件。

10. 绝缘工具应按哪些要求进行试验？

《普速铁路接触网安全工作规则》第 33 条

（1）新购、制作（或大修）后，在第一次投入使用前进行机械和电气强度试验。绝缘工具的电气强度试验一般在机械强度试验合格后进行。机械强度试验应在组装状态下进行。

（2）使用中的绝缘工具要定期进行试验。

（3）绝缘工具的机、电性能发生损伤或对其怀疑时，应中断使用并及时进行相应的试验。

11. 绝缘工具每次使用前应该如何进行检查？

《普速铁路接触网安全工作规则》第 35 条

绝缘工具每次使用前，须认真检查有无损坏，并用清洁干燥的抹布擦拭有效绝缘部分后，再用 2 500 V 兆欧表分段测量（电极宽 2 cm，极间距 2 cm）有效绝缘部分的绝缘电阻，不得低于 100 mΩ，或测量整个有效绝缘部分的绝缘电阻不低于 10 000 mΩ。

12. 高空作业监护要求如何规定？

《普速铁路接触网安全工作规则》第 39 条

（1）间接带电作业时，每个作业地点均要设有专人监护，其安全等级不低于四级。

（2）停电作业时，每个监护人的监护范围不超过 2 个跨距，在同一组软（硬）横跨上作业时不超过 4 条股道，在相邻线路同时作业时，要分别派监护人各自监护；当停电成批清扫绝缘子时，可视具体情况设置监护人员，监护人员的安全等级不低于三级。

（3）作业人员及所携带的物件、作业工器具等与接触网带电部分距离小于 3 m 的远离作业，每个作业地点均要设有专人监护，其安全等级不低于四级。

13. 攀登支柱时的注意事项如何规定？

《普速铁路接触网安全工作规则》第 45 条

攀登支柱时要手把牢靠，脚踏稳准，尽量避开设备并与带电设备保持规定的安全距离。用脚扣攀登时，要卡牢系紧，严防滑落。

14. 接触网作业用的车梯和梯子必须符合哪些要求？

《普速铁路接触网安全工作规则》第 46 条

（1）结实、轻便、稳固。

（2）车梯的三个车轮采取可靠的绝缘措施。

（3）按规定进行试验。

15. 双线电化区段，接触网停电作业按停电方式分为哪两种作业？

《普速铁路接触网安全工作规则》第 63 条

双线电化区段，接触网停电作业按停电方式分为垂直作业和 V 形作业。

垂直作业——双线电化区段，上、下行接触网同时停电进行的接触网作业。

V 形作业——双线电化区段，上、下行接触网一行停电进行的接触网作业。

16. 停电作业时，作业人员（包括所持的机具、材料、零部件等）与周围带电设备的距离不得小于哪些规定？

《普速铁路接触网安全工作规则》第 64 条

500 kV 为 6 000 mm；330 kV 为 5 000 mm；220 kV 为 3 000 mm；110 kV 为 1 500 mm；25 kV 和 35 kV 为 1 000 mm；10 kV 及以下为 700 mm。

17. 进行 V 形停电作业应具备的条件有哪些？

《普速铁路接触网安全工作规则》第 68 条

（1）一行接触网设备距离另一行接触网带电设备间的距离大于 2 m，困难时不小于 1.6 m。

（2）一行接触网设备距离另一行通过的电力机车（动车）受电弓瞬时距离大于 2 m，困难时不小于 1.6 m。

（3）上、下行或由不同馈线供电的设备间的分段绝缘器其主绝缘爬电距离不小于 1.6 m；分段绝缘器的空气绝缘间隙不应小于 300 mm。

（4）上、下行或由不同馈线供电的横向分段绝缘子串，爬电距离不小于 1.6 m。

（5）同一支柱（吊柱）上的设备由同一馈线供电。

18. 利用 V 形停电作业时，应遵守哪些要求？

《普速铁路接触网安全工作规则》第 68 条

（1）接触网停电作业前，须撤除向相邻线供电的馈线开关保护重合闸，断开相应可能向作业线路送电的所、亭开关。

（2）作业人员作业前，工作领导人（监护人员）应向作业人员指明停、带电设备的范围，加强监护，并提醒作业人员保持与带电部分的安全距离。任何情况下作业人员及所持的机具和材料不得侵入邻线建筑限界。

（3）在断开导电线索前，应事先采取旁路措施。更换长度超过 5 m 的长大导体时，应先等电位后接触，拆除时应先脱离接触再撤除等电位。

（4）检修吸上线、PW 线、回流线（含架空地线与回流线并用区段）、避雷线等附加导线时不得开路，如必须进行断开回路的作业，则须在断开前使用不小于 25 mm^2 铜质短接线先行短接后，方可进行作业。

在变电所、分区所、AT 所处进行断开吸上线、电缆及其屏蔽层的检修时应采用垂直作业。

吸上线与扼流变中性点连接点的检修，不得进行拆卸，防止造成回流回路开路。确需拆卸处理时，须采取旁路措施，必要时请电务部门配合。

（5）遇有雨、雪、大雾、重度霾、强风及以上恶劣天气时，一般不进行 V 形停电作业。遇有特殊情况需停电作业时，应增设接地线，并在加强监护的情况下方准作业。

（6）检修隔离（负荷）开关、绝缘锚段关节、关节式分相和分段绝缘器等作业时，应用不小于 25mm^2 的等位线先连接等位后再进行作业。

19. V 形停电作业接地线设置还应执行哪些要求？

《普速铁路接触网安全工作规则》第 71 条

（1）两接地线间距大于 1 000 m 时，需增设接地线。

（2）一般情况下，接触悬挂和附加导线及同杆架设的其他供电线路均需停电并接地。但若只在接触悬挂部分作业，不侵入附加导线及同杆架设的其他供电线路的安全距离时，附加悬挂及同杆架设的其他供电线路可不接地，但须按有电对待并保持足够的安全距离。

（3）在电分段、软横跨等处作业，中性区及一旦断开开关有可能成为中性区的停电设备上均应接地线，但当中性区长度小于 10 m 时，在与接地设备等电位后可不接地线。

（4）接地线应可靠安装，不得侵入邻线限界，并有防风摆措施。

20. 供电调度员在发布停电作业命令前，要做好哪些工作？

《普速铁路接触网安全工作规则》第 74 条

（1）将所有的停电作业申请进行综合安排，审查作业内容和安全防护措施，确定停电的区段。

（2）通过列车调度员办理停电作业的手续，对可能通过受电弓导通电流的部位采取行车封锁或限制措施，防止来电的可能。

（3）确认有关馈电线断路器、开关均已断开。

（4）进行接触网上网电缆、上网隔离（负荷）开关停电作业时，确认上网电缆在牵引变电所亭侧已接地。

21. 使用验电器验电的有关规定有哪些？

《普速铁路接触网安全工作规则》第 78 条

（1）必须使用同等电压等级的验电器验电，验电器的电压等级为 25 kV。

（2）验电器具有自检和抗干扰功能，自检时具有声、光等信号显示。

（3）验电前自检良好后，现场检查确认声、光信号显示正常（有条件的，可在同等电压等级有电设备检查其性能），然后再在停电设备上验电。

（4）在运输和使用过程中，应确保验电器状态良好。

22. 接触网停电作业安装接地线的相关规定有哪些？

《普速铁路接触网安全工作规则》第 81、82、83、84 条

（1）当验明确已停电后，须立即在作业地点的两端和与作业地点相连、可能来电的停电设备上装设接地线。如作业区段附近有其他带电设备时，按本规则相关规定，并在需要停电的设备上也装设接地线。

（2）在装设接地线时，先将接地线的一端接地；再将另一端与被停电的导体相连。拆除接地线时，其顺序相反。接地线要连接牢固，接触良好。

（3）装设接地线时，人体不得触及接地线，接好的接地线不得侵入未封锁线路的限界。作业范围内加挂的接地线不得影响正常作业。装设或拆除接地线时，操作人要借助于绝缘杆进行。绝缘杆要保持清洁、干燥。

（4）当作业内容不涉及正馈线、回流线（保护线），及其他停电线路及设备时，对这些不涉及的线路和设备可不装设接地线，但要按照有电对待，保持规定的安全距离。

（5）停电天窗时间内，使用接触网作业车或专用车辆进行接触网巡视或检测作业，

可不装设接地线。未装设接地线时，禁止攀登平台、车顶和支柱。

（6）验电和装设、拆除接地线必须由两人进行，一人操作，一人监护。

（7）接地线位置应处在停电范围之内，作业地点范围之外。在停电作业的接触网附近有平行带电的高压电力线路或接触网时，为防止感应电压，除按规定装设接地线外，还应增设接地线。

（8）关节式分相检修时，除在作业区两端装设接地线外，还应在中性区上增设地线，并将断口进行可靠等位短接。

23. 供电调度送电时按哪些顺序进行？

《普速铁路接触网安全工作规则》第 86 条

（1）确认整个供电臂所有作业组均已消除停电作业命令。

（2）按照规定进行倒闸作业。

（3）通知列车调度员接触网已送电。

24. 供电调度在发布间接带电作业命令前，要做好哪些工作？

《普速铁路接触网安全工作规则》第 91 条

（1）将所有的间接带电作业申请进行综合安排，审查作业内容和安全防护措施，确定作业地点、范围和安全防护措施。

（2）根据作业需求，撤除有关馈线断路器的重合闸。

（3）在发布间接带电作业命令时，经受令人认真复诵并确认无误后，方可发布命令编号和批准时间。每次进行间接带电作业时，发令人将命令内容进行记录，受令人要填写“接触网间接带电作业命令票”。

25. 主闸刀和接地闸刀分别操作的隔离开关，其断开、闭合必须按什么顺序进行？

《普速铁路接触网安全工作规则》第 108 条

（1）闭合时要先断开接地闸刀，后闭合主闸刀。

（2）断开时要先断开主闸刀，后闭合接地闸刀。

26. 进行接触网施工或维修作业时，设置防护人员的要求有哪些？

《普速铁路接触网安全工作规则》第 110 条

（1）联络员和现场防护人员应由指定的、安全等级不低于二级人员担任。

（2）在车站行车室设联络员时，区间作业，联络员设在该区间相邻车站的行车室；车站作业，联络员设在本站行车室。在机务（折返）段、机车检修段、车辆段内进行作业时，应根据现场情况，联络员可设在机务（折返）段、机车检修段、车辆段行车室或车站行车室。

（3）作业区段按照规定距离设置现场防护人员，防护人员担当行车防护同时可负责监护接触网停电接地线状态。防护人员不得侵入机车车辆限界。

27. 联络员、现场防护人员须做到哪些？

《普速铁路接触网安全工作规则》第 114 条

（1）具备基本的行车知识，熟悉有关行车防护知识，联络员还应熟悉行车室有关设备显示。

（2）熟悉有关防护工具、通信工具的使用方法及各种防护信号的显示方法，每次出工前应检查通信工具状态良好，行车防护用品携带齐全、有效。

（3）作业期间坚守岗位，精力集中，及时、准确、清晰地传递行车信息和信号，作业未销记前，不得擅离工作岗位。

（4）不得影响其他线路上列车正常运行。

28. 安全等级三级人员允许担当的工作有哪些?

（国铁集团关于修订《高速铁路接触网安全工作规则》《普速铁路接触网安全工作规则》部分内容的通知铁工电〔2020〕49号）

（1）各种高空和停电作业。

（2）间接带电作业。

（3）隔离（负荷）开关倒闸作业。

（4）要令人及倒闸作业、停电作业、验电接地监护人。

29. 安全等级二级人员允许担当的工作有哪些?

（国铁集团关于修订《高速铁路接触网安全工作规则》《普速铁路接触网安全工作规则》部分内容的通知铁工电〔2020〕49号）

（1）各种地面上的作业。

（2）不拆卸零件的高空作业（如清扫绝缘子、支柱涂漆、涂号码牌、验电、装设接地线等）。

（3）巡视工作。

（4）防护（联络员、现场防护员）工作。

30. 铁路供电安全检测监测系统（6C 系统）包括哪些?

《普速铁路接触网运行维修规则》第 8 条

铁路供电安全检测监测系统（6C 系统）包括：弓网综合检测装置（1C）、接触网安全巡检装置（2C）、车载接触网运行状态检测装置（3C）、接触网悬挂状态检测监测装置（4C）、受电弓滑板监测装置（5C）和接触网及供电设备地面监测装置（6C）。

31. 维修是如何规定的?

《普速铁路接触网运行维修规则》第 9 条

维修是指在接触网系统实际运行状态出现不允许的偏差或发生故障时，对接触网系统进行必要修复，以恢复接触网系统正常功能的过程。普速接触网维修分为一级修（临时修）、二级修（综合修）两级修程。

32. 供电车间、检测车间和维修车间主要职责是如何规定的?

《普速铁路接触网运行维修规则》第 13，14 条

（1）供电车间管辖运营里程以 120～180 km 为宜，枢纽地区宜单独设置。供电车间下设运行工区。供电车间负责日常运行管理和应急处置，组织接触网一级修（临时修），跟踪验收维修质量。

（2）检测车间一般设置在供电段所在地。检测车间可按照 6C 系统的运用、维护和数据分析等职能设置检测工区。检测车间负责供电段 6C 系统综合数据处理中心工作，以及

供电段 6C 系统检测装置的维护、运用、管理和检测数据分析。

（3）维修车间承担的维修任务以单线区段不超过 500 延展条公里、双线区段不超过 1200 延展条公里为宜。维修车间下设维修工区，一般设在维修车间所在地，根据管辖范围可在异地增设。维修车间负责接触网二级修（综合修）工作，采用集中修方式组织实施。

33. 接触网运行工区、检测工区、维修工区主要职责是如何规定的？

《普速铁路接触网运行维修规则》第 13，15 条

（1）运行工区：运行工区管辖运营里程以 40 ~ 60 km 为宜，山区、隧道密集区段可适当缩小，接触网运行工区单方向管辖距离不宜超过 30 km，枢纽及区段站可单独设置。负责接触网设备日常运行管理，主要是一级修（临时修）、巡视检查、单项检查、非常规检查、施工配合和应急处置等，对接触网悬挂状态检测监测装置（4C）检测数据的全面分析，对二级修（综合修）结果进行质量验收。

（2）检测工区：负责 6C 装置的运用、维护，并对 6C 系统检测数据进行分析，为设备维修提供依据。

（3）维修工区：按照月度维修计划，负责接触网设备全面检查、二级修（综合修）和专项整治。

34. 位于轨道侧的回流装置维修分工是如何规定的？

《普速铁路接触网运行维修规则》第 21 条

吸上线与扼流变压器连接时，连接板（端子）由电务段负责，连接板（端子）上的螺栓和吸上线由供电段负责。

吸上线与钢轨相连接时，吸上线及其与钢轨连接的附件由供电段负责。供电部门作业，必要时工务、电务部门派人配合。

35. 接触网设备统计单位包括哪些，分别是如何规定的？

《普速铁路接触网运行维修规则》第 29 条

接触网设备统计单位包括运营里程、正线公里、接触网延展公里、接触网换算公里。

运营里程指线路起点至终点之间的距离，为起、终点公里标之差。单位：公里。

正线公里指正线线路的延展长度之和。单位：公里。

接触网延展公里指接触网接触导线长度之和。单位：条公里。

接触网换算公里指将接触网不同设备按照系数换算为线条公里的数量总和。单位：换算条公里。

36. 运行接触网有变更者，哪些情况由供电段报铁路局审批？

《普速铁路接触网运行维修规则》第 30 条

（1）变更悬挂类型。

（2）变更接触线、承力索、附加导线材质和截面。

（3）拆除或长期停用接触网。

（4）变更绝缘水平。

（5）变更接触网分段（相）位置和开关操作方式。

（6）非铁路产权专用线架设接触网的供电和开通方案。
（7）改变供电方式或供电单元。
37. 质量分析报告主要内容包括哪些？
《普速铁路接触网运行维修规则》第 43 条
（1）检测、维修计划完成情况。
（2）检测、维修及设备运行中发现的具体问题。
（3）产生问题的原因分析及采取的措施。
（4）接触网质量状态的变化规律和趋势。
38. 新产品试运行申请报告应包括哪些内容？
《普速铁路接触网运行维修规则》第 50 条
（1）产品生产及管理条件。
（2）产品研制报告。
（3）产品技术条件及型式试验报告。
（4）安装维修及使用说明。
（5）拟安装地点、试运行期限，以及试运行中需检测内容。
39. 检测是指什么？包含哪些部分？
《普速铁路接触网运行维修规则》第 54 条
检测是指利用仪器、设备或人工等方式，对接触网进行检查测量，掌握设备质量及运行状态的过程。包含监测、静态与动态检测、检查、零部件检验四部分。检测后必须进行分析诊断，并以此作为编制维修计划的依据。
40. 监测是指什么？
《普速铁路接触网运行维修规则》第 55 条
监测是对接触网外观、零部件状态、主导电回路、绝缘状况、外部环境和弓网配合等运行状态进行监视测量的过程，分为移动视频监测和定点监测两种方式。
41. 接触网安全巡检装置（2C）的周期和主要内容是如何规定的？
《普速铁路接触网运行维修规则》第 56 条
周期：10 天。
主要内容：监测接触网设备有无明显脱、断、偏移及其他异常情况，有无鸟巢、危树等可能危及接触网供电的周边环境因素，有无侵入限界、妨碍机车车辆运行的障碍等。
42. 接触网悬挂状态检测监测装置（4C）的周期和主要内容是如何规定的？
《普速铁路接触网运行维修规则》第 58 条
周期：6 个月。
主要内容：监测接触网设备零部件有无烧伤、缺失、断裂、松动及其他异常情况。
43. 静态检测是指什么？周期和项目是如何规定的？
《普速铁路接触网运行维修规则》第 61 条
静态检测是指利用运行检测车辆在接触网静止状态下进行非接触式测量，或人工使用仪器、工具测量接触网技术状态。

（1）周期：6 个月。

项目：① 线岔；

② 自动过分相地面磁感应器。

（2）周期：12 个月。

项目：① 接触线几何参数（接触线拉出值、跨中偏移值、接触线高度、接触线坡度）；

② 绝缘锚段关节、关节式分相；

③ 轨面标准线。

（3）周期：36 个月。

项目：① 非绝缘锚段关节；

② 补偿装置。

（4）周期：60 个月。

项目：接地电阻。

（5）不定期检测项目：对动态检测超限处所进行静态复核、确认。

上述未明确的设备和项目，纳入检查内容。

44. 弓网综合检测装置（1C）周期和项目是如何规定的？

《普速铁路接触网运行维修规则》第 62 条

周期：3 个月。

项目：① 接触线动态拉出值、高度；

② 硬点、一跨内接触线高差；

③ 弓网接触力、燃弧、接触线抬升量；

④ 接触网电压。

45. 轨面标准线的技术标准是如何规定的？

《普速铁路接触网运行维修规则》第 20 条

为保证接触网与线路的相对位置，应在接触网支柱的线路侧或站台侧墙、隧道一侧的边墙上标出轨面标准线。

在电气化铁路竣工时，由施工单位标出轨面标准线，开通前由供电、工务单位共同复查确认。有砟轨道每年对轨面标准线复测一次，复测结果与原轨面标准线误差不得大于±30 mm。特殊情况需调整轨面标准线时，由供电、工务部门共同确认，并经铁路局批准。供电段负责轨面标准线的日常管理，保持其清晰醒目。

46. 步行巡视检查周期和主要内容是如何规定的？

《普速铁路接触网运行维修规则》第 64 条；《中国铁路乌鲁木齐局集团有限公司接触网运检修管理实施细则》第 34 条

周期：对接触网安全巡检装置不易到达的专用线、联络线、支线、车站侧线、远离线路的供电线等处所，巡视周期 1 个月；对接触网安全巡检装置能够到达的线路，巡视周期 3 个月。

主要内容：

（1）有无侵入限界、妨碍列车运行的障碍。

（2）各种线索（包括供电线、正馈线、加强线、回流线、保护线、架空地线、吸上线和软横跨线索等）、零部件、各种供电附属设施等有无烧损、松脱、偏移等情况。

（3）补偿装置有无损坏，动作是否灵活。

（4）绝缘部件（包括避雷器、电缆终端）有无破损和闪络。

（5）吸上线及各部地线的连接是否良好。

（6）支柱、拉线与基础有无破损、下陷、变形等异常。

（7）限界门、安全挡板或网栅、各种标识是否齐全、完整。

（8）自动过分相地面磁感应器有无缺损、破裂或丢失。

（9）有无因塌方、落石、山洪水害、施工作业及其他周边环境等危及接触网供电和行车安全的现象。

（10）对步行巡视检查的补充规定：

各段结合管内设备情况和环境特点，细化步行巡视具体项目，作为6C巡视的补充项目，防止漏巡和重复巡。

对接触网安全巡检装置不易到达的专用线、联络线、支线、车站侧线、远离线路的供电线等处所，巡视周期不超过30天；对接触网安全巡检装置能够到达的线路，巡视周期不超过3个月。

对乌鲁木齐、哈密、奎屯、乌西、吐鲁番、鄯善、柳园、阿拉山口、霍尔果斯、哈密东（I场和III场）、库尔勒（I场和机务段）等复杂站场，巡视周期不超过20天。

6C虽然能拍摄到，但受角度、光线等影响不能确认的问题，如补偿装置偏磨、支柱地脚螺栓、隧道出入口等位置，具体项点由各段结合设备实际情况细化后纳入步行形式和季节性加密巡视范围。

47. 登乘巡视检查周期和主要内容是如何规定的？

《普速铁路接触网运行维修规则》第65条

周期：需要时。

主要内容：接触网状态及外部环境，有无侵入限界、妨碍列车运行的障碍，有无因异物、落石、山洪水害、施工作业及其他周边环境等危及接触网供电和行车安全的现象；绝缘部件有无闪络放电现象以及电力机车、动车组受电弓取流情况。

48. 全面检查周期和主要内容是如何规定的？

《普速铁路接触网运行维修规则》第67条

周期：36 个月。

主要内容：

（1）无法或不易通过监测、检测或其他检查手段掌握设备运行状态的所有项目，如接触悬挂、定位支撑装置、支柱（含拉线）和基础、附加悬挂、接地装置、标识等螺栓是否齐全，有无松脱现象，零部件安装方式是否正确、有无裂纹、变形、烧伤，线索有无锈蚀、散股、断股、烧伤等。

（2）重点处所的附加导线对地距离及线索、引线、接触悬挂间距测量，接触线重点磨耗测量，高压电缆绝缘测试。

（3）利用接触网作业车检测受电弓检查动态包络线。

49. 单项设备检查周期和项目是如何规定的?

《普速铁路接触网运行维修规则》第 68 条

周期和项目:

（1）6 个月检查 1 次的项目:

分段绝缘器；分相绝缘器；远动隔离开关及其操作机构。

（2）12 个月检查 1 次的项目:

避雷装置（雷雨季节前，含接地电阻测量）；非远动隔离开关；高压电缆及附件。

50. 非常规检查是指什么?

《普速铁路接触网运行维修规则》第 69 条

非常规检查是指在特殊情况下进行的状态检查。一般用于在接触网发生跳闸、故障或出现极端天气气候条件和灾害后，对相应接触网设备状态变化、损伤、损坏情况进行检查。非常规检查的范围和手段根据检查目的确定。

51. 电缆终端的技术标准是如何规定的?

（1）电缆终端表面干燥、清洁、密封良好，无渗漏水、裂纹、老化、破损等。

（2）电缆终端应保证竖直向上，不得出现偏转、扭曲变形，伞裙不得挤压变形，最大偏移角度不得大于 30°。

（3）电缆终端母排及零部件应与大地、接地钢构、固定抱箍等保持足够的绝缘距离。顶部端子对地空气绝缘距离不小于 450 mm，电缆终端应力锥对地空气绝缘距离不小于 35mm，多个电缆终端并联时，其间空气绝缘距离不小于 35mm。

（4）电缆终端应固定牢固，金属端子不得承受拉力，应力锥无受力变形。电缆终端固定夹持部位距离冷缩地线管下端大于 100 mm，不得夹持在电缆终端椎体表面，并与接地线保证 50 mm 以上的距离。

52. 分析诊断是指什么?

《普速铁路接触网运行维修规则》第 75 条

分析诊断是根据接触网检测结果，判断设备运行状态、判定缺陷等级，为维修提供依据。分析诊断包括即时分析诊断、定期分析诊断。

53. 根据检测结果，对设备的运行状态用哪些量值来界定?

《普速铁路接触网运行维修规则》第 79 条

根据检测结果，对设备的运行状态用标准值、警示值和限界值三种量值来界定。

标准值为标准状态目标值，一般根据设计值确定。

警示值为运行状态提示值，一般根据设备技术条件允许偏差确定。

限界值为运行状态安全临界值，一般根据计算或运行实践确定。

标准状态是设备最佳运行状态，一般根据施工允许偏差确定。

54. 一级修（临时修）是指什么?

《普速铁路接触网运行维修规则》第 82 条

一级修（临时修）是为了使设备状态保持在限界值以内，对导致接触网功能障碍的缺陷、故障立即投入、无事先计划的临时性维修。主要包括一级缺陷的临时性修理、危及接触网供电周边环境因素处理、导致接触网功能障碍的故障修复（必要时采取降弓、限速、封锁等处置措施）。

55. 二级修（综合修）是指什么？

《普速铁路接触网运行维修规则》第 83 条

二级修（综合修）是为了使设备状态保持在警示值以内，对定期检测发现缺陷有组织、有计划的维修，以及设备全面维护保养。主要包括二级缺陷集中修理和设备全面维护保养（必要的防腐和注油等）。二级修（综合修）可结合全面检查进行，或根据缺陷情况有计划地安排。

56. 绝缘部件清扫周期如何规定？

《普速铁路接触网运行维修规则》第 88 条

（1）Ⅰ、Ⅱ级污秽等级区段：3 年。

（2）Ⅲ级及以上污秽等级区段：1 年。

（3）分段、分相绝缘器：6 个月。

特殊处所应缩短周期，适时安排清扫。潮湿隧道的绝缘部件参照Ⅲ级及以上污秽等级管理。

57. 质量评价是指什么？

《普速铁路接触网运行维修规则》第 89 条

质量评价是通过对接触网动态几何参数、接触线平顺性参数、弓网受流性能参数等进行综合分析，掌握设备动态运行功能。

58. 质量鉴定是指什么？

《普速铁路接触网运行维修规则》第 92 条

质量鉴定主要是通过静态方式对接触网几何参数、设备及零部件状态进行综合统计分析，掌握设备整体技术状态。

59. 接触网系统整体技术标准是如何规定的？

《普速铁路接触网运行维修规则》第 98 条

（1）接触网系统满足设计的速度目标值。

（2）接触网应满足系统载流量的需要。

（3）接触网在自然环境中应满足系统可靠性、安全性要求，有足够的机械、电气强度和安全性能。任何条件下安全系数至少满足相关规定。

（4）各部位螺栓紧固力矩符合零部件规定要求。

60. 普速铁路受电弓动态包络线是如何规定的？

《普速铁路接触网运行维修规则》第 101 条

受电弓动态包络线是指运行中的受电弓在最大抬升及摆动时可能达到的最大轮廓线。接触网任何设备不得侵入动态包络线范围内。

受电弓动态包络线应符合下列规定：

160 km/h 及以下区段，受电弓动态抬升量 120 mm，左右摆动量 250 mm。

160 km/h 以上区段，受电弓动态抬升量 120 mm，左右摆动量直线 250 mm，曲线 300 mm。

61. 承力索中心锚结绳的技术标准是如何规定的?

《普速铁路接触网运行维修规则》第 116 条

（1）中心锚结绳范围内承力索不得有接头和补强。

（2）中心锚结绳、固定线夹应与承力索材质匹配，其设置位置符合设计要求，承力索中心锚结线夹辅助绳外露长度不小于 50 mm。

（3）中心锚结绳弛度应等于或略高于该处承力索弛度，承力索中心锚结绳在其垂直投影与线路钢轨交叉处，应高于接触线 300 mm 以上。

（4）中心锚结绳的张力符合设计要求。

62. 接触线中心锚结绳的技术标准是如何规定的?

《普速铁路接触网运行维修规则》第 116 条

（1）中心锚结所在的跨距内接触线不得有接头和补强。

（2）中心锚结绳范围内不得安装吊弦和电连接。两端距相邻的吊弦或电连接距离不得小于 500 mm。

（3）中心锚结绳处于受力状态，不得触及弹性吊索，不得改变相邻吊弦受力和接触线高度。

（4）中心锚结绳两端与承力索固定线夹的设置和间距符合设计要求。接触线侧锚结绳压接后回头外露长度不小于 20 mm。

63. 单开、对称（双开）道岔的交叉线岔的技术标准是如何规定的?

《普速铁路接触网运行维修规则》第 119 条

（1）道岔定位支柱位置应符合设计。

（2）线岔交叉点两侧定位点拉出值满足设计要求，并应保证两接触线交叉点位于规定范围内，任何情况下线岔定位拉出值不大于 450 mm。

（3）交叉点位置。

标准值：横向距两线路任一线路中心不大于 350 mm，纵向距道岔定位大于 2.5 m。

标准状态：交叉点位于道岔导曲线两内轨距 735 ~ 1050 mm 范围的横向中间位置。允许偏差±50 mm。

警示值：同标准状态。

限界值：交叉点位于道岔导曲线两内轨距 630 ~ 1085 mm 范围的横向中间位置。允许偏差±50 mm。

（4）两接触线高差。

标准值：当两支接触线均为工作支时，两线相距 500 mm、800 mm 处，正线线岔的侧线接触线比正线接触线高 20 mm，侧线线岔两接触线等高；当一支为非工作支时，距线路中心 800 mm 处，非工作支接触线比工作支接触线抬高 80 mm，并向下锚方向均匀抬升。

标准状态：当两支接触线均为工作支时，两线相距 500 mm、800 mm 处，正线线岔侧线接触线比正线接触线高 15 ~ 25 mm，侧线线岔两接触线高差不大于 20 mm；当一支为非工作支时，其距线路中心 800 mm 处，非工作支接触线比工作支接触线抬高 60 ~ 90 mm，并向下锚方向均匀抬升。

警示值：同标准状态。

限界值：当两支接触线均为工作支时，两线相距 500 mm、800 mm 处，正线线岔侧线接触线比正线接触线高 10 ~ 30 mm，侧线线岔两接触线高差不大于 30 mm；当一支为非工作支时，其距线路中心 800 mm 处，非工作支接触线比工作支接触线抬高 50 ~ 100 mm，并向下锚方向均匀抬升。

（5）限制管。

限制管长度符合设计要求，安装牢固，并使两接触线有一定的活动间隙，保证接触线自由伸缩。

（6）始触区。

线岔两工作支中，任一工作支的垂直投影距另一股道线路中心 600 ~ 1050 mm 的范围内，不得安装任何线夹。

（7）道岔定位器支座、软横跨定位立柱不得侵入本线及邻线受电弓动态包络线。

（8）道岔开口方向、道岔定位后的第一个悬挂点设在线间距大于等于 1220 mm 处，并应保证两线接触悬挂的任一接触线分别与相邻线路中心的距离不小于 1220 mm。

（9）当非工作支下锚偏角大于 10°时，非工作支应延长一跨并适当抬高后下锚。

（10）两支承力索交叉处，垂直间距不应小于 60 mm。

64. 电连接安装位置是如何规定的？

《普速铁路接触网运行维修规则》第 124 条

在锚段关节、线岔、链形悬挂与简单悬挂的衔接处、加强线（载流承力索）的终端、车站电力机车（动车组）经常起动处的股道之间等处所，应装设电连接。

65. 滑轮补偿装置的技术标准是如何规定的？

《普速铁路接触网运行维修规则》第 126 条

（1）滑轮补偿装置安装正确，本体无裂纹、变形，转动灵活无卡滞（人力用手托动坠砣能上下自由移动）。

（2）对需要加注润滑油的补偿滑轮，应按产品规定的期限加注润滑油，没有规定者至少 3 年一次。

（3）下锚角钢安装水平。定滑轮应保持铅垂状态，动滑轮偏转角度不得大于 45°。

（4）同一补偿装置的两补偿滑轮的间距，任何情况下不小于 500 mm。

（5）优先采用大直径滑轮补偿装置。

66. 棘轮补偿装置技术标准是如何规定的？

《普速铁路接触网运行维修规则》第 126 条

（1）采用不防断式中心锚结或下锚位于桥梁上时，宜选用棘轮补偿装置。

（2）棘轮补偿装置安装正确，棘轮本体无裂纹、变形，转动灵活无卡滞（人力用手托动坠砣块能上下自由移动）。

（3）对需要加注润滑油的棘轮补偿滑轮，应按产品规定的期限加注润滑油，没有规定者至少 3 年一次。

（4）制动装置作用良好，制动卡块到大轮轮齿间的距离符合设计要求。

（5）平衡轮与棘轮的间距不小于 500 mm。

67. 软横跨技术标准是如何规定的?

《普速铁路接触网运行维修规则》第 130 条

（1）横向承力索、上、下部固定绳

① 横向承力索（双横承力索为其中心线）的弛度应符合规定，和上、下部固定绳应布置在同一个铅垂面内。双横承力索两条线的张力应相等。

② 上、下部固定绳应水平并处于拉紧状态，允许有平缓的负弛度，5 股道及以下不超过 100 mm，5 股道以上不超过 200 mm。

③ 上、下部固定绳弹簧补偿器处于固定绳受力小的一侧，张力符合设计规定。

④ 横向承力索和上、下部固定绳不得有接头、断股和补强，其机械强度安全系数应符合相关规定。

（2）吊线

① 软横跨直吊线、斜拉线应采用不锈钢等防腐性能好的材质。

② 软横跨直吊线应保持铅垂，吊线呈拉紧状态，上端永久固定，无松弛，横向承力索与上部固定绳在最短吊线处距离为 400 ~ 600 mm。

③ 各吊线应留有不小于 200 mm 的余量。

（3）各部位几何尺寸

① 下部固定绳距工作支接触线的垂直距离不得小于 250 mm。

② 横向承力索和上、下部固定绳的电分段绝缘子串应在同一垂直面内。位于站台沿上方绝缘子带电裙边应尽量与站台对齐，股道间横向电分段绝缘子应位于两股道中间。

③ 支柱上角钢底座应水平。各杵头杆螺纹外露长度应为 20 ~ 80 mm，调整螺栓的螺杆外露长度应为 50 mm 至螺纹全长的 1/2。

④ 非悬挂线索与固定绳间距离符合要求。

（4）软横跨应垂直于正线，各部螺栓、垫片、弹簧垫圈应齐全，螺栓紧固。

（5）悬吊滑轮与承力索材质相匹配，满足线索随温度变化伸缩要求。

68. 硬横跨技术标准是如何规定的?

《普速铁路接触网运行维修规则》第 131 条

（1）硬横梁的安装高度应符合设计要求，允许偏差 0 ~ +100 mm。

（2）硬横梁应呈水平状态，允许向上微拱，铰接硬横梁的挠度小于梁长的 1/200，刚接硬横梁的挠度小于梁长的 1/360。

（3）硬横梁与支柱、硬横梁各梁段之间应结合密贴，连接牢固可靠，螺栓紧固力矩应符合设计要求。

（4）硬横梁（角钢）不得变形和开焊，锈蚀面积不得超过 20%，焊接处不得锈蚀。

（5）固定绳安装方式技术状态、吊柱安装方式技术状态应符合相关要求。

69. 坠砣及坠砣限制架技术标准是如何规定的?

《普速铁路接触网运行维修规则》第 126 条

（1）坠砣宜采用铁质或高密度复合坠砣。

（2）坠砣块应完整，自上而下编号且叠码整齐，其缺口相互错开 180°。坠砣串的重量（包括坠砣杆的重量）符合规定，整串重量偏差小于 2%。

（3）限制架的安装位置应满足坠砣升降变化要求。山谷口、高路堤（一般指高出自然地面 5 m）、高架桥等“风口”地段，宜采用防风型坠砣限制架。

70. 支柱倾斜率技术标准是如何规定的？

《普速铁路接触网运行维修规则》第 136 条

（1）支柱在顺线路方向应保持铅垂状态，其倾斜率不超过 0.5%。锚柱应向拉线方向倾斜，其倾斜率不超过 1%。

（2）支柱在垂直线路方向均应直立，允许向受力的反向倾斜，腕臂柱、隔离开关支柱、硬横跨支柱倾斜率不超过 0.5%；软横跨支柱高度 13 m 的倾斜率为 0.5% ~ 1%，高度 15 m 及以上的倾斜率为 1% ~ 2%。

（3）接触网各种支柱，均不得向受力方向倾斜。向线路侧倾斜时，任何情况下不得侵入基本建筑限界。

71. 附加导线肩架技术标准是如何规定的？

《普速铁路接触网运行维修规则》第 142 条

（1）肩架安装位置正确，允许偏差 + 50 mm。

（2）肩架安装牢固、呈水平状态。

（3）肩架采用方（槽）钢方式时，端头应封堵。

72. 隔离（负荷）开关技术标准是如何规定的？

《普速铁路接触网运行维修规则》第 143 条

（1）隔离（负荷）开关应动作可靠、转动灵活，转动部分应注以适合当地气候的润滑油。分闸角度及合闸状态应符合产品技术要求，止钉间隙符合规定。

（2）隔离（负荷）开关触头接触面应平整、光洁无损伤，并涂以导电脂。触头间接触紧密，接触压力均匀，用 0.05 mm×10 mm 的塞尺检查，线接触为 0 mm，面接触不大于 4mm。

（3）引线和连接线的截面与开关额定电流及所连接接触网当量截面相适应，引线连接良好且不得有接头。引线及连接线应连接牢固接触良好，无破损和烧伤。当接触悬挂受温度变化偏移时，引线的长度应保证有一定的活动余量并不得侵入限界，引线摆动到极限位置对接地体的距离不小于 350 mm。

（4）支持绝缘子应清洁无破损和放电痕迹，瓷釉剥落面积不超过 300 mm^2。

（5）新安装的隔离（负荷）开关在投入运行前应按《电气装置安装工程 电气设备交接试验标准》（GB 50150—2016）进行交接试验，试验合格后方可投入运行。

（6）负荷开关的技术状态应符合产品技术要求。

73. 分段绝缘器技术标准是如何规定的？

《普速铁路接触网运行维修规则》第 145 条

（1）分段绝缘器通过速度不得超过 120 km/h。空气绝缘间隙不小于 300 mm。

（2）分段绝缘器主绝缘应完好，其表面放电痕迹应不超过有效绝缘长度的 20%。主绝缘严重磨损应及时更换。

（3）分段绝缘器应位于受电弓中心，一般情况下偏差不超过 100 mm。相对于两侧吊弦点有 5 ~ 15 mm 的负弛度。滑道底面应平行于轨面，最大偏差不超过 10 mm。

（4）分段绝缘器导线接头、导流滑道端头处过渡平滑。承索分段绝缘子应采用重量较轻的有机复合绝缘子。

（5）分段绝缘器不应长时间处于对地耐压状态。雨、雪、雾、霾、冻雨等恶劣天气下，起电分段作用的隔离开关严禁处于分闸状态。隔离开关应在作业开始前 30 分钟内断开，在作业间歇时间大于 30 分钟时应闭合，继续作业时再断开，作业结束后应及时闭合。

（6）分段绝缘器安装位置符合规定，距离定位点不得小于 2 m。

74. 避雷器技术标准是如何规定的？

《普速铁路接触网运行维修规则》第 148 条

（1）避雷器托架安装水平，无锈蚀，各部螺栓连接紧固。

（2）避雷器及支持绝缘子应呈竖直状态，倾斜角度不超过 2°。表面清洁，安装牢固，无裂纹、破损及放电痕迹。

（3）避雷器引线无烧伤、断股。至高压侧引线的张力应适宜，不应使连接端子受到超出允许的外加应力。极限条件下，高压侧引线对接地体之间的距离大于 350 mm。

（4）脱离器状态良好，无破损、裂纹。安装位置应满足动作后，引线不侵入限界并与带电体保持足够的绝缘间距。

（5）动作计数器完好，一般安装在距离地面 2 m 为宜，具备在线泄漏电流监测功能。

（6）避雷器的试验按照国家和行业有关标准执行。

75. 电缆技术标准是如何规定的？

《普速铁路接触网运行维修规则》第 149 条

（1）电缆本体各部分无机械损伤，无过热变色、变形、开裂、放电现象。

（2）电缆及电缆终端的固定处必须采用专用的铝制或非磁性材料抱箍，并加装保护垫。

（3）电缆固定支架无松动、严重锈蚀或变形，电缆悬挂钢索和挂钩无严重锈蚀或脱落。

（4）电缆铠装层、屏蔽层及电缆导体之间均应可靠绝缘。测量电缆铠装层、屏蔽层及电缆主绝缘之间的绝缘电阻值与历次数据比较，不应有显著变化。

（5）电缆上网点宜设置隔离开关并纳入远动控制。

76. 吸上线技术标准是如何规定的？

《普速铁路接触网运行维修规则》第 154 条

（1）吸上线型号及安装位置应符合设计并满足牵引回流需要，外露部分电缆护管应无损伤且封堵良好。

（2）在有轨道电路区段，采用截面满足要求的电缆接至扼流变压器中性点连接板（端子）。吸上线须与支柱密贴连接牢固。无轨道电路区段按设计进行安装。

（3）吸上线与回流线（保护线）连接时，与悬挂点的距离应符合设计要求；与回流线（保护线）、扼流变压器（或空心线圈）连接处应连接牢固，接触良好，并涂导电脂。

（4）对吸上线进行固定、防护时，其抱箍、套管不得形成闭合磁路。

（5）吸上线电缆沿地面、支柱的敷设必须密贴、牢固。埋入地下时，埋深不少于 300 mm。穿过钢轨、桥台时应采取防护措施。

77. 自动过分相地面磁感应器技术标准是如何规定的？检查测量的标准是什么？

《普速铁路接触网运行维修规则》第 163 条

《中国铁路乌鲁木齐局集团有限公司接触网安全工作实施细则》第 149 条

（1）地面磁感应器设置符合设计要求，允许偏差±2 m。

（2）地面磁感应器应安装牢固，完整无损，表面清洁。

（3）地面磁感应器的磁感应强度应大于 36Gs。

检测方式：将特斯拉计的测量端放置在地面磁感应装置上方（垂直距钢轨面 110 mm 处），与地面磁感应装置水平，地面感应器磁性装置的中心距相邻钢轨内侧工作边的水平距离为 335 mm，允许最大偏差为±15 mm。

78. 铁路营业线施工是指什么？普速铁路营业线设备安全限界是如何规定的？

《中国铁路乌鲁木齐局集团有限公司铁路营业线施工管理实施细则》乌铁施工 390 号第 2 条；第 65 条

（1）铁路营业线施工是指影响营业线设备稳定、使用和行车安全的各种作业，按组织方式、影响程度分为施工和维修两类。

（2）普速电气化铁路接触网支柱外侧 2 m（接触网支柱外侧附加悬挂外 2 m，有下锚拉线地段时在下锚拉线外 2 m）、非电气化铁路信号机立柱外侧 1 m 为营业线设备安全限界。

79. 邻近营业线施工是指什么？

（《中国铁路乌鲁木齐局集团有限公司铁路营业线施工管理实施细则》乌铁施工 390 号第 2 条）

邻近营业线施工是指在营业线两侧一定范围内、营业线设备安全限界外影响或可能影响铁路营业线设备稳定、使用和行车安全的作业。

80. 接触网工区接到抢修通知后如何出动？

《电气化铁路接触网故障抢修规则》第 17 条

接触网工区接到抢修通知后，应按抢修组内部的分工，带好材料、工具等，白天 15 分钟、夜间 20 分钟内出动。工区值班人员及时将出动时间及相关情况报告铁路局供电调度、供电段生产调度和供电车间。

81. 电气化铁路附近发生火灾时，须遵守哪些规定？

《电气化铁路有关人员电气安全规则》第 47 条

（1）距牵引供电设备带电部分不足 4 m 的燃着物体，使用水或灭火器灭火时，牵引供电设备必须停电。

（2）距牵引供电设备带电部分超过 2 m 的燃着物体，使用沙土灭火时，牵引供电设备可不停电，但须保持灭火机具及沙土等与带电部分的距离在 2m 以上。

82. 降弓手信号，升弓手信号，停车信号分别是如何规定的？

《铁路技术管理规程》普速铁路部分第 440，445 条

（1）降弓手信号：

昼间——左臂垂直高举，右臂前伸并左右水平重复摇动；夜间——白色灯光上下左右重复摇动。

（2）升弓手信号：

昼间——左臂垂直高举，右臂前伸并上下重复摇动；夜间——白色灯光作圆形转动。

（3）停车信号：要求列车停车。

昼间——展开的红色信号旗；夜间——红色灯光。

昼间无红色信号旗时，两臂高举头上向两侧急剧摇动；夜间无红色灯光时，用白色灯光上下急剧摇动。

83. 接触线拉出值技术标准是如何规定的？

《普速铁路接触网运行维修规则》第 109 条

接触线拉出值（含最大风偏时跨中偏移值）

标准值：设计值。

标准状态：标准值±30 mm。

警示值：400 mm。

限界值：450 mm。

84. 接触线高度技术标准是如何规定的？

《普速铁路接触网运行维修规则》第 109 条；《普速铁路技术管理规程》第 202 条

标准值：设计值。

标准状态：标准值±30 mm。

警示值：标准值±100 mm。

限界值：标准值±200 mm；上限 6500 mm，下限为任何情况不低于该区段允许的最低值。

为保证电力机车（动车组）的良好取流，应尽量减少接触线高度的变化。车站和区间的接触线高度宜取一致。当隧道间距不大于 1 000 m 时，隧道内、外的接触线可取同一高度。

接触线距钢轨顶面的高度不超过 6 500 mm；在区间和中间站，不小于 5 700 mm（旧线改造不小于 5 330 mm）；在编组站、区段站和个别较大的中间站站场，不小于 6 200 mm；站场和区间宜取一致；双层集装箱运输的线路，不小于 6 330 mm。

85. 补偿装置 *a* 值、*b* 值的技术标准是如何规定的？

《普速铁路接触网运行维修规则》第 126 条

标准值：设计值。

标准状态：标准值±100 mm。

警示值：标准值±200 mm。

限界值：任何情况下不小于 200 mm。

86. 常见一般 B 类、C 类、D 类事故的定义。

《铁路交通事故调查处理规则》第 14，15 条

B1.造成 1 人死亡。

C14.接触网接触线断线、倒杆或塌网。

C24.无调度命令施工，超范围施工，超范围维修作业。

D9.施工、检修、清扫设备耽误列车。

D10.作业人员违反劳动纪律、作业纪律耽误列车。

D21.行车设备故障耽误本列客运列车 1 小时以上，或耽误本列货运列车 2 小时以上；固定设备故障延时影响正常行车 2 小时以上（仅指正线）。

87. 普速铁路供电维修项目。

《国铁集团铁路营业线施工管理办法》附件 4

（1）Ⅰ级维修项目

① 更换接触网支撑装置、补偿装置。

② 更换接触网隔离开关、电缆及电缆头等设备。

③ 接触网检修车列进行的接触网维修作业。

④ 三辆以上接触网作业车进行的接触网维修作业。

⑤ 两个及以上接触网工区进行的联合作业。

（2）Ⅱ级维修项目

① 更换接触网零部件。

② 接触网检查检测作业。

③ 接触网悬挂、分相、分段、线岔等检查调整。

④ 接触网吸上线、回流线，上部地线、附加悬挂检查维护。

⑤ 接触网绝缘部件清扫维护。

⑥ 6C 设备、隔离开关检修及远动设备维护、调试。

⑦ 站内、栅栏及隧道内电力设备检修。

⑧ 在天窗内可以完成的其他作业项目。

88. 简述高速铁路接触网抢修人员找到故障点外应如何处理？

抢修组到达现场，组织人员按分工进行故障查找，找到故障点后应立即报告现场指挥，说明故障的位置、性质、破坏范围等情况。现场指挥应立即对现场的破坏情况核查清楚，组织制定抢修建议方案报告局供电调度。

89. 为缩短接触网的抢修时间，事故抢修现场指挥者在进行接触网事故抢修时可作哪些变更和简化？

（1）接触网纵向悬挂吊弦间距可增大一倍。

（2）安装临时吊弦代替正式吊弦，承力索上可不装吊弦线夹。

（3）隧道内直线区段定位跨距可增大两倍，即连续两个定位点无定位器。

（4）棒式绝缘子闪络可只进行清扫，暂不更换。

90. 发生承力索断线时，查明承力索断口两侧的损坏情况满足机械强度要求、其他大型部件（支柱、腕臂等）没有损坏时的处理抢修方案是什么？

（1）检查补偿装置，如补偿绳脱槽须先行处理，保证补偿灵活。

（2）在承力索断头两侧装上紧线器，利用手搬葫芦将承力索紧起，吊弦至垂直状态。对手搬葫芦及葫芦绳加以固定，并用电连结线将承力索断口可靠连接。

（3）对锚段进行巡视，特别要注意中心锚结、线岔、绝缘锚段关节等处是否达到运行要求，必要时采取降弓等限制措施。

（4）检查确认无任何事故接地点和电气连接正常，机械连接可靠，无影响列车运行的障碍物后，即可消令送电。

91. 接触线发生导线断线时，可将接触网脱离接地采取降弓通过的方法，先行送电通车。具体应遵循哪些原则？

（1）检查补偿装置，如补偿绳脱槽须先行处理，保证补偿灵活。

（2）站场侧线断线，先将线索紧起，保证咽喉区行车，送电先开通正线。站场正线或区间断线，将线索紧起，采取降弓通过的办法送电通车。

（3）利用紧线方式送电时，必须加装分流短接线，严禁利用受力工具导通电流回路。

（4）接触线高度不小于 5 300 mm。

92. 隔离开关事故抢修处理方案是什么？

（1）隔离开关绝缘件闪络，只将绝缘表面进行清扫，检查无其他问题后，即可消令送电。

（2）常闭隔离开关刀闸烧坏或隔离负荷开关真空灭弧室损坏，先将开关断开，并用电连接器将开关短接后，即可消令送电。若无电连接器，可将开关引线拆除，两端引线相连后，即可消令送电。

93. 供电线（馈线）断线抢修方案是什么？

1. 单线区段采用接续方案进行处理

（1）视情况安排人员到供电线断头相邻 1～2 跨距的支柱上拆除供电线的悬挂装置，线索放于地面。处理断头损伤部位，再将供电线两断头侧合适位置各打紧一个楔形紧线器。

（2）用紧线工具（手扳葫芦、链条葫芦）将供电线紧至合适程度，紧线的同时要安排人员观察相邻跨距供电线的驰度状态。

（3）驰度合适后进行供电线接续。

（4）恢复供电线悬挂，消令申请送电。

2. 复线区段供电线（馈线）断线抢修的处理

可打开上网点隔离开关或拆除上网点引线，采用 AT 所、分区所迂回供电方式供电。

94. 分段绝缘器事故处理方案是什么？

1. 货线分段器击穿：

（1）合上分段器处隔离开关，即可送电通车。

（2）另申请停电更换分段绝缘器。

2. 复线上下行间分段器（同相不同供电臂的分段器）

（1）用电连接器将分段绝缘器短接。

（2）另申请停电进行彻底恢复达标。

95. 接触网工作票的有效期和签发时间有何规定？

工作票有效期不得超过 3 个工作日。工作票一般应在作业 6 h 之前签发（如有专项任务需临时间接带电作业时也可当天签发），一式两份，一份发票人保存，一份交工作领导人。

96. 接触网检修作业在什么情况下需要签发新的工作票？

当需变更作业种类、作业地点、作业内容、需停电的设备、封锁或限行条件等要素之一时，必须废除原工作票，签发新的工作票。

97. 工作票的填写有何规定？

工作票是接触网作业的书面依据，填写时要字迹清楚、正确，不得涂改，不得用铅笔书写；采用计算机打印时，打印工作票字体颜色须符合工作票规定。

98. 接触网作业工作领导人主要职责，要做好哪些事项？

（1）列出分工明细表。

① 确认作业内容、地点、时间、作业组成员等均符合工作票提出的要求。

② 确认作业采取的安全措施正确而完备。

（2）提前组织作业组成员（含作业车司机、汽车司机）召开预备会，预备会的主要内容：

① 宣读工作票，主要对作业内容、停电范围、安全措施及安全注意事项进行说明。

② 对作业组成员进行分工，作业组成员有疑问时应及时提出，工作领导人答疑并确认无误。

③ 工作领导人明确作业方案、工艺要求等。抽查作业组成员对各自任务和有关安全措施是否明确。

99. 现场行车防护员要做好哪些事项？

（1）作业中选择瞭望条件好的安全地点，集中精力，站立瞭望。区间作业时，防护人员应站在作业线路的田野侧进行防护。

（2）认真监听，接到驻站联络员通知后，及时回应，并通知工作领导人。

（3）与驻站联络员 3~5 min 联系一次，优先采用具备录音功能的对讲机，无录音功能对讲机或不具备录音条件时，须填写 3~5 min 通话记录。遇通讯设备故障或联系不上时，立即通知工作领导人安排作业人员下道，并将机具撤至建筑限界以外。

（4）进行 V 形天窗作业时，除对本线进行防护外，还须注意观察邻线列车运行情况并及时报告工作领导人。

（5）不同作业组分别作业时，不准共用行车防护人员。在未设好行车防护前不得上线，在人员、机具未撤至安全地点前不准撤除行车防护。

100. 行车防护人员必须做到哪些事项？

（1）熟悉有关行车防护知识，驻站联络员还应熟悉车站运转室（或信号楼）的有关设备显示。

（2）熟悉有关防护及通信工具的使用方法及各种防护信号的显示方法，每次出工前应检查通信工具，确认防护用品齐全有效。

（3）及时、准确、清晰地传递行车信息和信号。
（4）认真负责、坚持呼唤应答和复诵制度。
（5）不得影响其他线路上列车的正常运行。
（6）参加预备会、总结会，掌握停电、封锁范围，清楚需要特殊防护的要求。
（7）坚守岗位，作业未销记前，不得擅离工作岗位。

101. 作业组成员在作业中要遵守哪些规定？

作业组成员要服从工作领导人的指挥。对不安全或有疑问的命令，要立即提出，杜绝违章作业。

102. 上道作业一般规定有哪些？

（1）严禁未设防护上道。
（2）作业人员必须同出同归、联防互控，避车时选择安全地点站立，面向线路。
（3）通过站内平过道或横越线路时，必须指定专人担任防护工作，并执行“一站、二看、三确认、四通过”的规定。
（4）在铁路保护区内使用施工机械（吊车、装载机等可能侵入带电设备安全距离）作业时，必须按“一人一机”标准设置防护人员。
（5）不得在无避车台、避车洞的桥涵、隧道、明洞内避车。

103. 停车信号的意义是什么？手信号怎么样显示？

停车信号：要求列车停车。

昼间——面迎列车驰来方向站在股道（站台）右侧安全限界外，右臂下垂，左臂平侧伸，手持展开的红色信号旗。无红色信号旗时，面迎列车驰来方向，站在股道（站台）右侧安全限界外，两臂高举头上向两侧急剧摇动。

夜间——面迎列车驰来方向站在股道（站台）右侧安全限界外，左臂下垂，右臂侧举，手持红色灯光与肩平。无红色灯光时，面迎列车驶来方向，站在股道（站台）右侧安全限界外，用白色灯光上下急剧摇动。

104. 对使用中的接触网受力工具和绝缘工具有何要求？

各种受力工具和绝缘工具应有合格证，并定期进行试验，禁止使用试验不合格或超过试验周期的工具。

105. 接触网绝缘工具的标准如何规定？

绝缘工具应具有良好的绝缘性、绝缘稳定性和足够的机械强度，轻便灵活，便于搬运。

106. 接触网常用绝缘工具有哪些？

绝缘车梯、绝缘硬挂梯、绝缘棒（杆、滑轮）、绝缘挡板、绝缘绳（线）、验电器、绝缘手套、绝缘靴、接地用的绝缘杆、专用除冰杆等。

107. 接触网对作业中的车梯有何规定？

作业中推动车梯应服从工作台上人员的指挥。当车梯工作台面上有人时，推动车梯的速度不得超过 5 km/h，并不得发生冲击和急剧起、停。工作台上人员和车梯负责人应呼唤应答，配合妥当。

108. 接触网工在作业过程中，遇邻线有列车通过时应注意什么？

在作业过程中，遇邻线有列车通过时，必须停止作业，时刻注意通过列车，推扶车梯人员要保持车梯稳固，严禁侵入未封锁线路。待列车通过后，方可继续进行作业。

109. 接触网工上下作业平台应注意什么事项？

人员上、下作业平台前须征得作业平台操作负责人的同意。接触网作业车移动或作业平台升降、转向时，严禁人员上、下。

110. 作业平台上有人作业时，作业车移动有哪些要求？

作业平台上有人作业时，作业车移动的速度不得超过 10 km/h，且不得急剧起、停车。

111. 什么是接触网 V 形作业和垂直作业？

垂直作业——双线电化区段，上、下行接触网同时停电进行的接触网作业。

V 形作业——双线电化区段，上、下行接触网一行停电进行的接触网作业。

112. 进行接触网 V 形停电作业应具备的条件有哪些？

（1）一行接触网设备距离另一行接触网带电设备间的距离大于 2 m，困难时不小于 1.6 m。

（2）一行接触网设备距离另一行通过的电力机车（动车）受电弓瞬时距离大于 2 m，困难时不小于 1.6 m。

（3）上、下行或由不同馈线供电的设备间的分段绝缘器其主绝缘爬电距离不小于 1.6 m；分段绝缘器的空气绝缘间隙不应小于 300 mm。

（4）上、下行或由不同馈线供电的横向分段绝缘子串，爬电距离不小于 1.6 m。

（5）同一支柱（吊柱）上的设备由同一馈线供电。

（6）站场软横跨、渡线处，上、下行均应装设有电警示标志；悬挂来自不同供电臂线条的特殊支柱，应在支柱距地面 2 m 的醒目位置装设“V 停禁攀”字样的警示牌。

（7）上、下行联络开关须有明显断开点。

113. 接触网作业使用的接地线标准是什么？

接地线应使用截面积不小于 25 mm^2的裸铜绞线制成并有透明护套保护。接地线不得有断股、散股和接头。

114. 接触网作业对接地线的接地有何要求？

接地线应可靠接在钢轨上，且不得跨接在钢轨绝缘两侧、道岔尖轨处，必须跨接在钢轨绝缘两侧时，应封锁线路。地线跨越股道时，应采用下穿方式，并采取绝缘防护措施。

115. 接触网间接带电作业人员与带电体之间须保持的最小距离是多少？

间接带电作业时，作业人员（包括其所携带的非绝缘工具、材料）与带电体之间须保持的最小距离不得小于 1 000 mm，当受限制时不得小于 600 mm。

116. 如何进行接触网倒闸作业？

操作人员接到倒闸命令后，必须先确认开关位置和开合状态无误，再进行倒闸。倒闸时操作人必须戴好安全帽和绝缘手套，穿绝缘靴，操作准确迅速，一次开闭到位，中途不得停留和发生冲击。

117. 在遇有危及人身或设备安全的紧急情况下应采取什么措施？

遇有危及人身或设备安全的紧急情况，可以不经供电调度批准，先行断开断路器或有条件断开的负荷开关、隔离开关，并立即报告供电调度。但再闭合时必须有供电调度员的命令。

118. 接触网运行维护“九防”有哪些？

防风、防洪（雨）、防雷、防结冰、防污（雾）闪、防锈蚀、防鸟害、防异物、防危树。

119. 接触网间接带电作业项目有哪些？

（1）使用绝缘工具处理接触网上搭挂的异物作业。

（2）利用打冰杆进行接触网除冰作业。

（3）利用绝缘工具进行的图片采集作业。

（4）利用测杆进行的接触网参数测量作业。

（5）其他可借助绝缘工具进行的作业。

120. 接触网远离带电作业项目有哪些？

（1）利用激光接触网参数测量仪或其他未接触带电设备的接触网测量作业。

（2）接触网支柱、拉线基础开挖、回填作业。

（3）轨面红线的复测、标注作业。

（4）安装或更换地线及下锚拉线的紧固作业。

（5）接触网上线巡视作业。

（6）其他在接触网及其带电设备安全距离以外的作业。

121. 根据作业性质的不同，接触网工作票分为哪三种？

（1）接触网第一种工作票，用于停电作业。

（2）接触网第二种工作票，用于间接带电作业。

（3）接触网第三种工作票，用于远离作业即距带电部分 1 m 及其以外的高空作业、较复杂的地面作业、未接触带电设备的测量及铁路防护栅栏内步行巡视等。

122. V 形停电接触网检修作业使用的工作票右上角应加盖“上行”或“下行”印记。工作票中要有针对 V 形停电接触网检修作业的特殊性提出的安全措施，主要有哪些？

（1）写明上行（下行）封锁及停电，下行（上行）未封锁及有电，人员机具和作业车平台旋转不得侵入下行（上行）限界的范围。

（2）防止误触有电设备的安全措施。

（3）防止感应电伤害的安全措施。

（4）防止穿越电流伤害的安全措施。

（5）防止电力机车将电带入作业区段的安全措施。

在设备较复杂的区段作业时，应附页画出作业区段简图，标明停电作业范围、接地线位置，并用红色标记带电设备。

123. 进行 V 形作业应具备的条件有哪些？

（1）一行接触网设备距离另一行接触网带电设备间的距离大于 2 m，困难时不小于 1.6 m。

（2）一行接触网设备距离另一行通过的电力机车（动车）受电弓瞬时距离大于 2 m，困难时不小于 1.6 m。

（3）上、下行或由不同馈线供电的设备间的分段绝缘器其主绝缘爬电距离不小于1.2 m。

（4）上、下行或由不同馈线供电的横向分段绝缘子串，爬电距离须保证在1.2 m及以上，污染严重的区段应达到1.6 m。

（5）同一支柱（吊柱）上的设备由同一馈线供电。

124. 接触网一级工作人员允许担当的工作和必须具备的条件是什么？

地面简单的作业（如推扶车梯、拉绳、清扫基础帽等）。

（1）新入职人员经过教育和学习，初步了解电气化铁道安全作业的基础知识。

（2）了解接触网地面作业的规定和要求。

125. 接触网二级工作人员允许担当的工作是什么？

（1）各种地面上的作业。

（2）不拆卸零件的高空作业（如清扫绝缘子、支柱涂漆、涂号码牌、验电、装设接地线等）。

（3）巡视工作。

126. 接触网二级工作人员允许担当的工作必须具备的条件是什么？

（1）参加接触网运行和检修工作3个月以上。

（2）掌握接触网高空作业一般安全知识和技能。

（3）掌握接触网停电作业接地线的规定和要求，熟悉作业区防护信号的显示方法。

127. 接触网三级工作人员允许担当的工作是什么？

（1）各种高空和停电作业。

（2）间接带电作业。

（3）隔离（负荷）开关倒闸作业。

（4）防护（联络员、现场防护员）工作。

（5）要令人及倒闸作业、停电作业、验电接地监护人。

128. 接触网三级工作人员允许担当的工作必须具备的条件是什么？

（1）参加接触网运行和检修工作 1 年以上；具有技工学校或相当于技工学校及以上学历（供电专业）的人员可以适当缩短。

（2）熟悉接触网停电和间接带电作业的有关规定。

（3）具有接触网高空作业的技能，能正确使用检修接触网用的工具、材料和零部件。

（4）具有列车运行的基本知识，熟悉作业区防护的规定及信联闭知识。

（5）能进行触电急救。

129. 接触网四级工作人员允许担当的工作和必须具备的条件是什么？

（1）各种高空、停电和间接带电作业的工作票签发人、工作领导人及监护人。

（2）工长，担当三级工作1年以上。

（3）熟悉掌握本规则内容。

（4）能领导作业组进行停电和间接带电作业。

130. 静态检测的定义是什么？

静态检测是指利用运行检测车辆在接触网静止状态下进行非接触式测量，或人工使用仪器、工具测量接触网技术状态。

131. 两相邻吊弦点高差的技术标准是什么？

标准值：0。

标准状态：10 mm。

警示值：10 mm。

限界值：15 mm。

定位点两侧第 1 吊弦处（弹性链型悬挂时为弹性吊索外第 1 吊弦）接触线高度应相等。相对于定位点处接触线高度±10 mm，且不得出现 V 形。

132. 软横跨横向承力索、上、下部固定绳的作用是什么？

（1）横向承力索（双横承力索为其中心线）的弛度应符合规定，和上、下部固定绳应布置在同一个铅垂面内。双横承力索两条线的张力应相等。

（2）上、下部固定绳应水平并处于拉紧状态，允许有平缓的负弛度，5 股道及以下不超过 100 mm，5 股道以上不超过 200 mm。

（3）上、下部固定绳弹簧补偿器处于固定绳受力小的一侧，张力符合设计规定。

（4）横向承力索和上、下部固定绳不得有接头、断股和补强，其机械强度安全系数应符合的规定。

133. 补偿装置坠砣的要求是什么？

（1）坠砣宜采用铁质或高密度复合坠砣。

（2）坠砣块应完整，自上而下编号且叠码整齐，其缺口相互错开 180°。坠砣串的重量（包括坠砣杆的重量）符合规定，整串重量偏差小于 1%。

（3）限制器的安装位置应满足坠砣升降变化要求。山谷口、高路堤、高架桥等“风口”地段，宜采用防风型坠砣限制架。

134. 分段绝缘器的技术标准是什么？

（1）分段绝缘器通过速度不得超过 120 km/h，空气绝缘间隙不小于 300 mm。

（2）分段绝缘器主绝缘应完好，其表面放电痕迹应不超过有效绝缘长度的 20%。

（3）分段绝缘器应位于受电弓中心，一般情况下偏差不超过 100 mm。相对于两侧吊弦点有 5 ~ 15 mm 的负弛度。滑道底面应平行于轨面，最大偏差不超过 10 mm。

（4）分段绝缘器导线接头、导流滑道端头处过渡平滑。承力索分段绝缘子应采用重量较轻的有机复合绝缘子。

（5）分段绝缘器不应长时间处于对地耐压状态。雨、雪、雾、霾、冻雨等恶劣天气下，起电分段作用的隔离开关严禁处于分闸状态。隔离开关应在作业开始前 30 min 内断开，在作业间歇时间大于 30 min 时应闭合，继续作业时再断开，作业结束后应及时闭合。

（6）分段绝缘器安装位置符合规定，距离定位点不得小于 2m。

135. 恶劣天气接触网跳闸故障的判断与分析。

（1）大雾天气：首先考虑绝缘闪络、击穿，与带接地刀闸的隔离开关连接的分段绝缘器烧伤；“V”形天窗作业时渡线分段击穿；电力机车受电弓支持绝缘子击穿引起断线；

接触网带电设备对跨线桥、管、隧道底面放电等。

（2）大雪天气：除第 1 条所列项目外考虑上跨桥、管、隧道上雪融化后结冰对桥底设备放电。

（3）雷雨天气，主要考虑避雷器是否爆炸，绝缘子击穿及雷电引起变电所跳闸、电缆头损坏、树木倒在接触网上等。

（4）大风天气，主要考虑是否网上有异物，树枝触网，树木倒在接触网上等。

（5）冻雨天气：一般表现为跨越电力线断线，弓网放电。

136. 气温急剧变化接触网跳闸故障的判断与分析。

主要考虑引线、电联接、供电线、正馈线、上跨桥下设备对地绝缘距离减小放电或过紧拉歪开关、避雷器等设备；补偿装臵卡滞；线岔卡滞；悬挂交叉处是否产生摩擦放电现象。

137. 晴朗天气接触网跳闸故障的判断与分析。

主要考虑薄弱设备（线岔、关节、分段、器械式分相）引发的弓网故障；入地电缆故障；外单位施工地点部件脱落引发故障等。

138. 根据跳闸情况判断接触网故障原因。

（1）永久接地：变电所断路器跳闸，重合闸和强送均不成功，可能由于接触网或供电线断线接地、绝缘子击穿、较严重的弓网故障、机车故障等。

（2）断续接地：变电所断路器跳闸重合成功，过一段时间又跳闸，可能是接触网或电力机车绝缘部闪络；列车超限、车绑扎绳等松脱；树木与接触网放电、接触网与接地部分距离不够、接触网断线但未落地、弓网故障等。

（3）短时接地：变电所跳闸后重合成功，一般是绝缘部瞬时闪络、电击人或动物、网上飘落物、树枝烧断等。

139. 根据跳闸报告内容判断接触网故障原因。

以下按照归算至一次侧数值进行判断：

（1）电压低（17 000 V 以下）电流较大（1 000 V 以上）阻抗角在 70°左右，可以判断为金属性接地故障。

（2）电压较高（20 000 V 以上）电流较小（1 000 A 左右）阻抗角在 40°以下，可以判断为过负荷（动车组过负荷阻抗角 10~25°左右）。

（3）电压较高（20 000 V 以上）电流较大（2 000 A 左右）阻抗角不定，可以判断为机车带电过分相。

（4）上下行同时跳闸，两个馈线跳闸报告基本一致，可以判断为上跨电力线或其他高空金属物同时坠落在上下行接触网上并接地。

（5）跳闸报告中谐波含量较大且出现二次谐波，可以判定为机车内部故障。

（6）同所同行（上行或下行）同时跳闸（阻抗角根据各所情况分析），可以判定为机车带电过分相。

（7）两相邻所同行（上行或下行）同时跳闸（阻抗角根据各所情况分析），可以判定为机车带电过分相。

（8）电压为零能重合成功，负荷较大时跳闸，变电所发电压（PT）回路断线信号，可以判定为电压回路断线。

（9）阻抗 I 段跳闸，一般为故障点较近（线路长度 85%以内）的情况。

（10）阻抗 II 段跳闸，一般为故障点较远（线路长度 85%以外）的情况。

（11）阻抗 I、II 段后加速同时动作，电流较大（3 000 A 以上），可以判定为接地故障。

（12）故标指示沿某电力列车运行方向变化，可以判定为机车故障。

（13）重合或强送失败的跳闸报告数据一般较为准确，应相信故测指示数值。

根据受电弓损伤位路判定：

（1）受电弓上有伤痕，主要考虑电力机车行走路径上的线夹偏斜、导线硬弯、分段、器械式分相消弧棒松动下垂低于导线面等原因造成。

（2）受电弓刮坏，主要考虑是线岔电联接位于始触区并且弛度过大；分段绝缘器技术状态超标；定位、支持装路松动下垂等。

140. 外界反应判断接触网故障原因。

（1）车站人员反映情况，主要是设备放电。

（2）工务、电务等单位人员反映情况，主要部件脱落、断线。

（3）机车司机反映情况，主要是网上异物、断线、刮弓等故障。

141. 特殊故障接触网跳闸原因。

（1）变电所馈线有电而接触网无电：可能是供电线断线，上网点断开，开关引线断线、常闭开关误动打开等原因。

（2）变电所没有跳闸，但现场已经出现影响行车的设备故障，比如线岔脱落、吊弦折断、中锚松弛脱落、线索上挂有飘落物等没有接地但已影响行车的情况。

参考文献

[1] 吉鹏霄. 电气化铁路接触网[M]. 3 版. 北京：化学工业出版社，2015.

[2] 中国铁路总公司.普速铁路接触网运行检修规则[S]. 北京：中国铁道出版社，2017.

[3] 于万聚. 高速电气化铁路接触网[M]. 4 版. 成都：西南交通大学出版社，2009.

[4] 李伟. 接触网[M]. 北京：中国铁道出版社，2011.

[5] 铁路安全管理条例[S]. 北京：中国国家铁路集团有限公司，2018.

[6] 中铁电气化局集团有限公司. 电气化铁路接触网[M]. 北京：中国电力出版社，2005.

[7] 铁道第三勘察设计院集团有限公司,中铁第四勘察设计院集团有限公司. 高速铁路设计规范：TB10621-2014 [S]北京：中国铁道出版社，2009.

[8] 中国铁道科学研究院铁道建筑研究所. 电气化铁道接触网钢支柱：TB/T0921—2008 [S]北京：中国铁道出版社，2008

[9] 铁道第三勘察设计院集团有限公司. 电气化铁道接触网用绝缘子：TB/T3199.1—2008 [S]. 北京：中国铁道出版社，2008.

[10] 乌鲁木齐铁路局集团公司哈密供电段. 电气化铁路接触网作业指导书[Z]. 乌鲁木齐，2021.

[11] 中铁建电气化局集团有限公司. 高速铁路电力牵引供电工程施工质量验收标准：TB10758—2010 [S]. 北京：中国铁道出版社，2011.

[12] 接触网检修工编委会. 接触网检修工[M]. 北京：中国劳动社会保障出版社，2010.